ポジティブ
メディア心理学 入門

メディアで「幸せ」になるための科学的アプローチ

アーサー・A・レイニー／ソフィー・H・ジャニッケ゠ボウルズ
メアリー・ベス・オリバー／キャサリン・R・デール

李 光鎬：監訳

川端美樹／大坪寛子／志岐裕子／鈴木万希枝／李 津娥／山本 明／正木誠子：訳

INTRODUCTION TO POSITIVE MEDIA PSYCHOLOGY

Arthur A. Raney, Sophie H. Janicke-Bowles,
Mary Beth Oliver, and Katherine R. Dale

新曜社

序　文

　ほぼ1世紀の間、メディア利用に関する科学的研究は、主に個人と社会に対するメディアの潜在的な悪影響に焦点を当ててきた。攻撃性やステレオタイプ、政治的分断、知識格差、誤情報、物質主義と自己中心主義、容姿への不満、睡眠不足や肥満を含むさまざまな健康問題など、ほんの数例を挙げてもこれだけある。しばしば「メディア心理学」と呼ばれるこれらの研究は、メディアの利用がもたらす潜在的問題に光を当てることで、親や教育者、政治家、そして消費者たちに、そのような問題の最小化に取り組めるよう励ましてきたという点で、非常に重要で、有益だったし、その分、社会的影響力も持ち続けてきた。しかし、この10年くらいの間、同様のアプローチと方法を駆使して、メディア利用のプラス面を探究する研究も増えてきた。他者とのつながりを深めたり、抑圧されたり差別されるおそれのある人々への思いやりを育んだり、利他主義などの向社会的行動を動機づけたりするメディアの影響が探究された。人々の心理的ウェルビーイング、すなわち、目的や意義のあることを追求しようとする気持ちを高めたり、難関と恐怖に立ち向かえるよう助けたり、注意深さと精神的充実を促進したり、個性と共感を育むことなどのために、メディアがどのように利用できるかも検討されてきた。本書は、メディア・エンターテインメントを個人的および社会的な「善」のための力としてどう活用できるかを検討することにおいて多くの知見を蓄積してきた既存のいくつかのメディア研究の流れ（エンターテインメント理論、教育的で向社会的な子ども向けテレビ番組に関する研究、ナラティブ説得、エンターテインメントを加味した教育実践など）に加わるものである。

　私たちは、これらの類似した研究の流れが、コミュニケーション研究、メディア研究、そして心理学にまたがって成長している一つの研究領域を築き上げていると捉えている。その研究領域とは、「ポジティブメディア心理学」というものである。この本の目的は、この新興領域の枠組みと研究の現状に関する概観を提供するために、それを構成する研究の流れを総合的にまとめることである。私たちにとってポジティブメディア心理学は、広い意味での有益なメディア利用に関する研究である。すなわち、喜び、意味、自己超越、感動や感銘、欲求充足、教

育、訓練、心身の健康、回復、生産性、情報交換、問題への対処などのためのメディア利用についての研究である。そのようなメディア利用は、ウェルビーイング、社会的つながり、満足、注意深さ、精神的充実、希望と努力、レジリエンス、寛容、自己実現、道徳的明晰さ、健全な人間関係、市民参加、コミュニティ構築、長寿、人間の繁栄などにつながるものである。メディア心理学者として私たちは、長い間、私たちの共同の研究対象となってきたメディアの悪影響の存在を否定はしない。さらに、一部のメディア利用やコンテンツが常に良いとか悪いという単純な考えを拒否する。私たちは、メディアのテクノロジーとコンテンツが私たちの生活の中で、複雑な役割を果たしていることを知っている。私たちの目的は、メディアの有益な経験と結果を特に強調しながら、その複雑な役割を解き明かすことである。

　そのためにこの本は、新たに登場しつつある科学的営みとしてのポジティブメディア心理学に関する幅広い概観から始まる。私たちが第1章で示すポジティブメディア利用のモデルは（そして実際にはこのテキスト全体も）コミュニケーション研究に携わってきたメディア心理学者としての私たちの視点を反映している。それは私たちが、チャンネル／メディアテクノロジー、メッセージ、そして受け手／オーディエンスというメディアコミュニケーション過程の3つの要素に特に注意を払っているという点によく表れている。次に、すでに確立された分野であるメディア心理学（第2章）とポジティブ心理学（第3章）からの重要な概念と理論を紹介することによって、ポジティブメディア心理学の知的ルーツを確認し、探究する。その後に続く章では、さまざまなメディアのコンテンツやテクノロジーがどのように私たちをより良い自分へと高めてくれるかを探究していく。次の3つの章では、ヘドニックなエンターテインメント（第4章）、有意義またはユーダイモニックなエンターテインメント（第5章）、自己超越的なエンターテインメント（第6章）の体験を具体的に取り上げる。また、新しいテクノロジー、特にソーシャルメディア（第7章）とインタラクティブゲームおよびバーチャルリアリティ（仮想現実）（第8章）が、私たちのウェルビーイングにどのように貢献することができるか検討する。その後、ニュースとノンフィクション（第9章）、説得のためにデザインされた物語コンテンツ（第10章）、および子ども向けの教育的、向社会的番組とゲーム（第11章）の3つのコンテンツを検討する。先ほど言及したメディアの複雑な役割を直接示すために、第12章では、個人や文化間におけるメディア利用のプロセスと効果の違いについて議論する。最後の章では、本書の内容をどのように考え、私たちの日常生活にどのように取り入れればよい

かに関する実践的な情報を提供する。

　多くの点で、この本は、ジョン・テンプルトン財団（John Templeton Foundation）が資金提供した感動や感銘を与えるメディアの利用に関する3年間の研究プロジェクトの主任研究員として、私たち4人が2015年に一緒に始めた旅の集大成である。ここで報告されている多くの研究に時間とエネルギーを傾けられるよう支援してくれた財団の皆さんには大変お世話になった。また、これらの研究を手伝ってくれた疲れを知らない学生たち（多くはいま教授になっている）、特にジョシュア・ボルドウィン（Joshua Baldwin）、ウィンストン・コーナー三世（Winston Connor III）、アリエンネ・フェルシャード（Arienne Ferchaud）、アリシア・ヘンドリー（Alysia Hendry）、アレクス・フエブナー（Alex Huebner）、ローラ゠ケート・フース（Laura-Kate Huse）、ジェイコブ・ロペス（Jacob Lopez）、オースティン・レイニー（Austin Raney）、アビー・リード（Abbie Reed）、ジェリカ・ロウレット（Jerrica Rowlett）、ジョミッチェル・セイベルト（Jonmichael Seibert）、セン・ワン（Cen Wang）、ダンヤン・ツァオ（Danyang Zhao）を忘れてはならない。私たちは皆さんをとても誇りに思い、感謝している。いつも私たちをやる気にさせるとともに謙虚にさせてくれたメンターや同僚のリストは、ここに含めるには長すぎる。（といってもチハオ・ジ〔Qihao Ji〕、メーガン・サンダーズ〔Meghan Sanders〕とラッセル・クレイトン〔Russell Clayton〕の名前は挙げておきたい。）ここに挙げられなかった同僚の名前は、参考文献としてこの本のどこかにあるはずだ。そして最後に、このプロジェクトは私たちの家族や友人の愛情、サポート、励まし、そして忍耐がなければ実現できなかったであろう。君たちは、私たちを鼓舞し、支えてくれる存在である。

アーサー・A・レイニー
ソフィー・H・ジャニッケ゠ボウルズ
メアリー・ベス・オリバー
キャサリン・R・デール

BOX

装幀　臼井新太郎

第1章 ポジティブメディア心理学はどういう学問か

　レックス・チャップマン（Rex Chapman）の人生がジェットコースターみたいだったと言うのはまだ控えめな表現だろう。高校バスケットボールの驚異的存在。大学スポーツ界のセレブ。NBA のドラフト第 1 巡目指名選手。その後は 12 年間NBA でプレイし、チームの運営会社の管理職を歴任した後、放送の仕事に就いた。その間ずっと、まだソーシャルメディア以前の世界に住んでいた 18 歳の青年は、ファンから耐え難いほどの強烈なプレッシャーを受けてきた。バスケットボール関連の手術、長期にわたる鎮痛剤への依存、うつ病、リハビリによる窮屈な生活が続き、しまいには、2014 年アップルストアから 14,000 ドル相当の商品を万引きしたとして逮捕された。ギャンブルの借金を返済するために、盗んだ商品を質に入れ現金化したのである。

　しかし、チャップマンは踏ん張った。彼は自分の犯罪を償った。彼は数年間麻薬を使用していないと話す。彼は大学やプロバスケットボールの解説者として放送に復帰しただけでなく、カートゥーン・ネットワーク[1]の成人向け放送時間帯に、彼自身のツイートに触発され始まった『ブロック・オア・チャージ』〈原題：*Block or Charge*〉という番組のホストとしても出演を果たした。チャップマンはソーシャルメディアのインフルエンサーにもなった。彼の Twitter アカウント（@

訳注[1] アメリカのアニメ専門チャンネル。

RexChapman）には、世界中のアスリート、有名人、政治家、さらには学者など、数十万人のフォロワーがいる。

　多くの点で、チャップマンのソーシャルメディアの投稿は、この本の趣旨をよく表しているものになっている。彼の投稿はおもしろく、思慮深く、そして人々に感銘を与える。多くの場合、それらは、メディアがどのようにポジティブなことの源になり得るかを示している。チャップマンは ESPN とのインタビューで、自身のソーシャルメディアに対する考えを次のように説明した。

　　私はただ誰もが良いことが好きなのだと思います……誰もが良い気分になりたいし、人の良いところを信じたい……もし（私のツイートが）何かを提供しているとしたら、それはただその日の小さな笑いにすぎません、我々がみんな何か考えを持っていることを思い起こさせることにすぎません……私たちは考え、何かを書く。そして皆、ただ仲良くしようとしている人々なのです。

（McGee, 2020）

　TIME 誌は、「レックス・チャップマンのツイートは COVID-19 の世界が必要としているものだ」と称賛した（Gregory, 2020）。2020 年の初め、全米にパンデミックが広がり始めたとき、チャップマンは自身のオンライン上の影響力を利用して資金を調達し、新型コロナウイルス感染症の危機によって経済的に苦しくなった人々を支援した。彼のフォロワーについて、チャップマンは次のように言っている。

　　この人たちは、世の中に何か良いことがないか探している人々なんです。ですから、彼らが世の中で何か良いことをしたいと思うのは当然のことのように思えます。そうですよね？　私は少し前まで車の中で寝泊まりしていました。喜んで助けてくれる人々の優しさがなかったら、いま自分はどこにいるかわかりません。私はもう土の中にいるかもしれません。だからこそ、このひどい状況を最大限に利用して、同じような優しさを少しばかり見せてあげましょう。

（McGee, 2020）

レックス・チャップマンや他の無数の人々が提供するメディアコンテンツが、どのようにして、優しさ、笑い、温かさ、意味、教育、洞察、サポート、自己超越のような「善」の源となるかを理解することが、ポジティブメディア心理学の

目標である。より具体的にいえば、**ポジティブメディア心理学**は、個人のウェルビーイングと繁栄に寄与する思考、感情、行動につながるメディア利用のプロセスと関連要因を調べる研究分野である。この分野は、コミュニケーション研究と（ポジティブ）心理学、教育学、社会学、哲学、経済学、政治学、情報学、マーケティング分野の学問に深い歴史的ルーツを持っている。しかし、「善のためのメディア」を検討するためのさまざまなアプローチが、個別の研究分野としてまとまった形で検討されるようになったのはごく最近のことである。この本の第一の目標は、ポジティブメディア心理学と呼ばれるこの新たに登場しつつある分野のための最初の枠組みを提供することである。

歴史的ルーツ

多くの点で、メディア利用は、少なくともオーディエンスの立場からは、常にポジティブなことと関連づけられてきた。私たちは、周りの世界に対する不確実性を減らしたり、すばらしいものを見て魅了されたり、日常生活のフラストレーションから逃れるために、メディアのメッセージを求めている。しかし、メディアが私たちのウェルビーイングにどのようにプラスの影響を与えることができるかに関する科学的探究は、新しい試みである。これは、メディアの影響に対する関心が新しいことだといっているのではない。メディアの潜在的影響に関する最初の明文化された記述は、スイスの博物学者コンラート・ゲスナー（Conrad Gesner）によるものとみられている。彼は、すでに1545年に「世界書誌」（Bibliotheca universalis）という著作の中で、「紛らわしくて有害な本が多いこと」を非難した。そのようにしてメディアの悪影響に関する何世紀にも及ぶ懸念が始まった。産業革命は、新しく改良されたマスコミュニケーション手段の急速な発展を牽引した。1800年代後半に「汚物の売買」をしているみたいだった扇情的な新聞から、1930年代と1940年代に少年の反社会的行動の引き金になると批判されたギャング映画や漫画、1960年代に大量に普及したテレビに至るまで、新しい形式のメディアが登場するたびに、研究者たちは、個人や社会への潜在的な悪影響の調査に、繰り返しますます多くの注意を向けた。そしてこれがメディアの利用と影響に関する多くの理論と概念モデルの発展を導いたのである（詳しくは第2章を参照）。

しかし、オーディエンスは、メディアの悪影響ばかりが取り沙汰される理由が

よく理解できなかった（それはいまも同じである）。なぜなのか？　間違いなくメディアは、日常生活に不可欠なニュースや時事問題に関する情報を提供している。また消費者に、購入できる最新の製品やサービスについてのタイムリーな情報を伝えている。そして何よりもメディアは、楽しませてくれている。しかし、多くの研究者が発見したのは、メディアが行う情報提供、説得、および娯楽活動のすべてが、さまざまな意図しない悪影響（ステレオタイプ、攻撃性、健康に有害な行動、政治的分極化など）をもたらす可能性があるということだった。それでも、メディアは同時に、私たちに喜びをもたらし、私たちの一日を明るくし、私たちを考えさせ、問題に対処するのを助けてくれる。この他にもたくさんのことをしてくれる。メディアの有益な効果は数多く、悪影響と同じように科学的な関心を受ける価値がある。それがまさにポジティブメディア心理学の目的なのである。

　この本を読み進めるうちに、読者は研究者がメディアのポジティブな効果を調べるさまざまな方法を知ることになるだろう。たとえば、メディアを活用して大人（第9章と第10章）や子ども（第11章）に教育と情報を提供し、啓蒙を行うことの意図された効果を調べるようないくつかの研究分野は、すでに確立されている（もちろん最近の技術発展を考えると、依然として研究することがたくさん残されている有望な分野でもある）。メディアの娯楽的利用に関する研究にも豊かな伝統がある（第4章）。科学の現場で最近行われているのは、省察、熟考、回復、精神的充実（第5章と第6章）のためにメディアコンテンツがどのように利用されているかに関する探究である。コミュニケーション学者とメディア学者がこれらのトピックに関心を持ち始めたのは、2000年代初頭にポジティブ心理学（第3章）が登場し、ウェルビーイングや充実した人生に関する新しい説明と理解がもたらされた時期と重なっている。オンラインおよびモバイルのコミュニケーションテクノロジーが進化し、どこででも利用できるようになったことによって（第7章および第8章）、個人や社会にとっての良いことのために、さまざまな人が（第12章）メディアをどのように活用できるかをより深く理解する必要性が高まった。要するに、ポジティブメディア心理学者は、メディア心理学とポジティブ心理学の両方の理論と研究に依拠しながら、オーディエンスが、有益な結果のためにメディアのテクノロジーとコンテンツをどのように利用できるかを探究するという最終目標を掲げ、両方の心理学が歴史的に、学問的に交わるところで活動しているのである。

ポジティブなメディア利用に関する科学的検討

　ポジティブメディア心理学は社会科学である。たとえば、人類学、政治学、社会学、経済学などの他の社会科学と同じように、ポジティブメディア心理学は、人間のある側面を記述し、探究し、理解するために科学的方法を用いる。人間に焦点を当てることが、科学を「社会的」なものにする。その人間は、自由意思、自主性、高度な象徴運用能力と想像力、自己省察、自己規制、さまざまなレベルの発達と成熟などの特徴を持った存在だからである。たとえば、物理学者のような自然科学者は、原子のさまざまな動機を考慮する必要はない。化学者は、密度の異なる2つの液体が、何か新しいことをしてみたいというだけの理由で混じり合う可能性があるかどうかを心配する必要はない。人間はユニークで自己決定的であるため、社会科学的な検討から導き出される結論は、(1) 集合的に表現される対象集団全体は必然的に反映するが、(2) 必ずしもその中の個々人を反映しているわけではない。テキストを読んでいる間、これを覚えておくと、特に自分には「当てはまらない」ように見える話に出くわしたときに役に立つだろう。もしそういうところがあったら、それはその発見が正しくないことを意味するのではない。それは、あなたが、あらゆる点ですべての人と同じであるわけではないということを思い出させてくれるだけのことなのだ。

　科学的方法の使用は、対象となっている現象に関してなんらかの真実や現実が存在することを前提としている。つまり、科学のレンズを通して「何か」を調べるとき、私たちはその「何か」について、さまざまなことを想定している。科学は私たちの世界、メディア、またはウェルビーイングを理解する唯一の方法ではない。私たちの個人的な経験、直感、伝統と儀式、尊敬される人や権威のある人の声なども、すべて日々の生活に洞察と知恵を与えることができる。しかし、私たちがこの本で取り上げるこれらの現象を検討する方法は、科学である。

　科学は、現実は**客観的**に存在しており、発見できると想定している。実際には、私たちが住んでいる世界のすべてを発見することは実現しないかもしれないが、科学はすべての現実は発見できると主張する。現実は客観的に存在しているため、適切な道具があれば、それを観察し（**経験による実証**）、**測定**することができる。科学的測定は、常にではないが、ほとんどの場合、数学的または**定量的**な用語で表される。科学はまた**決定論的**である。つまり科学は、ある現象が発生するのは何らかの理由があるからであり、すべての現象には（発見可能で、観察可能で、測

定可能な）原因があると想定する。原因を検討し、考えられる結果にそれを結びつけようとする場合、科学は**論理**の規則に従う。その規則の一つは、**簡潔さ**である（最も単純な解法または説明が常に優先される）。科学は、**一般化可能**な結果を生み出すことを目指している。つまり、さまざまな状況で起きる同じ現象をすべて記述し、説明し、または予測できることを目指している。科学はまた2つの意味で**開かれている**。一つ、科学は修正に開かれている。新しい観察によってこれまでとは異なる、またはより正確な、現象についての説明が提供される可能性があるからである。科学はまた別の意味で開かれていることを理想とする。科学は、誰にでもアクセス可能で、透明性があって、コラボレーションできることによって、方法を改良し、さまざまな母集団で研究を再現し、分析を検証することができる。

　科学を駆使して現象のさまざまな側面を調べることの目的は、現象を**記述**し（たとえば、それは何であるか、何がそれを他のものと区別させるのかなど）、**説明**し（たとえば、何がそれを引き起こし、それは何を引き起こしているのか、他のものとはどのように関連しているのかなど）、そして**予測**する（たとえば、どのような条件下でそれが再現されると予測できるのかなど）ことである。これらの目的を追求することで、関心のある特定の側面についての**根拠**が得られる。理想的には、その根拠は、理論の基盤として、または理論を支持する材料として利用できる。**理論**は、ある現象に関する記述と説明を論理的に展開し、その現象の予測を可能にする一連の言明である。メディアのコンテンツ、オーディエンス、そして経験は、非常に多様で複雑であるため、今後の章では多くの理論を取り上げることになる。

　読者の皆さんに思い出してもらいたい。「理論」という言葉は、証明されていない説明、推測、勘、さらには陰謀を意味する言葉として日常会話でかなり使われている。これは、この本の文脈における私たちの使い方とは異なる。ここで検討される理論は、科学的なやり方で構築され、厳密に検証され、すぐれた専門家による評価を受けている（つまり、**査読**を受けている）。科学者として、私たちは、一部の理論は結局、科学界によって反駁され、棄却されることもあることを認識している。多くの場合、これは、現象を観察するためのより良い方法が登場したか、その現象の性質に何か変化が起きたためである。そのような場合、これは必ずしも科学が「間違っていた」ことを意味するのではなく、むしろ実際に、科学的プロセスが意図したとおりに機能したことを意味する。

　今後の章で提示されるポジティブメディア心理学の理論を裏づけるために集められた根拠は、ほとんどが次の4つの科学的方法によって得られている。ここで、

それぞれについて簡単に説明しておこう。社会科学における研究方法のより詳細な議論については、バービー（Babbie, 2021）の著作をお勧めする。メディア研究の調査方法については、ウィンマーとドミニック（Wimmer & Dominick, 2014）の著書が参考になる。

内容分析

　一部の人は、報道機関が「悪い」ニュースしか取り上げず、希望と感動を与えるニュースはあまりにも少ないと不満を口にする。このような主張を科学的に検証したい場合に用いられる方法が、内容分析である。その名の通り、**内容分析**は「コミュニケーションの明示的内容の客観的、体系的、定量的記述」のための方法である（Berelson, 1952, p.18）。言い換えれば、メディアコンテンツを記述するための科学的方法の一応用である。内容分析を使えば、一つのまとまりをもったメディアメッセージの中に、あらかじめ定義したあるカテゴリーのどの要素がどれくらい含まれているのかを把握できる。この方法は、文章、画像、音声データ、動画、またはこれらの任意の組み合わせに適用できる。子ども向け漫画における英雄的行為の描写やInstagramにおける望ましい身体に関する投稿、アメリカ大統領の素晴らしい演説の中に含まれている激励の言葉などを分析できる。そのためには、コンテンツのどのような側面（たとえば、英雄的行為、望ましい身体、激励など）を検討するかを決め、その側面をどのように識別するかを明示的に定義し、その定義をコンテンツのサンプル（たとえば、漫画、Instagramの投稿、大統領のスピーチなど）に適用する必要がある。

　内容分析は、メディアコンテンツの特徴に関する具体的で詳細な**操作的定義**を行うという点で「客観的」かつ「体系的」である。そのような操作的定義によって、他の研究者でも（1）同じコンテンツに対して同一の（または少なくとも非常に類似した）記述ができるようになり、また（2）同じ定義を他のコンテンツにも適用することで、2つのコンテンツを直接比較できるようになる。たとえば、デールら（Dale et al., 2017）は、メディアコンテンツにおける宗教性と精神性の存在を調べるために「感動や感銘を与えるもの」とタグ付けされたYouTubeの動画を分析した。そのために、彼女たちは、宗教性と精神性の存在を、動画の中で描かれているシンボル（たとえば、三日月と星、オーム、十字架など）や儀式（たとえば、礼拝、祈り、バル・ミツワー）の側面で操作的に定義した。次に、各カテゴリーに関して、何をカウントし、何をカウントしないかについて明示的に定め

たコーディング・マニュアルを作成した。その後、それらの定義を用いて、感動や感銘を与えるとされた動画に描かれている宗教性および精神性のシンボルと儀式の数を数えた。分析は客観的かつ体系的に行われたため、他の研究者も同じコーディング・マニュアルを使用して、デールら（Dale et al., 2017）と同じYouTube 動画を調べ、同じ数のシンボルと儀式を見つけることができる。または、そのコーディング・マニュアルを採用して、別の YouTube 動画（たとえば、最も視聴回数の多いものなど）を調べ、デールら（Dale et al., 2017）が報告した結果と直接比較することもできる。

　ベレルソン（Berelson, 1952）が指摘したように、内容分析では「定量的」な結果が得られる。上記の例では、動画に出てくる宗教性および精神性のシンボルと儀式の「頻度」で YouTube コンテンツの特徴を記述している。これは、コンテンツの特徴を記述する一般的な方法である。内容分析では、通常、時間（または文章）の「長さ」や「比率」についても記述する。最後に、内容分析は通常、（サブテクストとして推測したり、解釈したり、識別できる潜在的な内容ではなく）メッセージの「顕在的な内容」、つまり実際に表に現れている内容に対して行われる。実際に表に現れているものに焦点を当てることによって、この方法の客観的性質が強調される。解釈は必然的に主観的である。

　内容分析は、メディア研究者にとって強力なツールだが、限界もある。この方法により、人々が消費しているメディアメッセージの性質をよりよく理解することができる。ただし、これらのメッセージを見たり、読んだり、聴いたり、楽しむことによる潜在的な影響については、何も言うことができない。理論では、「より多くの X を見ると、Y になる可能性が高くなる」ことが示唆されていても、内容分析は、X において描写され、記述されているものを理解するのには役立つが、Y については具体的または直接的に何も教えてくれない。もう一つの限界は、調査結果の一般化可能性に関することである。援助行動の表象を調べるために20 本のピクサー（Pixar）[2]映画をランダムに選択すると、全体的にピクサー映画が援助行動をどのように描写しているかについては洞察を得ることができる。しかし、これらの分析結果が、すべての子ども向け映画（さらには、すべてのアニメ映画に限定しても）、映画を元に作られたテレビ番組、またはそれらの映画の登場人物が出てくるデジタルゲームにおいて描かれているものを表していると考えるのは賢明なことではないだろう。

訳注[2] アメリカのアニメ映画制作会社。

サーベイ調査

　ほとんどの人は、サーベイ調査に回答した経験があったり、ニュースでその結果について説明するのを見たりしているから、少なくともある程度はサーベイ調査について知っている。一般的にいって、サーベイ調査は**記述的**な（たとえば、現在の状況を述べる、「それは何か？」に答える）ものもあるし、**分析的**な（たとえば、変数間の関係を探索する、「それはなぜか？」に答える）ものもある。実際、多くのサーベイには記述的要素と分析的要素の両方がある。たとえば、レイニーら（Raney et al., 2018）は、米国の成人が感動や感銘を受けるメディア形式を調べるために、3,000人を超える人々にサーベイ調査を行った。彼らは、音楽が最も感動や感銘を受けるメディア形式であり、映画やテレビがそれに続くものであることを発見した。また、ほとんどの人は、友人や親族から勧められるのではなく、偶然にそのようなコンテンツに出会っていることもわかった。これらの結果は、メディアコンテンツによって感動や感銘を受けるオーディエンスを「記述する」ものである。しかし、研究者たちはまた、回答者がどのくらいの頻度で向社会的行動（たとえば、慈善団体への寄付やボランティア活動）を行ったかを尋ね、それらの行動と感動や感銘を受けるメディアへの接触との関係を調べた。彼らは、感動や感銘を受けるメディアへ接触すればするほど、より多くの向社会的行動を行っていることを発見した。これは「分析的な」サーベイ調査結果の一例である。

　本書で取り上げるサーベイ調査の結果は、そのほとんどが、単一のサンプルから単一の時点でデータを収集する**横断的調査**によるものである。**パネル調査**は、同じサンプルから複数の時点でデータを収集する。レイニーら（Raney et al., 2018）が報告している結果は、パネル調査によるものであり、第2波のデータ収集で得られた結果は、ジャニッケ゠ボウルズら（Janicke-Bowles et al., 2019）によって報告されている。複数回の調査で同じ回答者を追跡することはコストがかかるため、パネル調査や別のタイプの縦断的調査が行われるのは稀である。

　サーベイ調査の種類に関係なく、結果の質を決定する重要な要因は、回答者を特定してデータを収集するために用いられる**サンプリング**方法である。理想的には、サーベイ調査データは、既知の母集団から抽出された**確率サンプル**（たとえば、単純無作為サンプリング、クラスターサンプリング、多段階サンプリングなどによって抽出されたサンプル）から収集されるべきである。確率サンプルは、回答者の選択に数学的ガイドラインを適用することによって抽出される。このようなやり方は、観測されたデータと「真」のデータの間のズレを減らすことに役立つ。

あなたは政治に関する世論調査で「誤差範囲」という言葉を聞いたことがあるかもしれない。確率ベースのアプローチに基づき、多数の人を抽出して調査を行うと、誤差範囲を小さくできる。ただし、確率サンプリングは非常に費用がかかる可能性がある。そのため、多くのポジティブメディア心理学のサーベイ調査は、**非確率サンプル**（たとえば、便宜的サンプリング、雪だるま式サンプリング、割当サンプリングなどによって抽出されたサンプル）からのデータに基づいている。大学生を対象とした調査のほとんどは、研究者が勤める大学で授業の単位またはボーナス点を得るためにサーベイ調査に参加することを志願した学生によって行われることが多いため、非確率サンプルで行われている。このような調査は、大量の情報を迅速かつ安価に収集するために非常に重宝される。ただ、一つの非確率サンプルに対するサーベイ調査の結果を単独で解釈する場合は、調査結果をより大きな母集団に一般化するには限界があるため注意が必要である。

　一般的に、サーベイ調査には、結果から導き出せる結論の性質にさらなる限界がある。分析的なサーベイ調査では、同じ母集団における2つの要因が互いにどのように関連しているか（つまり、**相関関係**）を特定しようとする。しかし、2つの要因が相互に関連しているからといって、一方が他方を引き起こすことを意味するわけではない。実は無関係な変数の多くが、たまたま高い相関を見せることがある（このような相関のいい例に関しては、https：//www.tylervigen.com/spurious-correlations を参照）。それでも、2つまたはそれ以上の変数が相関していることがわかれば、その分、現象に関する知識は増える。そしてその知識は、さまざまな別の方法でその現象を調べるために利用できる。

実験

　実験は、ポジティブメディア心理学で用いられる方法としては唯一、要因間の原因‐結果関係（つまり**因果関係**）を直接調べることができる。研究者は、次の3つの基準を満たす場合、2つの変数間の因果関係を推定できる。(1) 2つの変数が相関していることが示されている、(2) 原因として想定される変数が結果として想定される変数より時間的に先行している、(3) 結果として推定される変数に関する他の競合する説明を却下または棄却できる。たとえば、ある教育番組への接触が特定の概念に関する子どもたちの知識の増加をもたらしたかどうかを調べたい場合、研究者たちは (1) その教育番組への接触と特定の概念に関する知識が相関していることを実証する必要があり（たとえば、より多くの視聴とより多

くの知識が関連し、より少ない視聴はより少ない知識と関連している）、(2) 子どもは
その番組を視聴する前にはその概念に関する知識を持っておらず、(3) 番組視聴
の他には、その子どもがその知識を獲得したことを合理的に説明できる要因（た
とえば、両親や仲間から教えてもらったなど）がないことを示す必要があるだろう。

　実験は、さまざまな要因を**統制**することにより、これらの基準を満たすことが
できる。統制されるべき１つ目の要因は、観察が行われる状況である。**実験室実**
験は、研究者が統制する環境で実施される。これにより、すべての観察が同じ条
件下で行われることを保証できるため、結果に影響を与え得る他の要因を（可能
な限り）排除できる。たとえば前の例だと、子どもたちが実験室で一人で教育番
組を見るようにすることで、視聴中に話したりする他の子どもたちからの潜在的
な影響を統制できる。話している子どもたちが隣にいると、気が散ってしまい、
学習量が減るかもしれない。または、もし他の子どもたちの話が教育番組で取り
上げているその概念に関するものであった場合には、より多くの学習につながる
可能性もある（上記のどちらも実験で証明しようとしていることと競合する説明にな
り得る）。実験室実験の欠点の一つは、状況の不自然さである。たとえば、子ど
もたちは通常、一人で見知らぬ場所でテレビを見ることはしないし、テレビを見
た後に見知らぬ人から質問を受けたりもしない。

　対照的に、**フィールド実験**は自然な状況で実施されるが、研究者はさまざまな
影響要因を実験室実験ほどには統制できない。たとえば、研究者は子どもに自分
の家や通っている保育園で教育番組を見てもらうことができる。これは、実験室
で視聴するより自然であり、人為的要素が少ない。しかし、研究者は実験に参加
する子どもを他の子どもたちから離すことができないかもしれないし、それは観
察された結果がどうであれ、他の説明の可能性を許すことにつながる。すべての
実験者は、このようなトレードオフ（すなわち、より統制しようとするとより不自
然になり、より自然にしようとするとより統制できなくなる）を考慮しながら最善の
方法を見つけるために格闘しなければならない。

　実験で統制される２つ目の要素は、原因として想定されるもの（**独立変数**とも
呼ばれる）である。この例では、特定の教育番組への接触は独立変数であり、研
究者はこれがある概念に関する知識（つまり、**従属変数**）の増加をもたらす可能
性があると想定している。この特定の独立変数を統制（または操作）する簡単な
方法の一つは、一方の子どもたちの集団には特定の教育番組を見せてからその概
念の知識をテストし、（可能な限りすべての面で類似している）別の集団の子ども
たちには（教育番組ではない）別の番組を見せて同じ概念の知識をテストするこ

とである。このシナリオでは、最初の集団は**実験条件**と呼ばれ（**処置条件**とも呼ばれる）、2番目の集団は**統制条件**と呼ばれる。独立変数を統制する別の方法は、一方の集団には同じエピソードを3日続けて視聴させ、別の集団には1回だけ視聴させる（つまり、「投与量」を操作する）ことである。また別の方法としては、一方の集団には番組を見せ、別の集団には同じ概念に関するワークシートをやらせる（つまり、媒体を操作する）こともあり得る。独立変数をどのように統制するかは、最終的には研究者が調べている問題の内容が正確に何であるかによって決まる。いずれにしても、想定される原因を何らかの形で統制することは、実験の大きな特徴である。

　実験を行う研究者が統制する3番目の要素は実験参加者である。より具体的には、研究者は、どの参加者が処置を受けるか（またはどのレベルの処置を受けるか）、どの参加者が受けないかを統制する。競合する説明を排除するために、この手続きは可能な限りランダムにする必要がある。たとえば、今回の例の研究者が、実験室にきた最初の10名の子どもにその教育番組を見せることにした場合はどうなるだろうか。それらの子どもたちは「何か」他の子どもたちと異なる可能性があるだろうか？　最初に現れた子どもたちが全員「一人っ子」だったとしたら、保護者がより早く実験室に来られたり、普段から一対一で子どもと時間を過ごせたり、最新の学習用機器を買い与えることができたかもしれない。彼らはみんな朝食を食べられなかったかもしれないし、あるいは実験室に最も近いところに住んでいる子どもたちだったのかもしれない。さらに、これらの要因のいくつかによって、実験室に現れた最初の10名の子どもがその番組からより多く（またはより少なく）学んだとしたらどうなるのか（つまり、競合する説明を許してしまう）？　研究者は、調べている因果関係に影響を与える可能性のあるすべての要因を知ることはできないため、参加者をランダムに集団に割り当てる。こうすることで、「一人っ子」の一部、朝食を食べていない子どもの一部、および同じ地域に住む子どもたちの一部が両方の集団に配置され、それによってこれらの要因の潜在的影響が集団間で分散されることで、（統計的に）無意味なものになるのである。

　これらのすべての統制により、研究者は、ある要因が別の要因に及ぼす因果的影響を正確に調べるための実験をデザインすることができる。ただし、このことは、この方法の限界の一つにもつながる。そのすべてを統制するということは、ある一つの実験で調べられる問題が必然的に非常に狭い範囲のものになり、実験結果とその一般化可能性も限定的なものになることを意味する。したがって、実

験は理想的には、観察された現象が、調べられた最初のサンプルだけでなく母集団全体を反映していることを保証できるように、さまざまな状況でさまざまな集団の人々を対象に（多くの場合、さまざまな研究者によって）反復される必要がある。

メタ分析

ポジティブメディア心理学者が頼る最後の方法は、「研究についての研究」であるメタ分析である。特定の現象を調べるためにいくつかの研究が行われると（それぞれの研究結果は少しずつ異なる可能性があるが）、これらすべての研究のデータを統計的に比較検討し、研究結果の全体をまとめた総合的な要約推定値を得るためのメタ分析を行うことができる。言い換えれば、メタ分析は、個々の類似の研究から「一筆」ずつを集め、一つの「大きな絵」を描きだすのに役立つ。研究者はさまざまな概念を異なる形で操作的に定義したり、似通った研究なのに少しずつ異なる質問をしたりするため、メタ分析の実施は非常に困難な場合がある（または場合によっては不可能である）。メタ分析が行われるためには、同じ現象を十分に似通った方法で調べた（十分な数の参加者を対象にした）十分な数の研究が完了している必要がある。ポジティブメディア心理学は相対的に「新しい」分野であるため、（教育メディアと子どもに関する研究など、より「確立された」分野のいくつかの例を除き）これまでメタ分析はほとんど行われていない。しかし、私たちの議論に最も関連のあるいくつかのメタ分析は、後の章で検討される。

ポジティブなメディア利用

通常のメディア利用者には、とても単純な話に思えるかもしれない。おもしろいYouTubeの動画クリップを見て笑う。ペースの速いビデオゲームをプレイして興奮を感じる。悲しい映画を見て泣く。ポッドキャストを聞いて考える。科学番組にチャンネルを合わせて学習する。このような話はすべてそれらしく聞こえるかもしれないが、私たちがメディアを利用する際には、心理学的、生物学的、状況的、そしてコンテンツおよび文脈に関連した要因とプロセスの複雑な組み合わせが関係するということを無視している。メディアの利用がどのように有益な結果につながるかを理解するには、まずメディア利用という現象の複雑さを理解する必要がある。そのために、それと類似したエンターテインメント体験モデル

（Raney & Ji, 2017; Vorderer et al., 2004 など）にヒントを得て作られた、**ポジティブ なメディア利用のモデル**（図 1.1）を以下に示しておく。

　大まかにいえば、コミュニケーション現象としてのメディア利用には、配信に使われるメディア、フォーマット、ジャンル、またはコンテンツに関係なく、動機、選択、受容、反応、評価、効果の 6 つの基本的なプロセスが含まれる。それぞれを別個のプロセスとして区別しているが、実際には、それらの境界は非常に流動的であり、各プロセスは相互に依存している。このモデルで筆者たちは、ポジティブなメディア利用に重要な特定の側面と下位プロセスを強調したいと思っている。明確にしておきたいが、「ポジティブなメディア利用」という用語を使うことで、一部のメディアコンテンツまたはテクノロジーはポジティブで、他のものはネガティブだと定義しようとしているわけではない。また、「これと、これと、これをやれば、これらの利点が得られます」というふうに、処方箋を出そうとしているわけでもない。むしろ、ある程度、既存研究の要約として、このモデルを提示しているのである。すなわち、調査の結果と理論的考察に基づき、ポジティブメディア心理学者たちは、有益な結果に結びつくメディア経験に顕著に見られる一群の影響要因を特定するに至ったのである。このモデルで示されている特定の要因、特性、および下位プロセスは、網羅的というよりは代表的である

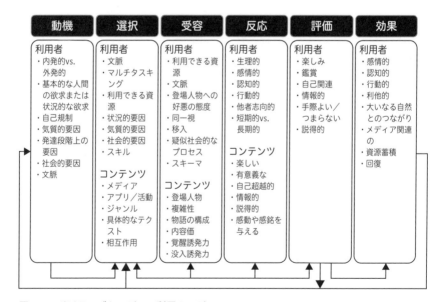

図 1.1　ポジティブなメディア利用のモデル

ことを意図したものである。さらに、これらは、以降の章で展開され、議論されていくさまざまな問題の大まかな予告にもなっている。

　メディア利用は通常、余暇活動として考えられている。人間はさまざまな理由でそのような活動を求めるように動機づけられており、その動機のほとんどは、何らかの欲求の充足と関連している。その**動機**の多くは内発的なものである。つまり、私たちがメディア経験を追求するのは、それ自体が何らかの満足を与えてくれるものだからである。ただし、外発的に動機づけられたメディア利用（たとえば、親が子どもに特定の教育コンテンツを見せる場合）も、ポジティブな結果をもたらす可能性がある。さらに、メディア利用は、すべての人間にとって基本的かつ普遍的な欲求（たとえば、帰属や自律の欲求）、また、人によって異なる欲求（たとえば、気質や性格特性、発達段階に依存する欲求）、そして個人的で、個性的で、状況的な（たとえば、退屈しのぎとか、その場限りの）欲求を満たすために追求される場合もある。メディアの利用が、どれか一つの欲求によって動機づけられることは稀で、むしろこれらのカテゴリーすべてにまたがる一群の要因によってそれは動機づけられる。

　選択は、メディア利用者の欲求や欲望と、利用可能なテクノロジーおよび提供されているコンテンツとの間の相互作用である。選択の目標は、過去の経験を通じて学習したことに基づき（たとえば、古典的条件づけ、潜在記憶）、さまざまな欲求とそれらの欲求を充足してくれることが期待される特定のコンテンツとを対応づけることである。選択は重層的なプロセスである。私たちはまず、ラジオ、テレビ、映画、本、雑誌、ソーシャルメディア、ビデオゲームなどのメディアを選択する。次に、そのメディアで利用する特定のチャンネル、アクティビティ、またはアプリケーションを選択する。次に、そのチャンネルまたはアプリ内で特定のジャンルまたは種類のコンテンツを選択し、続いて特定のタイトルを選択し、さらにはその特定のタイトル内の特定の要素または部分を選択する。さらに、ある一つの層における選択肢へのアクセスや利用可能性の問題によって、選択のプロセス自体が、その場でのメディア利用の動機づけに影響を与える可能性もある。たとえば、特定の番組の次のシーズンを一気見しようとしたところ、ストリーミングサービス[3]でそれを利用できないことに気づくと、他の番組やチャンネル、メディアを選択したり、または完全に別のアクティビティを選ぶよう動機づけられるかもしれない。ある一つのメディアメッセージを選択すれば、ポジティブな

訳注[3]　インターネット上で映像や音声データを遂次的に送り出す配信サービス。

結果が保証されるということはない。メディアの利用プロセスは動的で、状況依存的であるため、ポジティブな結果を完全に予測することは不可能である。

　さまざまな側面で、メディアの利用は多くのことを要求される活動である。今後のいくつかの章で説明されるように、メディアの利用には、多くの認知的、感情的、生理的、さらには行動的な関与が伴う。また、選択と同様に、**受容**にもメディア利用者とコンテンツ間の相互作用がある。メディア利用者は、直接または代理的に、登場人物、背景、プロット、状況、難関、幸運、失望に関与することになるが、その相互作用の多くは現実世界における社会的および心理的経験に酷似している。利用者またはコンテンツ要因の特定の組み合わせが、ポジティブな結果を保証することはない。繰り返しになるが、メディアの利用プロセスは動的で、状況依存的であるため、ポジティブな結果を完全に予測することは不可能である。

　メディア受容の結果は、コンテンツに対する感情的、認知的、生理的、および行動的な**反応**として現れる。これらの反応については、今後のいくつかの章で詳しく説明される。特定の反応は、一般的に特定のコンテンツと関連しているが、個々のメディア利用者の解釈のレンズを通して主観的な体験として現れる。さらに、ほとんどのメディア体験は多様な反応をもたらすが、その一部は、表面上は矛盾しているように見えるものもある（たとえば、悲しい映画を「楽しむ」）。一瞬で終わる反応もあれば、長続きする反応もある。また、このモデルが示唆しているように、反応は受容プロセスに、そして場合によっては選択プロセスにも影響を与える可能性がある。たとえば、過去の人生における出来事と強く共鳴する描写は、利用者にその出来事を振り返らせる（受容への影響）可能性があり、もしそれが辛すぎると、番組の利用中止（選択への影響）につながるかもしれない。

　有益な結果を得るために特に重要な要因の一つは、自己と関連した反応の志向性である。私たちは、環境内において、（意識的か否かにかかわらず）自分に「関連がある」と知覚される刺激に反応する。これと同じように、メディアに対するすべての反応も、必然的にある程度は自己志向的である。しかし、いくつかの感情や認識（およびそれによって生じる動機や行動）は、私たちの自己利益を超えて他者の利益へと私たちを導く。たとえば、音楽パフォーマンスのオンライン動画を見るときに体験できる、喜びと賞賛の違いを考えてみよう。喜びは自己参照的である。それは視聴者自身の喜びである。賞賛は、これも視聴者が経験するものではあるが、ミュージシャンに向けられている。はっきりさせておくが、私たちは、どちらか一方の反応が、他方より「優れている」と主張しているわけではな

い。喜びと賞賛は、両方とも人間の充実と繁栄に一定の役割を果たしている。むしろ、異なるメディアコンテンツは、多かれ少なかれ、自分自身または他者を志向させる異なる反応をもたらす可能性がある。このことを理解することは、メディアがその利用者に利益をもたらし得る複雑なメカニズムをよりよく理解するのに役立つ。

　最終的に、メディア利用経験の終わりに（しかし実際には利用プロセスの全体を通して）、オーディエンスは、動機、選択、受容、および反応プロセスのレンズを通して、コンテンツと利用経験の全体を査定または評価する。「楽しみ」（enjoyment）は、メディア利用経験に対する**評価**として私たちが最もよく使う用語であるが、オーディエンスが行う評価はもちろんそれだけではない。ある時は、評価が明確に示される（「うわー！　素晴らしかった！」）こともあるが、そうでない時もある。同様に、評価が即座に行われる場合もあれば、振返りと熟考が必要な場合もある。また、このモデルが示すように、評価プロセスの結果は、その後のメディア利用に重要な影響を及ぼし、さまざまなレベル（メディア、チャンネル、ジャンル、特定のタイトルなど）で動機と選択を強めたり、弱める可能性がある。

　最後に、これらの各プロセスも常に一定ではなく、大きく変化する可能性を内包しているため、テクノロジーやコンテンツに対するさまざまなメディア利用の経験は個人によって異なるものになり、その結果として異なる影響がもたらされる。ポジティブメディア心理学の唯一の関心は、メディア利用者にとっての有益な結果である。ただし、反応プロセスと同じように、これらの有益な結果も、自己利益と他者利益を両端とする連続線上に分類できるかもしれない。また、コンテンツと具体的に関連した結果の場合もあれば、コンテンツとは直接結びつかない抽象的な結果の場合もある。たとえば、主人公がジェンダーや人種の壁を乗り越えて NASA や米国の宇宙計画に計り知れない貢献をするという物語の映画『ドリーム』〈原題：*Hidden Figures*〉を観ると、希望を抱く気持ちが強まるかもしれない。その結果、希望を抱いた視聴者は、低所得家庭の子どもたちが数学と科学のサマーキャンプに参加できるよう奨学金を提供する地元の慈善団体にお金を寄付する（他者志向、コンテンツ由来）かもしれないし、数カ月前に始めた自分の家を修繕する困難なプロジェクト（自己志向、コンテンツ無関係）に再び取り組むことになるかもしれない。もう一度いうが、私たちはこの希望がもたらすある一方の影響がもう一方の影響よりも優れていることを示唆しているわけではない。理由は異なるが、どちらも有益である。

　ポジティブなメディア利用の有益な結果の一つは、そのようなコンテンツの消

費がさらに強化され、メディアの利用動機と選択の変化につながる可能性があるということである。それはまた、有益な反応を助長する認知スキーマ、メッセージ処理、および解釈の変化につながる可能性があり、それはさらにポジティブな評価と結果をもたらすはずである。したがって、ポジティブなメディア利用は、感情的、認知的、行動的な反応と効果の上昇スパイラルを作動させる可能性があり、メディアの利用を余暇活動として捉えた場合、それはまたより高い意識と注意、目的志向や有能感につながると私たちは見ている。（拡大‐構築理論におけるポジティブな感情一般についての同様の議論も参照；Fredrickson, 2001 および第3章）。これからの章では、このような主張の根拠を示していく。

ポジティブメディア心理学の課題と機会

　前述したように、ポジティブメディア心理学の焦点は、メディアの利用から得られる有益な結果である。しかし、ポジティブなメディアの利用が、何もないところで起きることは稀である。有益な結果を目指したメディア利用において、理想的とはいえない、いや、むしろ有害な、意図しない結果が生じることもある。モバイルやその他のデジタルテクノロジーへの過度の依存は、一見ポジティブな目的の利用に見えても、問題のある利用につながる可能性がある（第13章を参照）。快感を得るための愉快で気楽なエンターテインメントの利用（第4章）が、ステレオタイプや魅力的な暴力描写、不健康な行動、そしてその他の悪影響をもたらすコンテンツへの接触をもたらすこともよくある。映画『しあわせの隠れ場所』〈原題：The Blind Side, 2009〉や『ヘルプ〜心がつなぐストーリー〜』〈原題：The Help, 2011〉のように、いくつかの有意義なコンテンツ（第5章）や自己超越的なコンテンツ（第6章）でさえ、あるレベルでは希望と感謝の気持ちを引き起こすことができるが、他方では、深刻な構造的人種問題を過度に単純化したり、軽視することがあり得る（白人救世主映画[4]の批評については、Hughey, 2014 参照）。多くの人が感銘を受けたり、感動的だと思うオンライン動画も、別の人はそれによって操作されたと感じる可能性があり、実際に否定的な結果を助長することもあり得る。障害に関する「感動」ストーリーや動画は、それらの障害を持つ人々に、都合よく利用されたという感覚を与える可能性がある（「感動ポルノ」の議論

訳注[4]　白人の主人公が有色人種の人々を窮地から救うというストーリーの映画。

については、Grue, 2016 を参照）。社会問題や政治的大義に関するソーシャルメディア上のメッセージに、単に「いいね」を押したり、それをシェアしたりするだけで、より意味のある行動が切実に必要であるにもかかわらず、一部のユーザーは「自分の役割を果たした」と感じてしまうこともある（つまり、スラックティビズム[5]の問題）。これらのいくつかの例は、（ポジティブな）メディア利用における選択、受容、評価に関係する一連の複雑な要因を強調するために挙げたものである。メディア利用者にもたらされる無数の、しばしば矛盾する潜在的な結果とともに、この複雑さを解きほぐし、理解することは、ポジティブメディア心理学者に与えられている最大の課題である。

　同時に、ポジティブメディア心理学者に与えられている絶好の機会の一つは、メディア利用の潜在的な利点を、多くのオーディエンスにわかりやすく伝えることである。一般的に、メディア心理学の目標は、メディアのコンテンツとテクノロジーの評価、分析、解釈、批評、および創出に関する教育とトレーニング、つまりメディアリテラシーを与えることである（第2章を参照）。多くのポジティブ心理学者たちは、専門用語を使わず、大衆のオーディエンスが容易に理解できる言葉で、人間のウェルビーイングと繁栄に関する科学を伝える大衆向けの本を書いてきた（第3章を参照）。**ポジティブメディアリテラシー**は、この2つのアプローチを融合させた運動である。その目的は、ポジティブメディア心理学から生まれた科学的知識をより多くの人々に伝え、人々が自分に有益になるように、意識と注意を高め、目的を持って、メディアを戦略的に利用できるようにすることである。このように、ポジティブメディア心理学は、一人ひとりの利用者に地道に働きかけ、メディアを通じた有意義な社会変化をもたらすことを目的としている。

BOX 1.1　幸せの再構築

　ポジティブメディアリテラシーの目標は、学術研究の成果をすべての人のための実践的な知識に変換することである。同じことがメディア心理学（たとえば、南カリフォルニア大学のアネンバーグ・コミュニケーション・ジャーナリズム学部にあるさまざまな研究センターや活動など）とポジティブ心理学（たとえば、カリフォルニア大学バークレー校のグレーター・グッド・サイエンス・センターなど）にも当てはまる。

訳注[5] slack（怠け者）と activism（行動主義）を合わせた造語で、意味のあることは何もしていないにもかかわらず、何かをしたような自己満足に陥ることを指す。

たとえば、職場でオンライン動画を見たり、ゲームで遊ぶことが、特に雇用主からの支援がほとんどない場合に、従業員のストレスレベルを下げ、回復感を高める可能性があることを知っていれば（たとえば、Reinecke, 2009）、職場でのソーシャルメディアの利用に関する組織の方針を作るのに役立つかもしれない。もう一つの重要な応用分野は、子どもと若者向けの教育的な娯楽番組制作である。コモン・センス・メディア（Common Sense Media: https://www.commonsensemedia.org）という団体は、ポジティブメディア心理学の知見に基づき、人気のある番組やアプリの利用可能年齢に関する評価基準の提供を目的とした独立系の非営利の研究団体である。

　ポジティブメディアリテラシーの活動を牽引するポジティブメディア心理学者の一人は、「幸福の再構築」（Rewire Happiness：https://www.rewirehappiness.com）というウェブサイト兼ブログの製作者で本書の共著者でもあるソフィー・ジャニッケ゠ボウルズ（Sophie Janicke-Bowles）である。彼女の初期のブログ投稿の一つは、この分野の紹介だった。以下は、その投稿、「ポジティブメディア心理学：それは何なのか？」からの抜粋である。

　私は人間の幸福におけるメディアの役割を研究しているので、私は自分自身をポジティブメディア心理学者と呼んでいます。私はポジティブ心理学の理論を、メディアの文脈に適用します。私たちが今住んでいるこの世界において、人間の幸せは、私たちが常にかかわっているメディアやテクノロジーを抜きにしては理解できないと思います。現在、ポジティブメディア心理学という分野はありません。また、この種の研究に特化したジャーナルもありません（私たちは、メディア心理学関連のジャーナルを拠点として活動はしていますが）。しかし、この分野における学問的進歩を促進するために、ポジティブメディア心理学という名称を掲げ、そのような学問分野の立ち上げを求めることが重要だと思います。

　約20年前、先見の明のある一部のコミュニケーション学者たちは、単に楽しいだけではないエンターテインメント体験をうまく説明できず、行き詰まっていました……メディアが、私たちを笑わせることを、そして、私たちがしばしば、楽しみを得るために、ストレスを受ける環境から逃れるために、潜在的な不快感を管理するために、または退屈を緩和するために、メディアを求めていることを、私たちの誰もが理解しています……しかし、メディアはまた、笑いと同時に生まれる悲しみや、善性の高まり、思いやり、さらには自己省察、人生の目的についての熟考、利他的行動や人類への連帯感などのような、より複雑な

感情を生み出す可能性もあります……。

　今のところ、向社会的行動、ウェルビーイング、人格形成に対して、感動や感銘を与えるメディアがもたらす影響、そして新しいコミュニケーションテクノロジーが「良い生活」の実現に果たす役割に関する研究はまだ始まったばかりです。この研究の始まりは、共感の欠如、孤独、攻撃性、物質主義など、今日私たちの社会が直面している多くの深い問題の解決策を見つけるのに莫大な影響を与えるだろうと、私は思います。メディアは、個人と人類全体のウェルビーイングにおいてどのような役割を果たしているのでしょうか？　ポジティブメディア心理学が、それを見つけるために、ここにあります。

まとめ

　ポジティブメディア心理学は、メディアの利用がどのように人間のウェルビーイングと繁栄をもたらし得るかを探究するために科学的方法を用いる、新しく登場しつつある分野である。メディア研究とポジティブ心理学からの理論や概念が、この分野の学問的背景を成している。内容分析、サーベイ調査、実験、メタ分析は、ポジティブなメディア利用におけるそれらの理論や概念の実証的な根拠を提供してきた。メディアの利用中に起きる選択、受容、反応、および評価のさまざまなプロセスは、有益な効果をもたらし得る。しかし、これらのプロセスが一つのメディア利用経験の中で展開する仕方は複雑であり、動機、状況、性格特性変数、テクノロジー、そしてもちろんコンテンツに大きく左右される。

引用文献

Babbie, E. R. (2021). *The practice of social research* (15th ed.). Boston, MA: Cengage Learning.

Berelson, B. (1952). *Content analysis in communication research*. Glencoe, IL: Free Press. （ベレルソン『内容分析（社會心理學講座 7. 大衆とマス・コミュニケーション 3）』稲葉三千男・金圭煥訳、みすず書房、1957）

Dale, K. R., Raney, A. A., Janicke, S. H., Sanders, M. S., & Oliver, M. B. (2017). YouTube for good: A content analysis and examination of elicitors of self-transcendent media. *Journal of Communication*, 67, 897-919. doi:10.1111/jcom.12333.

Fredrickson, B. (2001). The role of positive emotions in positive psychology: The broaden-and-build theory of positive emotions. *American Psychologist*, 56, 218-226. doi:10.1037//0003-066X.56.3.218.

Gregory, S. (2020, April 6). 'It takes my mind off this crazy world.' A quarantined world is here for Rex Chapman's Twitter feed. *TIME.* https://time.com/5815792/rex-chapman-twitter/.

Grue, J. (2016). The problem with inspiration porn: A tentative definition and a provisional critique. *Disability & Society, 31,* 838-849. doi:10.1080/09687599.2016.1205473.

Hughey, M. (2014). *The white savior film: Content, critics, and consumption.* Philadelphia, PA: Temple University Press.

Janicke-Bowles, S. H., Raney, A. A., Oliver, M. B., Dale, K. R., Jones, R. P., & Cox, D. (2019). Exploring the spirit in U.S. audiences: The role of the virtue of transcendence in inspiring media consumption. *Journalism & Mass Communication Quarterly.* Advanced online publication. doi:10.1177/1077699019894927.

McGee, R. (2020, March 26). Rex Chapman is a comeback story and a Twitter feed for our time. *ESPN.* https://www.espn.com/mens-college-basketball/story/_/id/28958919/rex-chapman-comeback-story-twitter-feed-our.

Raney, A. A., Janicke, S. H., Oliver, M. B., Dale, K. R., Jones, R. P., & Cox, D. (2018). Profiling the sources of and audiences for inspiring media content: A national survey. *Mass Communication & Society, 21,* 296-319. doi:10.1080/15205436.2017.1413195.

Raney, A. A., & Ji, Q. (2017). Entertaining each other? Modeling the socially shared television viewing experience. *Human Communication Research, 43,* 424-435. doi:10.1111/hcre.12121.

Reinecke, L. (2009). Games and recovery: The use of video and computer games to recuperate from stress and strain. *Journal of Media Psychology: Theories, Methods, and Applications, 21,* 126-142. doi:10.1027/1864-1105.21.3.126.

Vorderer, P., Klimmt, C., & Ritterfeld, U. (2004). Enjoyment: At the heart of media entertainment. *Communication Theory, 14,* 388-408. doi:10.1111/j.1468-2885.2004.tb00321.x.

Wimmer, R. D., & Dominick, J. R. (2014). *Mass media research: An introduction* (10th ed.). Boston, MA: Wadsworth.

第2章 メディア心理学の主要な理論と概念

RozochkaIvn/Shutterstock.com

　20世紀初頭から、学問としての、そして人々の関心事としての心理学は、非常に大きな発展を遂げた。私たちの日常生活の大半が、この分野から影響を受けている。たとえば運動するために気持ちを高める。自分が内向的な人間だと認識する。落ち着くために深呼吸をする。なぜある人が「その人らしくない」行動をしたのか理解しようとする。気持ちを楽にするために楽しいことを考える。親切にしてくれた人に何か魂胆があるのではと考える。これらのわずかな例からも、心理学の概念や興味が、まさに私たちの身近にあることがわかる。

　心理学の分野が発展した理由の一つは、特定の興味や関心に伴い、数多く枝分かれしたそれぞれの下位分野が発達したことにある。**メディア心理学**はそれらの一分野として誕生し、特にメディア利用と人間の思考、感情そして行動との関係に焦点を当ててきた。アメリカ心理学会がメディア心理学を正式な心理学の下位分野の一つとして認めたのは1980年代のことだが、実際には、メディアのコンテンツやテクノロジーが人に与える影響についての科学的な研究の発端は、1920年代後半にまでさかのぼることができる。当時、シカゴの研究者たちは、ギャング映画が少年非行の原因となっているかを調べ始めていた。本章では、メディア心理学の研究が行われてきた過去100年以上の間に登場した、人間のウェルビーイングにかかわる主要な概念や理論について概説する。これらの概念や理論が、本書を通して語られる問題の重要な基盤を築いている。

メディア心理学の概要

　メディア心理学の分野は非常に広範囲にわたっているが、研究や著作の大部分は、3つの主要な探究の流れに分類できる。それらはある程度時系列的に登場してきた。第1に、メディア心理学では**メディアの影響**の研究が行われてきた。さらに厳密にいえば、メディア心理学者は、メディアテクノロジーやメディアコンテンツが個人に与える影響について研究してきた。メディア「テクノロジー」の影響は、特定のデバイスや形式、フォーマットを利用することに関わり、危機的状況下でのメディアへの依存、問題のあるスマートフォン利用、他の行動の代わりや置き換えとしてのメディア利用や、2Dと3Dのディスプレイで比較したバーチャル・リアリティへの没入感などが、その例として挙げられる。どちらかというと、メディア心理学者たちは概して、メディア「コンテンツ」の影響、特に暴力的、ステレオタイプ的、性的なメディア描写が視聴者に与え得るネガティブな影響により大きく注意を向けている（最近の概説については、オリバーら〔Oliver et al., 2020〕をお勧めする）。さらに、メディアの影響は認知的（私たちの考えや信念へのメディアの影響）、感情的（私たちが何をどのように感じるかへのメディアの影響）、または行動的（私たちの行動へのメディアの影響）なものにしばしば分類される。このタイプ分けについては、後に重要な理論や概念について議論する際に、再度触れる。

　第2に、メディア心理学では**メディアプロセス**を研究する。この言葉は、メディア利用中の、またメディア利用に関連したさまざまな心理的なメカニズムを意味する。たとえばこれらにはメディアを選択する「動機」、メディアへの「注目」、メディアの「知覚」、メディアからの「学習」、そしてメディアによって引き起こされた「情動」などが挙げられる。多くのメディア心理学者は、進化論に基づいたアプローチでメディアプロセスを研究しており、人間の生存にとって適応的で機能的な思考、感情、行動の特定のパターンが、メディア利用中にどのように現れ、また活性化するかに注目している。このアプローチにより、神経科学的、精神生理学的、またその他の生物学的なマーカーや指標への関心が高まった。これらの指標によって、メディア利用中の、たとえば目の動き、興奮度やホルモンレベルの変化、脳の活動状況を測定することができる。メディア研究者の中には、メディアの影響とメディアプロセスの間にはっきりした線引きをすることに、異を唱える者もいる。それは、メディア利用中のある経験、たとえば感情的な反

応は、プロセスであり影響でもあるからである。そのため、本章ではメディアプロセスとメディアの影響という用語を一緒に用いていく。

　第3に、メディア心理学には、**メディアリテラシー**への気づきやそのスキルの探究、発展、促進が必要とされる。メディア心理学のこの特徴は、おそらく臨床心理学で用いられるアプローチに最も近いものである。それは、メディアが与え得る悪影響と闘い、克服し、「対処する」方法を理解することや、本書の目的に即していえば、人間のウェルビーイングと繁栄のために、メディアのテクノロジーやコンテンツの価値を認め、利用し、戦略的に活用すること、そしてその方法を人々に教えることが挙げられるからである。本書の最終章では、（ポジティブ）メディアリテラシーに関連する問題を論じる。

　メディア心理学では、他のすべての科学（第1章を参照）と同様、研究は、探究の対象が実在すること、その対象の観察や測定が可能であること、その対象はまた観察や測定が可能な他の実在する何かによって引き起こされることなど、探究の対象に関する一連の哲学的な前提条件に同意した上で行われる。さらに、科学研究の各分野は、研究者たちが共有する現在の理解と知識体系に基づいて、問題となっている特定の現象に関する追加的な仮定によって導かれる。そのような仮定には、メディア心理学の研究を補強するものもある。この仮定の基本を理解しておくことは、具体的な研究結果を検討する際に役立つだろう。

1. メディアオーディエンスは能動的である

　「ぼーっと」しながら、また「のんびりと」メディアに接する、つまり受動的にぼんやりと、リラックスした状態でメディアを見たり聴いたりすることは、ほとんどの人が行っているだろう。私たちは皆、時にメディアをこのように用いている。しかもその時、私たちは実は「選択的に」それを行っているのである。メディアを利用せずに、ベッドやソファでただ「のんびりする」ことも可能なのだが。メディア心理学者たちは、どのメディア、どんなジャンル、どんなタイトル、どんな時、どのぐらい長く、といったさまざまなメディア選択の側面を、能動的なオーディエンスの証拠だとみなす。さらに、メディアの物語を情報処理して理解することは、私たちが考えるより、実際には多くの認知的資源を必要とする。プロット、設定、物語の仕掛けや登場人物を理解するために記憶をたどらなければならず、同時に、展開される物語に出てくる事実やシーンについて、前の内容を更新して評価することも必要になる（BOX 2.1 参照）。このようにして、オーディエンスは能動的に情報処理し、解釈し、そし

ていかなる瞬間にもその時に接しているコンテンツ（そしてメディアや設定など）の意味づけを行っている。

BOX 2.1 動機づけられたメッセージ処理の容量限界モデル

動機づけられたメッセージ処理の容量限界モデル（LC4MP: Limited Capacity Model of Motivated Mediated Message Processing; Lang, 2000）は、メディア利用中にリアルタイムで発生する、受け手の認知的な処理システムとメディアコンテンツの間の、複雑でダイナミックな相互作用を説明している。メディアコンテンツの認知的処理には、3つのサブプロセスが必要である。それらは、記号化（処理するメッセージからの情報の選択）、貯蔵（メッセージからの新たな情報の活性化と、すでに記憶にある情報との関連づけ）、検索（過去に蓄積された情報の呼び出し）である。これらのサブプロセスはいずれも、認知的資源を必要とする。しかし、モデルの名前が示すように、私たちの認知的資源は結局のところ限られている。それはすなわち、人間が環境の情報を処理するために利用できる資源の量は、有限かつ不変だということだ。もしある課題（たとえばビデオを見ること）にこれらの認知資源の一部を割り当てれば、別の課題（たとえば試験勉強をすること）に割り当てられる資源は少なくなる。

人は、メディアメッセージの処理に、意識的かつ意図的に認知資源を割り当てることができる。平たくいえば、メッセージに「注意を払っている」ときに、私たちはこのようなことを行っている。また一方、私たちの脳は自動的に（そして自身のコントロールなしに）認知資源を割り当てることもある。なぜだろうか。それは、系統発生的に古い、私たちの生物学的動機づけシステムは、その刺激を避けるか、それとも接近するかに備えて、脅威や好機となり得る環境中の関連刺激に反応して活性化するからである。これらのシステムは、私たちの生存のために進化したものであり、私たちが望もうと望むまいと起動する。動機づけられたメッセージ処理の容量限界モデルは、メディアメッセージの構造やコンテンツの特徴（カメラの切り替え、テンポ、新しい声、感情的な言葉、音楽、特殊効果、ポップアップ広告など）が、自動的に受け手の定位反応（OR: Orienting Response）を引き起こし、我々の限られた情報処理資源の一部を要求すると説明している。これらの特徴が資源を要求すればするほど、メッセージに対して意図的に割り当てることのできる残りの資源は少なくなる。その結果、多くのメディアを消費することは、非常に大変なことになり得るのだ（ビデオゲームに関する詳細な議論については、ボウマン〔Bowman, 2018〕参照）。

メディア心理学者たちは一般的に、すべての能動的なメディア利用は、何らかの意味で**機能的である**と考えている。つまり、私たちがメディアを利用するのは、心理学的、社会学的、そして生物学的欲求を持ち、それを満たすために常に努力しているからなのだ。その欲求は交友関係、所属感、充実感、目標、安全、自尊心、生活のバランスなどである。時には、私たちはメディアの利用と欲求の関係を意識することもある。たとえば次のような行動がそれにあたる。町を離れている姉の誕生日の様子を確認するために、Instagram をチェックする。ジャケットを着るべきかどうか天気を確認する、Twitch にアクセスして、お気に入りのゲームのストリーミング配信を見る、などである。しかし一方で、メディアを使うことで満たそうとしている特定の欲求、さらにいえば一連の欲求に気づいていないこともある。習慣でラジオをつけ、日課のごとく寝る前にソーシャルメディアをチェックするといった行動がそれにあたる。もちろん、私たちはメディアとは関係のない他の多くの行動を行い、そこでも自分の欲求を満たすために、環境を戦略的に整えている。さらに、最善の努力をしても、欲求を満たすことができないことも多い。そんな時でさえ、さらに多くの欲求が生じる。とはいえ、メディア利用は目的のために役立つ。つまり、それには、何らかの効用があるのだ。オーディエンスは能動的に選択をして、それらの目的に従って、ある時は意識的に、また別の時は無意識的にメディア利用を行っている。

2. メディアオーディエンスは複雑である

　過去 100 年以上にわたって蓄積されてきた、心理学分野の知識から得られた大きな発見の一つは、人間は複雑だということである。今日の私たちから見ると少し考えが甘く思えるが、初期のメディア影響の研究では、この現実がほとんど理解されていなかった。研究者たちは多くの場合、メディアのテクノロジーとコンテンツが個人に与える影響は、直接的で強力で画一的だとみなしていた。つまり、教育を受けた一部のエリート以外の誰もが、メディアの影響の差し迫った脅威にさらされており、その影響に脆弱であると考えられていたのである。しかし時間が経つにつれ、メディアの選択、利用、解釈の仕方が人によって異なることが、研究で明らかになった。その違いは、さまざまな要因からもたらされる。たとえば過去の経験、社会化の過程、ジェンダー・アイデンティティ、年齢、性格特性、道徳的・宗教的価値観、政治志向、文化、一般的な興味などである。第 12 章では、これらの違いを、ウェルビーイングのため

のメディア利用との関連で具体的に取り上げる。

メディア効果に対する感受性の差異モデル（DSMM: Differential Susceptibility to Media effects Model; Valkenburg & Peter, 2013）は、人によってメディアから受ける影響の種類やレベルが異なることを、一般的かつ包括的な言葉でうまく説明している。特に注目すべきなのは、このモデルが、利用者が皆すべてのメディアテクノロジーやメディアコンテンツに、同じように反応したり、影響を受けたりするわけではないと説明していることである。その代わり、「発達的」（認知的、感情的、社会発達的な差）、「気質的」（安定的な個人特性や一時的な状況的状態特性に基づく差）、そして「文脈的」（人間関係、社会、制度に基づく差）要因がメディアコンテンツの選択や処理に影響を与え、その後のメディア効果が引き起こされるという。例を挙げると、幼い子どもは、大人が怖がらないイメージを怖がる（発達的要因）。内向的な人と外向的な人は、ソーシャルメディアの使い方が異なる（気質的要因）。裸の描写を含む映画は、米国では他の国よりも規制を受けている（文脈的要因）。これらはほんの一例だが、このような違いにより、人はメディアから画一的ではない、むしろ異なった影響を受ける。そのため、オーディエンス、そして彼らのメディア情報の処理の仕方や影響の受け方は、複雑な現象だと考えられている。

3. メディアのコンテンツは多様である

　　オーディエンスが多様であるだけでなく、メディアのコンテンツも多様である。テレビと本は同じではないし、ビデオゲームと映画館で観る映画も同じではない。しかし、このような違いは以前ほど顕著ではない。現在、私たちは同じスマートフォンでテレビを見て、本を読み、ビデオゲームをプレイし、映画を観ることができる。このような事実があるものの、これらのメディア形態はいずれも**マスコミュニケーション**と分類される可能性があり、一般的にそう分類されている。マスコミュニケーションの基本的なモデルでは、一つの情報源から多数の受け手（一対多）にメッセージが伝達される。伝統的に、マスコミュニケーションは他の形式のコミュニケーション、例えばパーソナルコミュニケーションや小集団コミュニケーションとは異なるものとして検討されてきた。それは、マスコミュニケーションのメッセージが、できる限り多くの異質な受け手にアピールするために、必然的により一般化され、個別化されないコンテンツになっているからである。それに加えて、メッセージを結果的に修正させるような、受け手から送り手への直接的で即時的なフィードバックは、非

常に難しい。そもそも「主流メディア」という言葉は、マスコミュニケーションが、最小限の人々を不快にさせつつ、最大数の人々にアピールすることを目指した現実を反映している。とはいえ、マスコミュニケーション全体を見ると、そのコンテンツは、ジャンル、話題、テーマ、年齢相応性、複雑さ、サスペンス性、ポジティブかネガティブかの内容価、長さなど、どのような面をとっても驚くほど多様性に富んでいる。さらに、配信能力の向上により、テレビ・ネットワーク、ストリーミングサービス、ウェブサイト、映画やゲームのスタジオなど、大量生産されるコンテンツの情報源の数は、かつてないほど多くなっている。現在利用可能なマスコミュニケーションのコンテンツの量は、信じられないほど膨大である。

スマートフォンやタブレットなどの、インターネットを基盤としたメディアデバイスが幅広く普及し、マスコミュニケーションとその他のコミュニケーションの間の境界線はあいまいになっている。間違いなく、スマートデバイスは、テレビ番組、本や映画といった一対多のマスコミュニケーションのメッセージを扱える。しかし、それらのデバイスは、特に一部のソーシャルメディアのような新たな形態のコミュニケーションも可能にした。ソーシャルメディアは、事実上マスとパーソナルの双方のコンテンツを扱っている。実際、ソーシャルメディアのプラットフォームはしばしば**マスパーソナルコミュニケーション**と分類される。Twitter を例に挙げてみよう。ある地元の音楽ホールでは、Twitter アカウントを通して、次の演奏会の情報を提供している（一対多）。そのツイートに返信して、たとえばある演奏会時の駐車場についての具体的な質問をすることができる（一対一）。他のユーザーはあなたの返信を見ることができるため（一対多）、そのうちの何名かがあなたに駐車場のおすすめ情報の返信をするかもしれない（多対一）。それがきっかけで、また数名が参加して、彼らのおすすめ情報の賛否について会話が交わされる（多対多）。このようなマスパーソナルな形態のメディアによる重要な革新の一つは、従来はマスコミュニケーションのメッセージの「受け手」に過ぎなかったオーディエンスが、今やコンテンツの制作者やマスコミュニケーションの送り手になることができるということである。結果的に、メディアコンテンツの量、多様性、そしてその広がりは今までにないほど拡大している。そのため、メディアのプロセスと効果を検証する必要性がかつてないほど重要になっている。

4. 私たちの脳はメディアコンテンツを現実として処理する

　　進化論的にいえば、今あなたがこれを読んでいるのは、約20万年前のあなたの祖先が、動物や敵に直面したときに逃げ、エネルギーや生存のために食物を見つけ、集め、食べたからである。彼らが何かを見たり、聞いたり、嗅いだり、感じたりしたとき、それらは現実であり、彼らはそれに応じて反応した。反応した人は生き残り、そうしなかった人、あるいは反応が遅かった人は死んだ。人間の脳はその当時よりかなり進化したが、大昔にそのような判断で先祖たちを導いた脳の部分は、現在も私たちの中でその判断を導いている。この事実は本章での議論にとって重要である。それは、人間の脳は、かつて私たちの先祖が周りのすべてのものを現実として扱ったのと同様に、シーン、設定、登場人物、出来事の描写や感情などのメディアコンテンツを、現実として扱うからである。つまり、あなたの脳（および体の他の部分）は、メディアコンテンツが実際に存在するかのように感情的、認知的に反応するのであって、メディアによって伝えられた出来事や状況や人々と、メディア以外で伝えられたものとを、経験的に区別したりしない。だから私たちは、あるYouTubeの動画を見て大泣きしたり、ホラー映画を観る時、ドキッとしたり、怖がったりする。コミュニケーション研究者のバイロン・リーブスとクリフォード・ナス（Reeves & Nass, 1996）は、この現象を**メディア等式**と呼び、人はメディアのテクノロジーやコンテンツによる経験を、現実と同一視するとしている。この仮定は、メディアのプロセスや効果を説明する数多くの理論を理解するために重要である。

メディアのプロセスと影響の類型

　　先に述べたように、メディア心理学の分野は、認知、感情、そして行動の3つに大別されたカテゴリーの、プロセスと影響を中心に構成されている。私たちの思考は行動に影響し、感情は思考に影響するため、明らかに、これら3つの心理学的な領域は相互依存的である。そのため、これらをあたかも相互排他的であるかのように扱うのは不可能であり、不適切である。とはいえ、これらのカテゴリーは、関心のある「主要な」結果の性質を反映しており、それらの結果の原因と考えられる基本的な心理メカニズムを示している。以降の章では、異なる文脈やさまざまなコンテンツにおいて観察される結果やその背景となるメカニズムの

特定の側面を記述し、説明し、予測するための数多くの理論や概念を紹介していく。ただし、いくつかの概念や理論はこの分野の基礎を成すものであるため、それらについては、まずここで紹介する。

認知的プロセスとその影響

メディアコンテンツが私たちの思考方法や内容にどのような影響を与えるかを議論するためには、まず思考と記憶についての基本的な情報を紹介する必要がある。第1に、人間は、短期記憶と長期記憶といったいくつかのタイプの記憶を持つ。ここでの関心対象は後者である。さらに、私たちは自分に起こったことの記憶（エピソード記憶）、どのように物事を行うかの記憶（手続き記憶）、そして世界や社会生活について知っている事実や概念、考えなどの記憶（意味記憶）といった、いくつかのタイプの長期記憶を持つが、ここでの一番の関心対象となるのは、意味記憶である。

第2に、過去数十年の間に神経科学者たちが、脳に関してかなり多くのことを発見したとはいえ、まだ記憶のロードマップは作成できていない。残念ながら、脳にはグランドキャニオンや産業革命の知識がどこに蓄えられているかを示す看板はない。その代わりに、記憶の理論モデルがいくつか提唱されてきた。メディアとコミュニケーションの研究者たちは、メディアが認知に与える影響を議論する際、一般的に**記憶のネットワークモデル**を採用し、それに依存してきた（Anderson, 1983; Wyer, 2004）。

記憶のネットワークモデルはいくつか存在するが、いずれも2つの基本的な前提を共有している。第1に、すべての記憶は組織化されていて、記憶の中で概念は**ノード**[1]として表現されている。あなたが動物について知っていることは「動物ノード」に、ビーチについて知っていることは「ビーチノード」に、ケニアについて知っていることは、「ケニアノード」に保存されている。ノードは、環境内の何かが関連する概念を刺激しない限りは、休止状態を保っている。それに加え、ノードには活性化閾値がある。私たちが日常的によくアクセスするようなノードは、他のノードよりも閾値が低く、よりたやすく反応する。環境による刺激が閾値に達する十分な強さになると、ノードは活性化される。もし、十分でなければ、そのまま休止状態を続ける。活性化されたノードというのは、必ずしも

訳注[1] ネットワークの結節点。

あなたがある概念を意識的に考えていることを意味するのではなく、脳がそれについて考える「準備状態」になったことを意味する。一度活性化した後は、環境からの他の刺激がないと思えば（または関連する認知的活動が自分に起こっていなければ）、ノードはその後また休止状態に戻る。

　このような例を考えてみよう。あなたは公園を歩いている。そうすると、草、木、他の人々、犬、鳥、遊具、噴水など、数えきれないほどの環境刺激に出会う。あなたの意味記憶には、これらの概念すべてを表すノードがある。歩きながらそれらに遭遇していても、おそらくあなたはかなりの確率で、それぞれの概念について一つ一つ熟考しているわけではないだろう。それは（認知的な労力を考えても）不可能である。しかし、あなたの脳は、ある犬が飼い主から逃げてあなたに向かって走ってきた場合など、もし「必要であれば」、それらについて考える準備状態になるように作られている。ただし、一度公園を出てしまえば、もうこれらの概念には遭遇しないと仮定して（あるいは意識的にそれらについては考えないようにして）、ノードはまた休止状態に戻るだろう。

　前述したように、休止状態の閾値はノードによって異なる。さらに、概念の閾値は、その概念に遭遇する頻度、どの程度最近その概念に遭遇したか、またその概念を処理するために（他と比較して）どの程度多くの認知的努力を費やしたかを基に、時間とともに変化することがある。その概念の活性化しやすさを**アクセス可能性**（accessibility）と呼ぶ。たとえばあなたの住む地域を流れるすべての川の名前や、細胞の有糸分裂の状態など、中学校で学んだことを思い出してほしい。その当時、あなたは一生懸命勉強して、テストでいい点をとった。勉強したことが、これらの概念を記憶の中でより活性化しやすい状態にしたため、テストでその言葉を見たとき（対応するノードが活性化され）、あなたはその情報を素早く思い出すことができた。だが、その情報について現在はほとんど覚えていないか、覚えていてもほんの少しだろう。活性化の力は時間の経過とともに弱まり、その概念のアクセス可能性は低くなる。しかし、私たちが常にアクセスし、環境によって繰り返し起動され、常に考えている概念は、**恒常的にアクセス可能**になる。

　記憶のネットワークモデルが共有する2つ目の主な前提は、すべての記憶は**連想経路**を介して相互接続しているということである。あなたの動物ノードは、犬ノード、猫ノード、象ノードなどとつながっている。あなたの動物ノードはまた、ビーチノードにもつながっている（カモメ、イルカ、カニなどのため）。しかし、「動物」は、（少なくとも多くの人にとって）「ビーチ」よりも「犬」の方に関連が強い概念である。すなわち、概念間の連想経路の「強さ」は概念によって異なる。

ノード間の経路はノードがアクセスしやすくなるのと同じ原因で強くなる。それは頻度、新近性、そしてその情報の処理に必要な労力による。環境内の関連する2つの概念、たとえば、ピーナッツバターとジェリー[2]、医者と看護師、黄色いスクールバスと学校、などに頻繁に接すれば接するほど、ノードとノードの間の連想経路は強くなっていく。ノードを活性化させるエネルギーは他のノードにも広がるため、この点は重要である。より強い経路は、より多くのエネルギーを拡散させる。その結果、ある概念（たとえば医者）が環境内で活性化されると、関連性の高い概念（看護師、病院）も同様に活性化される。つまり、最初の概念（医者）に出会っただけで、これらの関連する概念について考えたり行動したりする「準備が整う」のだ。一つの概念から他の関連性の高い概念に活性化が広がっていくプロセスは、**プライミング**（priming）と呼ばれる。プライミングの結果、意味的に関連した概念が活性化され、（たとえば、ノードが休止状態になるまでの）短時間のうちに関連した思考をする可能性が高まる。

　メディアコンテンツは、私たちが毎日のように遭遇する環境刺激の一つである。私たちの脳はメディアの内容を現実として扱うため、そこで私たちが触れるものは、私たちの意味記憶にさまざまな形で影響を与える。第1に、私たちはメディアコンテンツに含まれる、ある概念に関する情報に出会う。この情報が十分に記号化されて長期記憶に保存されれば、既存の関連ノードに追加される。つまり、メディアコンテンツは、私たちが他の情報源から学んだ概念に関する情報に加えて、意味記憶の中のノードを発達させるのに役立つ。概念によっては、メディアコンテンツが「唯一の」情報源になるだろう。たとえばあなたがアンデス山脈について知っていることは、旅行番組か自然ドキュメンタリーを見て知ったことかもしれない。

　重要なメディア理論の一つ、**培養理論**（Cultivation Theory; Gerbner, 1969; Gerbner & Gross, 1976）では、メディアである概念に関する情報に出会うことの長期的な影響を説明している。そもそもこの理論は、1960年代後半から1970年代にかけて、テレビ視聴が社会的現実の認識に与える潜在的な影響を説明するために考え出された。時が経つにつれて、多くの研究者たちが、同じプロセスや影響は他のメディアでも経験できると考えるようになったが、研究の大半は、依然としてテレビに焦点が当てられている。つまり培養理論は、人々がどのようにメディアを通して世界について学ぶかを説明している。私たちが得た情報は、その後の私た

訳注[2] ピーナッツバターとジェリーのサンドイッチはアメリカの子どもがよく食べる軽食。

ちの世界の認識に影響を与え、その影響はメディア接触に多くの時間を費やす人々（たとえばテレビの「重視聴者」）の間でより強くなる。

　表面上、かつ前述の議論を踏まえると、これは完璧に論理的で問題がないように思える。私たちの環境は、メディアで私たちが接するものも含め、さまざまな概念に関する情報を供給し、それを私たちの脳が処理して関連のノードに保存する。メディアに多く接する人は、そうでない人に比べて、メディアを通してそのような情報を多く得ることになる。それは、定期的に授業に出席して、課題図書を真面目に読んだ学生が、あまり出席せず読まない学生よりも、授業内容をより多く習得するのと同じことである。これは単なる脳の働きによるものだ。しかしながら、メディアコンテンツが現実を描写する仕方によって、問題が発生する可能性がある。たとえば、テレビに登場するラテン系の人々の割合は、米国の実際のラテン系の人口比率と比べてかなり低いことが、研究で一貫して明らかになっている。有色人種の人々は、現実の貧困のレベルと比較して不釣り合いに多く、ニュースで「貧困の顔」として取り上げられている。プライムタイム[3]のテレビでの殺人率は、地球上のどの場所と比べても桁外れに高い。ファッション誌の広告に登場する女性の平均ボディサイズは、現実世界の女性のそれよりもずっと小さい。メディアの世界は、現実の世界と異なる点が多々あるので、メディアを通じて世界の情報を得る時間が長ければ長いほど、現実世界の認識はメディアで描かれた世界に近づいてしまう。たとえば、テレビでは犯罪や暴力が頻繁に放送されているため、テレビの重視聴者は軽視聴者よりも、現実世界をより卑劣で恐ろしい場所、より他人を信頼できない場所、自分が犯罪の被害者になる確率が高い場所だと認識する傾向があるというのが、培養理論から得られた一つの知見である。培養理論の研究者は、この影響を**ミーンワールド症候群**（mean-world syndrome）と呼んでいる。この本の目的に引きつけていえば、たとえば人々が優しくて、親切で、寛容で、きちんとしていて、つながっているという異なる世界観を提示するメディアを繰り返し消費することは、同様にこの地球をより快適な場所とみなすようにさせ、**カインドワールド症候群**（kind-world syndrome）（Oliver et al., 2012 を参照）をもたらすという論理が成り立つ。

　第 2 に、メディアコンテンツがある概念へのアクセス可能性に影響を与えることがある。メディアである概念についてより頻繁に、より最近接すると、私たち

訳注[3]　一般的に視聴率が最も高くなる夜の放送時間帯のことで、具体的な時間は国や地域によって異なるが、アメリカでは東海岸と西海岸の地域では 20 時から 23 時、中部地域では 19 時から 22 時となっている。

の記憶の中でそれがより活性化しやすくなる。このことは、ニュースの**議題設定効果**（McCombs & Shaw, 1972；第9章も参照のこと）の核心でもある。なぜなら、ニュースが特定のトピックを多く報道すればするほど、オーディエンスはそのトピックについて考えるようになり（つまり、アクセス可能性が増加し）、その結果、オーディエンスはそのトピックが、今日の世界が直面している最も重要な問題であると考えるようになるからである。

　第3に、メディアコンテンツは、ある概念と他の概念との関係性を呈示する。病院が舞台のテレビ番組には、常に医者と看護師たちが登場する。シットコム[4]では、いつも決まって子どもたちが黄色いスクールバスに乗って学校へ行く。その結果、メディアコンテンツは、概念同士の間の連想経路を強める可能性がある。通常は、この影響に問題はない。しかし、この神経学的なプロセスは、メディアコンテンツが**ステレオタイプ**（最近の概要については、Dixon, 2020を参照）を創り出し、固定化する仕組みを説明するものでもある。もし、ニュース番組が日常的に（そして偏った割合で）、アフリカ系アメリカ人の男性が起こしたとされる犯罪について報道していたら、それが「犯罪」と「アフリカ系アメリカ人男性」という概念を、必然的にオーディエンスの脳の中でより強く結びつけることになる（たとえば、Dixon & Linz, 2020）。もし映画で、イスラム教を信仰している人が常にテロリストとして描かれていたら、これらの二つの概念はより強く結びつけられる（たとえば、Ahmed & Matthes, 2017）。一方、YouTubeの動画で、アフリカ系アメリカ人の男性やイスラム教徒たちが、他の人々と調和して生活していて、音楽を奏で、食事を共にし、親切に振る舞う様子が映し出されていれば、同じく「それらの」概念の間の関連性が強まることになる。

　第4に、メディアコンテンツは、概念を刺激して活性化を広げることができる。つまり、ある概念に意味的に関連する他の概念にも、よりアクセスしやすくなり、その関連する考えを持つ可能性が高まる。先に、この現象をプライミングと呼ぶことを説明したが、メディアのコンテンツがきっかけとなる場合、この現象を**メディアプライミング**と呼ぶ。メディアコンテンツが暴力的、政治的な概念、そしてさまざまなステレオタイプを助長し、その後短時間、思考や態度に影響を与えることを、かなり多くの研究が検証している（Ewoldsen & Rhodes, 2020を参照）。ポジティブな思考や態度を呼び起こすメディアプライミングの役割についても、もっと注目する必要があるだろう。

訳注[4] シチュエーション・コメディの略。日常で起きるさまざまな状況を舞台にして展開するユーモラスな連続コメディドラマ。

情動的なプロセスとその影響

　情動（emotion）は、私たちの日常生活やウェルビーイング全般において重要だが、メディア利用と情動との関連については、認知との関連に比べると、歴史的に学問的な注目をほとんど集めてこなかった。しかし幸いなことに、この数十年の間に状況は変化し始めた（主要な概説としては、Nabi, 2020 を参照）。多くの形でメディアの情動的プロセスや影響への注目が高まったことで、ポジティブメディア心理学が一つの分野として発展した。後の章でその内容を示していく。

　心理学者たちは、情動について、一つの「完璧な」定義があるとは同意していないようである。しかし、彼らの多くは、情動とは、環境の中の何らかの関連刺激への反応、またそれに対する評価として経験する内的な状態だと考えている。情動は、内容価（肯定的‐否定的）と強さの次元で変動する。情動は一瞬にして生じ、そして消え、普通はある特定の原因に結びつけられる。情動は気分（mood）とは異なる。気分も内容と強さで変動するが、情動ほど強烈でなく、より長続きし、一定の時間安定していて、より認知的で、特定の原因に結びつけられることは少ない。また、「感情」（affect）という言葉は、通常、何かを感じる一般的な経験を指す場合に心理学者たちが使う言葉であるが、情動と気分は両方ともこの感情に関連する状態と考えられている。

　情動を研究するアプローチとして広く認められている主要なものの一つに、**コンポーネントプロセスモデル**がある（Scherer, 1984）。このモデルでは、すべての情動は、人間の基本的な生物学的・心理学的下位システムに関連した5つの構成要素によって成り立つと考えられている。1つ目は、「認知的」要素であり、すべての情動は私たちの主要な関心事にかかわる環境的刺激の査定または評価によって生じる。もちろん、これは必ずしも情動が長い時間をかけた熟考から生じることを意味するものではない。そして刺激の重要性は、いくつもの複雑な自動的・潜在的評価プロセスを経て素早く評価される。

　2つ目に、情動はすべて「生理的」要素を含んでおり、ほとんどの場合、中枢神経系、自律神経系（交感・副交感神経系を含む）、そして神経内分泌系の**覚醒**である。覚醒とは、ある刺激に対する非特異的な生理的反応である。そのため、情動には固有の覚醒上の「特徴」はないと考えられている。たとえば、あなたが愛、不安、恐れのいずれを感じる時も心拍数が上昇する。つまり、そこに特別な「愛を感じると上がる心拍数」があるわけではない。認知的な評価では、その生理的覚醒の意味を解釈しようとする。つまり、あなたが感じている情動が何かは、刺

激の性質と状況から判断される。また、私たちの体は生存のために常にホメオスタシスを維持・回復しようとしているため、覚醒の経験、つまり感情はいつしか去っていくものである。3つ目に、すべての情動は「主観的感覚」(subjective feeing) 要素を持っているが、これは私たちのほとんどが情動的な経験から連想する感覚の状態のことを指す。4つ目に、すべての情動は「運動表出」要素を持ち、これは顔面（たとえば微笑み、吊り上がった眉、震える唇）の、また発声的（たとえば「あらまあ！」や「ワオ！」）な表現を含む。これらは他者に情動を伝える方法として発達したものと考えられている。

　最後に、すべての情動は「動機づけ」要素を含んでいる。この構成要素は、適切な行動のために身体を準備する働きをする。情動の研究には2つの学派があるが、それらは他の論点よりも特に動機づけ要素の概念化の仕方で意見が異なっている。情動次元理論の論者たちは、すべての情動を、幅広い意味での欲求（接近）あるいは嫌悪（回避）の動機づけシステムの活性化と関連した、覚醒や内容価において異なる動機づけ状態とみなしている。一方、個別情動理論の論者たちは、異なった情動には「特定の」行動に対する動機づけの傾向があると主張する。後の章で登場する情動に関する議論は、主に個別情動理論の視点から行われている。

　メディア心理学では、感情的な状態はさまざまな役割を果たすと考えられている。一つの例として、情動と気分はメディア選択の動機づけに影響する。気分管理理論 (Zillmann, 1988；さらに第4章も参照) と選択的接触による自己・感情管理モデル (SESAM: Selective Exposure Self- and Affect-Management model; Knobloch-Westerwick, 2015) は、その2つの重要な例である。第2に、メディアに対する反応として、喜び（楽しみ）、サスペンスと不安、恐れ、悲しさ、希望、畏敬などの情動が研究されている。このようなメディアに対する情動的な反応の多くについては、後の章で論じる。第3に、情動はメディアの他の効果や結果に影響を与えることがある。たとえばある広告や健康キャンペーンの説得力を高める恐怖の役割や、有意義なオンライン動画を共有する気にさせるポジティブな情動の役割が挙げられる。

行動的なプロセスとその影響

　多くの政治家、宗教指導者、教育者、そして社会の一般の人々が抱いている永続的な思い込みは、メディアコンテンツが人々にある特定の行動をとらせるとい

うものだ。銃乱射事件、不快な言葉遣い、未成年の薬物やアルコール摂取、無防備な性行為はすべて、これまでずっとテレビや映画、ビデオゲーム、本、そしてソーシャルメディアのせいにされてきた。メディアのテクノロジーやコンテンツが行動に影響を与え得るという主張は、科学的な根拠によって裏づけられているが、そのプロセスは、多くの人が考えているよりもはるかに複雑である。間違いなく、時に私たちは、メディアで接したメッセージに直接従う。天気予報に基づいて傘を持って出勤し、公示された午後7時の終了時間の前に投票所に行き、レシピどおりにオーブンをあらかじめ180℃に熱しておく。さらに、非常に多くの「新たな」行動、たとえば自転車のパンク修理の仕方、髪形の変え方、マイクロソフト・エクセルの表の作り方、サルサダンスの踊り方などを、テレビ番組やYouTube の動画から学ぶことができる。これらのすべての例が、メディアコンテンツが私たちの行動に影響を与え得ることを示している。しかし、過去の経験、目的や目標、気分、生い立ち、価値観、性格特性、状況、ホルモンのレベルなど他の多くの要素ももちろん行動に影響する。そして、私たちの自由意思と個人の主体性があれば、同じような状況であっても、私たちは自分の行動を、1分ごと、また1日ごとに変えることができる。結果として、ほとんどの行動（たとえば、クラブで喧嘩騒ぎを起こすような行動）の原因を、たった一つのこと（たとえば、「グランド・セフト・オート」[5]をプレイすること）に絞るのは非常に難しく、一般的には正確ではない。

　このようなプロセスの多くを説明しようとするメディア心理学、というより心理学全体の基礎理論の一つが、**社会的認知理論**（SCT: Social Cognitive Theory; Bandura, 1986）である。単純なレベルでは、社会的認知理論は、他者を観察することで、どのように行動するか、どんな状況であればそれらの行動が許容されるか、どんな結果をもたらすか、といったことなど、人が行動について学ぶ仕組みを説明する。この理論では、人は自分の行動や環境に関して主体性を持つと考えている。すなわち、行動には、目標、動機、推定される結果、過去の行動についての反省、そして相互の利益などを踏まえた能動的な選択が反映されている。これらの選択のために得た情報のほとんどは、他者の行動を観察することから得られている。さらに、人間の脳は、メディアで媒介された状況とそうでない状況とを容易に区別できないため、この学習は、日常生活とメディアの世界の両方で他者を観察することにより達成され得る。1960年代に心理学者のアルバート・バ

訳注[5] 暴力的な内容で有名なアクションゲーム。

ンデューラ（Albert Bandura）とその同僚らによって行われた有名なボボ人形の研究は、この事実を最初に証明した（BOX 2.2 を参照）。

BOX 2.2　アルバート・バンデューラとボボ人形実験

　1960年代に、スタンフォード大学の心理学者アルバート・バンデューラは、メディアで観察された行動が、受け手によってどのように模倣されるかを理解する基礎となる一連の研究を行った。このいわゆるボボ人形実験では、空気で膨らませた人形の下部に重りを付け、倒しても自動的に直立するようにして、研究者たちがその人形と遊び、相互作用を行った。一連の研究を通して、就学前の子どもたちは、自分と同じか別の性別の大人が、人形に対して身体的および言語的虐待行動をとるか、または人形を全く無視しているのを見た。一方、実験の対照群の子どもたちは、そのような大人の様子を見なかった。ある研究では、大人は子どもたちがいる同じ部屋でボボ人形と遊び、他の研究では、子どもたちはビデオで、大人が人形と遊ぶのを見た。いずれの研究でも、その後子どもたちにもボボ人形や他のおもちゃで遊ぶ機会が与えられ、それを研究者たちが観察した。

　ボボ人形と遊ぶ機会を与えられると、子どもたちは幾分荒っぽく遊び、人形を押したり殴ったりした。これは、大人がそのように人形で遊んでいるのを見たかどうかにかかわらず、すべての子どもたちに当てはまったが、攻撃的な大人を見た子どもたちは、その頻度が有意に高かった。ボボ人形の性質上、押したり殴ったりするのは自然なことなので、このことは驚くにはあたらない。しかし、そこにいた大人は、あまり自然でない行動もしていた。たとえばボボ人形を木槌でたたいたり、押し倒したり、押さえつけたり、何度も殴ったり、人形をたたくときに「バーン」などと、攻撃に固有な音を発したりした。これらの新奇な行動に、研究者たちは特に興味を持っていた。子どもたちは大人をお手本にするのか？その答えは、はっきりとした「イエス」だった。新奇な行動を観察した子どもたちの大半が、その行動をお手本にしていた。さらに、その攻撃的な言葉も覚えて、人形で遊んでいるときにも繰り返し口にしていた。その上、子どもたちには抽象的モデリングのプロセスも見られ、攻撃的な大人を見た子どもたちは、部屋の中にあったおもちゃの銃で遊ぶ確率が有意に高く、その多くが銃を使ってボボ人形を脅したり殴ったりした。ところが実際は、お手本となった大人は、銃では全く遊んでいなかった。これらや類似の研究を経て、バンデューラをはじめとする研究者たちは、観察学習、モデリング、抽象的モデリング、そして最終的にはメディ

アを通して新しい行動を学ぶ能力などのプロセスについて、理解を深めていった。

　他者を観察することの第１の成果は、新たな行動の発達であり、社会的認知理論では**モデリング**と呼ばれるプロセスである。行動がモデリングされるためには、その行動を観察している人が、４つのプロセスを完了する必要がある。料理、家の装飾、そしてその他の DIY のメディアコンテンツでは、メディアのオーディエンスにモデリングが起こり得るし、また実際に起こることが想定されている。そのため、モデリングがどのように起こるかを理解するには、関連する例が役立つだろう。

　あなたは新しいレストランでとても美味しいグアカモーレ[6]を食べて帰宅したところで、その作り方を習おうと決める。そこで、YouTube のテイスティ・チャンネルで、レシピ動画を探す。何千人もの人が「いいね」を付けている動画を見つけ、見始める。観察しようとしている行動（たとえばグアカモーレを作る行動）をモデリングするためには、まずその行動に注目する必要がある（「注意プロセス」）。これは当然のことのように思えるが、実は非常に複雑なプロセスであり、（特に）その行動の重要性、複雑性、知覚された機能的価値に加えて、（とりわけ）あなたの認知能力、既存の知識、そして関心に左右される。動画を検索したのであれば、注目する準備ができているということだ。しかし、もし友だちが、あなたがレストランにジャケットを忘れてきたかとメールしてきたら、気が散って、その行動をモデリングする能力が損なわれてしまうだろう。

　幸いなことに、ジャケットは手元にあったので、動画を見ることができた。最終的にその行動をモデリングするのに達成しなければならない第２のプロセスは、その行動を覚えておくことである（「保持プロセス」）。これもまた当たり前のことだが、覚えていない行動をモデリングすることはできない。保持プロセスもまたぱっと見よりも複雑である。象徴的に言葉や行為を記号化し、解読することや、新たな知識構造を構築したり、既存の知識構造に新たな知識を加えることが行われる。３つ目に、動画を見てグアカモーレの作り方を学ぶには、見た行動を再現できなければならない（「産出プロセス」）。そこでは、身体的なスキルと能力だけでなく、試して自己修正することに関連した認知的能力が必要とされる。

　あなたは動画を最後まで見て、しっかりと注意を払い、レシピどおりの作り方を覚え、自分が見た一連の行動を再現できると確信する。行動をモデリングする

訳注[6]　メキシコ料理で使われるアボカドのディップまたはサラダ。

ために必要な最後の段階は、実際にそれを行うよう十分に動機づけられることである（「動機づけプロセス」）。前述の主体的視点を踏まえて考えると、自分で選択しない限り、グアカモーレ作りをモデリングしようとはしないだろう。おそらくすでに予想される通り、動機づけプロセスもまた、さまざまな要素を含んでいる。動機づけの重要な要素の一つは、ある行動を実行することで得られると予測される報酬（または罰）である（「結果の期待」）。いくつかの種類の誘因は、これらの知覚に影響を与える。動画でその料理を食べている人々はとても満足しているように見える（代理誘因）。お腹が空いているので、自分のために料理を学ぶことはとても重要なことであり（自己誘因）、あなたはルームメイトもグアカモーレが大好きなことを知っている（外的誘因）。動機づけのプロセスに影響を与えるもう一つの要因は、「自己効力感」、つまりあなたがその行動を実行することにどの程度自信があるかということである。ある行動に対して高い自己効力感を持つ人は、実際にその行動を実行する可能性がはるかに高い。また、もしその結果が完全に役に立たず、報われなかった場合でも、再挑戦する可能性が高くなる。

モデリングの4つのプロセスが達成されたら、あなたはお店へ行って材料を買う。社会的認知理論によれば、あなたがグアカモーレの作り方を観察を通じて学んだことの証明は、それを実際に作ること、つまり、行動をモデリングすることである。あなたが得るさまざまな種類の報酬、または罰のフィードバックは、たとえば美味しかったか、作るのが難しかったか、アボカドの値段が高すぎたか、ルームメイトが一口食べて後は残したか、などである。それらのすべてが、将来その行動を繰り返すかどうかの動機に影響する。

社会的認知理論はまた、他者を観察することは、ある行動の直接的なモデリングや真似にとどまらないという。私たちは、自分が観察した行動に影響し、それをつかさどり、引き起こし、生じさせそうな文脈、動機、ルール、その他の要因に関する情報も学習する。その結果、行動に関する革新的な思考が生成され、潜在的には観察された行動の応用につながり、同じような動機による、または状況的により適切な、新たな行動の採用にさえつながる。この過程は**抽象的モデリング**と呼ばれている。たとえば、グアカモーレのレシピには、赤玉ねぎのみじん切りが含まれているが、赤玉ねぎは嫌いなので省く。また、ルームメイトは料理があなたに喜びをもたらしたことに気づき、自分も別の料理を作ってみることにする、という例が挙げられる。

さらに、文脈、動機づけ、結果の情報に関する高次の学習は、私たちの生活の中で、たとえ定期的に行うものであっても、すべての行動に対して継続して行わ

れる。新たな情報は、どのように、いつ、どこで、なぜ私たちがある行動をとるかに影響を与える。たとえば、スマートフォン以前の世界に育った多くの人々、おそらくあなたの両親たちは、個人的な手紙の正式な書き方を習ってきた。彼らが携帯でテキストメッセージを送り始めた時は、手紙と同じルールに従って、きちんと完結する文章、適切な句読点、大文字と小文字の区別を守るなどして送っていた。しかし、多くのテキストメッセージを受け取っているうちに、他のメッセージを観察することで、別のルールに従うようになった。その結果、彼らは自分自身のテキストメッセージの送り方を変えたのである。同様に、職場である種の性的ジョークを言うことが当たり前だった人の多くが、#MeToo 運動によって、その行動を変えるようになった。より大きくとらえれば、社会的認知理論は、人々がどのように「常に」周りの環境から、直接的・間接的に行動についての情報を学んでいるか、そして人生を通して、どのようにその情報が私たちの行動を形作り「続ける」かを説明している。さらに、私たちの脳は、メディアの中で観察することを、現実の世界のことと同じように処理するため、私たちの行動に影響する情報は、その両方から得られている。

　観察学習についての記述と説明は適用範囲が広く、社会的認知理論は、どのようにメディアのコンテンツが私たちの行動にポジティブな形で影響を与えるかを理解する基礎となる。しかし、社会的認知理論は、行動へのメディアの影響を説明する唯一の理論ではない。健康関連のコンテンツについていえば、ここで述べる価値のあるものとして、他の 2 つの理論が特に重要である。**健康信念モデル**（Janz & Becker, 1984; Rosenstock, 1974）は、ある人が健康関連行動を行う可能性に影響するさまざまな要因を特定している。それらの要因には、知覚された不健康な状態の脅威（重症度や罹病性など）、行動を遂行することについての知覚された便益と障壁、そして知覚された自己効力感がある。その行動を起こすことの利点を示すメディアメッセージは、その行動を妨げるあらゆる障壁を克服する方法を伝える。そして、その行動を起こさないことの脅威を強調するメディアメッセージは、健康的な行動を促進させると考えられている。同様に、受け手の自己効力感を高めるようなメッセージもまた、有益であろう。このようなメッセージは、公共サービス情報や公共広告のように、明示的に説得を試みるものもあれば、映画やビデオゲームのストーリーのように、あまり目立った形では示されないものもある。これらの問題については、第 10 章で議論する。

　関連する行動影響理論の 3 つ目は、実際には合理的行動理論（Ajzen & Fishbein, 1980）、計画的行動理論（Ajzen, 2011）そして統合行動モデル（Head &

Noar, 2013) を含む、**合理的行動アプローチ**（RAA: Reasoned Action Approach）と呼ばれる一連の理論である。合理的行動アプローチでは、行動の一番の予測因子は、その行動を行う人の意図だという。行動意図は、主に3つの要因に影響される。それらの要因は、その行動に対する態度、その行動に関する知覚された社会的規範、その行動に対する知覚された制御感（自己効力感）である。さらに、これらの要因のそれぞれはまた、関連する信念に影響を受ける。メディアメッセージは、行動意図の3つの予測因子すべてと、その基盤となる信念にも影響を与える可能性があることがわかっている。

まとめ

メディア心理学の研究の歴史は意外に長い。一世紀近くにわたって、オーディエンスがメディアコンテンツをどのように選択し、処理し、反応し、批判的に消費するかが研究されてきた。さらに、メディアのテクノロジーやコンテンツが個人の思考、態度、信念、感情、気分、行動にどのように影響を与えるかについては、膨大な量の研究が行われている。特にここ数十年の研究では、オーディエンスとメディアがどのように相互作用するかについての実態が明らかになってきた。今日の研究者の手によって、この実態は、人間心理の基本的な理解とともに、メディア心理学と呼ばれる心理学の一分野を構成している。

引用文献

Ahmed, S., & Matthes, J. (2017). Media representation of Muslims and Islam from 2000 to 2015: A meta-analysis. *International Communication Gazette*, 79, 219-244. doi:10.1177/1748048516656305.

Ajzen, I. (2011). The theory of planned behaviour: Reactions and reflections. *Psychology & Health*, 26, 1113-1127. doi:10.1080/08870446.2011.613995.

Ajzen, I., & Fishbein, M. (1980). *Understanding attitudes and predicting social behavior*. Englewood Cliffs, NJ: Prentice-Hall.

Anderson, J. (1983). *The architecture of cognition*. Cambridge, MA: Harvard University Press.

Bandura, A. (1986). *Social foundations of thought and action: A social cognitive theory*. Englewood Cliffs, NJ: Prentice-Hall.

Bowman, N. D. (2018). *Video games: A medium that demands our attention*. New York, NY: Routledge.

Dixon, T. L. (2020). Media stereotypes: Content, effects, and theory. In M. B. Oliver, A. A. Raney, & J. Bryant (Eds.), *Media effects: Advances in research and theory* (4th ed., pp. 243-257). New York, NY: Routledge.

Dixon, T. L., & Linz, D. (2000). Race and the misrepresentation of victimization on local television news. *Communication Research*, 27, 547-573. doi:10. 1177/009365000027005001.

Ewoldsen, D., & Rhodes, N. (2020). Media priming and accessibility. In M. B. Oliver, A. A. Raney, & J. Bryant (Eds.), *Media effects: Advances in research and theory* (4th ed., pp. 83-99). New York, NY: Routledge.

Gerbner, G. (1969). Toward "cultural indicators": The analysis of mass mediated public message systems. *AV Communication Review*, 17, 137-148. doi:10.1007/BF02769102.

Gerbner, G., & Gross, L. (1976). Living with television: The violence profile. *Journal of Communication*, 26, 172-199. doi:10.1111/j.1460-2466.1976.tb01397.x.

Head, K. J., & Noar, S. M. (2013). Facilitating progress in health behaviour theory development and modification: The reasoned action approach as a case study. *Health Psychology Review*, 8, 34-52. doi:10.1080/17437199.2013.778165.

Janz, N. K., & Becker, M. H. (1984). The Health Belief Model: A decade later. *Health Education Quarterly*, 11, 1-47. doi:10.1177/109019818401100101.

Knobloch-Westerwick, S. (2015). *Choice and preference in media use: Advances in selective exposure theory and research*. New York, NY: Routledge.

Lang, A. (2000). The limited capacity model of mediated message processing. *Journal of Communication*, 50, 46-70. doi:10.1111/j.1460-2466.2000.tb02833.x.

McCombs, M. E., & Shaw, D. L. (1972). The agenda-setting function of mass media. *Public Opinion Quarterly*, 36, 176-187. doi:10.1086/267990.

Nabi, R. (2020). Media and emotions. In M. B. Oliver, A. A. Raney, & J. Bryant (Eds.), *Media effects: Advances in research and theory* (4th ed., pp. 163-178). New York, NY: Routledge.

Oliver, M. B., Krakowiak, K. M., & Tsay, M. (2012, May). *Elevating entertainment and the 'kind-world' syndrome*. Presented at the annual meeting of the International Communication Association, Phoenix, AZ.

Oliver, M. B., Raney, A. A., & Bryant, J. (2020). *Media effects: Advances in research and theory* (4th ed.). New York, NY: Routledge.

Reeves, B., & Nass, C. I. (1996). *The media equation: How people treat computers, television, and new media like real people and places*. New York, NY: Cambridge University Press. (リーブス ＆ナス『人はなぜコンピューターを人間として扱うか：「メディアの等式」の心理学』細 馬宏通訳、翔泳社、2001)

Rosenstock, I. M. (1974). Historical origins of the Health Belief Model. *Health Education and Behavior*, 2, 328-335. doi:10.1177/109019817400200403.

Scherer, K. R. (1984). On the nature and function of emotion: A component process approach. In K. R. Scherer & P. Eckman, *Approaches to emotion* (pp. 293-317). Hillsdale, NJ: Lawrence Erlbaum Associates.

Valkenburg, P. M., & Peter, J. (2013). The differential susceptibility to media effects model. *Journal of Communication*, 63, 221-243. doi:10.1111/jcom.12024.

Wyer, R. S. (2004). *Social comprehension and judgment: The role of situation models, narratives, and implicit theories*. Mahwah, NJ: Lawrence Erlbaum Associates.

Zillmann, D. (1988). Mood management through communication choices. *American Behavioral Scientist*, 31, 327-340. doi:10.1177/000276488031003005.

参考文献 ∎∎∎

Appiah, O. (2008). Stereotyping and the media. In W. Donsbach (Ed.), *The international encyclopedia of communication*. Hoboken, NJ: John Wiley & Sons.

Bandura, A., Ross, D., & Ross, S. A. (1961). Transmission of aggression through imitation of aggressive models. *The Journal of Abnormal and Social Psychology*, 63, 575-583.doi:10.1037/h0045925.

Bandura, A., Ross, D., & Ross, S. A. (1963). Vicarious reinforcement and imitative learning. *The Journal of Abnormal and Social Psychology*, 67, 601-607. doi:10. 1037/h0045550.

Bargh, J. A., Bond, R. N., Lombardi, W. J., & Tota, M. E. (1986). The additive nature of chronic and temporary sources of construct accessibility. *Journal of Personality and Social Psychology*, 50, 869-878. doi:10.1037/0022-3514.50.5.869.

Beedie, C., Terry, P., & Lane, A. (2005). Distinctions between emotion and mood. *Cognition and Emotion*, 19, 847-878. doi:10.1080/02699930541000057.

Lang, A. (1990). Involuntary attention and physiological arousal evoked by structural features and emotional content in TV commercials. *Communication Research*, 17, 275-299. doi:10.1177/009365090017003001.

Ramasubramanian, S., & Banjo, O. O. (2020). Critical media effects framework: Bridging critical cultural communication and media effects through power, intersectionality, context, and agency. *Journal of Communication*, 70, 379-400. doi:10.1093/joc/jqaa014.

Sanders, M. S., & Ramasubramanian, S. (2012). An examination of African Americans' stereotyped perceptions of fictional media characters. *Howard Journal of Communications*, 23, 17-39. doi:10.1080/10646175.2012.641869.

第3章 ポジティブ心理学の主要な理論と概念

Tom Wang/Shutterstock.com

　誰もが幸せになりたいと思っている。アイスクリームをねだって泣いている5歳の子どもも、友人と一緒にご飯を食べたり、YouTube の動画をシェアしている20歳の人も、ビーチで子どもたちと砂の城を作っていたり、キャリアで成功を収めた40歳の人も、また、動物保護施設でボランティアをしたり、朝の散歩で近所の人とおしゃべりをしている70歳の人も、みんなそう願っている。幸福は、生命の普遍的な繁栄の力である。しかし、それにもかかわらず、幸福は多くの異なる意味で定義され、異なる方法で手に入れられる。ポジティブ心理学という科学は、幸福とは何であり、どうすれば体系的に手に入れられるかを探究するための枠組みを提供してくれる。

ポジティブ心理学とは何か？

　20世紀の大部分において、心理学は、精神疾患、暴力、逆境の克服、人種差別、自尊心の管理など、人間の経験の否定的な側面に焦点を当てていた。2000年に、心理学者のマーティン・セリグマン（Martin Seligman）とミハイ・チクセントミハイ（Mihaly Csikszentmihalyi）は、人生を生きる価値のあるものにしてくれるのは何かについて研究することを提唱する論文を発表した。**ポジティブ心理学**は、

人生のポジティブな側面に焦点を当て、社会や個人を繁栄させるものを明らかにしようとする理論や研究の総称である。より具体的には、ポジティブ心理学は、ポジティブな主観的経験（すなわち、ウェルビーイングな状態であると感じること）、ポジティブな特性（すなわち、ウェルビーイングに役立つ性格的強み）、およびそのような経験や特性を育むポジティブな制度（たとえば、家族、職場）を扱う。これらは、最終的に、最適な生の営みや繁栄を可能にしてくれるもので、ポジティブ心理学はこれを探究することを通じて、何が「人々を幸せにする」のかを理解しようとする。

　一般の人々が**幸福**と呼んでいるものを、科学共同体では一般に**ウェルビーイング**といっている。ウェルビーイングという用語は、この章で概説する幸福のさまざまな側面を捉えている。ウェルビーイングを端的に定義することは、困難であることが示されてきた。この概念は、多面的であり、さまざまな哲学的および文化的視点から理解されているからである。紀元前 8 世紀から 3 世紀の間に、少なくとも 12 の異なる幸福の概念が、哲学者たちの間ですでに議論されていた。今日には、少なくともその 7 倍もの幸福とウェルビーイングの概念が存在している。この章では、特にメディア心理学の研究に関連のある、最も有名なものについて説明していく。

ウェルビーイングの類型

　ウェルビーイングに関するさまざまな概念は、ヘドニック（hedonic）とユーダイモニック（eudaimonic）という 2 つの哲学的アプローチに大別できる（Ryan & Deci, 2001; Waterman, 1993 も参照）。ヘドニックとユーダイモニックの区別は、何世紀にもわたって作られ、紀元前 4 世紀にアリストテレスの『ニコマコス倫理学』によって初めて多くの人々に知られるようになった。アリスティッポス（Aristippus）という同時代の哲学者は、人生における最高の善は、快を求め、不快を避けることであると提唱した。これは「ヘドニア」（hedonia）として知られている観点である。

　対照的に、アリストテレスは、今は有名な彼のエッセイの中で、幸福は快を求めること以上のものであると提唱した。幸福は、道徳的かつ気高く行動する（ユーダイモニア）人からももたらされるとしたのである。それ以来、ウェルビーイングの「真」の性質についての意見の不一致が続いている。一部の学者は、ヘ

ドニックな性質か、ユーダイモニックな性質のいずれか一つの考え方だけを主張している。しかし、ほとんどの研究者は、繁栄（Keyes, 2002）とか、人間としての最適な営み（Ryff, 1989b, 2016）、または充実した良い人生を生きること（Seligman, 2002）などといわれる最適な生存のためには、ヘドニックなウェルビーイングとユーダイモニックなウェルビーイングの両方が必要であるという考えを受け入れている。

ヘドニックなウェルビーイング

　今日のポジティブ心理学者のほとんどは、快楽主義の意味として、ディーナーと彼の同僚たちがつくった（たとえば、Diener, 1984）**主観的ウェルビーイング**という用語を用いている。主観的ウェルビーイングには、感情的および認知的要素が含まれる。感情的要素の特徴は、ポジティブな情動の発生とその頻度が相対的に高く、否定的な情動の発生とその頻度が相対的に低いことである。認知的要素は、主に人生に対する満足度の評価である。

　主観的ウェルビーイングは、自分の「全体的な」幸福度に対する評価として考えるのが最も適切である。つまり、家族、職業、宗教など何か特定の一つの源と結びつけられているわけではないと考えられている（Ryan & Deci, 2001）。たとえば、主観的ウェルビーイングの高い人は、過去1週間（または1カ月）の間に、何かに夢中になったり、鼓舞されたり、活動的になったり、強くなったと感じることが多く、何かを恐れたり、怖がったり、悩んだり、動揺したりすることはあまりなかったというだろう。また、全般的に自分の人生に満足しており、前向きだと報告するだろう。ピクサーの映画『インサイド・ヘッド』〈原題：*Inside Out*, 2015〉に登場するヨロコビ（Joy）というキャラクターは、主観的なウェルビーイング度が高い人物の良い例である。

　主観的ウェルビーイングは、より多くの収入、より多くの友人、より良い結婚、より良い自己統制と自信感、より多くの有能感、創造性、より良い問題解決、ストレスに対するより強い耐性、より多い社会的支援、人生におけるより多くの意味、より良い身体的健康（遺伝的レベルで）、そしてさらには長い寿命などの、さまざまな個人的および社会的レベルのポジティブな結果と関連している（関連研究のレビューについては、Lyubomirsky et al., 2005 を参照）。主観的ウェルビーイング理論は、人口統計学的要因やポジティブなライフイベント（たとえば、宝くじが当たること）とかトラウマ的なライフイベント（たとえば、障害を抱えるように

なってしまうこと）などの客観的変数が、幸福感と弱い相関しか持っていないことが研究によって繰り返し明らかにされたことから登場するようになった。このように、幸福の主観的な経験は、実際の繁栄のための重要な要素である。

ユーダイモニックなウェルビーイング

　ウェルビーイングへのアプローチとして、ユーダイモニアは複雑さ、逆境、そして意味の探求を考慮に入れている。これらは、必ずしも快であるとは認識されないし、人生の満足とも関連しない側面である。ユーダイモニアはその代わりに、自分の強さと自分の本性に従った生き方に注目する。ユーダイモニアは瞬間的な存在状態ではなく、より充実した良い人生を送るための生き方の問題である。その結果、幸福は「卓越性、美徳、自己実現の追求」（Waterman et al., 2010, p.42）というアリストテレス的な意味として理解される。人生に目的を持ち、自分の行動に自律性を感じ、自分の成長を経験し、そしてより大きな視点で人生を眺めることが、このような理解に含まれる。フォックス・エンタテインメント[1]のアニメーション映画『フェルディナンド』〈原題：Ferdinand, 2017〉の主人公フェルディナンドの生き方は、ユーダイモニックな人生の良い例であるといえる。

　いくつかの研究によれば、ユーダイモニックなウェルビーイングは、ヘドニックなウェルビーイングに比べて、より長期的な利益があり、自分自身だけでなく他の人のウェルビーイングをも促進する可能性がある（Fredrickson et al., 2015; Huta et al., 2012; Huta & Ryan, 2010）。つまり、ヘドニックなウェルビーイングを考えるとき、私たちは通常その特定の瞬間に、「自分は幸せか？」というふうに自分自身のことだけを考え、答えが「イエス！」であることを期待する。一方、ユーダイモニックなウェルビーイングを考えるとき、私たちは、長期的に見た場合、何が私たちを幸せにするかを考える傾向がある。何か一つの活動から得られる幸せな気持ちは、ユーダイモニックなウェルビーイングの主眼ではない。そうではなく、ユーダイモニックなウェルビーイングの中心となるのは、自分の生活の質を高め、意味、達成、そして自己実現を高めてくれる活動そのものなのである。それには、さらに、他の人が幸せになるのを助けようと動機づけられることも含まれる。たとえば、キャンパス内に瞑想クラブを作るという目標を追求することは、ただ自分にとって楽しいだけでなく、意味と自己表現の感覚を与えてく

訳注[1]　アメリカの映画および番組制作会社。

れるという点で、長期的にも利益になる可能性がある。そのクラブの設立はまた、クラブの他の会員のウェルビーイングを高めるかもしれない。それもまた自分にとってさらに意味のあることになり得る。

　ヘドニックなウェルビーイングとユーダイモニックなウェルビーイングを2つの別個の概念として議論することはわかりやすいが、実際には、しばしば後者が前者の側面をも含むと考えられている（BOX 3.1 を参照）。たとえば、フレドリクソンら（Fredrickson et al., 2008）は、人々が日常生活でよりポジティブな感情（ヘドニックなウェルビーイング）を経験すると、人生の目的、環境の統制、自己受容、および他者とのポジティブな関係（ユーダイモニックなウェルビーイング；Ryff, 1989b）もより感じることを発見した。他の研究でも、人生の満足度、活力、自尊感情との関係において、ヘドニックな志向性とユーダイモニックな志向性は互いに相関していることが示されている（概要については、Huta, 2016 を参照）。総合的に考えると、ヘドニックとユーダイモニックなウェルビーイングは動的な相互関係を持っている。両方とも繁栄にとってきわめて重要なのである。

BOX 3.1　思考システムとしてのヘドニックおよびユーダイモニックなウェルビーイング

　ヘドニックとユーダイモニックなウェルビーイングの違いを2つの異なる思考システム（Steger & Shin, 2012）として概念化することもできる。2011年に出版された広く影響力のある本、『ファスト & スロー　あなたの意思はどのように決まるか？』〈原題：Thinking, Fast and Slow〉の中で、ノーベル賞を受賞した心理学者で経済学者のダニエル・カーネマン（Daniel Kahneman）は、彼が「システム1」と「システム2」と呼んでいる思考システムについて述べている。システム1は、刺激に応じた迅速な判断を基本とするもので、多くの場合、状況に関与する方法について決定を下すためにヒューリスティック（またはメンタル・ショートカット）に依存している。これには、脳のより古い皮質下の構造が、安全とセキュリティを求める本能に従って、そのような意思決定に関与している。システム2の思考には、自己規制、抽象的な思考、および熟考を可能にする、新しく発達した脳の皮質領域が関係するため、判断が遅くなる。
　ヴィーテショ（Vittersø, 2016）はこの違いをウェルビーイングに適用して、幸福を生活の質に対する主観的かつヒューリスティックな評価として概念化する主観的ウェルビーイング（SWB）は、システム1の思考と密接に関連していると主張した。そうだとすると、SWB は「幸福1」と呼ぶことができる。これには、経験し

た快の感情（高いポジティブな感情と低いネガティブな感情）によって自分の人生「における」幸福を感じる部分と、自分の人生に対する認知的評価（人生満足度）によって自分の人生「に対する」幸福を感じる部分が含まれる。対照的に、ユーダイモニックなウェルビーイング（EWB）は、システム2の思考に関連しているため、「幸福2」とみなすことができる。EWBは、幸福をより複雑で深い存在状態として概念化している。それにはこの章で紹介したユーダイモニック・ウェルビーイング理論の一つによって提唱された合意済みの基準に基づく「幸福」という意味での幸せな生活を「送る」ことが含まれる。さらに、ユーダイモニックな活動は、（必ずしもそれが楽しい結果につながるからではなく）それ自体が楽しいから求められることがあるため、幸福2もまたシステム1の考え方に部分的に依存している。自分の人生を「充実させていく」過程で、幸福を感じることがあるという点でそうである。これは、「価値ある個人の可能性と社会的関係の発展に含まれている、またはその発展から生じる活動と経験」（Vittersø, 2016, p.19）を通じて起こる。したがって、SWBは、幸福1につながるシステム1の思考に関係していると考えることができるが、EWBは幸福2につながるシステム1およびシステム2の思考両方に関係していると考えることができる。

ユーダイモニックなウェルビーイングに関する理論

　ユーダイモニックなウェルビーイングはヘドニックなウェルビーイングより複雑な概念であるため、それを説明するためにさまざまな理論が開発されてきた。以下では、ポジティブ心理学におけるウェルビーイング研究に最も影響を与え、メディア心理学の分野でも探究されてきた3つの理論を紹介する。この3つの理論は、実存主義心理学および臨床心理学の研究をベースに導き出され、生活の最適な営みの究極的な充実としてウェルビーイングを捉えている。加えて、ポジティブメディア心理学の文脈で興味深い可能性を秘めている新しい理論も紹介する。

ユーダイモニック・ウェルビーイング理論

ウォーターマン（Waterman, 1993）によると、主観的なユーダイモニアの状態

は、自分を表出することで成し遂げられる自己実現によって達成できる。自分を十分に表出できるという感覚は、「自分のスキルや才能の発達、生きる目的の推進、またはその両方の形で個人の可能性を実現することで進展する」（Waterman, 1993, p.679）。自分の本性に合った目標を追求することが、人生に目的を与えてくれる。これらは、ユーダイモニック・ウェルビーイング理論の基本的な信条である。

　心地よいと知覚される活動、内在的な欲求を満たす活動は、ヘドニックなウェルビーイングにつながる可能性がある。しかし、ユーダイモニックなウェルビーイングは、自己決定的で、努力を要し、難しくも易しくもなく、フロー（flow）の状態（p.60 を参照）をもたらす可能性のある活動から生まれる。たとえば、新しいスキルを習得したり、ホームレスの救護施設でボランティア活動（自分が思っていることを表出する活動）に従事することは、ユーダイモニックな幸福をもたらすことができるが、同時にそれを心地よい状態（ヘドニックなウェルビーイング）とみなすこともできる。対照的に、多くの活動は心地よい（ヘドニックなウェルビーイング）とみなすことができるが、ユーダイモニックな幸福にはつながらない。したがって、ユーダイモニックなウェルビーイングは、ヘドニックなウェルビーイングが発生するための十分条件であるが、必要条件ではない。さらに、ヘドニックな幸福はそれ自体が目的として追求されるが、ユーダイモニックな幸福は、内在的な目標の追求と自己実現を促進する活動を行うときにのみ経験される副産物である。つまり、それは目的を達成するための手段として追求される。

　この理論は、相互に関連する 6 つの次元に沿ってウェルビーイングを概念化している。それは、自己発見、自分の可能性の発達に対する認識、人生における目的と意味、卓越性を追求するための多大な努力の投資、さまざまな活動への熱心な関与、そして自分を表出する活動を楽しむことである。これらの概念を測定するために、ウォーターマンら（Waterman et al., 2010）は、ユーダイモニックなウェルビーイングを測定する調査項目（QEWB: Questionnaire for Eudaimonic Well-Being）を開発した。この調査項目によって、ユーダイモニックなウェルビーイングには人口統計学的な属性による違いがないことが示されたため、この調査項目を普遍的に適用できることが実証された。さらに、この測定尺度はアイデンティティ形成に関連する側面（たとえば、個人の自己表出、自尊感情、内的統制感）も測定しているため、ポジティブな心理的メカニズムの解明にも独自の貢献をしている。

心理的ウェルビーイング理論

ディーナー (1984) の主観的ウェルビーイングに対抗するものとして、リフ (Ryff, 1989a) は心理的ウェルビーイングの概念を提案した。これは、単なる快楽や人生の満足追求を超える多次元モデルで、ディーナーのモデルと競合するものである。リフは心理的に健康であることに焦点を合わせた。これは、最適な経験に満ちた人生を送ることを意味する (Ryff, 1989b)。人間性心理学、臨床心理学、発達心理学などにおける一連の理論 (たとえば、成熟、個性化、自己実現、自己啓発など) から導き出された、人間の最適な営み (またはポジティブな営み；Ryff, 1989b, 2016) をサポートする心理的ウェルビーイングの 6 つの次元が特定された。

最初の次元は「自律性」である。これは、自己規制をもって、自己決定に基づき、独立して行動する感覚を指す。自律的な個人は、外部からの影響を受けず、内的統制によって導かれる。「環境の統制」は、自分の欲求や価値観に合わせて環境を操作する能力を指す。それは、視点の変更 (精神的活動) または実際の物理的操作のいずれかによって、日常生活をうまく管理する能力と、周囲の環境を変える能力を意味する。「個人の成長」は、個人が自己の実現に関心を持つことであり、自分の最高の可能性を実現することである。それは持続的な成長と発展であり、時間をかけて実現されるもので、難関を克服したり、態度や行動を変えたり、自分についてより多くを知り、より高い効力感を得ることを通じて達成されるものである。「他者とのポジティブな関係」は、心理的ウェルビーイングの 4 番目の次元で、親しい他者や人類全体に共感し、彼らを愛し、ケアする能力を指す。この次元の特性が高い人々は、他者の福祉を気にかけ、強固で信頼できる関係を作り、親密さを受け入れる。「人生の目的」は、自分の人生の目的と意味を明確に理解することを指す。この次元の特性が高い人々は、自分たちの人生を有意義なものにするいくつかの信念を持っている。彼らは意思、方向性、目標を念頭に置いて生きており、そうすることがまた、有意義な感覚を得ることに貢献している。心理的ウェルビーイングの 6 番目の次元は「自己受容」で、これは自己に対する肯定的な認識を指す。自分に対して肯定的な態度を持ち、自分の過去、長所、短所を前向きに捉えることなどがこれに含まれる。

心理的ウェルビーイングは、さまざまな健康上の利点と関連している。特に「人生の目的」次元の特性が高い人々は、死亡リスクが低く、全般的に健康状態が良好で、病気になるリスクが低い。「人生の目的」や「他者との前向きな関係」次元の特性もまた、後の人生における併存疾患 (すなわち、一度に複数の病気を患

うこと）のリスク、社会的不平等に基づく健康問題のリスク、および精神疾患の
リスクを相対的に低下させるようである（Ryff, 2013 を参照）。さらに、心理的ウェ
ルビーイング度の高い人々は、炎症誘発性遺伝子の発現低下と抗体合成遺伝子の
発現増加傾向を示したが（Fredrickson et al., 2013）、これらは良好な健康の遺伝的
指標である。高い水準の自己受容、自律性、ポジティブな人間関係、そして人生
の目的は、これらのポジティブな遺伝的利益にとって特に重要なようである。心
理的ウェルビーイングはまた、ポジティブな感情、睡眠の質、およびその他の健
康増進行動とも関連している。

　測定尺度としての信頼性と普遍性を示すために、リフとキーズ（Ryff & Keyes,
1995）は、代表性のある全国サンプルを用いて、心理的ウェルビーイングの概念
を構成している 6 つの次元が相対的に独立していることを示した。結果として得
られた尺度は現在、30 以上の言語に翻訳され、500 以上の出版物に掲載されてい
る（Ryff, 2016）。

自己決定理論

　ユーダイモニックなウェルビーイングに関する 3 つ目の理論は、実は心理的
ウェルビーイングに関するリフの研究に基づいている。**自己決定理論**（SDT: Self
Determination Theory; Deci & Ryan, 1985, 2000; Ryan & Deci, 2001）は、人間の繁栄を
3 つの内在的な心理的欲求の充足として概念化している。最初の基本的な欲求は
「自律性」である。これは、何らかの活動に従事するときに統制（または意志）や
自由の感覚を持つことを指す。2 つ目の欲求である「有能性」は、環境を操作し
て価値ある結果をもたらすことにおいて自分自身に影響力があると認識すること
を意味する。最後の欲求は、「関係性」、またはつながりの感覚、他人へのケア、
または他人によってケアされていると感じることである。デシとライアン（Deci
& Ryan, 2000）は、私たち人間は、ホメオスタシスが崩れることによって引き起
こされた何らかの欠乏を知覚し、そこから生まれた欲求の充足を優先して行動す
るわけではないと主張する。そうではなく、私たちは、本当の自分に近づくため
に、自律的な規制と意識を持って活動を行うよう内発的に動機づけられている。
したがって、上記の 3 つの基本的な欲求の充足は、二次的な結果であり、最終的
にはウェルビーイングと心理的成長に貢献するものである。

　有意義な人間関係の形成、個人の成長、コミュニティへの関与などの内発的な
願望を追求することは、経済的成功や社会的名声などの外発的な願望を追求する

ことより、大きなウェルビーイングにつながることが繰り返し示されている。実際に、外発的目標の追求は病気につながる可能性もある。たとえば、物質主義はウェルビーイングと負の関係にあることが世界中で発見されている（たとえば、Niemiec et al., 2009）。対照的に、心理的欲求が充足されると、経済的に困窮していても、精神的、また身体的に健康であることが示されている（Di Domenico & Fournier, 2014）。

　後のいくつかの章で出てくるように、メディア利用はしばしば、内発的に動機づけられる活動で、自律的に追求され、自己認識の機会を提供するものとして概念化される。そのため、自己決定理論はメディア心理学において重要な理論である。実際に、動画やソーシャルメディア、デジタルゲームが、自律性、有能性、および関係性の欲求をどのように充足し、人間の繁栄に貢献できるかを、多くの研究が示している。

自己中心性と無私無欲の幸福モデル

　比較的新しい**自己中心性と無私無欲の幸福モデル**（SSHM: Self-centeredness and Selflessness Happiness Model; Dambrun & Ricard, 2011）は、ユーダイモニック・ウェルビーイング理論と自己決定理論の根底にある多くの仮定をまとめたものである。SSHM によると、ヘドニックおよびユーダイモニックな幸福はそれぞれ、個人が自分自身を認識する異なる方法に基づいている。自己は、一見頑固で、永続的で、独立しているように見えるし、「自己中心的な」心の営み（たとえば、自分がどのように感じ、考え、行動するかということ）を支えているものとして理解できる。一方で、自己はまた、柔軟で、他者との間で浸透性があり、相互依存的で、「無私無欲の」心の営みを好むと見られることもある。自己中心的な心の営みはヘドニックな幸福、不安定なウェルビーイングと関連している反面、無私無欲の心の営みは、長期的で安定したウェルビーイングと関連している（Dambrun 2017; Dambrun & Ricard, 2011）。

　自己中心的な心の営みは、エゴイズム、自己利益への偏り、そしてより一般的には自己の誇張された重要性と関連しており、それは個人の快感を最大化し、痛みを最小化する経験を好む。このようなヘドニックな目的の達成は、瞬間的な喜びと快感につながる。しかし、快感をもたらす経験は、特定の条件または刺激の利用可能性に基づいているため、その条件または刺激の消滅は不快感につながる。そのような条件や刺激が続けば（たとえば、新しい車を手に入れるとか）、快楽的

適応がもたらされる（Lyubomirsky, 2011 を参照）。欲しい物を手に入れることができないと、欲求不満、怒り、嫉妬などの苦痛を伴う感情が引き起こされ、ウェルビーイングが妨げられる可能性がある。したがって、ウェルビーイングへの自己中心的な快楽的アプローチは、喜びと不快の間を絶え間なく揺れ動くという特徴をもっている（Dambrun & Ricard, 2011）。

無私無欲な心の営みは、自己を他者から完全に分離された存在としてではなく、他者や環境と密接に関連している一つの全体とみなす。無私無欲の原動力は、環境に存在するさまざまな要素と調和して生きることであり、慈悲や普遍主義（または自己超越的感情；第6章を参照）などの価値観として表出される。無私無欲な心の営みは、本物の永続的な幸福と関連している。これは、状況に依存しない、満足、感情のバランス、内面の平和の永続的な状態として定義される（Dambrun, 2017; Dambrun & Ricard, 2011）。

研究によれば、自己中心性と無私無欲は、別々の構成概念で、異なるプロセスと異なる形で幸福と関連していることが示されている（Dambrun, 2017）。自己中心的な心の営みは、否定的な感情（または苦痛な感情）を経由して、変わりやすい不安定な幸福とつながっているのに対し、無私無欲な心の営みは、調和と感情の安定を経由して、永続的な本物の幸福とつながっている。

SSHM は、他のウェルビーイング理論と違って、幸福を促進する心理的資質（たとえば、内的な欲求の充足；Ryan & Deci, 2000）とか、自分を満足させ、没頭させ、生き生きとさせてくれる活動（たとえば、Waterman, 1993）に焦点を当てるよりも、自己をどのように理解するかに、私たちの幸福がかかっていると主張している。しかし、ダンブルンとリカード（Dambrun & Ricard, 2011）は、本物の永続的な幸福を手に入れるための手段として無私無欲を目指して努力するという、処方箋のようなアプローチに対して警告を発している。そのような接近・回避のアプローチは、結局のところ、快感（または無私無欲）を獲得し、痛み（または自己中心性）を回避するという快楽原則に基づいているものであり、それは結局変わりやすい不安定な幸福をもたらすだけかもしれない。代わりに、瞑想やメンタル・トレーニングなど、自然に無私無欲につながる活動に従事することは、望ましいものを獲得し、望ましくないものを回避することに関連した希望や恐れから解放される幸福に至る可能性が高い。メディアは、知らずしらず、自分自身に関する認識を変化させるもう一つの手段になり得るといえる。

ウェルビーイングの決定要因

　異なるタイプのウェルビーイングについて概念的な説明をしてきたが、ここで重要なのは、ウェルビーイングの決定要因を理解することである。ポジティブ心理学の枠組みでは、ウェルビーイングのレベルは可変であると想定されている。しかし、私たちが実際に、私たち自身のウェルビーイングに与え得る影響はどの程度であろうか。

　著名なポジティブ心理学者のソニア・リュボミアスキー（Sonya Lyubomirsky）と彼女の同僚は、個人の遺伝的構成（幸福の基礎点と呼ばれる）が**長期的幸福レベル**の 50 ％を占めていると主張した。ここでいう長期的幸福レベルとは、人生のある一定期間における個人の幸福レベルを指す（日々感じられる、つかの間の瞬間的で変わりやすい幸福ではない）。さらに 10 ％は、住んでいる文化や地域、ライフイベントやトラウマなど、具体的な状況に起因すると考えられている。個人の幸福レベルの残りの 40 ％は、意図的な活動に関連していると考えられている（Lyubomirksy et al., 2005）。これらの具体的な比率は理論上の値にすぎないが、ウェルビーイングの潜在的な決定要因の全体像を示している。すぐにわかるのは、あなたが自分の幸福レベルに大きな影響力を持っているということである。この影響力は、あなたが意図的に参加することを選択した活動（たとえば、運動、前向きな気持ちを持つこと、人生の重要な目標を目指して努力することなど）だけでなく、幸福の基礎点となる遺伝的構成からも生じる。ただ、この幸福の基礎点も、前述したように、かつて考えられていたよりも変更可能であると理解されている。

　この章の残りの部分では、3 つの理論（拡張 - 構築理論、PERMA、および有効徳目）に焦点を当てる。これらの理論は、個人が対処して影響を与えることができ、集中的に働きかければ、高いレベルのヘドニックな、そしてユーダイモニックなウェルビーイングが得られる、ウェルビーイングの具体的で核心的な要素を挙げている。

拡張 - 構築理論

　第 2 章で説明したように、情動は心理学の主要な研究対象である。これは主に、環境における情動誘発因に対応した行動が取れるよう、情動が私たちを動機づけるため、人間の生存にとって機能的であると考えられているからである。**ポジ**

ティブな情動は、主観的ウェルビーイングと関連しているため、ポジティブ心理学の研究者が特に関心を示す対象である。ポジティブな情動には、喜び、感謝、平静、興味、希望、誇り、楽しさ、感動や感銘、畏敬の念、そして愛が含まれる。

　すべての情動は、進化論の観点では、生存に有利な方向へ人間を準備させる生理学的変化を伴いながら、行動をもたらす傾向があると想定されている。不安や怒りなどのネガティブな情動は、人の思考‐行動レパートリーを狭め、迅速に、また生存可能性を最大化する方法で行動できるようにする（たとえば、戦うか逃げるかの二択）。**拡張‐構築理論**によれば、ポジティブな情動は、人の思考‐行動レパートリーを「拡張」する（Frederickson, 2001）。そしてその拡張によって、認知的（たとえば、意識と注意の高度化、空間的注意の拡張）、心理的（たとえば、環境に対する統制感、レジリエンス、自己効力感の増加）、社会的（たとえば、情緒的なサポートの授受、信頼、結束、向社会的行動）または身体的（たとえば、病気になる可能性の低下、心血管の健康、健康を支える遺伝子の発現、長寿）な面で、個人の資源を「構築」する利益がもたらされる（Fredrickson, 2001; Fredrickson et al., 2008 を参照）。

　さらに、ポジティブな情動は、将来の脅威を予測し、環境を探索するのに役立つ。したがって、進化の観点では、これも生存にとって適応的である（Fredrickson, 2001）。ポジティブな情動を感じる状態では、環境内の物事に対してよりオープンで受容的になり、それがさらに、より多くのポジティブな情動を経験する機会を増やし、**人間繁栄の上昇スパイラル**につながる。メディアはポジティブな情動を引き出すための強力な源になり得る。結局のところ、人々がメディアコンテンツを消費する主な理由の一つは、情動の組成を調整することである（第4章を参照）。このように、ポジティブメディア心理学者が研究を行う重要な部分の一つは、どのようにすればメディアが、拡張‐構築理論で示されているような、ポジティブな人間繁栄の上昇スパイラルの一部になり得るのかということである。

PERMA

　心理学者のマーティン・セリグマン（Martin Seligman）は、高い評価を受けた影響力のある彼の著書『繁栄：幸福とウェルビーイングに対する先導的な新しい理解』〈原題：*Flourish：A Visionary New Understanding of Happiness and Well-Being,* 2011〉で、ウェルビーイングの5つの中心的な要素を挙げている。その5つの要素は、ポジティブな情動（Positive emotions）、エンゲージメント（Engagement）、ポ

ジティブな関係（positive Relationships）、意味（Meaning）、および達成（Accomplishment）で、その頭文字をとった PERMA という簡便な言葉で通用している。その5つの要素をより具体的に述べると、次のようになる。

- 「ポジティブな情動」とは、喜び、活力、または心地よさを感じる性格特性または状態を指す。関連する結果とプロセスは、拡張－構築理論で説明されている。

- 「エンゲージメント」とは、高い関心と集中度をもって活動に没入していることを指す。エンゲージメントに関連して最も頻繁に言及される概念の一つは**フロー**（flow）である（Csikszentmihalyi, 1988）。フローは、ある活動に完全に没頭している状態を表す。その状態は、時間感覚の歪みと自己認識の消失を伴う。フローの状態に入るためには、取り組む活動が自分のスキルに対して難しいものでなければならないが、挫折したり絶望するほどのものであってはならず、やがてはマスターできるものである必要がある。没入できる活動は非常に楽しいと認識されるため、何らかの結果を得るためではなく、それ自体が目的となって行われる（つまり、内発的に動機づけられる活動である）。フロー状態に入れそうな状況の例としては、かなり難しめの曲を演奏する音楽家、試合を前にトレーニングに打ち込むアスリート、楽しい会話に夢中になっている友人同士などが挙げられる。フロー体験は、さまざまな文脈におけるウェルビーイングを促進することが示されてきた。仕事に対する満足度と社交性を向上させ、仕事に関連するウェルビーイングを高めることもわかっている。第8章で議論しているように、デジタルゲームはフロー状態を引き出す優れたメディアであり、そのため、ウェルビーイングにも貢献することがわかっている。

- 「ポジティブな関係」、またはポジティブな形で他者と関係することは、人間の生来の欲求（たとえば、自己決定理論における「関係性」）であり、したがってウェルビーイングと身体の健康にとって非常に重要であることが世界中で明らかにされている（Diener & Oishi, 2000）。研究によれば、良好で強い社会的関係を持つ人は、ウイルスにさらされたときに早期に死亡したりしないし、風邪を引いたりする可能性も有意に低くなる傾向がある。対照的に、孤独を感じたり、自分の社会的関係の質に満足していない人は、早期に死亡する可能性が高く、高血圧で、うつ病のレベルが高く、社会的不安を経験する。だから、自分にご褒美をあげたり、マッサージを受けて楽しんだりする代わりに、他人に対して親切にすることが、より大きい主観的ウェルビーイングと心理的ウェルビーイ

ングにつながり得るのも驚くべきことではない（Nelson et al., 2016）。究極的には、ポジティブな関係は、そういう関係を持つこと自体が良いだけでなく、ポジティブな生の営みのためにも必要である。また、これからの章で説明するように、メディアの登場人物とポジティブなつながりを感じたり、他者とのつながりを促進するメディアコンテンツを消費することも、少なくとも短期的には、関係性の感覚を育む強力な要素である。

● 「意味」は、自分の人生に意味を見出すこと、特に自己よりも大きなものとの関係において自分の存在の本質を知ることだと理解されている。したがって、多くの点で、PERMA の枠組みにおける「意味」は、心理的ウェルビーイングの概念に含まれている「人生の目的」に似ている。人生に目的意識や意味を見出すことは、心理的および主観的ウェルビーイングと強く関連しており、健康リスク行動（たとえば、アルコール摂取、喫煙、安全でないセックス）やメンタルヘルスの問題とは負の関係にあることが示されている（Brassai et al., 2011）。第5章で説明するように、有意義なエンターテインメントは、メディアを通じてウェルビーイングを促進するための効果的なツールになり得る。

● 「達成」は、それ自体のために努力をして何かを獲得した結果である。何かを成し遂げたいという決然とした願望を持ち、自己修練を行い、目標を達成するために一生懸命努力することは、達成された実際の目標が何であれ、達成感につながる可能性がある（Seligman, 2011）。したがって、達成とウェルビーイングの関係は、達成に向けて努力する個人の態度を見れば最もよく把握できる。研究によると、忍耐強い態度は、単なる IQ 以上の学業成績や誠実なパーソナリティと関連していることがわかっている（Duckworth et al., 2007）。達成に向けた態度と GPA および生活満足度との相関関係も報告されている。達成に向けた態度は、たとえば、忍耐や障害の克服を描き、感動や感銘を与えるソーシャルメディア上のコンテンツでもしばしば目にすることができる（第6章を参照）。ユーザー生成の作品（たとえば、自分が何かを成し遂げた場面を撮影したものや、DIY の動画）を含むメディアの消費は、個人が達成に関与し、達成を（代理的に）経験できる豊富な機会を提供し、繁栄を促進する手段になり得る。

　これらの側面のいくつかは、すでに説明したヘドニックおよびユーダイモニックなウェルビーイング理論の概念に類似しているように聞こえるかもしれない。だが、それらの理論との根本的な違いは、PERMA は、ウェルビーイングそのものを表しているのではなく、ウェルビーイングの「構成要素」について説明して

いるということである（Seligman, 2018）。その結果、日々の生活においてポジティブな情動を増やし、何かに没頭する経験ができる機会を作り、親密で強い関係を作ろうとし、意味を探して見出し、達成感を得るために努力する人々は、これらの PERMA の要素にほとんど努力を向けない人々に比べて、おおむね「幸せを感じる」であろう（特に主観的ウェルビーイングの観点で；Seligman, 2018）。日々の生活において PERMA の諸側面が高い人は、主観的ウェルビーイングが高いだけでなく、身体的にもより健康である。PERMA の枠組みは、身体の健康、生活の満足、仕事の満足、組織へのコミット、学業上の達成など、人々の繁栄を支援するプログラムを通じて、組織（たとえば、学校や職場など）にも十分に適用できることがわかっている。

有効徳目と性格的強み

　PERMA モデルは、個人が日常生活の中で PERMA の状態を高めることにより、自分のウェルビーイングに戦略的に取り組むための枠組みを提供する。ピーターソンとセリグマン（Peterson & Seligman, 2004）によって構想されてきたウェルビーイングを増進するためのもう一つのアプローチは、個人のパーソナリティ、特にその**性格的強み**（character strengths）に焦点を当てるものである。最近まで心理学者たちは、性格的強みは、そして幸福の基礎点なども、すでに固まっていてほとんど変更できないと考えていた。この見方は、エピジェネティクス（epigenetics；ある特性に関係する遺伝子が環境からのインプットによって活性化するという考え）と神経可塑性（neuroplasticity；成人期でも脳は鍛えられるという考え）に関する科学的発見によって変わった。今日、私たちは、性格特性や幸福の基礎点を実際に変更できることを知っている（Damian et al., 2019; Layous, 2018; Luhmann & Intelisano, 2018）。このような前提から、ピーターソンとセリグマン（2004）の**有効徳目**（VIA: Virtues in Action）の枠組みは、繁栄を促進するより多くの機会を与えてくれる 6 つの主要な徳目と、それぞれの徳目ごとに個人が発達させ得る 24 の性格的強みを一緒に示している（図 3.1 参照）。

　ピーターソンとセリグマンは、中国、南アジア、西洋社会における宗教思想家と道徳哲学者に対する徹底的な歴史的調査に基づき、人間には、勇気、人間性、正義、節制、自己超越、知恵という 6 つの基本的な徳目があることを突き止めた。これらの徳目は普遍的であると考えられており、道徳的卓越性に向けて努力することは生存にとっても進化的利点があるという生物学の考えにも基づいている。

勇気	人間性	正義	節制	自己超越	知恵
勇敢 忍耐力 情熱	親切 愛情 社会的知性	公正さ 正直さ リーダーシップ チームワーク	寛大さ 謙虚さ 慎重さ 自己制御	審美心 感謝 希望 ユーモア 精神的充実	創造性 好奇心 判断力 向学心 広い視野

図 3.1　有効徳目（VIA）の枠組み：徳目と性格的強みのリスト（Peterson & Seligman, 2004 に基づく）

6 つの徳目が良い生活を送る方法についてのより抽象的な理解を反映している一方で、それらに関連づけられている性格的強みは、それぞれの徳目を定義づける具体的な心理的表現となっている。

　性格的強みは、人の思考、感情、行動を導く性格的な気質のことである（Park et al., 2004）。それらは、さまざまな時と状況にわたって発現するという点で安定しているが、変容するとも考えられている。このモデルで取り上げられている性格的強みは、さまざまな文化の人々において観察されるし、それらの人々に大事にされているという点で普遍的なもののようである（Park et al., 2006）。優しさ、公平さ、純正さ、感謝の気持ち、そして開かれた心は、分析対象となった 40 の国々において、最も強く支持されていることがわかった（Seligman et al., 2005）。

　多くの研究は、性格的強みが、逆境（たとえば、病気、仕事のストレス）の克服、ポジティブな関係の維持、模範的な仕事ぶりなど、ポジティブな営みの指標と関連していることを示している。性格的強みは、主観的および心理的ウェルビーイングとも大きく関係しており（Harzer, 2016 を参照）、PERMA の 5 つの次元すべてとも強く関連している（Wagner et al., 2020）。

　熱意、希望、好奇心、感謝の気持ち、愛情などの性格的強みは、ウェルビーイングにとって特に有益なようである（Park et al., 2004 を参照）。ハーツァー（Harzer, 2016）は、ヘドニックなウェルビーイングとユーダイモニックなウェルビーイングの両方に共通する 3 つの最大の性格的強みは、個人が何かを行うように励まされ（熱意）、その何かを行うことができると信じ（希望）、そしてその何かを実行する理由をもつ（好奇心）ことであり、これらが個人の前向きな生き方を促進すると主張した。これは、ウェルビーイングを高めるには、個人による努力と自己承認が必要であるという議論とよく符合していて（Lyubomirsky et al., 2011）、辻褄の合う話である。参考までに付け加えると、主観的および心理的ウェルビーイングと最も相関が見られなかった性格的強みは、謙虚さ、精神的充実、慎重さ、および審美心であった（詳しい説明は、Harzer, 2016 を参照）。

メディアの文脈で考えてみると、登場人物の性格的強みの描写——たとえば、映画『アベンジャーズ／エンドゲーム』〈原題：*Avengers: Endgame*〉の主人公は勇気と社会的知性を持っている者として描かれている——は、視聴者が学べる模範的な行動の強力なモデルになる可能性がある（第6章を参照。その他の性格的強みを描写している映画のリストは、Niemiec & Wedding, 2014 にある）。

まとめ

　ポジティブ心理学という分野は、人生を生きる価値あるものにするのは何であるかを科学的に理解しようとしており、過去20年以上にわたって、幸福とウェルビーイングの概念を体系的に探究してきた。ウェルビーイングに対する主要なアプローチは、一般的に2つに分けることができる。それは、ヘドニックなウェルビーイングとユーダイモニックなウェルビーイングである。主観的ウェルビーイングの理論は、ヘドニアの文脈で最も参照される理論である。ユーダイモニック・ウェルビーイング理論、心理的ウェルビーイング理論、および自己決定理論の3つの理論は、ユーダイモニックなウェルビーイングの文脈で最も頻繁に参照される。拡張 - 構築理論は、ポジティブな感情の経験が、個人のリソース開発をどのように助け、繁栄を促進するのかを説明するのに役立つ。PERMA アプローチは、私たちがウェルビーイングを追求できる5つの道（ポジティブな情動、エンゲージメント、ポジティブな関係、意味、達成）を特定している。そして、有効徳目の枠組みは、人間の性格的強みを分類するのに役立つ。これにより、最適な生活と良い人生を送るための、具体的な介入や行動（たとえば、ときどき優しく振る舞うこと、自分への祝福を信じること、ポジティブな経験を振り返り、吟味すること、自分の最も大事な価値観を肯定することなど）を明らかにすることができる。

引用文献 ●●●

Brassai, L., Piko, B. F., & Steger, M. F. (2011). Meaning in life: Is it a protective factor for adolescents' psychological health? *International Journal of Behavioral Medicine*, 18, 44-51. doi:10.1007/s12529-010-9089-6.

Csikszentmihalyi, M. (1988). The flow experience and its significance for human psychology. In M. Csikszentmihalyi & I. Csikszentmihalyi (Eds.), *Optimal experience: Psychological studies of flow in consciousness* (pp. 15-35). New York, NY: Cambridge University Press.

Dambrun, M. (2017). Self-centeredness and selflessness: Happiness correlates and mediating psychological processes. *PeerJ*, e3306. doi:10.7717/peerj.3306.

Dambrun, M., & Ricard, M. (2011). Self-centeredness and selflessness: A theory of self-based psychological functioning and its consequences for happiness. *Review of General Psychology*, 2, 138-157. doi:10.1037/a0023059.

Damian, R. I., Spengler, M., Sutu, A., & Roberts, B. W. (2019). Sixteen going on sixty-six: A longitudinal study of personality stability and change across 50 years. *Journal of Personality and Social Psychology*, 117, 674-695. doi:10.1037/pspp0000210.

Deci, E. L., & Ryan, R. M. (1985). *Intrinsic motivation and self-determination in human behavior.* New York, NY: Plenum.

Deci, E. L., & Ryan, R. M. (2000). The "what" and "why" of goal pursuits: Human needs and the self-determination of behavior. *Psychological Inquiry*, 11, 227-268. doi:10.1207/S15327965PLI1104_01.

Di Domenico, S. I., & Fournier, M. A. (2014). Socioeconomic status, income inequality, and health complaints: A basic psychological needs perspective. *Social Indicators Research*, 119, 1679-1697. doi:10.1007/s11205-013-0572-8.

Diener, E. (1984). Subjective well-being. *Psychological Bulletin*, 95, 542-575. doi:10.1037/0033-2909.95.3.542.

Diener, E., & Oishi, S. (2000). Money and happiness: Income and subjective well-being across nations. In E. Diener & E. M. Suh (Eds.), *Culture and subjective well-being* (pp. 185-218). Cambridge, MA: MIT Press.

Duckworth, A. L., Peterson, C., Matthews, M. D., & Kelly, D. R. (2007). Grit: Perseverance and passion for long-term goals. *Journal of Personality and Social Psychology*, 92, 1087-1101. doi:10.1037/0022-3514.92.6.1087.

Fredrickson, B. (2001). The role of positive emotions in positive psychology: The broaden-and-build theory of positive emotions. *American Psychologist*, 56, 218-226. doi:10.1037//0003-066X.56.3.218.

Fredrickson, B. L., Cohn, M. A., Coffey, K. A., Pek, J., & Finkel, S. M. (2008). Open hearts build lives: Positive emotions, induced through loving-kindness meditation, build consequential personal resources. *Journal of Personality and Social Psychology*, 95, 1045-1062. doi:10.1037/a0013262.

Fredrickson, B. L., Grewen, K. M., Algoe, S. B., Firestine, A. M., Arevalo, J. M., Ma, J., & Cole, S. W. (2015). Psychological well-being and the human conserved transcriptional response to adversity. *PloS One*, 10 (3), e0121839. doi:10.1371/journal.pone.0121839.

Fredrickson, B. L., Grewen, K. M., Coffey, K. A., Algoe, S. B., Firestine, A. M., Arevalo, J. M., Ma, J., & Cole, S. W. (2013). A functional genomic perspective on human wellbeing. *Proceedings of the National Academy of Sciences*, 110, 13684-13689. doi:10.1073/pnas.1305419110.

Harzer, C. (2016). The eudaimonics of human strengths: The relations between character strengths and well-being. In J. Vittersø (Ed.), *International handbooks of quality-of-life. Handbook of eudaimonic well-being* (pp. 307-322). Cham, CH: Springer International Publishing.

Huta, V. (2016). An overview of hedonic and eudaimonic well-being concepts. In L. Reinecke & M. B. Oliver (Eds.), *The Routledge handbook of media use and well-being* (pp. 14-33). New York, NY: Routledge.

Huta, V., Pelletier, L. G., Baxter, D., & Thompson, A. (2012). How eudaimonic and hedonic motives relate to the well-being of close others. *The Journal of Positive Psychology*, 7, 399-404. doi:10.1080/17439760.2012.705318.

Huta, V., & Ryan, R. M. (2010). Pursuing pleasure or virtue: The differential and overlapping well-being benefits of hedonic and eudaimonic motives. *Journal of Happiness Studies*, 11, 735-762. doi:10.1007/s10902-009-9171-4.

Kahneman, D. (2011). *Thinking, fast and slow*. New York, NY: Farrar, Straus and Giroux. (カーネマン『ファスト＆スロー：あなたの意思はどのように決まるか？（上・下）』村井章子訳、ハヤカワ文庫、2014)

Keyes, C. L. (2002). The mental health continuum: From languishing to flourishing in life. *Journal of Health and Social Behavior*, 207-222. doi:10.2307/3090197.

Layous, K. (2018). Malleability and intentional activities. In E. Diener, S. Oishi, & L. Tay (Eds.), *Handbook of well-being* (pp. 741-753). Salt Lake City, UT: DEF Publishers.

Luhmann, M., & Intelisano, S. (2018). Hedonic adaptation and the set point for subjective well-being. In E. Diener, S. Oishi, & L. Tay (Eds.), *Handbook of well-being* (pp. 219-243). Salt Lake City, UT: DEF Publishers.

Lyubomirsky, S. (2011). Hedonic adaptation to positive and negative experiences. In S. Folkman (Ed.), *Oxford handbook of stress, health, and coping* (pp. 200-224). New York, NY: Oxford University Press.

Lyubomirsky, S., Dickerhoof, R., Boehm, J. K., & Sheldon, K. M. (2011). Becoming happier takes both a will and a proper way: an experimental longitudinal intervention to boost well-being. *Emotion*, 11, 391-402. doi:10.1037/a0022575.

Lyubomirsky, S., King, L. A., & Diener, E. (2005). The benefits of frequent positive affect. *Psychological Bulletin*, 131, 803-855. doi:10.1037/0033-2909.131.6.803.

Lyubomirsky, S., Sheldon, K. M., & Schkade, D. (2005). Pursuing happiness: The architecture of sustainable change. *Review of General Psychology*, 9, 111-131. doi:10.1037/1089-2680.9.2.111.

Nelson, S. K., Layous, K., Cole, S. W., & Lyubomirsky, S. (2016). Do unto others or treat yourself? The effects of prosocial and self-focused behavior on psychological flourishing. *Emotion*, 16, 850-861. doi:10.1037/emo0000178.

Niemiec, C. P., Ryan, R. M., & Deci, E. L. (2009). The path taken: Consequences of attaining intrinsic and extrinsic aspirations in post-college life. *Journal of Research in Personality*, 43, 291-306. doi:10.1016/j.jrp.2008.09.001.

Niemiec, R. M., & Wedding, D. (2014). *Positive psychology at the movies 2: Using films to build character strengths and well-being* (2nd ed.). Boston, MA: Hogrefe Publishing.

Park, N., Peterson, C., & Seligman, M. E. P. (2004). Strengths of character and well-being. *Journal of Social and Clinical Psychology*, 23, 603-619. doi:10.1521/jscp.23.5.603.50748.

Park, N., Peterson, C., & Seligman, M. E. P. (2006). Character strengths in fifty-four nations and the fifty US states. *The Journal of Positive Psychology*, 1, 118-129. doi:10.1080/17439760600619567.

Peterson, C., & Seligman, M. E. P. (2004). *Character strengths and virtues: A classification and handbook*. Washington, DC: American Psychological Association.

Ryan, R. M., & Deci, E. L. (2000). Self-determination theory and the facilitation of intrinsic motivation, social development, and well-being. *American Psychologist*, 55, 68-78. doi:10.1037/0003-066X.55.1.68.

Ryan, R. M., & Deci, E. L. (2001). On happiness and human potentials: A review of research on hedonic and eudaimonic well-being. *Annual Review of Psychology*, 52, 141-166. doi:10.1146/annurev.psych.52.1.141.

Ryff, C. D. (1989a). Beyond Ponce de Leon and life satisfaction: New directions in quest of successful aging. *International Journal of Behavioral Development*, 12, 35-55. doi:10.1177/016502548901200102.

Ryff, C. D. (1989b). Happiness is everything, or is it? Explorations on the meaning of psychological well-being. *Journal of Personality and Social Psychology*, 57, 1069-1081. doi:10. 1037/0022-3514.57.6.1069.

Ryff, C. D. (2013). Eudaimonic well-being and health: Mapping consequences of self-realization. In A. S. Waterman (Ed.), *The best within us: Positive psychology perspectives on eudaimonia* (pp. 77-98). Washington, DC: American Psychological Association.

Ryff, C. D. (2016). Beautiful ideas and the scientific enterprise: Sources of intellectual vitality in research on eudaimonic well-being. In J. Vittersø (Ed.), *Handbook of eudaimonic well-being* (pp. 95-107). Cham, CH: Springer International Publishing.

Ryff, C. D., & Keyes, C. L. M. (1995). The structure of psychological well-being revisited. *Journal of Personality and Social Psychology*, 69, 719-727. doi:10.1037/0022-3514.69.4.719.

Seligman, M. E. P. (2002). Positive psychology, positive prevention, and positive therapy. In C. R. Snyder & S. J. Lopez (Eds.), *Handbook of positive psychology* (pp. 3-9). New York, NY: Oxford University Press.

Seligman, M. E. P. (2011). *Flourish*. New York, NY: Free Press. (セリグマン『ポジティブ心理学の挑戦："幸福"から"持続的幸福"へ』宇野カオリ監訳、ディスカヴァー・トゥエンティワン、2014)

Seligman, M. E. P. (2018). PERMA and the building blocks of well-being. *The Journal of Positive Psychology*, 13, 333-335. doi:10.1080/17439760.2018.1437466.

Seligman, M. E. P., & Csikszentmihalyi, M. (2000). Positive psychology: An introduction. *American Psychologist*, 55, 5-14. doi:10.1037/0003-066X.55.1.5.

Seligman, M. E. P., Steen, T., Park, N., & Peterson, C. (2005). Positive psychology progress: Empirical validation of interventions. *American Psychologist*, 60, 410-421. doi:10.1037/0003-066X.60.5.410.

Steger, M., & Shin, J. Y. (2012). Happiness and meaning in a technological age: A psychological approach. In P. Brey, A. Briggle, & E. Spence (Eds.), *The good life in a technological age* (pp. 110-126). New York, NY: Routledge.

Vittersø, J. (2016). The most important idea in the world: An introduction. In J. Vittersø (Ed.), *Handbook of eudaimonic well-being* (pp. 1-24). Cham, CH: Springer International Publishing.

Wagner, L., Gander, F., Proyer, R. T., & Ruch, W. (2020). Character strengths and PERMA: Investigating the relationships of character strengths with a multidimensional framework of well-being. *Applied Research in Quality of Life*, 15, 307-328. doi:10.1007/s11482-018-9695-z.

Waterman, A. S. (1993). Two conceptions of happiness: Contrasts of personal expressiveness (eudaimonia) and hedonic enjoyment. *Journal of Personality and Social Psychology*, 64, 678-691. doi:10.1037/0022-3514.64.4.678.

Waterman, A. S., Schwartz, S. J., Zamboanga, B. L., Ravert, R. D., Williams, M. K., Bede Agocha, V., Kim, S. Y., & Brent Donnellan, M. (2010). The Questionnaire for Eudaimonic Well-Being: Psychometric properties, demographic comparisons, and evidence of validity. *The Journal of Positive Psychology*, 5, 41-61. doi:10.1080/17439760903435208.

参考文献 ∙∙

Chida, Y., & Steptoe, A. (2008). Positive psychological well-being and mortality: A quantitative review of prospective observational studies. *Psychosomatic Medicine*, 70, 741-756. doi:10.1097/PSY.0b013e31818105ba.

Csikszentmihalyi, M. (2008). *Flow: The psychology of optimal experience*. New York, NY: Harper Perennial Modern Classics. (チクセントミハイ『フロー体験 喜びの現象学』今村浩明訳、世界思想社、1996)

Diener, E. (2000). Subjective well-being: The science of happiness and a proposal for a national index. *American Psychologist*, 55, 34-43. doi:10.1037/0003-066X.55.1.34.

Diener, S., Oishi, E., & Tay, L. (2018). *Handbook of well-being*. Salt Lake City, UT: DEF Publishers.

Gable, S. L., & Haidt, J. (2005). What (and why) is positive psychology?. *Review of General Psychology*, 9, 103-110. doi:10.1037/1089-2680.9.2.103.

Isham, A., Gatersleben, B., & Jackson, T. (2019). Flow activities as a route to living well with less. *Environment and Behavior*, 51, 431-461. doi:10.1177/0013916518799826.

Kahneman, D. (1999). Objective happiness. In D. Kahneman, E. Diener, & N. Schwarz (Eds.), *Well-being: The foundations of hedonic psychology* (pp. 3-25). New York, NY: Russell Sage Foundation.

Kern, M. L., Waters, L. E., Adler, A., & White, M. A. (2015). A multidimensional approach to measuring well-being in students: Application of the PERMA framework, *The Journal of Positive Psychology*, 10 (3), 262-271. doi:10.1080/17439760.2014.936962.

Krok, D. (2018). When is meaning in life most beneficial to young people? Styles of meaning in life and well-being among late adolescents. *Journal of Adult Development*, 25, 96-106. doi:10.1007/s10804-017-9280-y.

Layous, K., & Lyubomirsky, S. (2014). The how, why, what, when, and who of happiness: Mechanisms underlying the success of positive interventions. In J. Gruber & J. Moscowitz (Eds.), *Positive emotion: Integrating the light sides and dark sides* (pp. 473-495). New York, NY: Oxford University Press.

Ryan, R. M., & Martela, F. (2016). Eudaimonia as a way of living: Connecting Aristotle with self-determination theory. In J. Vittersø (Ed.), *Handbook of eudaimonic well-being* (pp. 109-122). Cham, CH: Springer International Publishing.

第4章

ヘドニックな エンターテインメント

adriaticfoto/Shutterstock.com

　メディア利用の最も基本的な利点の一つは、それが提供する楽しみである。このことに驚きを見せる人はいないだろう。間違いなく、ほとんどのエンターテインメントの主要な目的は、オーディエンスをもてなし、楽しませ、満足させることである。しかし、それは正確にはどういう意味なのか？　メディアコンテンツはどのようにして楽しみをもたらすのか？　そして、メディアの楽しみは、私たちの健康やウェルビーイングの全体的な感覚にどのように貢献しているのか？この章では、このような質問に答えてみよう。ただし、まず最初に、ポジティブメディア心理学者たちが「エンターテインメント」と「楽しみ」という用語で何を意味しているのかを理解する必要がある。

エンターテインメントと楽しみ

　ドラマやビデオゲームなど、ニュースや広告と区別される一つのカテゴリーとしてのメディアコンテンツを指すために、しばしばエンターテインメントという言葉を使うことがある。しかし実際には、何十年もの間、多くの視聴者は、ただ広告を見るのが好きだからという理由で、NFL のスーパーボウルの中継放送を視聴してきた[1]。ニュース番組には、視聴者が楽しみにしているという理由で、

ユーモラスなストーリーやその他の人間的な興味を引く記事が日常的に含まれている。米国政府の北米航空宇宙防衛司令部の超お堅い Twitter アカウントでさえ、クリスマスイブにはサンタクロースの場所を追跡してツイートしている。したがって、あらゆるメディアソース、フォーマット、またはコンテンツは、潜在的にエンターテインメントになる可能性がある。さらには、エンターテインメントと呼ばれるものすべてが、すべての人を楽しませるわけでもない。究極的にいえば、エンターテインメントは見る人の目の中にある。メディアコンテンツの魅力に大きな個人差が存在する理由は、このことによって説明できる。

　しかし、だからといって、エンターテインメントを定義することができないということではない。ほとんどのメディア学者は、メディアエンターテインメント研究のパイオニアであるドルフ・ジルマン（Dolf Zillmann）とジェニングス・ブライアント（Jennings Bryant）の2人によって提供された視点を採用している。**エンターテインメント**は、「他者の幸や不幸を見せることを通じて、そしてまた、自他の特別なスキルを示すことを通じて、喜ばせたり、程度は小さいが、啓発するために考案されたすべての活動」と定義できる（Zillmann & Bryant, 1994, p.438）。この定義は、(1) 広義のエンターテインメントを概念の中に含み（「すべての活動」とすることで、エンターテインメントがメディアの中にだけ存在するわけではないことを暗に認めている）、(2) クリエーターの意図に注目し（「〜のために考案された」）、(3)（「喜び」という）主要な結果に対する我々の関心に焦点を合わせ、(4) その結果をもたらす活動の側面（「他者の幸や不幸」、「特別なスキル」）を特定しているという点で有用である。これらの活動の側面については、この章で後ほど詳しく説明する。

　この定義が示すように、喜びの感情（または快感）はエンターテインメントの中核をなすものである。実際、多くの人々は、そもそも何らかのエンターテインメントに参加するということは、これらの感情を感じることだというだろう。通常、私たちはそれらの感情を楽しみと呼ぶ。**楽しみ**は、メディアエンターテインメントの消費または利用から生じる快感として定義できる。研究者たちは主に、これを、メディアに対するポジティブな感情反応として検討している。この反応は、脳の大脳辺縁系の快楽センターにおける神経伝達物質の活性化と関連している。エンターテインメントに関する研究の多くは、特に、オーディエンスがメディアの利用からどのようにして快感を得ているかに焦点を当てている。しかし、

訳注[1]　スーパーボウルの中継放送は視聴率が高く、そのため広告料が高いことでも有名である。大企業などは、その中継放送のためだけに特別に制作した広告を出稿し、注目を集めようとする。

研究者たちはまた、単純なものから複雑なものまで、さまざまな思考や省察、行動、社会的相互作用なども、エンターテインメント体験の重要な側面であり、楽しみにはポジティブな感情以上のものが含まれることを理解している。具体的には、メディア心理学者は、オーディエンスがメディアを利用して、どのように自分たちの人生をよりよく理解し、意味や洞察を追求し、人間という存在の美しい複雑さを探索するかについても探究している。これらの視点については、第5章と第6章で議論する。この章では、**ヘドニック**なエンターテインメントにのみ焦点を当てる。

　ヘドニックなエンターテインメントの研究は、次の2つの主要な研究課題に沿って展開してきた。(1) 人々がメディアの利用を求め、特定のコンテンツを選択する（または「エンターテインメントを選択する過程」の）動機となるものは何か？、そして (2) 受容過程において、コンテンツ要因とオーディエンス要因は、どのように相互作用して楽しみを促進するのか（「エンターテインメント理論」）？これらの問題について以下の節で説明していく。

BOX 4.1　なぜ「ヘドニックな」エンターテインメントなのか？

　ギリシャ神話で、エロスとプシュケの娘であるヘードネー（Hedone）は、官能的な快感と喜びの女神だった。実際、彼女の名前はギリシャ語で快感を意味する言葉とほぼ同じである：hêdonê。さまざまな文化圏の哲学者たちは、何千年もの間、快感と美徳、満足、そしてウェルビーイングの間の関係について熟考してきた。その結果、簡略化していえば、快感の追求と苦痛の回避が生命と幸福の基礎であることを強調する快楽主義（hedonizm）が、一つの学派として発展した。

　第3章で、ポジティブ心理学者が「ヘドニック」という言葉を用いて、主にポジティブとネガティブな感情の観点から特徴づけた主観的なウェルビーイングや幸福を意味していたことを思い出してほしい。これは、有意義なことに注目する心理的またはユーダイモニックなウェルビーイングとしばしば対比されるものである。エンターテインメント経験に関する議論においても、メディア研究者たちはこれと同じ区分を使い、主にポジティブな感情を含んでいたり、引き出すものを「ヘドニックな」エンターテインメントと呼び、混合感情、熟考、意味創出を特徴とする「ユーダイモニックな」エンターテインメントと区別している（第5章と第6章を参照）。

エンターテインメント選択過程

　ポジティブメディア心理学における多くの研究は、機能主義の観点に基づいている。したがって、ヘドニックなメディアエンターテインメントは、オーディエンスの生活の中でさまざまな社会的および心理的機能を果たしていると考えられている。過去半世紀にわたって、メディア利用の動機と選択に関する研究は、おおむね、「利用と満足」と「選択的接触」という2つの広い研究伝統の中で行われてきた。この2つの研究伝統は、すべての人間についての基本的な仮定を共有している。それは、私たち人間が快楽を求める者であるという仮定である（BOX 4.1 を参照）。私たちは、メディアコンテンツが私たちの快楽の追求に役立つことを経験から知っている。利用と満足のアプローチと選択的接触の研究は、そのメカニズムを説明するのに役立つ。

　1944 年、社会心理学者のハータ・ヘルツォーク（Herta Herzog）は、人々が昼間のラジオドラマ（メロドラマなど）を聴いている理由を調査し、特に女性が、日常生活でより多くの困難を経験しているときに、より多く番組を聴取すると回答していることを発見した。ほとんどの学者は、彼女のこの研究が、やがて**利用と満足**（U ＆ G: Uses and Gratifications）と呼ばれるようになるアプローチを採用した最初の研究であるとみている。ブルームラーとカッツ（Blumler & Katz, 1974）は、このアプローチの基本的な内容の概略を次のように解説する。人々には、メディアが満たすことのできる社会的および心理的欲求がある。その結果、人々はそれらの欲求に応じてその時ごとに異なるコンテンツを求め、選択した特定のコンテンツがそれらの欲求を充足させてくれることを期待する。したがって、このアプローチは、人々が、異なる時に、特定のメディアコンテンツを選択（または回避）するよう動機づけられることを前提としている。さらに、このアプローチは、異なる時に、さまざまな欲求に関連した異なる理由でメディアを選択する動機を人々が認識していて、それを正確に報告できることを前提としている。利用と満足アプローチは、1970 年代と 1980 年代にメディア研究分野で広く受け入れられ、人気を博した。

　選択的接触理論のルーツも数十年前にさかのぼる。1950 年代半ば、社会科学者は、人々は通常、自分がすでに持っている態度、信念、思考と一致する情報を求めることを理解し始めた（詳細については、Heider, 1958 のバランス理論と、Festinger, 1957 の認知的不協和を参照）。さらに、人々は、既存の態度や信念構造と

矛盾することがわかっている情報を避ける傾向にある。これらの知見から、人々は既存の信念と一致しない情報に遭遇すると、心理的および認知的苦悩を経験し、その不協和と苦悩を軽減する方法を模索するようになるという理解に至った。この問題を回避する一つの方法は、既存の態度と実際に一致している情報を求め、不協和を生み出す可能性のある情報を回避することである。メディア利用という文脈の中でそのような選択がなされるとき、その行動過程を**選択的接触**と呼ぶ（Zillmann & Bryant, 1985）。個人は、ほとんどの場合、意図的に（ただし、通常はそれを意識することなく）、既存の態度、信念、価値観、性格特性、気分、および考えとおおむね一致すると推定されるメディアコンテンツを選択する。エンターテインメント研究者にとって、選択的接触は当然、私たちの基本的な自己認識やさまざまな既存の状況に適合するメディアコンテンツだけでなく、快楽をもたらしてくれると思われるメディアコンテンツの選択にまで拡張される。

　多くの点で、選択的接触理論は利用と満足アプローチと似ているように見える。実際、利用と満足アプローチの基本的な前提は、人々が特定の知覚された欲求を充足させるために、特定のコンテンツに自分自身を選択的に接触させるということである。ただし、重要な違いの一つは、選択的接触の研究者は、特定のメディアコンテンツを利用する動機は、通常、意識的な考慮を超えていると主張していることである。対照的に、利用と満足の研究者は、メディアの選択を、自分の欲求を考慮し、それに応じて選択を行う個人の、より意識的なプロセスとみなしている。2つの観点の間にはさらに多くの違いが存在するが、私たちの目的には、この区別で十分である。どちらの観点にも、基本的な前提を裏づける数十年にわたる研究結果の蓄積がある。したがって、どちらの観点も、欲求とメディアの選択に関する妥当な考え方であるといえる。時には、それは意識的な決定であり、時にはそうではない。したがって以下においては、2つの観点からのさまざまな研究結果をまとめて議論していく。

　エンターテインメントを選択する動機は、主に、楽しみに直接関係している。選択的接触理論は、メディアの利用者が、特定のコンテンツとポジティブな結果との関連を知るようになると主張する。したがって、人々は一般に、同様のコンテンツに対する過去の経験に基づいた期待から、そうすることによって得られると予想される（そして求められる）ポジティブな結果のためにエンターテインメントを選択する。それらの動機のいくつかは、オーディエンス間で、そして一定期間を通して一貫しており、永続的である。状況や個人によって異なるメディア選択の動機もある。さらに、以下で説明する欲求は、相互に排他的であると考え

るべきではない。言い換えれば、メディアコンテンツが何か一つの理由だけで、または一つの欲求を満たすためだけに選択されることはめったにない。ヘドニックなメディアの選択は複雑な現象であり、多くの要因によって同時に動機づけられる。

基本的欲求

　ヘドニックなメディア・エンターテインメントへの衝動は、一つには、進化的、生物学的、または中核的な心理的プロセスから生じる永続的で基本的または基盤的な人間の欲求と結びつけることができる。これらのすべては、何らかの形で、快感の継続的な追求と関連している。

▷ 「遊び」への欲求

　すべての哺乳類は遊びの活動に参加する。そして、彼らがそうする理由も似通っている。一般に、遊びは、狩猟、捕食者の回避、社会的序列の学習、社会的コミュニケーションなど、重要な適応機能を果たすスキルの発達を促す。何千年にもわたって、人間は想像によって遊ぶ能力も発達させた。運動場でやっていたごっこ遊びのゲームを思い出してみてほしい。想像的な遊びは、安全な二次的現実を作り、その中で相互作用することを可能にする。そこでは、新しい役割を試し、いつもの自己認識を拡張し、通常はあまりやらない形で振る舞い、考え、私たちが物理的および社会的世界で遭遇するさまざまな制約や限界に対処して乗り越えることを学べる。遊びは単なる子どもの活動とみなされることがよくあるが、実は大人も生涯を通じてスポーツ、ボードゲーム、オンラインゲームなど、多くの遊びを続けている。実際、アメリカ退職者協会（AARP: American Association for Retired People）による 2019 年の調査をみると、70 歳以上の人々の 40 ％近くが定期的に何らかのビデオゲームをプレイしている。

　メディア・エンターテインメント研究のパイオニアの一人であるコミュニケーション学者のピーター・フォーダラー（Peter Vorderer）は、メディア・エンターテインメントは、想像的な遊びと同じく、代替現実を提供すると主張した。つまり、メディア・エンターテインメントは、オーディエンスが、歓喜、失望、サスペンス、苦難、そして成功の状況に満ちた物語の世界にアクセスする間、現実知覚からの一時的な転移を促進する。これらの安全で制御された二次的環境で「遊ぶ」ことによって、個人は自分の物質的および実存的な問題と欠如に対処し、乗

り越える方法を学ぶ（Vorderer, 2001）。たとえば、HBO[2]製作の『ザ・ソプラノ
ズ 哀愁のマフィア』〈原題：*The Sopranos*〉のようなアンチヒーローを主人公に
している物語は、社会的状況に対する道徳的に問題のある反応についてあれこれ
考えることができる「道徳の遊び場」を視聴者に提供することが示されている
（Eden et al., 2017）。そしてそのように遊ぶことは楽しい。結局、このような無数
の可能な現実を試すことのできる機会を得ようと、今日の人間は、さまざまな形
式の（メディア）エンターテインメントを「遊び」として頻繁に探し求めるよう
内発的に動機づけられている。

▷ライフバランス

　人体には、最適な活動と生存に向けて自動的に調節を続けようとする内的シス
テムが装備されている。たとえば、交感神経系と副交感神経系が連携して心拍数
を調節し、体をバランスの取れた状態（ホメオスタシス〔恒常性〕ともいう）に戻
す。時間の経過とともに、社会的および物理的環境がより複雑化する中で、人間
は、ライフバランスとウェルビーイングのための戦いをサポートするために、意
思決定や推論などの非自動的システムを発達させた。これらのシステムにより、
必要に応じて環境を操作したり、調整して、ポジティブな感情を増進し、ライフ
バランスを取り戻すことができる。この目標を達成できる環境からのインプット
の一つが、メディア・エンターテインメントの選択である。つまり、エンターテ
インメントは、人間がウェルビーイングとライフバランスを管理することに使え
る多くの手段の一つとして機能できる。

▷自律性、有能性、関係性

　自己決定理論（Deci & Ryan, 2000；第3章も参照）によると、すべての人々は、
心理的成長、ウェルビーイングや幸福を得ることにつながる基本的欲求（すなわ
ち、自律性、有能性、および関係性）の充足を助ける活動や目標を追求するよう内
発的に動機づけられている。言い換えれば、誰もが自分の自己意識に沿った形で
行動し（自律性）、難しい環境の中でも力を発揮していると感じ（有能性）、他者
とのつながりを感じられることを行いたい欲求を共有している。メディア・エン
ターテインメントの利用は、そのような内発的に動機づけられた活動の一つであ
ると考えられている。個人は自己意識に沿ってメディアコンテンツを自由に選択

でき（自律性）、理解またはマスターできるコンテンツを選択でき（有能性）、他者を巻き込んだメディア経験（友達と一緒に映画に行くなど）または心を通わせることのできる登場人物を含んだメディアコンテンツを選択できる（関係性）。その結果、幸福、快感、ウェルビーイングの増進を経験できる。たとえば、ライアンら（Ryan et al., 2006）は、ビデオゲームを単独でプレイすることで、ゲームとプレイの選択、およびゲームの中で提示される課題のマスターを通じて、プレイヤーが自律性と有能性の欲求を満たせることを示した。さらに、研究者たちは、オンラインで他の人とゲームをすることが関係性の欲求を満たすのに役立つことも発見した。つまり、マルチプレイヤーオンラインゲームをプレイすることは、すべての人間が持つ3つの基本的な欲求の充足を助ける可能性がある。

状況的欲求

　すべての人々が持っているこれらの永続的な欲求のほかに、状況的な欲求もまたヘドニックなメディア・エンターテインメントの選択を動機づける。これらの欲求の多くは、テレビ、音楽、ゲーム、ソーシャルメディア、その他のオンラインコンテンツなど、さまざまなメディアに関する利用と満足および選択的接触研究の中で、繰り返し指摘されてきたものである。

▷気分調節
　退屈、ストレス、欲求不満などのネガティブな気分になることは避けられない。私たちは皆、時々それらを経験する。気分管理理論（Mood Management Theory; Zillmann, 1988）は、快楽を求め、不協和を避ける者としての個人が、ネガティブな気分状態を途絶させ、克服し、ポジティブな気分状態を維持し、延長するために、どのようにメディアコンテンツを選択するのかを説明している。気分は、覚醒レベル（たとえば、緊張 vs. 落ち着き）や快楽価（たとえば、楽しい vs. 悲しい）など、さまざまな点で互いに異なる。ジルマンは、メディアコンテンツも同様の次元で互いに異なると主張した。興奮（または覚醒）させる力、快楽価、没入させる（または関与させる）力の次元がそれである。言い換えれば、メディアコンテンツは、どれくらい興奮させてくれるか（『ワイルド・スピード』〈原題：Fast & Furious〉vs.『ストーリー・オブ・マイライフ／わたしの若草物語』〈原題：Little Women〉）、どれくらいポジティブまたはネガティブか（『ドーラといっしょに大冒険』〈原題：Dora the Explorer〉vs.『エクス・マキナ』〈原題：Ex Machina〉）、どれくら

い没入させてくれるのか（『インセプション』〈原題：*Inception*〉vs.『エド エッド エ ディ』〈原題：*Ed, Edd n Eddy*〉）の点で異なるということである。さらに、コンテン ツは、（特に快楽価の点で）オーディエンスの現在の気分と一致したり、一致し なかったりする。つまり、コンテンツは、個人の現在の気分状態と意味的親和性 が高い場合もあれば、低い場合もある。

　気分管理理論によると、メディア利用者は、経験を通じてコンテンツとそれが 気分に与える影響との関連を学ぶようになる。その結果、ネガティブな気分状態 にあるとき、人々は、ポジティブな気分と関連づけられたコンテンツを求める傾 向があり、すでにポジティブな気分になっているときは、それを維持してくれる に違いないと思うコンテンツを求める。たとえば、退屈している人（低覚醒の状 態）は覚醒レベルを上げるために、ペースの速い音楽（興奮させる力が高い）を聴 くことを選択する可能性が高く、ストレスを感じている人（高覚醒の状態）はゆっ くりとした落ち着いた音楽（興奮させる力が低い）を選択する可能性が高くなる。 同様に、怒っている人（ネガティブな状態）は、複雑なミステリー（没入させる力 が高い）のようなより引き込まれるコンテンツを選択して、怒りを引き起こした そもそもの出来事や状況について考えたり、思い巡らすことを中断し、それに よってネガティブな気分を克服しようとするかもしれない。また、恋人との別れ を悲しんでいる人は、その夜の番組として、暗いラブストーリー（高い意味的親 和性）を観るのを避け、その代わりに気楽な映画やバラエティ（低い意味的親和 性）を選ぶかもしれない。

　気分管理理論の予測は、さまざまなメディアコンテンツとフォーマットを対象 とした、長年にわたる広範な研究によって裏づけられてきた。ただし、気分最適 化への欲求が必ずしも常にメディア選択の要因であるとは限らないことに注意す る必要がある。情報欲求（「これを見ると怒ってしまうことはわかっているが、それ でも私は本当にこの大統領候補討論会を見るべきだ」）や儀礼的な理由（「私はいつも このショーを毎週日曜日の夜に見る」）のようなその他の状況要因が、気分最適化 より強い要因になり得るし、実際そうである。また、気分は、多くの場合、メ ディア選択（または、さらにいえば、あなたの行動全般）に影響を与えるさまざま な欲求の一つにすぎない。

▷逃避

　さまざまなメディアのプラットフォームにおいて、ヘドニックなエンターテイ ンメントが選択されるもう一つのよく知られた動機は、逃避（または気晴らし、

または時間つぶし）である。一般に、この言葉は、現在の不満足な現実世界の状況からの逃避（回避動機）を意味するが、メディア世界への逃避（接近動機）を指すこともある。前者に関して、ヘニングとフォーダラー（Henning & Vorderer, 2001）は、社会学的、社会心理学的、個人心理学的な３つの逃避動機を特定した。社会学的な逃避は、仕事やワークライフバランスから生じるストレスや問題によって起きるものである。社会心理学的な逃避は、否定的な（仕事に関係のない）社会的相互作用や状況によって動機づけられる。個人心理学的な逃避は、「何もすることがない」など、社会的なことに起因しない状況によって起きるものである。人々は、この３つの逃避すべてを目的にしてメディアを求めることもあるが、おそらく、逃避のためのメディア選択においては、個人心理学的要因が最も優勢な動機であろう。いずれにしても、メディアが私たちを日常生活のプレッシャーやストレスから解放する能力は、確かに（ほとんどの場合）楽しいものとして経験される。

▷回復

　気分調節と逃避の両方とも関連しているが、回復はメディアの利用と選択を動機づけるもう一つの欲求である。回復は、仕事やストレスによって枯渇した身体的および心理的資源の補充として概念化されている（Sonnentag & Zijlstra, 2006）。睡眠が回復をもたらしてくれるのと同じように、メディア利用にもその可能性があることを、ますます多くの証拠が示唆している。

　回復の過程は、次の４つの側面を含んでいると考えられている。（ストレッサーからの）心理的分離、リラクゼーション、（自分の活動に対する）コントロール、および（内的資源の立て直しに役立つ、困難な課題の）制覇がそれである。一連の研究で、ライネッケら（Reinecke et al., 2009, 2011）は、ビデオゲームのプレイが回復の４つの側面すべてに対応していることを実証した。同様に、リーガーら（Rieger et al., 2014）は、ヘドニック志向的な映画の一場面が心理的分離とリラクゼーションを促進できることを示した。さらに、メディアによって誘発される回復の経験は、活力を得た感じがするといった回答にもみられるように、ポジティブで楽しい結果につながる可能性がある。

▷学習

　メディア・エンターテインメントを取るに足らない軽薄なものとして却下する人もいるが、エンターテインメントの利用が学習欲求によって動機づけられるこ

とは明白である。これの最たる例は、第11章で詳しく説明する向社会的な子ども向けテレビ番組である。実際、多くの移民の人々は、子ども向け番組を通じて受入国の言葉と文化的事柄を学んだと話している。それらの番組はしばしば、誰でも理解できるように、そして知的、文化的に豊かな内容を含むようにデザインされている。ドキュメンタリー映画やポッドキャスト業界は、Twitchのようなスポーツとゲームのライブストリーミング・プラットフォームがやっているように、エンターテインメント消費に学習動機を活用している。

▷社会的有用性

　多くのエンターテインメントコンテンツは、登場人物の内面の思考と社会生活に焦点を当てている。このためオーディエンスは、絶え間なく流れてくる社会関係に関する情報に遭遇する。ときどき、私たちはそのような情報を得るためにエンターテインメントを消費するという特別な動機を持っている。カッツら（Katz et al., 1973）は、メディア利用は、自分自身に関連する欲求（たとえば、自信感、信頼性）と他者に関連する欲求（たとえば、家族や友人、世界との接触の強化）を満たすことができると主張した。ときどき、私たちは幅広い社会的欲求を満たすためにエンターテインメントを選択する。翌日オフィスでみんなが交わすであろう会話に備えて人気番組を見たり、（しばしば出演者に対する哀れみの感情を通じて）自分はマシなほうだと思うためにリアリティ番組をイッキ見したりする。思春期の少年は社会的に構築された男性性に適合する行動（たとえば、笑ったり、怖がっていないように振る舞う）を実行しようとホラー映画を観るし、愛する人を亡くした人はその悲しみに対処するためにドラマを視聴する。これはほんの一部の例である。

　メディアの利用を通じて満たそうとしているこれらのさまざまな欲求に加えて、ヘドニックなエンターテインメントの選択は、文化的、人口統計学的、および性格特性上の他の要因によって異なるパターンを見せることもある。これらの問題については、第12章で詳しく説明する。

メディアエンターテインメントの受容と楽しみ

　エンターテインメント研究の第2の柱は、**エンターテインメント理論**と呼ばれるもので、メディアの受容過程においてコンテンツ要因と視聴者要因がどのよう

に相互作用し、楽しみを促進するかを研究するものである。ここでは、いくつか
の著名な理論や概念に光を当てる。

登場人物と物語の結末の重要性

感情的ディスポジション[3]理論（ADT: Affective Disposition Theory）は、私たち
がメディアの物語を、どのように、そしてなぜ楽しむのかを説明している
(Zillmann & Cantor, 1976)。より具体的には、ADT は、（1）視聴者がメディアの
登場人物に対して取る感情的な立場（または「感情的ディスポジション」の形成）
はどのように決まるのか、（2）その結果、物語の展開に対して、どのような形で
希望や不安（あるいは「期待的な感情反応」）を抱くのか、（3）それらの感情的反
応は、物語の結末とあいまって、どのように楽しみにつながるのか、について説
明している。

ADT によると、メディアの物語に出てくる登場人物に対してオーディエンス
が形成し保持する感情的な関連は、楽しみを生み出すプロセスにおいて主要な役
割を果たしている。ほとんどのエンターテインメントは善と悪の衝突、すなわち、
スーパーヒーローと手強い悪人、法執行機関と犯罪者、人生の不公平さに立ち向
かう若い恋人たち、リンクとガノン（『ゼルダの伝説』のファンならわかるだろう）
に集中している。人間は本質的に社会的な生き物なので、私たちは一般的に、道
徳的な思いやりが安全と長寿にとって進化的に有利であることから、善の勢力に
味方する。これは現実の世界にも、メディアによって媒介された世界にも当ては
まる。その結果、オーディエンスは登場人物の行動や動機を道徳的に監視・評価
し、「とてもポジティブ」から「無関心」を通って「とてもネガティブ」へと続
く、感情の連続線に沿ったディスポジションを形成することになる。もちろん、
登場人物に対する感情は、俳優に対する態度、俳優の魅力、セリフ、テーマなど、
他の要因にも影響される可能性があるが、研究は一貫して、道徳性に関する評価
(特に共感に関連するもの）が登場人物に対する好感形成にとって中心的であるこ
とを示している。価値観、信念、規範の多様性を考えると、登場人物に対する好
き嫌いは人によって異なり、その結果、最も楽しめる物語も人によって異なるの
は当然のことである。

登場人物が好きになればなるほど、彼らの苦しみや葛藤、喜びや勝利に共感し、

訳注[3] ディスポジションは、気質、態度などの意味で用いられる社会心理学の概念であるが、ここ
では登場人物に対する好き嫌いの気持ちという意味である。

「感情移入」する。さらに、登場人物が好きになればなるほど、善が悪に勝ってほしいという願望を共有したり、反対の結果になることを恐れたりして、彼らに味方したり（あるいは反感を持ったり）する。これらの願望と恐れは、**期待的感情**と呼ばれる。物語の全過程を通じ、オーディエンスは登場人物と一緒に「感情のジェットコースター」に乗り、最終的な結末または解決に至る。ADT によると、楽しみは、結末に関連して私たちが感じる快感として経験される。物語の結末が、オーディエンスが期待し、望んでいるものと一致する場合、快感が経験される（その快感の大きさは、登場人物に対して形成したディスポジションの強さによって導かれた、結末に対する期待の強さに応じて変わる）。物語の結末が、何らかの形で、期待し、望んでいたものと一致しない場合、快感はより小さくなる。したがって、ADT によると、楽しみは、登場人物に対して抱かれる感情的なディスポジションと、展開する物語のなかで明かされるその登場人物たちに関係する結末の関数である。より具体的には、好きな登場人物がポジティブな結末を迎えるとき、そして嫌いな登場人物がネガティブな結末を迎えるとき、楽しみは増加する。逆に、好きな登場人物がネガティブな結末を迎えたり、嫌いな登場人物がポジティブな結末を迎えたりすると、楽しみは損なわれる。楽しみの大きさは、それらの登場人物に対して抱かれる感情的なディスポジションの強さに大きく依存している。はっきりさせておくが、登場人物へのディスポジションと物語の結末以外の要因も楽しみに影響を与える。しかし、ADT の基本命題は、ユーモア、伝統的なヒーローやアンチヒーローが登場するドラマ、スポーツ、ホラー、アクション映画、リアリティ番組、ビデオゲーム、さらにはニュースまでを含むさまざまなメディアコンテンツの楽しみを、かなりの部分うまく説明していることが示されている。すなわち、楽しみが得られる過程に対する ADT の説明は広範な支持を得ている。

コンテンツ要素

　登場人物や物語の結末だけでなく、恐怖の描写、インタラクティブ性、道徳的な複雑さ、美しさなど、多くのコンテンツ要素が楽しみの向上と関連している。この章でこれらの問題すべてを詳細に検討することはできない。その代わり、ここでは、楽しみに関連する 2 つの重要かつ一般的な物語の要素である、暴力とサスペンスについて簡単に説明する。

　人々はしばしばメディアコンテンツを「暴力的すぎる」と批判する。それに対

して、メディアコンテンツを提供する側は、自分たちは人々が望むものを与えているだけだという。私たちは、暴力を楽しいと思っているのだろうか？　簡単にいえば、多くの人にとってその答えは「イエス」である。しかし、「なぜ？」と「誰にとって？」という質問はもっと複雑である。暴力の有無によって、同じコンテンツの楽しみが変わるかを直接調べた研究はほんの少ししかない。一例として、ブライアントら（Bryant et al., 1981）は、暴力の度合いが異なるプロサッカーの試合の映像でそれを比べた。男性の視聴者は、プレイのラフさが増すにつれて、より多くの楽しみを報告した。女性視聴者にも同様のパターンが見られたが、統計的に有意な結果ではなかった。しかし、すべての暴力が同じように楽しめるわけではない。誰が加害者で誰が被害者か、暴力の正当性、物語における暴力の中心性など、多くの要因が暴力的なコンテンツの楽しみに影響を与える。さらに、暴力的なコンテンツを楽しむ理由についてのほとんどの説明は、暴力行為そのものよりも、正義の回復や悪の退治など、暴力の結果として得られるものを重視するのが一般的である。

　次はサスペンスに関してであるが、なぜオーディエンスは愛すべきメディアの登場人物がひどい苦境に置かれたり、差し迫った危害や死の脅威と闘うのを目撃する苦痛を楽しめるのであろうか？　この「サスペンスのパラドックス」は、エンターテインメント理論家たちによって広く探究されてきた。キャロル（Carroll, 1990）は、フィクションにおけるサスペンスとは、2つの潜在的な結果——道徳的には正しいが起きるかどうか疑わしい結果と、不幸だが起きるかもしれない結果——が両方提示されている物語の結末にとって不可欠なシーンまたは出来事の描写において経験される感情的な不安と期待であると説明した。愛すべき登場人物がある苦しみや敗北に直面しているとき、視聴者は共感的な懸念を介してサスペンスを経験するが、恐れている不幸な結果が起きる可能性が高いと思われる場合、サスペンスは大きくなる。さらに、望んでいた結末が訪れた場合には特にそうであるが、一般に、より多くのサスペンスを感じるほど、より大きな楽しみが得られる。つまり、勝敗に関係なく、お気に入りのチームとその最大のライバルとの間で行われるスリル満点の一進一退のバスケットボールの試合はもちろん楽しめるが、お気に入りのチームが実際に勝った場合には、その楽しみははるかに大きくなるに違いない。**興奮転移理論**（Exitation Transfer Theory; Zillmann, 1971）は、なぜこのようなことが起きるのかを説明している（詳細については、BOX 4.2を参照）。

受容過程

他にも、いくつかの心理的プロセスが、ヘドニックなメディアを受容する際に経験する喜びに影響する。これらは、コンテンツやオーディエンスによって、どの程度発生するかが状況的に異なる。そのため、これらの心理的プロセスは、場合によって楽しみに与える影響が異なる。

BOX 4.2　サスペンスを楽しむ

　今まであなたが観た中で、最もサスペンスを感じた映画は何であろうか？　アルフレッド・ヒッチコック（Alfred Hitchcock）の『サイコ』〈原題：*Psycho*〉は昔の映画だが、その映画のシャワーシーンは、いまだに多くの人にとって非常に大きなサスペンスを与える場面である（観たことがない人はグーグルで検索してみることをお勧めする）。私たちは、サスペンスを感じる映画の一場面のような環境の混乱に遭遇すると、交感神経系を介して体が自動的に反応する。手のひらに汗をかき、心臓の鼓動が速くなり、筋肉が緊張する。第2章で説明したように、これらの反応は一括して**覚醒**（arousal）と呼ばれる。覚醒されると、私たちの体は自然に、恒常レベルに戻ろうとし始める。この恒常レベルは、健康と生存を促進する最適なバランスが取れている状態である。しかし、私たちの身体システムが恒常レベルに到達する前に、次のサスペンスシーン（さらに次のシーン、また次のシーン）に遭遇すると、前のシーンでの覚醒が残っている上に、次のシーンでの覚醒が積み重なり、ますます多くのサスペンスを感じるようになる。この過程を「興奮の転移」（excitation transfer）という（Zillmann, 1971, 1991）。多くの場合、私たちがこのように高度に高まった覚醒水準にあるときに、物語の結末が呈示される。追撃戦が終わり、爆発は止まり、警察が到着し、混み合う部屋の中で恋人たちが互いを見つける、などなど。しかし、私たちの脳は、その積み重なった覚醒の「すべて」がラストシーンによるものだと認識してしまう。その結果、ハッピーエンドを迎えるサスペンス物語は、ものすごく楽しいものとして知覚され、感じられる。これは、サスペンスシーンが続いたことで、映画を観ている間、私たちの体が恒常レベルに戻ることができず、その結果として蓄積された生理的な覚醒が、開示された喜ばしい結末によるものだと原因帰属されるためである。

▷ナラティブ・エンゲージメント

　視聴者も、読者も、そしてゲームのプレイヤーも、皆しばしば、時間や周囲の物的環境を忘れ、物語の世界に完全に没入してしまうという共通の体験をしている。このような体験は、大まかに「ナラティブ・エンゲージメント」といわれている。メディアの消費者が高度なエンゲージメントを経験すると、自分が物語の世界に実際に存在しているかのように感じ、自分の感情的、認知的能力を駆使して、登場人物や出来事をリアルなもののように体験する。ナラティブ・エンゲージメントには、移入（transportation; Green et al., 2004）、臨場（presence; Lombard & Ditton, 1997）、フロー（flow; Sherry, 2004）など、いくつかの類似する関連概念がある。ブッセルとビランジッチ（Busselle & Bilandzic, 2008）は、物語の理解とエンゲージメントに関する彼らのモデルにおいて、現実性の知覚がナラティブ・エンゲージメントを引き起こす鍵であると主張した。エンターテインメントの消費者は、デフォルトでは、物語がフィクションであることを受け入れ、現実世界の視点から物語世界の視点へと熱心に移行しようとし、それがナラティブ・エンゲージメントを高めることにつながる。しかし、オーディエンスが物語と現実世界の間の一致（外的リアリズム）や、物語自体の内部における一貫性（内的リアリズム）に、説明のつかない矛盾や不自然さを感じると、物語へのエンゲージメントは中断される。最終的に、彼らのモデルは、ナラティブ・エンゲージメントが物語から得られる楽しみをどのように促進するかを示している。

▷登場人物との同一視

　ナラティブ・エンゲージメントや前述の感情的ディスポジションとも関連しているが、登場人物との同一視（indentification）は、オーディエンスが登場人物と融合し、登場人物の視点を採用する想像的なプロセスである（Cohen, 2001）。メディア利用者が登場人物を高度に同一視すると、自分自身の自己感覚を維持しながら、登場人物の動機、感情、思考、行動を察知し、理解することができる。登場人物との同一視は、オーディエンスが物語の世界にかかわるための主要な手段である。時にオーディエンスは、登場人物のようになりたい、または登場人物のように振る舞いたいという願望的同一視を経験することもある（Hoffner, 1996）。もちろん、私たちが常にメディアの登場人物を同一視したり、願望的に同一視したりするわけではないが、そうした場合に、もしそれらの登場人物にポジティブなことが起こると、私たちの楽しみも上昇する傾向がある。

▷疑似社会的相互作用

　同一視と同じく、疑似社会的相互作用（PSI: Parasocial Interaction）も、オーディエンスとメディアの登場人物の間で起きるプロセスである。この概念は、その 2 人の間で起きる想像上の一方向的な社会的相互作用をいう（Horton & Wohl, 1956）。言い換えると、PSI は、映画、テレビ番組、YouTube チャンネル、ゲームの配信を見たり、本を読んだりするときに、オーディエンスが登場人物に友達や仲間のように反応する仕方を説明している。PSI は、対面の相互作用のように経験される。たとえば、登場人物の名前を呼びながら画面に話しかけたりするようなことがそれに当たる。もちろん、そういうときに、私たちはメディアの登場人物が言い返してくれることを期待したりはしない。一定期間に複数回の相互作用を行うことで、オーディエンスはメディアの登場人物と疑似社会的関係（PSR: Parasocial Relationship）を形成できる。たとえば、研究によると、ハリーポッターシリーズの読者と視聴者は、ハリー、ハーマイオニー、ロンを友達であるかのように日常的に思い、彼らについて話をすることさえあった。さらに、PSI と PSR は、メディアコンテンツで経験する楽しみやその他の感情的な反応にも影響する。実際、疑似社会的プロセスはメディアから得られる楽しみにとって非常に重要であるため、登場人物が死んだり、シリーズの途中から出てこなくなったり、番組が突然キャンセルされたりすると、登場人物との関係の終わり——つまり、その関係の終わりによってもたらされる疑似社会的な別離——は、実際の友達との関係が終わったときに感じるのと同じようなネガティブな感情を引き起こす可能性がある（Cohen, 2004）。

▷社会的比較

　人間として、私たちは日常的に、継続的なアイデンティティ形成の自然な一部として自分自身を他者と比較している（Festinger, 1954）。ときどき、私たちは自分が望む特性を持っていると知覚する人々と自分自身を比較する（上方同化比較）。また別のときには、ある次元で私たちより劣っていると思う人々と比較し、自分自身を判断する（下方対照比較）。幅広い登場人物が出てくるメディアエンターテインメントは、両タイプの社会的比較のための機会を無限に提供する。たとえば、リアリティ番組や昼間のトーク番組に関する研究によると、視聴者は自分よりも生活水準が低いと思われる他者と自分を比較することをしばしば楽しんでいる。ただし、コンテンツによっては、自分自身について気分を害する比較を誘発させられる可能性もある。たとえば、番組の出演者の誰かほど魅力的でないとか、才

能がないと知覚することで、その番組から得る楽しみが低下してしまう可能性がある。

受容の文脈

楽しみに影響する要因の最後は、比較的あまり研究の注目を受けてこなかった要因だが、エンターテインメントに接触する社会的文脈である。メディアテクノロジーがより安価になり、よりポータブルになるにつれて、エンターテインメント体験はますます個人化され、個で楽しむものになった。それにもかかわらずエンターテインメントは、リビングルーム、ミニバン、シネプレックス、スポーツバー、ゲームセンター、そしてオンライン上で、日常的に他の人と一緒に楽しまれてもいる。状況によっては、楽しむために必ず社会的な文脈が必要になることもある。たとえば、大規模マルチプレイヤー・オンライン・ロールプレイングゲーム（MMORPG）は、ゲームの世界で他の人との相互作用が行われるし、ゲームの勝敗に関係なく、楽しみを得ることにおいてその相互作用自体が重要な役割を果たす。たとえば、待望のテレビ番組の新しいシーズンの初回放映中にTwitterにリアルタイムのコメントを投稿するような状況では、セカンドスクリーンを介したネット上の他のユーザーとのやりとりが、「ファーストスクリーン」に映っているテレビ番組の次に、楽しみを生み出す有力な役割を果たすかもしれない。

物理的に一緒にいる他者と感情的反応を共有することも、楽しみを促進することがある。**感情伝染**は、他の人と一緒にエンターテインメントを消費しているときに日常的に起きる、感情的な行動の模倣と同期化による他者との感情的な収れんとして定義される。特に注目すべき現象の一つは、他者の笑いが自分の笑い反応に与える影響である。実際、テレビのシットコムによく見られる「笑い声のサウンドトラック」ともいわれる笑い声の音響効果は、オーディエンスの笑いと楽しみを高めることが示されている。他の人の拍手は、たとえば音楽の鑑賞に同様の影響を与えることが示されている。

まとめ

メディアのコンテンツとテクノロジーが私たちのウェルビーイングと幸せに貢

献する主な方法の一つは、それらが私たちの生活にもたらす楽しさと快感を通じ
てである。多くの場合、その快感は、欲求の充足と関連して経験される。自律性、
有能性、関係性など、その欲求のいくつかは、すべての人の心理的組成の基盤を
成している。気分の改善、逃避、交際などのその他の欲求は、時と場合、そして
人によって異なる。いずれにしても、利用と満足および選択的接触の研究は、
人々がさまざまな欲求を満たすためにどのようにメディアを選択するのかを示し
ている。特定のメディアコンテンツの楽しみは、受容中に発生するいくつかの心
理的プロセスから生じるが、中でも特に、登場人物への感情的な反応が重要であ
る。感情的ディスポジション理論、同一視、疑似社会的相互作用・関係、および
社会的比較はすべて、登場人物が楽しみに与える影響のメカニズムを説明してい
る。物語世界へのエンゲージメントや社会的文脈も、メディアの楽しみに影響を
与えている。その他の要因も、楽しみをさらに高めたり、損なったりするが、こ
こで説明したプロセスは、主観的ウェルビーイングをもたらす、楽しみと快楽の
ためのメディア利用に最も密接に関連しているものである。

引用文献

Blumler, J. G., & Katz, E. (1974). *The uses of mass communications: Current perspectives on gratifications research*. Beverly Hills, CA: Sage.

Bryant, J., Comisky, P., & Zillmann, D. (1981). The appeal of rough-and-tumble play in televised professional football. *Communication Quarterly, 29*, 256-262. doi:10.1080/01463378109369413.

Busselle, R., & Bilandzic, H. (2008). Fictionality and perceived realism in experiencing stories: A model of narrative comprehension and engagement. *Communication Theory, 18*, 255-280. doi:10.1111/j.1468-2885.2008.00322.x.

Cohen, J. (2001). Defining identification: A theoretical look at the identification of audiences with media characters. *Mass Communication and Society, 4*, 245-264. doi:10.1207/S15327825MCS0403_01.

Cohen, J. (2004). Parasocial break-up from favorite television characters: The role of attachment styles and relationship intensity. *Journal of Social and Personal Relationships, 21*, 187-202. doi:10.1177/0265407504041374.

Deci, E. L., & Ryan, R. M. (2000). The "what" and "why" of goal pursuits: Human needs and the self-determination of behavior. *Psychological Inquiry, 11*, 227-268. doi:10.1207/S15327965PLI1104_01.

Eden, A., Daalmans, S., van Ommen, M., & Weljers, A. (2017). Melfi's choice: Morally conflicted content leads to moral rumination in viewers. *Journal of Media Ethics, 32*, 142-153. doi:10.1080/23736992.2017.1329019.

Festinger, L. (1954). A theory of social comparison processes. *Human Relations, 7*, 117-140. doi:10.1177/001872675400700202.

Festinger, L. (1957). *A theory of cognitive dissonance*. Stanford, CA: Stanford University Press. (フェスティンガー『認知的不協和の理論：社会心理学序説』末永俊郎監訳、誠信書房、

1965)

Green, M. C., Brock, T. C., & Kaufman, G. F. (2004). Understanding media enjoyment: The role of transportation into narrative worlds. *Communication Theory*, 14, 311-327. doi:10.1111/j.1468-2885.2004.tb00317.x.

Heider, F. (1958). *The psychology of interpersonal relations*. Hillsdale, NJ: Lawrence Erlbaum Associates. (ハイダー『対人関係の心理学』大橋正夫訳、誠信書房、1978)

Henning, B., & Vorderer, P. (2001). Psychological escapism: Predicting the amount of television viewing by need for cognition. *Journal of Communication*, 51, 100-120. doi:10.1111/j.1460-2466.2001.tb02874.x.

Hoffner, C. (1996). Children's wishful identification and parasocial interaction with favorite television characters. *Journal of Broadcasting & Electronic Media*, 40, 389-402. doi:10.1080/08838159609364360.

Horton, D., & Wohl, R. R. (1956). Mass communication and para-social interaction. *Psychiatry: Journal for the Study of Interpersonal Processes*, 19, 215-229. doi:10.1080/003327 47.1956.11023049.

Katz, E., Haas, H., & Gurevitch, M. (1973). On the use of the mass media for important things. *American Sociological Review*, 38, 164-181. doi:10.2307/2094393.

Lombard, M., & Ditton, T. (1997). At the heart of it all: The concept of presence. *Journal of Computer-Mediated Communication*, 3 (2). doi:10.1111/j.1083-6101.1997.tb00072.x.

Ryan, R. M., Rigby, C. S. & Przybylski, A. (2006). The motivational pull of video games: A self-determination theory approach. *Motivation and Emotion*, 30, 344-360. doi:10.1007/ s11031-006-9051-8.

Sherry, J. L. (2004). Flow and media enjoyment. *Communication Theory*, 14, 328-347. doi:10.1111/j.1468-2885.2004.tb00318.x.

Sonnentag, S., & Zijlstra, F. R. (2006). Job characteristics and off-job activities as predictors of need for recovery, well-being, and fatigue. *Journal of Applied Psychology*, 91, 330-350. doi:10. 1037/0021-9010.91.2.330.

Vorderer, P. (2001). It's all entertainment--sure. But what exactly is entertainment? Communication research, media psychology, and the explanation of entertainment experiences. *Poetics*, 29, 247-261. doi:10.1016/S0304-422X (01) 00037-7.

Zillmann, D. (1971). Excitation transfer in communication-mediated aggressive behavior. *Journal of Experimental Social Psychology*, 7, 419-434. doi:10.1016/0022-1031 (71) 90075-8.

Zillmann, D. (1988). Mood management through communication choices. *American Behavioral Scientist*, 31, 327-340. doi:10.1177/000276488031003005.

Zillmann, D. (1991). The logic of suspense and mystery. In J. Bryant & D. Zillmann (Eds.), *Responding to the screen: Reception and reaction processes* (pp. 281-303). Hillsdale, NJ: Lawrence Erlbaum Associates.

Zillmann, D., & Bryant, J. (Eds.) (1985). *Selective exposure to communication*. Hillsdale, NJ: Lawrence Erlbaum Associates.

Zillmann, D., & Bryant, J. (1994). Entertainment as media effect. In J. Bryant & D. Zillmann (Eds.), *Media effects: Advances in theory and research* (pp. 437-461). Hillsdale, NJ: Lawrence Erlbaum Associates.

Zillmann, D., & Cantor, J. (1976). A disposition theory of humor and mirth. In A. J. Chapman & H. C. Foot (Eds.), *Humour and laughter: Theory, research and applications* (pp. 93-115). London, UK: John Wiley & Sons.

参考文献 ••

Banjo, O.（2011）. What are you laughing at? Examining White identity and enjoyment of Black entertainment. *Journal of Broadcasting & Electronic Media*, 55, 137-159. doi:10.1080/088 38151.2011.570822.

Banjo, O. O., Appiah, O., Wang, Z., Brown, C., & Walther, W. O.（2015）. Co-viewing effects of ethnic-oriented programming: An examination of in-group bias and racial comedy exposure. *Journalism & Mass Communication Quarterly*, 92, 662-680. doi:10.1177/107769 9015581804.

Bryant, J., & Davies, J.（2006）. Selective exposure processes. In J. Bryant & P. Vorderer（Eds.）, *Psychology of entertainment*（pp. 19-33）. Mahwah, NJ: Lawrence Erlbaum Associates.

Csikszentmihalyi, M.（1990）. *Flow: The psychology of optimal experience*. New York, NY: Harper & Row.（チクセントミハイ『フロー体験 喜びの現象学』今村浩明訳、世界思想社、1996）

Ferchaud, A., Grzeslo, J., Orme, S., & LaGroue, J.（2018）. Parasocial attributes and YouTube personalities: Exploring content trends across the most subscribed YouTube channels. *Computers in Human Behavior*, 80, 88-96. doi:10.1016/j.chb.2017.10.041.

Goldstein, J. H.（Ed.）.（1998）. *Why we watch: The attractions of violent entertainment*. New York, NY: Oxford University Press.

Klimmt, C., Hartmann, T., & Schramm, H.（2006）. Parasocial interactions and relationships. In J. Bryant & P. Vorderer（Eds.）, *Psychology of entertainment*（pp. 291-313）. Mahwah, NJ: Lawrence Erlbaum Associates.

Knobloch-Westerwick, S.（2015）. *Choice and preference in media use: Advances in selective-exposure theory and research*. New York, NY: Routledge.

Lewis, R. J., Tamborini, R., & Weber, R.（2014）. Testing a dual-process model of media enjoyment and appreciation. *Journal of Communication*, 64, 397-416. doi:10.1111/jcom.12101.

Raney, A. A.（2006）. The psychology of disposition-based theories of media enjoyment. In J. Bryant & P. Vorderer（Eds.）, *Psychology of entertainment*（pp. 137-150）. Mahwah, NJ: Lawrence Erlbaum Associates.

Raney, A. A., & Ji, Q.（2017）. Entertaining each other? Modeling the socially shared television viewing experience. *Human Communication Research*, 43, 424-435. doi:10.1111/hcre.12121.

Sanders, M. S.（2010）. Making a good（bad）impression: Examining the cognitive processes of disposition theory to form a synthesized model of media character impression formation. *Communication Theory*, 20, 147-168. doi:10.1111/j.1468-2885.2010.01358.x.

Tamborini, R., Bowman, N. D., Eden, A., Grizzard, M., & Organ, A.（2010）. Defining media enjoyment as the satisfaction of intrinsic needs. *Journal of Communication*, 60, 758-777. doi:10.1111/j.1460.2466.2010.01513.x.

Vorderer, P., Klimmt, C., & Ritterfeld, U.（2004）. Enjoyment: At the heart of media entertainment. *Communication Theory*, 14, 388-408. doi:10.1111/j.1468-2885.2004.tb00321.x.

Vorderer, P., Wulff, H. J., & Friedrichsen, M.（Eds.）（1996）. *Suspense: Conceptualizations, theoretical analyses, and empirical explorations*. Mahwah, NJ: Lawrence Erlbaum Associates.

Zillmann, D., Bryant, J., & Sapolsky, B. S.（1979）. The enjoyment of watching sports contests. In J. H. Goldstein（Ed.）, *Sports, games and play*（pp. 297-335）. Hillsdale, NJ: Lawrence Erlbaum Associates.

第 **5** 章　有意義なエンターテインメント

solarseven/Shutterstock.com

　中学1年生のトレバーは、社会科の先生が出した「世界をより良い方向に変える」という課題に本気で取り組む。彼は、自分や他の人が3人の人に恩恵を与え、恩恵を受けたその3人がまたそれぞれ「別の3名に恩返しをする」ということに挑戦する。トレバーは、最初の恩恵として、ホームレスの男性に寝る場所を与える。すると今度はそのホームレスの男性がトレバーの母親が車を修理するのを手伝い、自殺しようとしたある女性の命を救う。その波及効果は街全体で感じられ始める。トレバーは2番目の恩恵として、独り身の母親と学校の先生との縁結び役を買って出る。彼らは両方とも人生の多くの困難を乗り越えてきたため、傷つきやすさを共有している。悲劇的なことに、トレバーは学校でいじめられている子どもを助ける3回目の親切な行為を行っているとき、怪我をして死んでしまう。近所の皆はトレバーの家の前に集まり、悲しんでいる新しいカップルに哀悼の意を表すとともに、トレバーが自分たちの人生にもたらしてくれた変化に感謝を示す。あなたはこの物語を知っているかもしれない。これは、映画『ペイ・フォワード　可能の王国』〈原題：*Pay it forward*, 2000〉のあらすじである。オーディエンスの一人として、このようなメディアコンテンツに遭遇したとき、私たちはしばしばほろ苦い感情や心の痛みを経験し、思いに耽る。ポジティブメディア心理学者は、このような映画やその他のコンテンツを**ユーダイモニックなエンターテインメント、または有意義なエンターテイメント**と呼んでいる。このようなコ

ンテンツは、人間性のより深い側面に注目し、メディア利用者に洞察や意味、社会的な関係性を提供できる（Oliver & Bartsch, 2010; Oliver & Raney, 2011; Wirt et al., 2012）。この章では、ユーダイモニックなエンターテインメント経験の諸側面とその効果、およびその魅力を説明する理論の具体的な内容について概説していく。

エンターテインメントの 2 要因モデル

　前の章では、基本的な快楽的欲求を満たすために、人々がどのようにメディアコンテンツを求めるのかについて検討した。歴史的にみれば、過去 1 世紀にわたってメディア心理学者たちが行ってきたほとんどのエンターテインメント研究は、この点に焦点を合わせていた。しかし、21 世紀の初め頃までに、この間のエンターテインメントモデルと理論が、悲しくて胸が痛むエンターテインメントの魅力や機能、およびその楽しみを説明するのに難点を抱えていることが明白になった。この欠点に対処するために、研究者たちはエンターテインメントの 2 要因モデルを発展させた（Oliver & Bartsch, 2010; Vorderer, 2011）。1 つ目の要因は、第 4 章で説明したものである。エンターテインメントは、純粋に快楽や快感に関連した理由で消費される。2 番目の要因は、この章の焦点である。エンターテインメントは、ユーダイモニックな（または有意義な）理由で消費されることがあり、混合感情、やさしい気持ち、感動、観照、省察、および意味創出を含むより複雑な経験につながっていく。

　この分野における研究は、そして私たち自身のメディア経験も、人々が単に快感を求めたり、不快な気分を変えるためだけにエンターテインメントを利用しているのではないことを示している。人々は、悲しい気分にさせたり、物思いに耽けらせるようなエンターテインメントを日常的に求め、自分の困難に対処したり、人生の意味や目的を感じたりする機会にしている。したがって、短期的な否定的感情でさえ、人生の困難な側面に立ち向かって対処し、基本的な内的欲求（第 3 章の自己決定理論を参照）を満たす能力を強化してくれることにより、長期的には感情の安定とウェルビーイングに貢献することができる。特に、研究によれば、ユーダイモニックなエンターテインメント経験は、つながりの感覚、他者への気配り、または他者に配慮されているという感覚（関係性欲求）、価値ある結果をもたらすように環境を操作する能力を持っているという自己認識（有能性欲求）、そして活動に従事するときに統制感や自己意志、または自由の感覚を持つこと（自

律性欲求；Tamborini et al., 2010 を参照）に貢献できることが示されている。生来の欲求を満たすことに加え、ユーダイモニックなエンターテインメントには、ヘドニックなエンターテインメントの利用中に経験されるのとは異なる特定のメディア満足も含まれている。バルチ（Bartsch, 2012）は、登場人物への感情的関与、感情の社会的共有、観照的な感情経験、共感的悲しさ、感情の代理的発散、スリルなどを含む、多様な**ユーダイモニックメディア満足**を定義した。

　ユーダイモニックなエンターテインメントは一般に、人生の苦闘、死や苦しみなどの人間存在の困難な側面に関する物語と、優しさや協力心、愛、つながりなど、人間の美徳の描写を含む（たとえば、Oliver et al., 2012）。当然、そのようなコンテンツは人生のより深い意味について考えるより多くの機会を提供する。確かに、ユーダイモニックな映画は、たとえば興行収入のトップになるようなことはめったにない。ただし、ヘドニックな作品よりも、賞にノミネートされたり、受賞（たとえば、アカデミー賞など）したり、またはオーディエンスの高い評価を受け（たとえば、映画批評サイトのロットン・トマトーズ〔Rotten Tomatoes〕など）批評的に称賛される可能性は高い（Oliver et al., 2014）。

　これは、マーベル社の『アベンジャーズ／エンドゲーム』〈原題：*Avengers: Endgame*〉や『アバター』〈原題：*Avatar*〉など、興行に成功したものには有意義なコンテンツがないという意味ではない。実際それらには、つながり、優しさ、苦しみ、正義、犠牲など、人間存在の比較的困難な側面についてのストーリーが含まれていることがよくある。しかし、アカデミー作品賞にノミネートされる映画（2020 年の『パラサイト　半地下の家族』〈原題：*Parasite*〉、『ストーリー・オブ・マイライフ／わたしの若草物語』〈原題：*Little Women*〉、『マリッジ・ストーリー』〈原題：*Marriage Story*〉など）は、そのようなストーリーやテーマをより深く探求する傾向がある。ここでのより重要なポイントはつまり、一部の形式とジャンルによりそのような傾向があるとはいっても、ほとんどすべての形式のメディアは一部の誰かのオーディエンスにとって有意義であり得るということである。この観点から、研究者たちは、メディアコンテンツに対するオーディエンスの認識や解釈の固有性と、実際の物語構成においては複数のテーマとストーリーラインが含まれることが多いという現実を踏まえて、ユーダイモニックなメディアそのものよりも、**ユーダイモニックなメディア経験**に注目する傾向がある。

　研究によると、ユーダイモニックなメディア経験は、コメディーに比べ、ドラマや歴史もの、ドキュメンタリー、またはアート映画のジャンルからもたらされることが多いが（たとえば、Oliver et al., 2012）、ヘドニック志向的で軽快な作品

（たとえば『ブライズメイズ 史上最悪のウェディングプラン』〈原題：*Bridesmaids*〉や『エイミー、エイミー、エイミー！ こじらせシングルライフの抜け出し方』〈原題：*Trainwreck*〉のような映画）も、困難と苦しみの克服や優しさの描写など、有意義な内容を含むことができるため、ユーダイモニックな経験を誘発し得る。しかし、研究によれば、いくつかの物語は他の物語よりもユーダイモニックな経験を誘発する可能性が高いことが示されている。そのような経験には、次節で説明する特定の感情的および認知的プロセスと反応が含まれる。

ユーダイモニックなエンターテインメント経験の感情的要素

鑑賞

　誰もが、「悲しい映画」と呼べそうな作品を観たことがある。それはあなたの心を引き裂き、気を重くさせ、感情的に疲れ果てさせるものである。あなたが今まで見た中で最も悲しい映画を思い浮かべてほしい。それを「楽しんだ」といえるだろうか？　たぶんそうかもしれない。しかし、あなたのお気に入りのコメディやアクション映画を楽しんだのと同じ形でないことは確かである。エンターテインメントの２要因モデルは、ヘドニックなエンターテインメント経験とユーダイモニックなエンターテインメント経験の結果（または評価）を区別しようとする。前者に対しては、「楽しみ」という言葉が使われる。一方、後者に対しては、**鑑賞**（appreciaton）という言葉を用いる。鑑賞とは、「一つの経験的状態で、より深い意味の知覚、感動の感覚、そしてその経験に触発された思考や感情についてより詳しく考えようとする動機によって特徴づけられる」ものである（Oliver & Bartsch, 2010, p.76）。楽しみと同じく、鑑賞もエンターテインメントの結果である。しかし、楽しみと鑑賞は相互排他的ではなく、連続線の両極でもない。楽しみと鑑賞は、エンターテインメントに接触する際、同時に起きる可能性があり、実際に同時に起きている。２つの結果は、特定のコンテンツや状況に拘束されない。すなわち、アクション映画は、主に楽しまれるが、鑑賞の気持ちを引き出すことができる（程度は低いかもしれないが）。同様に、琴線に触れる悲劇的な映画は、一般的には鑑賞されるが、楽しみを生み出すこともできる。

　大まかにいえば、鑑賞はしばしば、メディアコンテンツの知覚された芸術的品質、およびオーディエンスに余韻を残す印象を与えることと関連している（Oliver

& Bartsch, 2010）。鑑賞という反応は自己省察、自己受容、自己啓発、および個人の成長によって特徴づけられる（Bartsch, 2012; Wirth et al., 2012）。たとえば、ノブロク＝ウェストウィックら（Knobloch-Westerwick et al., 2013）は、悲劇的な映画を観ると、自分の幸せな状況を振り返るようになり、最終的には映画に対する肯定的な評価につながることを発見した。多くの研究はまた、認知的に負担の大きい物語、またはより（道徳的に）複雑な筋書きの物語は、楽しまれるよりも鑑賞されることが多いことを実証した（たとえば、Lewis et al., 2014; Oliver & Bartsch, 2010）。

混合感情

ユーダイモニックなエンターテインメント経験がヘドニックなエンターテインメント経験ともう一つ異なるのは、悲しみ、悲観、憂鬱、メランコリーなど、よりネガティブな感情を引き出すことである。しかし、ネガティブな感情は、それと同時に幸福、陽気、そして喜びを経験することを妨げない。このポジティブな感情とネガティブな感情の同時発生は、**混合感情**、ほろ苦さ、または嬉し悲しさなどと呼ばれてきた（Bartsch, 2012; Oliver & Raney, 2011; Slater et al., 2019）。ポジティブな感情とネガティブな感情の同時発生として概念化された混合感情は、人生の価値についての意識を高めてくれる（たとえば、「媒介された経験による知恵」[1]、Slater et al., 2019）「善性の高まり」と関連していることがわかっている。混合感情の発生は、ユーダイモニックなメディア経験に共通する特徴である。

善性の高まり

善性の高まり（elevation）も、有意義な感情として概念化されることが多く、よく起こるユーダイモニックなエンターテインメント経験の一つである。善性の高まりには、心に触れる感動や優しさ、感銘、そして思いやりを感じることが含まれる。それは、優しさ、寛大さ、忠誠心、または他の高潔な行動などの道徳的な美しさの描写に接することで誘発される。善性の高まりは、いくつかの道徳的または自己超越的感情（第6章を参照）の一つであり、すべての自己超越的感情は「人々に社会的世界の状態を気にかけさせ、それを改善するために何かをした

訳注[1]「代理的経験による知恵」ともいわれる。

いと思わせる」（Haidt & Algoe, 2004, p.330）ものである。つまりその感情は、自分よりも他者に注目させる働きをするもので、しばしば外向きの感情ともいわれる。

　混合感情と同じく、善性の高まりには、胸が温かくなり、広く開かれるように感じたり、喉が詰まったり、寒気を感じて鳥肌が立つなどの特定の生理的反応が伴うことがよくある。調査によると、善性の高まりはユーダイモニックなメディア経験においてよく起こる反応で、並外れた優しさを伝えるニュース報道、感動や感銘を与えるテレビ番組や映画、または有意義なソーシャルメディアのミーム[2]によって誘発される可能性がある。複数の調査研究によると、善性の高まりは、ユーダイモニックなエンターテインメントへの接触と、その接触の結果としての、人類とのつながり感、多様な他者に対するより好ましい態度、利他的な行動などとの関連を媒介していることがわかっている（第6章を参照）。このように、善性の高まりは、ユーダイモニックなエンターテインメントからの二次効果（または下流効果）のいくつかを説明する大きな可能性を示している。

ユーダイモニックなエンターテインメント経験の認知的要素

認知的精緻化

　ヘドニックなエンターテインメント経験とユーダイモニックなエンターテインメント経験は、それによって誘発される認知的活動の面でも異なる。ヘドニックな形の感情的関与が経験則に基づいて直感的に処理されるのに対し、ユーダイモニックな感情的関与は体系的に、または慎重によく吟味されて処理されることがわかっている（Lewis et al., 2014；第3章 BOX 3.1 の認知的情報処理の二重過程モデルも参照）。ユーダイモニックな経験を誘発する物語は、人間存在の難しい側面を扱ったストーリーを特徴とすることが多く、その結果、より複雑な物語が生まれ、理解するためにより体系的な処理が必要になると考えられている。たとえば、ルイスら（Lewis et al., 2014）は、道徳的に複雑な物語が、楽しみの対象というより鑑賞の対象になるとき、情報処理がよりゆっくり行われることを発見した。また、ダスら（Das et al., 2017）は、認知的な負荷が、感動的な物語から感じられる混合

訳注[2]　ソーシャルメディア上で拡散される画像や動画などの投稿。

感情に影響を与え、その結果、関連する行動意図が影響を受けることを示した。この研究は、ユーダイモニックな物語が十分に満足できるエンターテインメント経験につながるためには、（その物語の内容に対する）認知的精緻化が必要であるという仮説を支持している。より複雑な物語を注意深く処理することが、態度変容、争点関心、社会問題および政治問題についての情報探索を促進することも示されている。

熟考と意味創出

エンターテインメントコンテンツの体系的な認知的処理には、接触しているそのときの関与だけでなく、接触し終わった後のより大きな精神的刺激または熟考も含まれる。すなわち、厄介な問題について考えることからの逃避や気晴らしを促進することが多いヘドニックなエンターテインメント経験とは対照的に、ユーダイモニックな経験は熟考、省察、沈思など正反対のことを助長する。いろいろな形でそれは、メディア消費者に、人生の苦闘について熟考するよう求める(Bartsch, 2012)。バルチら（Bartsch et al., 2014）は、感動的な物語は、感動の少ない物語よりも多くの省察を引き出し、それがコンテンツに対する全体的なポジティブ反応と関連していることを発見した。さらに、彼らは、結果として生じるユーダイモニックな感情状態（すなわち、混合感情、感動、中程度の覚醒、ネガティブな内容価）が省察的思考の高まりを予測していることを発見しているが、これは、熟考が物語への感情的反応から直接的に誘発されることを示している。たとえば、クリス・ガードナー（Chris Gardner）が映画『幸せのちから』〈原題：*The Pursuit of Happyness*〉で、架空の恐竜の攻撃から身を隠すために地下鉄のトイレに隠れるごっこ遊びをして、自分たちがホームレスであるという現実を息子に深刻に受け止めさせないようにしているシーンを観た後に感じる悲しさや感動、心の痛みは、人々に人生の困難さ全般について振り返らせ、熟考させることができる。

オーディエンスが有意義だと感じた映画は、人間のつながり、愛、対人関係の維持と配慮、人間の美徳、苦難の克服、人生の儚さについての考え、そして人生の良さと尊さについての感謝の気持ちを引き出すことも示されている（Oliver & Hartmann, 2010）。人間の苦闘、苦難、苦痛や苦しみの描写に接触することは、そのようなネガティブな描写から何か意味を見出すよう問われることである。**意味創出**は、善良で道徳的な人々には苦しみや困難が起こらないはずの公正な世界で、

そのような個人の信念に違反するものに接触した場合に引き起こされる（たとえ
ば、映画『幸せのちから』のクリス・ガードナー）。不当なことを目撃したことで生
じる認知的不協和は、苦しんでいる人が最終的に得る物質的な利益に注目するこ
とによって（たとえば、映画『50/50 フィフティ・フィフティ』〈原題：50/50〉で、が
んに苦しんでいる主人公は好きな人と結ばれる）、または、より深い洞察、真実の発
見、個人的成長などの、非物質的な利益に注目することによって解消できる。熟
考を通して、オーディエンスは、最も悲劇的なエンターテインメントのストー
リーからでさえ、より深い教訓、価値観、人間関係、および目的を学ぶことに
よって意味を見出す。このように、ユーダイモニックな感情の経験、認知的精緻
化、および熟考は、オーディエンスがメディアを通してより深い意味を引き出す
ことにおいて相互に関連している。

道徳的に複雑な登場人物

　ユーダイモニックな経験を引き出すストーリーは複雑になる傾向があり、道徳
的に対立する価値観を含むことがよくある。**直感的道徳性とイグゼンプラー**[3]**の
モデル**（MIME: Model of Intuitive Morality and Exemplar; Tamborini, 2013）によると、
物語の複雑さは、登場人物が一部の道徳原則（たとえば、公正さ）は守るが、別
の道徳原則（たとえば、権威の尊重）は侵害するというように、オーディエンス
に呈示される道徳的なジレンマから生じる可能性がある。道徳的葛藤は、物語の
鑑賞状態につながる注意深い情報処理を誘発する。一部の道徳原則は守るが、別
の道徳原則は侵害する登場人物を描写する一つの物語形式は、一般的に**道徳的に
あいまいな登場人物**（MAC: Morally Ambiguous Charcter; Krakowiak & Tsay-Vogel,
2013）を特徴とするアンチヒーロー物語（たとえば、Raney & Janicke, 2013）である。
　MAC は、しばしば道徳的に疑わしい行動を取るが、それはポジティブな結果、
多くの場合、大義のためである。すなわち、彼らは間違ったことをするが、そこ
には正しい理由がある。その例としては、テレビ番組『デクスター 〜警察官は
殺人鬼』〈原題：Dexter〉の主人公デクスター・モーガン（Dexter Morgan）がある。
彼は、司法制度から逃れた連続殺人犯を殺害する。テレビ番組『ブレイキング・
バッド』〈原題：Breaking Bad〉のウォルター・ホワイト（Walter White）は、自
分が末期がんにかかっていることを知り、高校の教師から覚醒剤のディーラーに

訳注[3] メディアの中で呈示される具体的な事例。

転身する。『ダークナイト』〈原題：*The Dark Night*〉のバットマンもまた、道徳的に疑わしい手段を使ってテロと戦う。MAC は、少数の道徳領域のみに違反する者（たとえば、道徳的に非常にすぐれ、よりヒーローらしい者）から多くの道徳領域に違反する者（たとえば、非常に非道徳的で、より悪玉に近い者）までいろいろな者があり、その両極の間にある道徳の連続線上のどこかに位置する。多くの場合、MAC は「純粋な」ヒーローよりも共感できる存在である。なぜなら、視聴者は自分が道徳的に複雑な登場人物により似ていると感じるからである。つまり、MAC は、その欠陥や誤りにもかかわらず、その知覚された現実性のゆえに、特に共感しやすいように思われる。MAC は多次元的であるため、視聴者が自分を関連づけられるより多くの機会を提供する。

　視聴者がメディアの登場人物と自分を関連づける過程の一つは、**同一視**である。これは、「オーディエンスが登場人物のアイデンティティ、目標、視点を引き受ける想像的な過程」として定義される（Cohen, 2001, p.261；第 4 章も参照）。調査によると、特に MAC の場合、**願望的同一視**、つまり視聴者がその登場人物のようになりたい、またはその登場人物にならって生きていきたいと思う過程が、彼らの魅力に重要な役割を果たす可能性がある。これは、MAC が大義のために道徳的違反に関与することが多いということを理解していれば納得できる。レイニーとジャニッケ（Raney & Janicke, 2013）が主張しているように、道徳的に複雑なメディアの登場人物は、正義を実現する可能性が最も低い状況でも、一貫して抑圧を克服し、正義をもたらす。アンチヒーローの物語は、「誰かは、どこかで、何らかの方法により、自分にふさわしいものを手に入れているという保証を視聴者に提供できる。そうすることで、現実の生活ではなかなか満たすことのできない特定の欲求を補ったり、充足できるのかもしれない」（Raney & Janicke, 2013, p.162）。世界が公正であってほしいという実存的な欲求は、MAC に対する願望的同一視によって代理的に満たされ得る。

　しかし、視聴者は、人を殺害し、だまし、拷問したりする人物と自分をどうして同一視できるのだろうか？　調査によると、メディアの利用者は MAC と自分を同一視すればするほど、MAC が大義を達成するために用いる非道徳的な手段を正当化するために、**道徳的離脱**（moral disengagement）のプロセスによりかかわるようである（たとえば、Krakowiak & Tsay-Vogel, 2013）。それによって物語をより楽しみ、鑑賞できるようになる。道徳的離脱は、自分の道徳的信念と観察された行動との間の認知的不協和を回避するために、自分自身の道徳的基準を非活性化し、道徳的に疑わしい行動を受け入れるようになる認知プロセスである

（Bandura, 2002）。物語は、視聴者に道徳的離脱の手がかり（たとえば、デクスターまたはバットマンが不遇の子ども時代を過ごしたという背景となる話）をうまく提供することで、視聴者が道徳性の違反には目をつぶり、その代わり登場人物に対するポジティブな感情的ディスポジションを形成できる道徳的美点に注目するようにして、物語を楽しみ、鑑賞できるようにする（第4章の感情的ディスポジション理論を参照）。

　さらに、MAC の物語は、一つの社会的比較プロセスの形で、視聴者に自分の道徳基準を登場人物の道徳基準と比較する機会を提供する。マイヤーとノイバウム（Meier & Neubaum, 2019）は、MAC との同一視が社会的比較を促進し、社会的比較によって物語をより鑑賞できるようになることを発見した。これらの結果は、アンチヒーローの物語が、自分の道徳性と向き合うための安全な遊び場を視聴者に提供し、自分の道徳的決定と MAC の決定とを比較することを通じて、道徳的な不確実性を減らすのに役立つという考えを支持する（Meier & Neubaum, 2019; Raney & Janicke, 2013）。この社会的比較の過程は、視聴者に自分の（非）道徳的な思考と行動に意味を与え、より深い理解をもたらし、物語の全体的な鑑賞につながる。このように、アンチヒーローの物語は、特に道徳的な熟考に関連するユーダイモニックな経験をもたらす特別な形のエンターテインメントとみなすことができる。

ユーダイモニックなエンターテインメント経験の理論

ユーダイモニックな経験とウェルビーイング

　ヘドニックなメディア経験とユーダイモニックなメディア経験の違いは、ウェルビーイングに関する理論の違い（第3章を参照）と概念的に重なっている。ヘドニックなエンターテインメント経験は、快感とポジティブな感情の最大化、不快な状態の最小化、そして人生への満足を含む**主観的ウェルビーイング**とより関連している。対照的に、ユーダイモニックなエンターテインメント経験は、個人の成長、有意義性、環境の統御、自己受容、および生きがいを含む**心理的ウェルビーイング**とより関連している。この違いを実証的に調査するために、ワースら（Wirth et al., 2012）は、心理的ウェルビーイング理論をベースに**ユーダイモニックなエンターテインメント経験尺度**を開発した。この尺度は、あるコンテンツが、

自分自身を受け入れ（自己受容）、自分の人生を意味あるものとして認識し（生き
がい）、自分の人生は自分で決めていると感じ（自律性）、難しい課題に取り組ん
でいるように感じ（個人の成長／有能性）、主人公への共感をおぼえ（関係性）、主
人公の責任ある行動にうれしさを感じる（中心的な価値観の活性化）ことに、また
はただ単に楽しませてもらったと感じる（ヘドニックなエンターテインメント）こ
とに、どの程度役立ったかという観点からオーディエンスのエンターテインメン
ト経験を評価するものである。ご想像のとおり、これらのうちのどの要素で評価
が高くなるかは、コンテンツ間で大きく異なるし、オーディエンス自身の経験の
中でさえ異なる。それにもかかわらず、（たとえば、鑑賞、混合感情、熟考、意味創
出などの）典型的なユーダイモニックなエンターテインメント経験が誘発される
と、特定のウェルビーイング効果が一貫して観察される。たとえば、ユーダイモ
ニックな経験を引き出す映画やオンライン動画への接触は、気分の改善、自信感
の回復、活力の増加と関連している（Rieger et al., 2014）。さらに、善性の高まり
と感謝の気持ちを引き出す動画は、仕事の意味や職場における人間関係、そして
やはり活力の知覚にプラスの影響を与える可能性がある（Janicke-Bowles et al.,
2019）。

　有意義なメディアはまた、オーディエンスをより善い人になるよう動機づける
可能性があり、精神的充実、希望、成熟した認知的思考スタイル、普遍性認知志
向[4]、そして死を受け入れる態度のレベルを上昇させる可能性がある（Janicke &
Oliver, 2017; Oliver et al., 2012；第6章も参照）。これらはすべて、より大きな心理
的ウェルビーイングと関連している。他のいくつかの研究は、ウェルビーイング
の諸側面に対するユーダイモニックなエンターテインメント経験の間接的な影響
を示唆している。たとえば、クーとグラハム゠イングランド（Khoo & Graham-
Engeland, 2014）は、悲劇的な映画を回想することで、自己憐憫と自己効力感が
高まり、4週間後に不安や抑うつ症状が緩和され、一般的な健康状態が改善され
ることを発見した。

BOX 5.1　ユーダイモニックなエンターテインメント経験の長期的効果？

　ユーダイモニックなウェルビーイングがより安定的で長期的な感情的および認
　知的状態であることがわかると、次のような疑問が湧いてくる。ユーダイモニッ

訳注[4]　個人間の相違よりも人間としての共通性をより強く知覚する傾向。

クなエンターテインメント経験のポジティブな利点も長続きするのだろうか？
それとも、私たちの体は恒常状態に戻り、心は他の関心事に移って、それらの利
点も消えていくのだろうか？　これらの質問に対する答え探しはまだ始まったば
かりである。しかし、初期の研究によれば、ユーダイモニックなメディア経験が
長期的なウェルビーイング効果につながるかどうかは、メディアへの接触量、性
格特性の違い、メディアの種類、そして状況に依存する可能性がある。

　善性の高まりについて長期間調べた研究では、人間の優しさを描いた動画を週
に３本ずつ６週間にわたって視聴させても、繁栄やステレオタイプ化された集団
との交流意向への直接的な影響は見られなかった（Neubaum et al., 2020）。しかし、
研究者たちは、時間の経過とともに、コンテンツの内容（人間の優しさに関するコン
テンツ vs. 暴力的内容のコンテンツ）と向社会的動機および人間性へのポジティブな
認識との関係に対する善性の高まりの媒介効果が存在することを発見した。人間
の優しさを描写した動画への反復的な接触が、二次的な結果変数（繁栄、交流意向
など）に対して有意な影響を持っていないという結果になった理由は、動画への接
触が他律的なものだったこと（すなわち、どの動画を見るかを参加者が自ら選択しな
かったこと）によるものかもしれない。善性の高まりを誘発する動画を自分で選ん
で視聴することが、その動画の向社会的動機に対する影響を変化させることを発
見した別の研究もある（Ellithorpe et al., 2015）。したがって、感動を与えてくれる、
深く考えさせる、意味を与えてくれるメディアが、長期的な効果を持つのかどう
かは、それらへの接触を自分自身で選択したかどうかに依存する可能性がある。

　７日間、10日間、または12日間にわたって、人間の優しさを描写した動画への
反復的接触の効果を調べた別の縦断的研究は、時間の経過とともに、向社会的動
機が上昇し、自己防衛行動が減少することを明らかにした。これは特に、一定期
間にわたって（たとえば、１カ月間とかにわたって）間隔を空けて動画を視聴した場
合にそうであった（Erickson et al., 2018）。したがって、自分で選んで接触すること
に加えて、善性の高まりを誘発する動画を間隔を空けて週に２、３回だけ見ること
が、視聴者に特定の有益な長期的効果をもたらす可能性がある。あなた自身の毎
日のメディア消費について考えてみてほしい。意味、目的、省察、温かい気持ち
を与えてくれるコンテンツを、自分で選んで週に３〜４回視聴した場合、どうい
うことが起こるだろうか？　それはあなたに長く続く影響を残せるだろうか？
それはあなたの世界観を変えられるだろうか？　確かめるために自分で試してみ
るのもいいだろう。

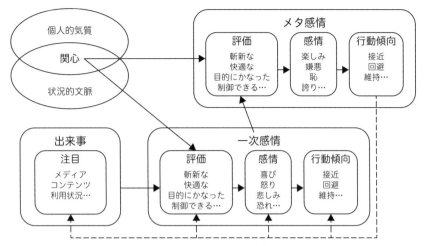

図 5.1　メディア利用における感情、メタ感情、および感情調節過程の拡張モデル（Bartsch et al., 2008 に基づく）

メタ感情

　有意義な物語への反復的接触が持つ魅力と効果を説明するのに役立つもう一つの概念は、メタ感情である。簡単にいえば、メタ感情は、私たちの感情についての考えや感情である（Bartsch et al., 2008; Oliver, 1993）。メタ感情は、一次感情が評価されるときに発生する。たとえば、悲劇的な映画を観ると悲しみ（一次感情）を経験するが、その経験は、私たちが他人に共感する能力を持っているという考え（評価）をもたらし、そしてその考えは、満足感（メタ感情）を感じさせてくれる。一次感情とメタ感情の評価過程には、特定の誘発イベント、感情反応、および結果として生じる行動傾向の評価が含まれる（図5.1を参照）。両者の**評価過程**における唯一の違いは、一次感情の場合、評価される誘発イベントが環境刺激（たとえば、悲劇的な映画）であるのに対し、メタ感情の場合はそれが一次感情そのもの（たとえば、悲しみ）であるということである。

　物語に対する一次的な感情反応の再評価は、悲しい映画の鑑賞を説明する際に用いられてきた（Oliver, 1993）。悲しい映画への接触から悲しみや憂鬱を経験することは、映画の中で呈示されている人間の苦しみの意味と本質に対する鑑賞の気持ちとして再評価することができる。この再評価の動機は、オーディエンス個人の気質と状況的な文脈から生じる可能性がある。特に悲しいメディアコンテンツの場合、他者に向けられた悲しみと共感の価値を肯定する規範が、評価プロセ

スにプラスの影響を与えると主張されてきた。つまり、他人に思いやりを示すことはポジティブな性格特性とみなされることを人々は知っている。これにより、動画や映画の最後で経験するネガティブな感情にも満足し、その後も同様の経験を求めるよう動機づけられるのである。

　評価過程に影響を与える他の変数には、刺激の斬新さ、快適さ、目標適合性、および制御可能性などがある（Bartsch et al., 2008）。たとえばあなたは、感情的および認知的投資をし（個人的な関心が高い状態）、時間をかけて視聴した場合、それが「価値ある」経験だったと思えるような形で、自分の感情を調整しようとする動機が強まるだろう。これが目標適合性という変数の影響である。つまり、物語を見ながら感情のジェットコースターに乗って 90 分を過ごしたのに、それが時間の無駄だったと感じると認知的不協和が生じるため、それを避けるために、その視聴経験全体に対する肯定的評価が正当化されるのである。あるメディアを利用しているときの感情に対する肯定的な評価は、同様の性質のコンテンツへの反復的な接触につながる。

　対照的に、一次感情に対する否定的な評価は、将来、そのような一次感情の抑制と同様のメディア形式からの回避を動機づけるかもしれない。たとえば、ソーシャルメディア上の有意義なミームに誘発された喜び、愛、感動や感銘（一次感情）は、感傷的で安っぽいと評価される（メタ感情）可能性があり、もしそうなれば、将来的にこのようなコンテンツを拒否することにつながる（たとえば、そのようなコンテンツに遭遇したソーシャルメディアチャンネルの購読を解除する）。そのコンテンツから感じた喜びや愛という一次感情が社会的比較の過程を引き起こせば、その人は、自分の人生にはそれらの感情が欠如していると実感するかもしれない。もしそうなれば、辛くなってそのようなコンテンツを見続けることができなくなるかもしれない。快感を得たいという欲求に駆られて、このような一次感情を感傷的で安っぽいものだと再評価すれば、有意義なコンテンツに対するポジティブな感情反応を低く評価することになり、将来、同様のコンテンツへの接触を避ける方向へ動機づけられる。したがって、一次感情に対する再評価は、感情面におけるある種の対処戦略である。

　メタ感情的な評価が生じる動機は数多く存在する。ただ、評価の対象となる一次感情が（文脈や性格特性上）個人の関心事にとって重要であると判断された場合には、その一次感情を誘発したユーダイモニックな経験が、たとえアンビバレントで、理解しがたく、明らかに否定的なものであっても、全体的にそのメディアコンテンツに対する肯定的な評価につながり、その後も同様のコンテンツへ接

触するよう動機づけられる可能性がある。

回復

　回復の理論も、ユーダイモニックなエンターテインメント経験の具体的な利点を説明するのに役立つ。個人は、生活を続ける上で、枯渇した資源を補充し、長期的なストレスと健康への悪影響を避けるために、労力を要する活動を行ったら、回復を図ることが必要になる。ゾンネンタグとフリッツ（Sonnentag & Fritz, 2007）によると、4つの異なるタイプの**回復経験**は、枯渇したリソースを補充するのに有益である。(1)「心理的分離」、これは仕事またはストレスを誘発するその他のタスクや考えから精神的および物理的に距離をおくことである。(2)「リラクゼーション」、これはストレスの多い出来事の後に心理生理学的活性化のレベルを元の水準に戻すことである。(3)「制覇経験」、これは余暇活動中に行われる課題または学習機会を通して、自己効力感やポジティブな気分などの内的リソースが補充されることである。そして、(4)「統制」、これは余暇活動中に行う活動を自分の裁量で自発的に選択できる自由を意味する。これにより、自律性と有能性の感覚が促進される。

　研究によると、メディアを楽しむことは、これらの回復経験を支援する重要な活動になる可能性がある。ヘドニックで快感をもたらすメディアコンテンツは、特に心理的分離とリラクゼーションの回復経験を助けることができるが、ユーダイモニックな経験も、制覇経験や活力上昇と関連している（Rieger et al., 2014）。これらの結果は、ユーダイモニックなエンターテインメント経験は咀嚼するのは難しいけれども、いったんそれが行われれば、達成感や制覇感、自己効力感、前向きな気分につながり、長期的にはウェルビーイングにさらなる利益をもたらす可能性があるという理解を補強してくれる。

　しかし、仕事で長い一日を過ごし、認知資源がほとんど残っていない状態で帰宅したときに、ハードルの高いメディアコンテンツを選択することは、あまりやりたくないことかもしれない。これは研究によっても裏づけられていて、自我枯渇（すなわち、自己制御能力の低下）した個人は、処理が難しい、ユーダイモニック志向のテレビコンテンツを選択する可能性が低いことが示されている（たとえば、Reinecke et al., 2014）。さらに、自我枯渇した個人は、一般にエンターテインメント・メディアの利用を、やるべきことを先延ばしにする行動の一つと思う傾向があるため、利用した後に罪悪感をおぼえたり、回復経験の低下につながる可

能性がある。自我枯渇のため、これらの個人は、労力の要らないヘドニック志向のコンテンツを選択する傾向があり、そうなれば、自分のメディア利用に対して罪悪感を感じるリスクが高まる可能性がある。一方で、より価値のある有意義なエンターテインメントとして認識され、鑑賞されるメディアコンテンツを利用することは、意志の力が枯渇したときにエンターテインメントを時間の無駄だと認識することの悪影響を逆転させてくれる可能性がある。

　したがって、エンターテインメント・メディアから回復の恩恵を受けるためには、特にあなたの意志の力が使い果たされたとき（仕事で長い一日を過ごした後など）には、メディアコンテンツを肯定的に評価することが大事である。メディア利用を、やるべきことの先延ばし行動として捉える人は、ヘドニック志向のコンテンツよりもユーダイモニックな経験を誘発しやすいメディアコンテンツの利点に頼るほうが簡単かもしれない。こういうことから、ユーダイモニックなエンターテインメント経験は、エンターテインメントに対する評価とその結果としての回復に影響を与える独特の力を持っているといえる。

恐怖管理理論

　ユーダイモニックなメディア経験のポジティブな魅力と利点を説明するのに役立つ最後の理論は、**恐怖管理理論**（Terror Management Theory）である（たとえば、Pyszczynski et al., 1999）。恐怖管理理論は、何らかの理由で自分の人生がいつかは終わるということを思い出したとき（つまり、死の顕現性が高まったとき）に何が起こるかを説明するのに役立つ。こういうときには通常、不安が大きくなる。恐怖管理理論は、人々が世界に有意義な貢献を残すことを通じて「象徴的な不死」を遂げようと努力することにより、自分の死に対する不安を最もよく管理できると想定している。悲劇、苦しみ、そして死を扱うユーダイモニックなコンテンツは、死後にも人生には全体的に価値と意味があるということをオーディエンスに理解させるため、安全な環境で自分の死に向き合うのを助ける。それは、メディアの登場人物と自分を関連づける機会を提供することで、死の脅威に向き合う対処メカニズムを視聴者に提供し、自尊心の向上につながる自分の文化的な価値観や世界観、または徳目が、登場人物を通して代理的に正当化される感覚を与えてくれる。

　先述したように、自己受容、生きがい、および自律性は、ユーダイモニックなエンターテインメント経験の一部であり、それ自体、自分の死を意識するように

なったときに陥る自己脅威状態に対して**不安の緩衝装置**として機能し得る。たとえば、自分の死を意識させられたあと、ユーダイモニックな動画に接触した人は、その動画をより高く評価しただけでなく、楽しい動画や情報系の動画を見た人とは対照的に、自尊感情を向上させようとする傾向が弱かった（Rieger et al., 2015）。これは、ユーダイモニックなメディア経験が（他のタイプよりも）、死の脅威に対する不安の緩衝として役立つ可能性があるというさらなる根拠を提供する。このように、省察的な思考を刺激するメディアコンテンツから導き出せる意味は、自分の死を意識させられるなど、自己を脅かす状態に置かれた視聴者の苦痛や不安を和らげることができる。

まとめ

　心優しい気持ちになったり、涙を流したり、考え込んだり、意味を探したりすることは、ユーダイモニックなエンターテインメント理論によって説明される一般的なエンターテインメント経験である。そのような経験は、人々が、人生の意味、ストレスレベル（たとえば、回復）、そして自身の死について（たとえば、恐怖管理）向き合うのを助けることができる。（道徳的な）複雑さや道徳的に曖昧な登場人物を特徴とする物語は、人間存在のより深い側面を捉えることができ、人間という存在には快楽と気軽さ以上のものがあるという余韻をオーディエンスに残す。ユーダイモニックなエンターテインメント経験には、一般に「よりネガティブな」側面と考えられているものが含まれているが、視聴者が自分の苦しみや道徳的な不明確さを理解できる安全な空間を提供するため、ネガティブなものとして知覚されないことがよくある（メタ感情など）。誰もがそのような物語に惹かれるわけではないが（第12章を参照）、それらは現代のメディア地平と文化資料の大きな部分を占めている。ユーダイモニックなメディア経験の長期的な利点とそれの心理的ウェルビーイングとの関係に関する研究は、将来有望な分野である。

引用文献

Bandura, A. (2002). Selective moral disengagement in the exercise of moral agency. *Journal of Moral Education*, 31, 101-119. doi:10.1080/0305724022014322.

Bartsch, A. (2012). Emotional gratification in entertainment experience: Why viewers of movies and television series find it rewarding to experience emotions. *Media Psychology*, 15, 267-302. doi:10.1080/15213269.2012.693811.

Bartsch, A., Kalch, A., & Oliver, M. B. (2014). Moved to think: The role of emotional media experiences in stimulating reflective thoughts. *Journal of Media Psychology*, 26, 125-140. doi:10.1027/1864-1105/a000118.

Bartsch, A., Vorderer, P., Mangold, R., & Viehoff, R. (2008). Appraisal of emotions in media use: Toward a process model of meta-emotion and emotion regulation. *Media Psychology*, 11, 7-27. doi:10.1080/15213260701813447.

Cohen, J. (2001). Defining identification: A theoretical look at the identification of audiences with media characters. *Mass Communication and Society*, 4, 245-264. doi:10.1207/S15327825MCS0403_01.

Das, E., Nobbe, T., & Oliver, M. B. (2017). Health communication| moved to act: Examining the role of mixed affect and cognitive elaboration in "accidental" narrative persuasion. *International Journal of Communication*, 11, 4907-4923. https://ijoc.org/index.php/ijoc/article/view/7213/2204.

Ellithorpe, M., Oliver, M. B., & Ewoldsen, D. (2015). Elevation (sometimes) increases altruism: Choice and number of outcomes in elevating media effects. *Psychology of Popular Media Culture*, 4, 236-250. doi:10.1037/ppm0000023.

Erickson, T. M., McGuire, A. P., Scarsella, G. M., Crouch, T. A., Lewis, J. A., Eisenlohr, A. P., & Muresan, T. J. (2018). Viral videos and virtue: Moral elevation inductions shift affect and interpersonal goals in daily life. *Journal of Positive Psychology*, 13, 643-654. doi:10.1080/17439760.2017.1365163.

Haidt, J., & Algoe, S. (2004). Moral amplification and the emotions that attach us to saints and demons. In J. Greenberg, S. L. Koole, & T. Pyszczynski (Eds.), *Handbook of experimental existential psychology* (pp. 322-335). New York, NY: Guilford Press.

Janicke, S. H., & Oliver, M. B. (2017). The relationship between elevation, connectedness and compassionate love in meaningful films. *Psychology of Popular Media Culture*, 6, 274-289. doi:10.1037/ppm0000105.

Janicke-Bowles, S. H., Rieger, D., & Connor III, W. (2019). Finding meaning at work: the role of inspiring and funny YouTube videos on work-related well-being. *Journal of Happiness Studies*, 20, 619-640. doi:10.1007/s10902-018-9959-1.

Khoo, G. S., & Graham-Engeland, J. E. (2014). The benefits of contemplating tragic drama on self-regulation and health. *Health Promotion International*, 31, 187-199. doi:10.1093/heapro/dau056.

Knobloch-Westerwick, S., Gong, Y., Hagner, H., & Kerbeykian, L. (2013). Tragedy viewers count their blessings: Feeling low on fiction leads to feeling high on life. *Communication Research*, 40, 747-766. doi:10.1177/0093650212437758.

Krakowiak, K. M., & Tsay-Vogel, M. (2013). What makes characters' bad behaviors acceptable? The effects of character motivation and outcome on perceptions, character liking, and moral disengagement. *Mass Communication and Society*, 16, 179-199. doi:10.1080/15205436.2012.690926.

Lewis, R. J., Tamborini, R., & Weber, R. (2014). Testing a dual-process model of media enjoyment and appreciation. *Journal of Communication*, 64, 397-416. doi:10.1111/jcom.12101.

Meier, Y., & Neubaum, G. (2019). Gratifying ambiguity: Psychological processes leading to enjoyment and appreciation of TV series with morally ambiguous characters. *Mass Communication and Society*, 22, 631-653. doi:10.1080/15205436.2019.1614195.

Neubaum, G., Krämer, N. C., & Alt, K. (2020). Psychological effects of repeated exposure to elevating entertainment: An experiment over the period of 6 weeks. *Psychology of Popular*

Media Culture, 9, 194-207. doi:10.1037/ppm0000235.

Oliver, M. B. (1993). Exploring the paradox of the enjoyment of sad films. *Human Communication Research*, 19, 315-342. doi:10.1111/j.1468-2958.1993.tb00304.x.

Oliver, M. B., Ash, E., Woolley, J. K., Shade, D. D., & Kim, K. (2014). Entertainment we watch and entertainment we appreciate: Patterns of motion picture consumption and acclaim over three decades. *Mass Communication and Society*, 17, 853-873. doi:10.1080/15205436. 2013.872277.

Oliver, M. B., & Bartsch, A. (2010). Appreciation as audience response: Exploring entertainment gratifications beyond hedonism. *Human Communication Research*, 36, 53-81. doi:10.1111/j.1468-2958.2009.01368.x.

Oliver, M. B., & Hartmann, T. (2010). Exploring the role of meaningful experiences in users' appreciation of good movies. *Projections*, 4, 128-150. doi:10.3167/proj.2010.040208.

Oliver, M. B., Hartmann, T., & Woolley, J. K. (2012). Elevation in response to entertainment portrayals of moral virtue. *Human Communication Research*, 38, 360-378. doi:10.1111/j.1468-2958.2012.01427.x.

Oliver, M. B., & Raney, A. A. (2011). Entertainment as pleasurable and meaningful: Identifying hedonic and eudaimonic motivations for entertainment consumption. *Journal of Communication*, 61, 984-1004. doi:10.1111/j.1460-2466.2011.01585.x.

Pyszczynski, T., Greenberg, J., & Solomon, S. (1999). A dual-process model of defense against conscious and unconscious death-related thoughts: An extension of terror management theory. *Psychological Review*, 106, 835-845. doi:10.1037/0033-295x.106.4.835.

Raney, A. A., & Janicke, S. H. (2013). How we enjoy and why we seek out morally complex characters in media entertainment. In R. Tamborini (Ed.), *Media and the moral mind* (pp. 152-169). London, UK: Routledge.

Reinecke, L., Hartmann, T., & Eden, A. (2014). The guilty couch potato: The role of ego depletion in reducing recovery through media use. *Journal of Communication*, 64, 569-589. doi:10.1111/jcom.12107.

Rieger, D., Frischlich, L., Hogden, F., Kauf, R., Schramm, K., & Tappe, E. (2015). Appreciation in the face of death: Meaningful films buffer against death-related anxiety. *Journal of Communication*, 65, 351-372. doi:10.1111/jcom.12152.

Rieger, D., Reinecke, L., Frischlich, L., & Bente, G. (2014). Media entertainment and well-being: Linking hedonic and eudaimonic entertainment experience to media-induced recovery and vitality. *Journal of Communication*, 64, 456-478. doi:10.1111/jcom.12097.

Slater, M. D., Oliver, M. B., & Appel, M. (2019). Poignancy and mediated wisdom of experience: Narrative impacts on willingness to accept delayed rewards. *Communication Research*, 46, 333-354. doi:10.1177/0093650215623838.

Sonnentag, S., & Fritz, C. (2007). The Recovery Experience Questionnaire: Development and validation of a measure for assessing recuperation and unwinding from work. *Journal of Occupational Health Psychology*, 12, 204-221. doi:10.1037/1076-8998.12.3.204.

Tamborini, R. (2013). A model of intuitive morality and exemplars. In R. Tamborini (Ed.), *Media and the moral mind* (pp. 43-74). London, UK: Routledge.

Tamborini, R., Bowman, N. D., Eden, A., Grizzard, M., & Organ, A. (2010). Defining media enjoyment as the satisfaction of intrinsic needs. *Journal of Communication*, 60, 758-777. doi:10.1111/j.1460-2466.2010.01513.x.

Vorderer, P. (2011). What's next? Remarks on the current vitalization of entertainment theory. *Journal of Media Psychology*, 23, 60-63. doi:10.1027/1864-1105/a000034.

Wirth, W., Hofer, M., & Schramm, H. (2012). Beyond pleasure: Exploring the eudaimonic entertainment experience. *Human Communication Research*, 38, 406-428. doi:10.1111/j.1468-2958.2012.01434.x.

参考文献 ▪▪▪

Algoe, S. B., & Haidt, J. (2009). Witnessing excellence in action: The 'other-praising' emotions of elevation, gratitude, and admiration. *Journal of Positive Psychology*, 4, 105-127. doi:10.1080/17439760802650519.

Bartsch, A., & Hartmann, T. (2017). The role of cognitive and affective challenge in entertainment experience. *Communication Research*, 44, 29-53. doi:10.1177/0093650214565921.

Bartsch, A., & Schneider, F. M. (2014). Entertainment and politics revisited: How non-escapist forms of entertainment can stimulate political interest and information seeking. *Journal of Communication*, 64, 369-396. doi:10.1111/jcom.12095.

Eden, A. L., Grizzard, M., & Lewis, R. (2011). Disposition development in drama: The role of moral, immoral, and ambiguously moral characters. *International Journal of Arts and Technology*, 4, 33-47. doi:10.1504/IJART.2011.037768.

Eden, A., Johnson, B. K., & Hartmann, T. (2018). Entertainment as a creature comfort: Self-control and selection of challenging media. *Media Psychology*, 21, 352-376. doi:10.1080/15213269.2017.1345640.

Ersner-Hershfield, H., Mikels, J. A., Sullivan, S. J., & Carstensen, L. L. (2008). Poignancy: Mixed emotional experience in the face of meaningful endings. *Journal of Personality and Social Psychology*, 94, 158-167. doi:10.1037/0022-3514.94.1.158.

Krakowiak, K. M., & Tsay-Vogel, M. (2018). Are good characters better for us? The effect of morality salience on entertainment selection and recovery outcomes. *Mass Communication and Society*, 21, 320-344. doi:10.1080/15205436.2017.1407797.

Oliver, M. B., Raney, A. A., Slater, M., Appel, M., Hartmann, T., Bartsch, A., Schneider, F., Janicke-Bowles, S. H., Krämer, N., Mares, M. L., Vorderer, P., Rieger, D., Dale, K. R., & Das, H. H. J. (2018). Self- transcendent media experiences: Taking meaningful media to a higher level. *Journal of Communication*, 68, 380-389. doi:10.1093/joc/jqx020.

Rieger, D., & Hofer, M. (2017). How movies can ease the fear of death: The survival or death of the protagonists in meaningful movies. *Mass Communication and Society*, 20, 710-733. doi: 10.1080/15205436.2017.1300666.

Sanders, M. S., & Tsay-Vogel, M. (2016). Beyond heroes and villains: Examining explanatory mechanisms underlying moral disengagement. *Mass Communication and Society*, 19, 230-252. doi:10.1080/15205436.2015.1096944.

Slater, M. D., Oliver, M. B., Appel, M., Tchernev, J. M., & Silver, N. A. (2018). Mediated wisdom of experience revisited: Delay discounting, acceptance of death, and closeness to future self. *Human Communication Research*, 44, 80-101. doi:10.1093/hcr/hqx004.

Wulf, T., Bonus, J. A., & Rieger, D. (2019). The inspired time traveler: Examining the implications of nostalgic entertainment experiences for two-factor models of entertainment. *Media Psychology*, 22, 795-817. doi:10.1080/15213269.2018.1532299.

第6章 自己超越的な エンターテインメント

　2018 年、ソーシャルメディアのインフルエンサーであるジェイ・シェティ (Jay Shetty) は、ある中学生グループに成功とは何か改めて考えてみることについて感動や感銘を与える話をした。その投稿「プレッシャーを感じる前にこれを見て (Before You Feel Pressure Watch This)」はその年に Facebook に投稿された 7 億 7,500 万以上の中の一つに過ぎないが、これほど利用者のエンゲージメントを獲得したものはなかった (Peters, 2019)。このシェティの投稿をはじめ『ショーシャンクの空に』〈原題：*The Shawshank Redemption*〉や『フォレスト・ガンプ／一期一会』〈原題：*Forrest Gump*〉、『幸せのちから』〈原題：*The Pursuit of Happyness*〉などの映画や『最大の敗者』〈原題：*The Biggest Loser*〉、『声』〈原題：*The Voice*〉、『これが私たち』〈原題：*This is Us*〉などのテレビ番組は、多くの人々に感動や感銘と感謝や希望を感じさせ、他者を助けたり自分の生活を改善したりしようとする動機を与える。実際、アメリカの成人の 6 割以上（63.5%）が 1 週間に少なくとも数回はメディアで見たものから感動や感銘を与えられたと答えている (Janicke-Bowles et al., 2019)。しかし、メディアが人々に感動や感銘を与えるというのは何がそうさせているのか。それは利用者にユーダイモニックな経験を引き起こすメディアとは異なるのか。また、こうした感動や感銘を与えるメディアが個人のウェルビーイングや世界観、他者との交流に与える具体的な効果は何か。この章ではこれらの疑問をはじめとして、さらに多くのことを議論していく。

自己超越的なエンターテインメントとは何か

　第5章で議論したように、ユーダイモニックなエンターテインメント経験は多次元的である。認知的要素と感情的要素を含み、人生の意味や他者とのつながり、命や人類全体についての理解を育むことによって、ウェルビーイングに短期的および（可能性として）長期的に影響を与える。しかし、メディア心理学者のメアリー・ベス・オリバーら（Oliver et al., 2018）は、こうした経験は往々にしてそれぞれに全く異なっており、幅広い感情および思考パターンが生じると記している。この研究者たちが示唆したことは、ユーダイモニックなエンターテインメント経験におけるこうした違いは、一方を自己に焦点を当てた内省、もう一方を外部に焦点を当てた自己超越的な経験とする連続線上の位置で表現できるということである。自己により焦点を当てたエンターテインメント経験は、ユーダイモニックなエンターテインメントの典型的な形で現れる。つまり、さまざまな感情が入り混じる混合感情、熟考、そして基本的な欲求の充足である。これとは対照的に**自己超越的なメディア経験**は、個々のオーディエンスの個人的な利益を超えて、自身が他者やより大きな自然と相互につながっているという、より大きな理解へと導く。誰もが人類の一員であるという感覚と道徳的な美や希望、勇気、謙虚さの価値に対する評価と理解の高まりは、自己超越的なメディア経験の核心部分である。メディアによって自己超越的な経験をした後、オーディエンスは外部を志向し、他者の欲求や自然、自分自身を超える大きな力へと向かう。自己超越的なメディア経験に対するこのような定義は、（メディアが介在しない）ポジティブ心理学で見出された自己超越的経験の定義と似ている。そこには鍵となる2つの成分が含まれると考えられている。一つは自己の感覚の消失（自己を他の生物や物体と比べて小さな存在と見ること、すなわち消滅性の成分）、もう一つは関係性の感情（すなわち関係性の成分）である（Yaden et al., 2017 を参照）。このように、自己超越的なエンターテインメントとは、自己超越的経験を伴うユーダイモニックなエンターテインメントの特殊な一タイプである。

自己超越的感情

　メディアによるものかどうかにかかわらず、自己超越的な経験を特徴づける一

つの側面は、そこに含まれる感情である。**自己超越的感情**は、基本的に自己や自己の目標にかかわる感情ではないという点において、単に楽しみと喜びに関連しているヘドニックなポジティブ感情とは異なる。自己超越的感情は、むしろ自我を消失させて他者へ開くことを促す感情である。どのような感情が実際にこの基準に合致するかについては研究者の間でいくぶん意見が分かれるが、ほとんどの人が主張していることは、典型的な自己超越的感情とは道徳的感情の一つの集合体であり、そこには、畏敬の念や善性の高まり、感謝、賞賛、希望、そして愛が含まれるということである（たとえば、Algoe & Haidt, 2009）。しかし、繰り返しになるが、自己超越的感情が「他者志向」であり、通常の自我中心の自己意識の状態から外部へと人々を連れ出し、自己や人類を高めることへと動機づけるということについては合意が得られている。事実、自己超越的感情は、自己の外部を志向するさまざまな結果と関連している。その結果の中には、相互のつながり（たとえば、Janicke & Oliver, 2017; Krämer et al., 2017）、向社会性（たとえば、Freeman et al., 2009; Schnall et al., 2010）、精神的充実（Van Cappellen et al., 2013）が含まれる。

　これに加え、こうした感情は、自己超越性という私たち人間の核心的な徳目の発達を可能にする（Peterson & Seligman, 2004；第3章も参照）。これは、自分自身を超える大きな目的と意味を求めて努力し、それと関係しようとする性向のことである。徳目としての自己超越性は、特定の思考や感情、行動のパターンに反映される性格的強み（character strength）に表出される。自己超越性と関係のある5つの性格的強みは、（道徳的な）美と卓越性への敬愛、感謝、精神的充実、希望、そしてユーモアである。このように、私たちが他者の親切の中に道徳的な美への敬愛を認めるとき、また、精神的充実にかかわることについての有意義な議論に参加するとき、私たちは自己超越性という徳目を実践し、経験し、そしてさらに発達させているのである。加えて、他者（メディアの登場人物も含めて）が、たとえば「ありがとう」と言って恩人に感謝を表すなど、自己超越的な性格的強みを表現しているのを見ることも、見た人の心に自己超越的感情（この場合、おそらくは「感謝」の気持ち）を引き起こすことがある。さらに、この自己超越的な経験は**感動や感銘**の引き金ともなり得る。感動や感銘は動機づけられた状態であり、そこには自己超越性が含まれている（Thrash & Elliot, 2004）。そして、自己超越的感情と感動や感銘はひいてはウェルビーイングを高める方向に寄与し、とりわけ持続的な真の幸福を促進する。

BOX 6.1 「感動や感銘」を与えるメディアの経験

　ポジティブメディア心理学の研究者は、あるメディア経験を記述するのに「自己超越的」という用語を使用しているが、これは、ポジティブメディアの研究を、既存の感情心理学の領域における自己超越的感情の研究とつなぐための一つの方法である。しかし、多くの人々、すなわちメディアの利用者やコンテンツの提供者、そして学者は、それと全く同じ内容を指して「インスピレーショナル」すなわち、感動や感銘を与えるものという表現を使っている。これも完璧に素晴らしい用語だと私たちは考える。

　基本的に感動や感銘は、3つの核となる特性を持つ複雑な心理状態のことである (Thrash & Elliot, 2004)。第1に、感動や感銘には**自己超越性**、つまり、私たちの通常の関心事を超えた何かへの気づきが含まれる。第2に、感動や感銘には私たちの外部にある何かからの**喚起**が含まれる。それは自己から生じるものではない。つまり私たちは私たち自身に感動や感銘を与えることはないのである。最後に、感動や感銘には新しい洞察に基づいた行動への**動機**が含まれる。感動や感銘は、時間に沿って展開する一つのエピソードとして経験される。そこには2つのプロセスが成分として含まれる。一つは何か「から」感動や感銘を与えられるプロセスであり、もう一つはその感動や感銘が何か「へ」向かうプロセス、である。何かから感動や感銘が与えられるということには、感動や感銘を引き起こしたその対象物は、私たち個人の関心とは無関係に、それ自体で評価されるべきであるとの認識と知覚が含まれる。与えられた感動や感銘が何かへ向かうということには、感動や感銘を引き起こした対象物に存在する知覚された内在的価値と質を顕在化させたいという動機が含まれている。

　そのため、あなたがある動画「から」感動や感銘を与えられてチャリティでの募金「へ」向かったというのは、全く辻褄の合うことなのである。それは間違いなく感動や感銘を与えるメディアの経験である。……そしてそれは自己超越的なメディア経験ともいえる。

　心理学者が自己超越的とする感情にはさまざまなものがあるが、そのうち以下の6つは、ポジティブメディア心理学の研究で、より大きな関心を集めてきたものである。

善性の高まり

善性の高まり（elevation）とは、利他主義や慈善、忠誠心や寛容さ、集団への貢献や普遍的価値など、私たちが道徳的な美や人間の優れた性質に出会ったときに経験する感情である。この感情には、わがままを慎んで徳のある行為を見習いたいという願望、向社会的行動に積極的にかかわりたいという動機、そしてより善い人間になりたいという意志が関連している。善性の高まりの経験は、特定の一連の生理的指標によって特徴づけられる。その指標には、胸に温かさが広がるような感覚や、鳥肌が立ったり寒気を感じたり、のどが詰まったり涙があふれたりする感覚が含まれる。この経験について話すとき、人はしばしばその感情を「感動した」、「胸を打たれた」、「優しい」、「慈悲深い」、「感銘を与えられた」と表現する。

賞賛

自己超越的感情としての賞賛（admiration）は、善性の高まりととてもよく似ている。ただし賞賛は、「道徳面以外の」卓越性や並外れた技能、才能や業績によって引き起こされる感情である。この感情は、手本になる人を見習おうと努力し、（技能や才能を磨くなど）成功に向けて励み、他者をほめたたえるよう、人々を鼓舞し、エネルギーを与える。賞賛の生理的指標も善性の高まりと同様に、胸に温かさを感じたり、目が涙で潤んだり、寒気を感じたり鳥肌が立ったりする反応である。しかし、いくつかの研究が示していることは、こうした反応が賞賛を伴うことでいっそうはっきりと生じるということである。それは高いエネルギーの知覚と心拍数の増加も伴う（Algoe & Haidt, 2009）。

感謝

感謝（gratitude）とは、自分ではない誰かや何かに向けて、ありがたく感じ、謝意を表す感情である。感謝は、恩恵を与えてくれた人や状況、または生活一般における良いことに対する認識と高い評価としてしばしば表現される。感謝は、他者が自分に対して良いことをしてくれることや、他者が別の人たちに良いことをするのを見ることによって引き起こされる。感謝はまた、恩恵をもたらすのが人間ではない場合（たとえば神、生命力）にも生じるし、ただ単に朝に目覚める

ことや日差しのぬくもりを顔に感じることのありがたさとして現れることもある。進化論的な観点から見ると、感謝は、他の人の利他的振る舞いに対して互恵的に対応するようにさせるため、資源の分かち合いという有益な結果につながる。感謝は、他の人々に広がる可能性のある「やってもらったらお返し」の戦略を育む。アルゴエとハイト（Algoe & Haidt, 2009）によると、感謝には、善性の高まりや賞賛のような明確な生理的感覚はない。感謝の即時的な効果には、恩恵を与えてくれた人へお返しをしたり公の場でほめたりすることへの動機づけや、その人とより親しい関係になりたいという願望が含まれる。感謝はまた、恩恵を与えてくれた人に直接お返しをすることだけでなく、見知らぬ他者へ向けられた利他主義や他者とのより大きなつながりの感情、向社会的行動、そしてより大きな人生の意味と人生の満足を育む（Bartlett & DeSteno, 2006; McCullough et al., 2001）。頻繁に感謝を表現している人は、よりポジティブな感情を経験し、生きている感覚をより感じ、よく眠り、身体的な健康状態がよい、とも報告されている（Emmons & McCullough, 2003; Jackowska et al., 2016）。

希望

希望（hope）には、ある結果への憧れの感情が含まれている。それは、通常はあまり起こりそうもないことである（Prestin, 2013）。希望は、絶望的な状況や不確実な状況から生じることも、他者が障害をうまく乗り越えたり、忍耐を見せたり、未来について楽観的でいたり、励ましを表現したりするのを見ることから引き起こされることもある（Dale et al., 2017b; Prestin, 2013）。希望は人々に、たとえ障害があっても耐え忍ぶことのできる感情的燃料を与える。希望は自己を動機づける感情であり、楽観主義とは対照を成す。楽観主義は、その人が何かをやろうとやるまいと、ともかくも望む好ましい結果が現れるという信念を伴っているからである（Alarcon et al., 2013）。希望には、目標を達成しようとする意志（行為主体としての思考）と、その目標をいかにして達成するかについてのアイデア（到達方法についての思考；Snyder et al., 1991）の両方が含まれている。

畏敬の念

畏敬の念（awe）とは、何か大いなるものの存在を前にして、自分が小さく取るに足りない存在であると感じる感情として定義される。大いなるものとの出会

いによって、人はその経験に適応するために精神構造を調整する必要に迫られる。畏敬の念の経験は、しばしば驚きと不思議さ、そして恐れを伴う。この感情には、目を見開く、眉が上がる、口が少し開く、深く息を吸い込むといった身体的反応も含まれる（Shiota et al., 2007）。一般的に畏敬の念は、ある種の自然美や能力、完全性や超自然的因果関係などの目新しく、複雑で、広大な刺激から引き起こされる。たとえば、海原に沈む太陽を見たり、原寸大のティラノサウルスの骨格を前に己れの小ささを感じたり、宇宙から地球を眺めたりすることは、畏敬の念を生じさせる典型的な例である。研究は畏敬の念を感じる経験が大きな恩恵をもたらすことを示している。その恩恵には、他者とのつながりをより感じること、謙虚さを感じること、説得的なメッセージに対する懐疑心が高まること、向社会的な行動や寛容さが増すこと、人生への満足感が高まること、精神的充実感が高まること、そして身体的健康状態が良くなることなどがある（たとえば、Piff et al., 2015）。

愛（カマ・ムタ）

前の項で「善性の高まり」とした経験を捉える上で助けとなる新しい感情的な概念がカマ・ムタ（kama muta）、すなわち愛によって心が動かされるという感情である。事実、感動したり、胸を打たれたり、感銘を与えられたりする感情の効果を捉えるのに、カマ・ムタの方が善性の高まりよりもよい概念かもしれないと主張する研究者もいる（Janicke-Bowles et al., 2021）。カマ・ムタは、明確な刺激に対する評価的反応として経験される。その明確な刺激とは、道徳的な美と、道徳性とは無関係に人間同士のつながりが突然強まることである。**関係モデル理論**（RMT: Relational Models Theory; Fiske, 2004）では、二人の人間、あるいは一人の人間と人間ではない主体（たとえば山、神、天気）との間の「共同共有が突然強まること」によってカマ・ムタが生まれ、その関係にもっと強くかかわるように、また、他者には概して親切に思いやりを持って振る舞うように、動機づけられると説明している。共同関係が突然強まり、そこからカマ・ムタが生じる可能性のある場面の例として、同窓会などの再会の集い、婚約、結婚、子どもの誕生、自然や神とのつながり、他者への献身などが挙げられる。カマ・ムタの生理的な指標としては、目が潤む、寒気がする、胸が温かくなる、などがあり、感情的献身と向社会性を含む動機も強まる。文化横断的研究でも、複数の研究が感情的経験としてのカマ・ムタの妥当性と、カマ・ムタが現実世界の刺激から引き起こされ

る感情であること、カマ・ムタは悲しみ、畏敬の念、楽しさ、さまざまな感情が入り混じる混合感情とは区別される感情であることを支持している。

メディアコンテンツの中で自己超越的感情を誘発するもの

　第2章で議論したように、情動または感情は環境の中に存在する関連刺激への反応と評価として現れる。はっきりとした具体的な感情を一貫して引き出す傾向がある刺激を特定することは、感情心理学者の仕事の一部である。善性の高まりや感謝、賞賛、希望、畏敬の念、そして愛（カマ・ムタ）を引き出す現実世界の誘発物の多くについては、すでに述べた通りである。しかし疑問は残る。この物質世界で自己超越的感情を生じさせることが知られている出来事や状況は、メディアコンテンツの中に実際にどの程度の頻度で出現するのだろうか。もし、たびたび出現するとしたら、そのような出来事や状況は、メディアコンテンツの中にあっても同じ感情をオーディエンスに引き起こすことができるのだろうか。後者の疑問に対しては、少数の（しかし増えつつある）一連の実験室実験で探索が始まっている。しかし、まずは最初の疑問に答えなければならない。その中で特に記しておきたいのは、メディア心理学者キャサリン・デールらによる研究（Dale et al., 2017b）である。この研究では、自己超越的感情の誘発物の出現に基づいてメディアコンテンツを分析するためにコードブックが作成された。自己超越的感情は、性格特性としての自己超越性と関連する性格的強みとして有効徳目の枠組み（Peterson & Seligman, 2004；第3章も参照）に位置づけられたものであり、その感情を誘発するものとして、直接呈示されたものとモデル化されたもの（すなわち、ある登場人物によって演じられたり経験されたりするもの）を合わせて20の誘発物が設定された。この中には、美しい芸術作品や自然の描写、並外れた技能、親切、感謝、忍耐、障害の克服、宗教的シンボルなどの描写が含まれている。このコーディング枠組みを使った研究で明らかになったことは、自己超越的感情を誘発する数多くのものがメディア全体を通して実に頻繁に描かれているということである。これはとりわけ、オーディエンスおよびコンテンツ提供者から感動や感銘を与えるコンテンツとして捉えられているものにおいて顕著であった。以下、このうちのいくつかの知見に注目する。

映画

　マスメディアの他の形態と比べると、映画は概してユーダイモニックなエンターテインメント経験について研究する研究者たちの注目を最も多く集めてきた。映画は、比較的長い物語構造によってキャラクターを展開させ、人間の複雑な問題を肉付けすることがより可能となるが、これがユーダイモニックなエンターテインメントの中心的側面である。同様に、映画は自己超越的な経験に出会うことができる素晴らしい場を提供する。事実、アメリカの成人の 86.9 ％が、映画から感動や感銘を与えられた、胸を打たれた、心を揺さぶられたという経験を報告している（Raney et al., 2018）。また、ある研究では、31 ％の人が直近の 1 週間の間にそのようなことを感じたことを示している（Janicke-Bowles et al., 2019）。

　デールら（Dale et al., 2017a）はオーディエンスや批評家が「最も感動や感銘を与える」と評した 50 本の映画を内容分析し、自己超越的感情を生じさせる誘発物を数多く見つけたが、これは驚くことではない。その多くは、現実世界でこうした感情を生じさせる引き金として知られている出来事や刺激を表現したもの（つまり**直接的誘発物**）であった。最も多かった描写は、自然（分析した 2,023 シーンの中の 28.2 ％に出現）と親切（13.2 ％）を含むシーンであったが、自然は畏敬の念を、親切は善性の高まりを生じさせ得るものである。他の誘発物は登場人物の行動を通して描かれ、登場人物は自己超越的な性格特性と整合性のある行動をしていた（すなわち**モデル化された誘発物**）。モデル化された誘発物で最も目立っていたものは、障害を克服して忍耐力を見せる登場人物で（25.0 ％；希望の引き金となる可能性が高い）、登場人物が「ありがとう」と言う、または親切を示す（20.2 ％；感謝の引き金となる可能性が高い）がそれに続いた。この研究で最も多くの自己超越的誘発物を含んでいた映画は、『ショーシャンクの空に』〈原題：*The Shawshank Redemption*〉、『フォレスト・ガンプ／一期一会』〈原題：*Forrest Gump*〉、『ルディ／涙のウイニング・ラン』〈原題：*Rudy*〉であった。

テレビ

　映画と同様にテレビも、視聴者が登場人物を自分と同一視し、その行動や環境から学び、感動や感銘を受ける素晴らしい機会を提供することが可能である。特にストリーミングサービスを使って一度にまとめて大量視聴する（1 回に少なくとも 5 話視聴するなどの）「イッキ見」をすると、視聴のインパクトがとりわけ大

きくなる可能性がある。このように考えると、アメリカの成人の80.2％が、こ
れまでテレビ、特にドラマとドキュメンタリーから感動や感銘を与えられた経験
があるという報告（Raney et al., 2018）も、42％が直近の1週間にテレビ番組か
ら感動や感銘を受けたという報告（Janicke-Bowles et al., 2019）も、驚くことでは
ない。テレビ視聴者が経験した感動や感銘は、自己超越的な誘発物の具体的な描
写から生じているようである。デールら（Dale et al., 2017a）は、映画の内容分析
に適用したコードブックと同じものを使って、オーディエンスが感動や感銘を与
えられたと回答した25のテレビ番組から75のエピソード（完結した直近の2シー
ズンの番組からそれぞれ3つのエピソードを選択）を調査した。その結果、映画と
同様に最もよく出現したのは、希望（分析した2,213のシーンのうち35.4％に登場）
や感謝（27.2％）といった性格的強みで、自然（17.7％）や親切（16.8％）といっ
た直接的誘発物がそれに続いた。テレビ番組で最も自己超越的な誘発物が多かっ
たのは、『声』〈原題：The Voice〉と『アメリカのアイドル』〈原題：American
Idol〉からのエピソードであった。

ソーシャルメディアとオンライン動画

　アメリカでは成人の72％が少なくとも一つのソーシャルメディアのプラット
フォームを利用しており（Pew Research Center, 2019）、そこに幅広いコンテンツ
が収集されることを考えると、利用者がソーシャルメディアを通して少なくとも
一度は自己超越的なものに出会っている可能性があると想定することは理にか
なっているといえるだろう。実のところ、アメリカの成人の半数以上（53.0％）
がソーシャルメディアで自己超越的な経験をしたことがあると述べている。この
割合は30歳未満の人々の間ではさらに高い（67.3％；Raney et al., 2018）。
　Facebook で誰もが閲覧できる50のページの1年間の投稿を内容分析した結
果、感動や感銘を与えるようなページでは、自己超越的感情の誘発物として、自
然（たとえば海、森、山、星）の画像や自然への言及が最も多かった（全投稿の
43.9％）。希望を誘発する可能性のある励ましも多く（36.3％）、「ただ信じ続けて」、
「笑顔を絶やさないで」、「止めるという誘惑は大きいけど、負けるな」といった
投稿もあった。畏敬の念や賞賛を誘発する可能性のある芸術作品は、分析対象投
稿の18.1％に登場していた（Dale et al., 2019）。これに加えてこの研究者たちが見
出したことは、投稿の中に自己超越的感情の誘発物が多く提示されているほど、
拡散されやすさ（受け取った投稿に対する「いいね」の数や反応の多さから測定）も

高くなるという強い関連性が存在しているということである。これとは別の内容分析研究では、2015年にマーク・ザッカーバーグ（Mark Zuckerberg）が自身のFacebookの株の99%をチャリティに寄付すると宣言したことに反応した4,000のFacebook投稿に、希望に加え、美と卓越さへの敬愛を誘発するものが最も多く描かれていたことが示された（Zhao & Dale, 2019）。

　もちろん、ソーシャルメディアの鍵となる要素はオンライン動画である。これもまた利用者に感動や感銘を与えることが可能である。たとえば、アメリカの成人の62.7%はオンライン動画で感動や感銘を与えられたことがあると答えている（Raney et al., 2018）。YouTubeに投稿された感動や感銘を与えるような動画の内容分析（Dale et al., 2017b）では、障害を克服した人物を描いたものが最も多く（49.7%）、次に多かったのが美と卓越性への敬愛に関連した内容であった（14.8%）。同様に、これらの動画に登場する直接的誘発物の中にも、美と卓越性への敬愛を描いたものと希望を描いたものが大多数を占めた。また、感動や感銘を与えるようなYouTubeの動画で希望を誘発するものは、他の感情の誘発物を主に含んだ動画よりも拡散されやすいようである。

メディアによって生じた自己超越的感情の効果

　研究者たちは、メディア全体にわたってコンテンツの中に自己超越的感情の誘発物が存在することを実証したが、それだけでなく、こうしたコンテンツに接触することが自己超越性に関連する結果をもたらすことを一貫して見出している。一つには、先ほどの疑問に答えるなら、メディアに出現する自己超越的感情の誘発物が、こうした感情をオーディエンスに引き起こすことができるのである。以下で紹介する数多くの研究で、実験や調査の参加者は、コンテンツの中の具体的な表現に反応して誘発物と関連する感情が生じたことを報告している。これに加えて研究者たちは、あるビデオに登場する自己超越的な誘発物に直接的に反応して、いくつかの生理的指標に変化が生じることも証明した（Clayton et al., 2019）。さらにいうと、自己超越的感情は、メディア接触と他の自己超越的な結果との関係を媒介するようである（たとえば、ステレオタイプの低減；Bartsch et al., 2018; Krämer et al., 2017を参照）。自己超越的感情はどれも自己超越性、言い換えると他者志向性の特徴を有しているので、異なる自己超越的感情であっても、観察された結果は類似している（たとえば善性の高まりからも畏敬の念からも向社会性が生じ

る；Piff et al., 2015; Schnall et al., 2010）。にもかかわらず、こうした結果が発生するメカニズムは個々の自己超越的感情の間で異なるように思われる。そこで、ポジティブメディア心理学者が最も多く検討対象としてきた6つの自己超越的感情の効果について、それぞれ以下で説明することにする。

善性の高まり

　道徳的な美や人間の優れた性質と出会った結果もたらされる経験として、善性の高まりは他のどの自己超越的感情よりも検討されてきた。メディアによって引き起こされた善性の高まりは、主に2つの結果と関連がある。一つは向社会的な意図と行動で、もう一つはより広い他者とのつながりである。シュナルら（Schnall et al., 2010）は、テレビ番組『オプラ・ウィンフリー・ショー』〈原題：*The Oprah Winfrey Show*〉のビデオ・クリップの視聴が、感情的にネガティブでもポジティブでもない中立のビデオや幸福を感じさせるビデオの視聴と比べて、善性の高まりを生じさせ、他者に対して親切にしようという動機を高め、実際に援助行動（たとえば、チャリティに募金するとか他の研究者の調査を手伝うなど）につながったことを見出した。同様に、フリーマンらの研究（Freeman et al., 2009）では、メディアによって善性の高まりが引き起こされた後、参加者たちは、外集団と連携しているチャリティにも募金をしたことが観察された。同様の向社会的効果は、善性の高まりを生じさせるコンテンツへの接触だけでなく、有意義と感じた映画を思い出させるだけでも生じることが見出されている（Janicke & Oliver, 2017）。ツァイ゠フォーゲルとクラコヴィアク（Tsay-Vogel & Krakowiak, 2016）は、善性の高まりを生じさせるメディアの研究をリアリティ・テレビの形態にまで広げて検討し、ライフスタイル改変型リアリティ番組（たとえば、『スーパー・ナニー』〈原題：*Super-nanny*〉、『アンダーカバー・ボス　社長潜入調査』〈原題：*Undercover Boss*〉）も、強い善性の高まりと利他的な動機を生じさせ得ることを示した。

　他者とのつながりについては、ジャニッケとオリバー（Janicke & Oliver, 2017）が、有意義な映画を思い出すよう求められた参加者は、おもしろい映画を思い出すよう求められた参加者よりも善性の高まりを経験すること、そしてそれが身近な他者や家族、そして大きな力とのつながりの感情と関連していることを見出した。オリバーは、別の共同研究者たちと行った研究（Oliver et al., 2017）でも、愛や親切や美しい自然の写真を1週間にわたって携帯電話で撮影した参加者が、ポ

ジティブな感情の高まりと善性の高まりを経験し、その結果、他者とのつながり
をよりいっそう感じ、人間の善性に対する知覚が高まり、利他的動機が高まった
ことを発見している。同様にワデルとベイリー（Waddell & Bailey, 2017）は、善
性の高まりを生じさせるニュース記事についての肯定的なコメントを読むことが、
人類全体とのつながりの感情を高めることを見出した。

　善性の高まりはまた、ステレオタイプ化された集団へのつながりも高め得る。
たとえばライら（Lai et al., 2013）の研究では、感動や感銘を与え、かつ実際に
あった犠牲的な行為を強調する短いビデオによって生じた善性の高まりが、ゲイ
の男性に対する顕在的な偏見と潜在的な偏見のどちらも減少させることを発見し
た。これらの知見は後続の研究でも確認されており、善性の高まりを引き起こす
ビデオの視聴が、ステレオタイプ化されたさまざまな集団の人々（たとえば、
LGBTQの人、アフリカ系アメリカ人、ユダヤ人など；Krämer et al., 2017）と相互作
用しようとする意向を予測すること、また、障害のある人々に対するスティグマ
化を減少させる効果を予測すること（Bartsch et al., 2018）が示されている。

　まとめると、善性の高まりは道徳的な美の描写から生じる強力な自己超越的感
情で、こうした描写された徳目を見習うようにオーディエンスを促すようである。
このことは多くのメディアのプラットフォームにわたって見られること、また、
単に有意義なメディアを思い出すだけでも生じることが見出されている。

賞賛

　善性の高まりと賞賛は、一方は道徳の面、もう一方は道徳と関係ない面という
違いはあるものの、どちらも人間の卓越性が引き金となって生じる点でよく似て
いる。したがって、この2つの感情が同じコンテンツから生じる可能性があるこ
とに驚きはない。たとえば、オプラ・ウィンフリー（Oprah Winfrey）は、過去の
自身のテレビ番組や雑誌で価値ある大義に貢献する姿を見せることで道徳的な美
のモデルとなる一方で、仕事で成功した姿も同時に披露した。このように、善性
の高まりと賞賛の両方の感情を誘発するものを同時に提示することは可能なので
ある。シュナルら（Schnall et al., 2010）は、オーディエンスの人々が『オプラ・
ウィンフリー・ショー』を見たとき、善性の高まりだけでなく賞賛も経験したこ
とを示し、この見解を支持している。この視聴によって、人々は他人に親切にし
ようという動機が高まり、寄付行為が増え、喜んで他者を助けようとする気持ち
が高まった。別の文脈でヴァン・カペレンら（Van Cappellen et al., 2013）は、短

いビデオ視聴から生じた善性の高まりと賞賛によって精神的充実の重要性に対する知覚が高まったことを見出している。これはとりわけ無宗教の個人に顕著であった。

　善性の高まりについて研究した上記の研究のほとんどが賞賛についての測定も行っているわけではないことを考えると、この2つの自己超越的感情のどちらがより自己超越的結果の動機づけに作用しているのかははっきりしない。アルゴエとハイト（Algoe & Haidt, 2009）は、賞賛はエネルギーを与える感情で、感動や感銘を与えられて動機づけられた状態により当てはまるのに対し、善性の高まりは穏やかでストレスを低減させる感情であり、他者へ向けた開放性と温かさを動機づける、とその違いを要約した。感動や感銘を分かち合うことが多いソーシャルメディアの性質を考えると、ソーシャルメディア利用の文脈では、賞賛は特に重要な役割を果たしていると想定できる。ソーシャルメディアで「＃感動や感銘」と「＃有意義」というハッシュタグの付いた投稿を対象に意味ネットワーク分析を行ったリーガーとクリムト（Rieger & Klimmt, 2019）は、「＃感動や感銘」の投稿が動機づけの話題（たとえば仕事やフィットネスでの目標）とより関連が強かったのに対し、「＃有意義」の投稿は芸術性や自然の美、深淵さとより関係が強かったことを見出した。このように、感動や感銘を分かち合うソーシャルメディアの文脈では、賞賛は特別な役割を果たしており、その働きは（おそらく）善性の高まりよりも大きいと推論することは妥当である。

感謝

　幸福をもたらす行動の中で感謝は最も重要な行動であるにもかかわらず、メディアを通した感謝の経験となると、ごく限られた数の研究しか存在しない。一つはジャニッケら（Janicke et al., 2018）による研究で、感謝と善性の高まりを引き出したビデオが、職場における関係性や活力、働くことの意味に対する従業員の認知に影響を与えることを見出している。また別の実験研究では、感謝をテーマとした映画（具体的には、『幸せのちから』〈原題：*Pursuit of Happyness*〉、『僕はラジオ』〈原題：*Radio*〉、『しあわせの隠れ場所』〈原題：*The Blindside*〉、『ルディ／涙のウイニング・ラン』〈原題：*Rudy*〉；Janicke et al., 2018）を観た直後に、人類全体とのつながりと利他主義的価値観が高まったことが報告された。

　ソーシャルメディアに関するものとしては、女性の身体への不満について調べた研究がある。この研究では、画像を見る前に感謝の気持ちを感じた出来事をリ

ストアップした群が、日頃のわずらわしいことをリストアップしてから画像を視聴した対照群と比べて、やせた女性のスライド画像を見た後に感じる身体への不満が低いことが示された（Homan et al., 2014）。このように、もし、Instagram やSnapChat をスクロールしながら写真を見る前に、何か感謝の気持ちを感じるものを見つけた場合には、投稿の中の描写に反応して生じるネガティブな感情も、いくらかは和らぐかもしれない（詳しくは第 7 章および第 13 章参照）。

BOX 6.2　テクノロジーの中の感謝の力

今、スマートフォンやタブレット、その他のデジタル機器では、感謝を実践することに特化したアプリが利用できる。たとえば「Happier」というアプリは、毎週利用者に起きた良いことを 3 つ記録し、それを他者と共有できるオプションを提供している。また「Grateful」というアプリでは、利用者は感謝の日記を始めることができる。「Happify」というアプリは、メンタルヘルスを向上させるためのビジネスモデルの一環として保険会社と密接な協力関係を結んでいるが、日常生活の中で感謝を実践するためのさまざまなツールを提供している。

あるランダム化比較試験（RCT: Randomized Controlled Trial）の研究で、その日一日を通して他の利用者に感謝を表したことを記録できるように特別に設計されたあるアプリの評価が行われたが、アプリの利用者は 5 週間にわたって気分や心理的ウェルビーイング、そして感謝の表出が高まった。感謝の表出が最も頻繁に観察されたのは、社会的相互作用、場所の変化、または身体的活動の後であった（Ghandeharioun et al., 2016）。こうした状況で引き起こされる覚醒とポジティブな感情が、誰かに感謝の気持ちを届ける内的な引き金になっていると想定することができるだろう。

今日のデジタル技術は、幅広い集団の人々が利用できるように利用者が自分に合わせて個人化できるようになっており、感謝の気持ちを誘発してウェルビーイングを高める有望なツールを提供している。あなたも感謝のアプリを試してみたいのでは？

希望

希望は、絶望的な状況や不確実な状況から生じることもあるが、メディアの登

場人物が障害をうまく乗り越えたり、忍耐を見せたり、未来について楽観的に構えていたり、励ましを表現するなどの描写からも生じることがある（Dale et al., 2017b; Prestin, 2013）。希望を引き出す最も典型的なメディアの描写は、「負け犬」的キャラクターが、大変な苦境にもかかわらず、あらゆる難題を乗り越える話である。この例には、ヴォルデモート卿を打ち負かすハリー・ポッターや、マーベル・スタジオの大作『アベンジャーズ／エンドゲーム』〈原題：*Avengers: Endgame*〉でサノスを打ち負かすアベンジャーズが含まれる。ニュースや広告の文脈でも、「負け犬」的キャラクターの話はよくある。南スーダンからの難民だったルアル・マイエン（Lual Mayen）が、今や自身が所有するビデオゲーム会社ジュナブ・ゲームズ（Junub Games）のCEOで、平和を促進するビデオゲームを設計しているという話は、感動や感銘を与える「負け犬」的キャラクターが登場するニュースの一例である。スポーツ関連の広告でも希望の誘発物をたびたび利用しており、目標を達成するためにきびしいトレーニングに耐える「負け犬」的キャラクターを描いている（たとえば、ナイキの「君の素晴らしさを見つけ出せ（Find Your Greatness）」キャンペーン）。

希望の経験は、行動し、物事を変え、将来の目標を目指して追求し、総じてよりよくできるよう人々を動機づける。希望はウェルビーイングを高めることが示されており（Ciarrochi et al., 2015）、それはとりわけ健康の文脈で顕著である（Brazeau & Davis, 2018）。プレスティン（Prestin, 2013）は、5日間「負け犬」のビデオを視聴したことが、希望の感情と自身の将来の目標を追求する動機を高めたことを示した。さらに、その毎日のビデオ視聴が終わった後も、希望の水準は3日間持続した。これはメディアの中の希望についての最初の研究の一つに過ぎないが、さまざまなメディアの文脈の中に希望の誘発物が急激に広まっていることを考えると、希望の効果についての今後の研究に十分な根拠を与えるものである。

畏敬の念

畏敬の念は、現在の精神構造に疑問を投げかけ、人類とのより大きなつながりを導くものであるため、研究者たちは社会的攻撃性に対するこの感情の効果について検討してきた。たとえばある研究では、畏敬の念は、楽しさの感情、またはネガティブでもポジティブでもない中立の感情に比べ、シューティング・ゲームでの攻撃的行動を減少させ、向社会性を高めた（Yang et al., 2016）。さらに畏敬の念は、音楽というメディアの文脈でとりわけ重要な役割を果たしているようであ

る。事実、音楽はあらゆるメディアの中で最も感動や感銘を与えるメディアなのかもしれない。というのも、アメリカの成人の90.5％が人生のある時点で音楽によって感動や感銘を与えられたことがあると答えており、直近の1週間以内でも56.0％が音楽から感動や感銘を与えられていた（Janicke-Bowles et al., 2019; Raney et al., 2018）。感動や感銘を与える音楽は、リスナーに有益な結果ももたらすことが予想できる。実際、初期の調査では、畏敬の念を与える音楽が、感動や感銘の動機づけを経由して、人生の意味や道徳的動機、人間の普遍性認知志向などのウェルビーイングにつながる結果に影響を与える可能性が示された（Ji et al., 2019）。

　しかし、ステレオタイプの低減に関しては、デールら（Dale et al., 2020）は、畏敬の念を与えるビデオが、その後に視聴したビデオによって引き起こされたアフリカ系アメリカ人に対するステレオタイプを低減しないことを発見した。実は、逆に偏見の高まりが観察されたのである。デールらの研究は、自己超越的感情（具体的には畏敬の念）が、その後に生じたメディアコンテンツに対するネガティブな感情的反応に影響を与え得ることを示している。これについては今後さらなる研究が必要である。

愛（カマ・ムタ）

　カマ・ムタは、共同共有の関係の高まりを描いたビデオや映画（たとえば『幸せへのまわり道』〈原題：*A Beautiful Day in the Neighborhood*, 2019〉）から引き出されてきたのは確かである。事実、カマ・ムタの研究はおそらく、私たちがソーシャルメディアのプラットフォームで出会うかわいらしい子猫や他の動物たちの動画に「首ったけ」になってしまうことを説明できるだろう。スタインネスら（Steinnes et al., 2019）は実験参加者に、かわいい動物たちのビデオを呈示した。一方は動物たちの間に交流があるもの、もう一方は交流がないものであったが、一緒に遊ぶ動物の方が、よりカマ・ムタを生じさせ、より人間らしく知覚されていた。このように、道徳性とは無関係の相互作用を描いたものでも、これまで善性の高まりと名づけられてきた経験（たとえば、感動した、胸を打たれた、喉がつまった、胸が温かくなった）を生じさせるようである。善性の高まりと同様にカマ・ムタの経験は、向社会的傾向やより高い開放性、そして、他者（それが外集団の成員であっても）へ向けられたつながりと関連している。たとえば、2016年にヒラリー・クリントンとドナルド・トランプが大統領選のキャンペーンを展開

していたとき、カマ・ムタを生じさせる政治広告への接触は、支持する候補への投票意向を高めた。これは予想どおりともいえるだろう。しかし、敵対する候補者の広告が引き金となってカマ・ムタが生じても、それを見た人たちは、敵対する候補への投票意向も高まったと報告したのである（Seibt et al., 2019）。同様に、カマ・ムタを生じさせるビデオの視聴も、そのビデオの中の出来事に外集団の描写がなくても、外集団に対する温かい態度や社会的親密さと信頼を予測することが示された。まとめると、カマ・ムタの概念はポジティブメディア心理学の中では比較的新しい。しかし、概念的には、カマ・ムタはメディアによって引き出される多くの自己超越的感情の経験を包括しているかもしれない。さらにいえば、カマ・ムタは、これまで観察されたエンターテインメントからの自己超越的な効果の多くを包含する上位の感情状態を反映しているともいえるかもしれない。

まとめ

　自己超越的なメディア経験は、自己よりも他者の方に焦点を当てるユーダイモニックな経験の特定のタイプの一つである。自己超越的感情には、善性の高まり、賞賛、感謝、畏敬の念、希望、そしてカマ・ムタが含まれるが、こうした感情が自己超越的な描写から確実に引き起こされることが、幅広いメディアの文脈にわたって示されている。とりわけ、視聴者が「感動的、胸を打つ、感銘を与える」と表現するメディアにおいて、自然、美と芸術、親切、励まし、忍耐、そして障害の克服などの描写が最も頻繁に見出されている。自己超越的感情を生じさせるメディアが、とりわけ向社会性と人間関係のつながりとの関連において、個人のウェルビーイングや健康に役立つという有望な効果が数多く報告されている。それぞれのメディア文脈は、さまざまな集団の人々が自己超越性を経験する独自の機会を提供しているかもしれない。その一方で音楽は、性別や年齢など人口統計学的な属性の違いにかかわりなく、感動や感銘を与える最高のメディアのようである。自己超越的なメディア経験は、より一般的なユーダイモニックなメディア経験と比べて独自の効果を持っており、その効果をさらに引き出すために今後の研究が必要である。

引用文献 ●●

Alarcon, G. M., Bowling, N. A., & Khazon, S. (2013). Great expectations: A meta-analytic examination of optimism and hope. *Personality and Individual Differences*, 54, 821-827.

doi:10.1016/j.paid.2012.12.004.

Algoe, S. B., & Haidt, J. (2009). Witnessing excellence in action: The 'other-praising' emotions of elevation, gratitude, and admiration. *Journal of Positive Psychology*, 4, 105-127. doi:10.1080/17439760802650519.

Bartlett, M.Y., & DeSteno, D. (2006). Gratitude and prosocial behavior: Helping when it costs you. *Psychological Science*, 17, 319-325. doi:10.1111/j.1467-9280.2006.01705.x.

Bartsch, A., Oliver, M. B., Nitsch, C., & Scherr, S. (2018). Inspired by the Paralympics: Effects of empathy on audience interest in para-sports and on the destigmatization of persons with disabilities. *Communication Research*, 45, 525-553. doi:10.1177/0093650215626984.

Brazeau, H., & Davis, C. G. (2018). Hope and psychological health and well-being following spinal cord injury. *Rehabilitation Psychology*, 63, 258-266. doi:10.1037/rep0000209.

Ciarrochi, J., Parker, P., Kashdan, T. B., Heaven, P. C., & Barkus, E. (2015). Hope and emotional well-being: A six-year study to distinguish antecedents, correlates, and consequences. *The Journal of Positive Psychology*, 10, 520-532. doi:10.1080/17439 760.2015.1015154.

Clayton, R. B., Raney, A. A., Oliver, M. B., Neumann, D., Janicke-Bowles, S. H., & Dale, K. R. (2019). Feeling transcendent? Measuring psychophysiological responses to self-transcendent media content. *Media Psychology*. Advanced online publication. doi:10.1080/15213269.2019.1700135.

Dale, K. R., Janicke-Bowles, S. H., Raney, A. A., Oliver, M. B., Huse, L. K., Lopez, J., Reed, A., Seibert, J. C., & Zhao, D. (2020). Awe and stereotypes: Examining awe as an intervention against stereotypical media portrayals of African Americans. *Communication Studies*. Advanced online publication. doi:10.1080/10510974.2020.1754264.

Dale, K. R., Raney, A. A., Janicke, S. H., Baldwin, J., Rowlett, J., Wang, C., & Zhao, D. (2017a, November). *Narratives and self-transcendent emotions: A content analysis of inspirational movies and television shows*. Presented at the annual meeting of the National Communication Association, Dallas, TX.

Dale, K. R., Raney, A. A., Janicke, S. H., Sanders, M. S., & Oliver, M. B. (2017b). YouTube for good: A content analysis and examination of elicitors of self-transcendent media. *Journal of Communication*, 67, 897-919. doi:10.1111/jcom.12333.

Dale, K. R., Raney, A. A., Ji, Q., Janicke-Bowles, S. H., Baldwin, J., Rowlett, J., Wang, C., & Oliver, M. B. (2019). Self-transcendent emotions and social media: Exploring the content and consumers of inspirational Facebook posts. *New Media & Society*, 22, 507-527. doi:10.1177/1461444819865720.

Emmons, R. A., & McCullough, M. E. (2003). Counting blessings versus burdens: An experimental investigation of gratitude and subjective well-being in daily life. *Journal of Personality and Social Psychology*, 84, 377-389. doi:10.1037/0022-3514.84.2.377.

Fiske, A. P. (2004). Relational models theory 2.0. In N. Haslam (Ed.), *Relational models theory: A contemporary overview* (pp. 3-25). Mahwah, NJ: Lawrence Erlbaum Associates.

Freeman, D., Aquino, K., & McFerran, B. (2009). Overcoming beneficiary race as an impediment to charitable donation: Social dominance orientation, the experience of moral elevation, and donation behavior. *Personality and Social Psychology Bulletin*, 35, 72-84. doi:10.1177/0146167208325415.

Ghandeharioun, A., Azaria, A., Taylor, S., & Picard, R. W. (2016). "Kind and grateful": A context-sensitive smartphone app utilizing inspirational content to promote gratitude.

Psychology of Well-Being, 6(9). doi:10.1186/s13612-016-0046-2.

Homan, K. J., Sedlak, B. L., & Boyd, E. A. (2014). Gratitude buffers the adverse effect of viewing the thin ideal on body dissatisfaction. *Body Image*, 11, 245-250. doi:10.1016/j.bodyim.2014.03.005.

Jackowska, M., Brown, J., Ronaldson, A., & Steptoe, A. (2016). The impact of a brief gratitude intervention on subjective well-being, biology and sleep. *Journal of Health Psychology*, 21, 2207-2217. doi:10.1177/1359105315572455.

Janicke, S. H., Hendry, A., & Dale, K. R., (2018, May). *Gratitude in the context of film and its effects on well-being*. Presented at annual meeting of the International Communication Association Conference, Prague, CZ.

Janicke, S. H. & Oliver, M. B. (2017). The relationship between elevation, connectedness and compassionate love in meaningful films. *Psychology of Popular Media Culture*, 6, 274-289. doi:10.1037/ppm0000105.

Janicke, S. H. Rieger, D., Reinecke, L., & ConnorIII, W. (2018). Watching online videos at work: The role of positive and meaningful affect for recovery experiences and well-being at the workplace. *Mass Communication & Society*, 21, 345-367. doi:10.1080/15205 436.2017.1381264.

Janicke-Bowles, S. H., Raney, A. A., Oliver, M. B., Dale, K. R., Jones, R. P., & Cox, D. (2019). Exploring the spirit in U.S. audiences: The role of the virtue of transcendence in inspiring media consumption. *Journalism & Mass Communication Quarterly*. Advanced online publication. doi:10.1177/1077699019894927.

Janicke-Bowles, S. H., Schubert, T., & Blomster, J. K. (2021). Kama muta as a eudaimonic entertainment experience. In P. Vorderer & C. Klimmt (Eds.), *The Oxford handbook of entertainment theory* (pp. 403-418). New York, NY: Oxford University Press.

Ji, Q., Janicke-Bowles, S. H., De Leeuw, R. N. H., & Oliver, M. B. (2019). The melody to inspiration: The effects of awe-eliciting music on approach motivation and positive well-being. *Media Psychology*. Advanced online publication. doi:10.1080/15213269.2019.1693402.

Krämer, N., Eimler, S. C., Neubaum, G., Winter, S., Rösner, L., & Oliver, M. B. (2017). Broadcasting one world: How watching online videos can elicit elevation and reduce stereotypes. *New Media & Society*, 19, 1349-1368. doi:10.1177/1461444816639963.

Lai, C. K., Haidt, J., & Nosek, B. A. (2013). Moral elevation reduces prejudice against gay men. *Cognition & Emotion*, 28, 781-794. doi:10.1080/02699931.2013.861342.

McCullough, M. E., Kilpatrick, S. D., Emmons, R. A., & Larson, D. B. (2001). Is gratitude a moral affect? *Psychological Bulletin*, 127, 249-266. doi:10.1037/0033-2909.127.2.249.

Oliver, M. B., Ferchaud, A., Huang, Y., Janicke, S. H., Yang, C., & Bailey, E. (2017, November). *Seeing the world through a rose-colored lens: Examining mobile phone photography as meaningful media*. Presented at the annual meeting of the National Communication, Dallas, TX.

Oliver, M. B., Raney, A. A., Slater, M., Appel, M., Hartmann, T., Bartsch, A., Schneider, F., Janicke-Bowles, S. H., Krämer, N., Mares, M. L., Vorderer, P., Rieger, D., Dale, K. R., & Das, H. H. J. (2018). Self- transcendent media experiences: Taking meaningful media to a higher level. *Journal of Communication*, 68, 380-389. doi:10.1093/joc/jqx020.

Peters, B. (2019, January 10). What 777,367,063 Facebook posts tell us about successful content in 2019: New research. Buffer. https://buffer.com/resources/facebook-marketing-2019/.

Peterson, C., & Seligman, M. E. P. (2004). *Character strengths and virtues: A classification and handbook.* Washington, DC: American Psychological Association.

Pew Research Center. (2019, June 12). Social Media Fact Sheet. Pew Research Center: Internet & Technology. https://www.pewresearch.org/internet/fact-sheet/social-media/.

Piff, P. K., Dietz, P., Feinberg, M., Stancato, D. M., & Keltner, D. (2015). Awe, the small self, and prosocial behavior. *Journal of Personality and Social Psychology*, 108, 883-899. doi:10.1037/pspi0000018.

Prestin, A. (2013). The pursuit of hopefulness: Operationalizing hope in entertainment media narratives. *Media Psychology*, 16, 318-346. doi:10.1080/15213269.2013.773494.

Raney, A. A., Janicke, S. H., Oliver, M. B., Dale, K. R., Jones, R. P., & Cox, D. (2018). Profiling the sources of and audiences for inspiring media content: A national survey. *Mass Communication & Society*, 21, 296-319. doi:10.1080/15205436.2017.1413195.

Rieger, D., & Klimmt, C. (2019). The daily dose of digital inspiration: A multi-method exploration of meaningful communication in social media. *New Media & Society*, 21, 97-118. doi:10.1177/1461444818788323.

Schnall, S., Roper, J., & Fessler, D. M. T. (2010). Elevation leads to altruistic behavior. *Psychological Science*, 21, 315-320. doi:10.1177/0956797609359882.

Seibt, B., Schubert, T. W., Zickfeld, J. H., & Fiske, A. P. (2019). Touching the base: heart-warming ads from the 2016 US election moved viewers to partisan tears. *Cognition & Emotion*, 33, 197-212. doi:10.1080/02699931.2018.1441128.

Shiota, M. N., Keltner, D., & Mossman, A. (2007). The nature of awe: Elicitors, appraisals, and effects on self-concept. *Cognition and Emotion*, 21, 944-963. doi:10.1080/02699930600923668.

Snyder, C. R., Harris, C., Anderson, J. R., Holleran, S. A., Irving, L. M., Sigmon, S. T., Yoshinobu, L., Gibb, J., Langelle, C., & Harney, P. (1991). The will and the ways: Development and validation of an individual-difference measure of hope. *Journal of Personality and Social Psychology*, 60, 570-585. doi:10.1037//0022-3514.60.4.570.

Steinnes, K. K., Blomster, J. K., Seibt, B., Zickfeld, J. H., & Fiske, A. P. (2019). Too cute for words: Cuteness evokes the heartwarming emotion of kama muta. *Frontiers in Psychology*, 10, 1-17. doi:10.3389/fpsyg.2019.00387.

Thrash, T. M., & Elliot, A. J. (2004). Inspiration: Core characteristics, component processes, antecedents, and function. *Journal of Personality and Social Psychology*, 87, 957-973. doi:10.1037/0022-3514.87.6.957.

Tsay-Vogel, M., & Krakowiak, K. M. (2016). Inspirational reality TV: The prosocial effects of lifestyle transforming reality programs on elevation and altruism. *Journal of Broadcasting & Electronic Media*, 60, 567-586. doi:10.1080/08838151.2016.1234474.

Van Cappellen, P., Saroglou, V., Iweins, C., Piovesana, M., & Fredrickson, B. L. (2013). Self-transcendent positive emotions increase spirituality through basic world assumptions. *Cognition and Emotion*, 27, 1378-1394. doi:10.1080/02699931.2013.787395.

Waddell, T. F., & Bailey, A. (2017). Inspired by the crowd: The effect of online comments on elevation and universal orientation. *Communication Monographs*, 84, 534-550. doi:10.1080/0 3637751.2017.1369137.

Yaden, D. B., Haidt, J., Hood, R. W., Vago, D. R., & Newberg, A. B. (2017). The varieties of self-transcendent experience. *Review of General Psychology*, 21, 143-160. doi:10.1037/gpr0000102.

Yang, Y., Yang, Z., Bao, T., Liu, Y., & Passmore, H.-A. (2016). Elicited awe decreases aggression. *Journal of Pacific Rim Psychology*, 10, 11e. doi:10.1017/prp.2016.8.

Zhao, D., & Dale, K. R. (2019). Pro-social messages and transcendence: A content analysis of Facebook reactions to Mark Zuckerberg's donation pledge. *Computers in Human Behavior*, 91, 236-243. doi:10.1016/j.chb.2018.09.042.

Zickfeld, J. H., Schubert, T. W., Seibt, B., Blomster, J. K., Arriaga, P., Basabe, N., ⋯ Fiske, A. P. (2019). Kama muta: Conceptualizing and measuring the experience often labelled being moved across 19 nations and 15 languages. *Emotion*, 19, 402-424. doi:10.31234/osf.io/sr7e9.

参考文献

Haidt, J. (2003). The moral emotions. In R. J. Davidson, K. R. Scherer, & H. H. Goldsmith (Eds.), *Handbook of affective sciences* (pp. 852-870). Oxford, UK: Oxford University Press.

Nelson-Coffey, S. K., Ruberton, P. M., Chancellor, J., Cornick, J. E., Blascovich, J., & Lyubomirsky, S. (2019). The proximal experience of awe. *PloS One*, 14(5), e0216780. doi:10.1371/journal.pone.0216780.

Wood, A. M., Froh, J. J., & Geraghty, A. W. A. (2010). Gratitude and well-being: A review and theoretical integration. *Clinical Psychology Review*, 30, 890-905. doi:10.1016/j.cpr.2010.03.005.

第7章　ソーシャルメディア

Iryna Kalamurza/Shutterstock.com

　ソーシャルメディアのプラットフォームは、一般大衆の間で好悪入り混じったさまざまな評判を得てきたが、全体的にはユーザーや社会に対するネガティブな影響の可能性に焦点を当てたものが支配的であった。これは重要なことである。なぜなら、ピュー研究所（Pew Research Center）によると、アメリカ人の81％がスマートフォンを所有し（2019a）、72％がなんらかの形でソーシャルメディアを利用している（2019b）からだ。それだけ多くの人々がソーシャルメディアを利用していれば、その利用がどのように個人に影響を与え得るのかを理解することはきわめて重要である。しかし、他の新しいメディア技術が広く導入されたときと同様に、最初に持ち上がったのはソーシャルメディアのネガティブな影響の可能性を探るという方向への偏った問題意識であった。例を挙げれば、研究者たちはソーシャルメディアの利用とネガティブな身体イメージとの関連について調査している（現在の身体イメージ研究の概観については、Fardouly & Vartanian, 2016 を参照）。しかし、その結果は複雑である。ソーシャルメディアの利用とネガティブな身体イメージとの間に相関があることを示す研究もあれば、それとは異なる結果を示している実験もある。研究者たちはまた、ネットいじめとソーシャルメディア上でのヘイトスピーチについて調査を行い、両者ともにさまざまなサイト上で発生していることを明らかにしている。これはソーシャルメディアのプラットフォームがネガティブなメッセージを拡散するために利用される可能性を示唆

133

している。

　ソーシャルメディアのサイトがネガティブな方法で使われ、ネガティブな影響をもたらす可能性があるのとまさに同じように、それらはまた、ポジティブな影響につながるポジティブな使われ方をされているかもしれない。本章では、ソーシャルメディアのポジティブな利用と効果に焦点を当て、ユーザーがソーシャルメディアを利用することで恩恵を受け得る方法について概観する。

ソーシャルメディアを定義する

　ソーシャルメディアは比較的最近登場したものだと思われがちだが、ソーシャルメディアのサイトは数十年前から存在している。実際に、最初のソーシャルメディアのプラットフォームとして広く認知されている Six Degrees のプラットフォームは 1997 年に始動している。そこから、Friendster や Myspace が有名サイトになり、Facebook、Twitter、Instagram、Snapchat、TikTok、その他多くの創設が続いた。

　非常に多くの機能を持つ、非常に多くのプラットフォームが存在するという事実は、ソーシャルメディアとは何かということを正確に定義することを困難にするかもしれない。なぜ Facebook はソーシャルメディアのプラットフォームで、Amazon がそうでないのかについて、あなたは多少の教養的理解を持ち合わせているかもしれない。しかしながら、『ニューヨーク・タイムズ（The New York Times）』のウェブサイト（そこではユーザーたちが記事について個人アカウントからコメントすることができる）はソーシャルメディアのプラットフォームではない一方で、なぜ Twitter はそうであるとみなされるのかを明確に言い表すのは少し難しくなってくる。

　ソーシャルメディアとは何かについての議論は、さまざまなプラットフォームがユーザーに及ぼし得るポジティブな影響に関する私たちの探究にとって、きわめて重要である。ソーシャルメディアの定義に取りかかるための一つの方法は、すべてのさまざまなソーシャルメディアプラットフォームの一覧表を作成することだろう。しかしながら、教科書や学術論文が出版されるまでに、それらのプラットフォームの多くはもう存在しなくなっているかもしれない (Vine、Google＋、Myspace、その他多くのプラットフォームがすでに廃止された)。どのプラットフォームがソーシャルメディアとして「カウント」できるかを決めるよりもむしろ、そ

れぞれのサイトが提供するアフォーダンスに基づいてソーシャルメディアを定義する方が多くの場合有用である。**アフォーダンス**とは、プラットフォームの設計により、ユーザーが使用可能となる機能や特性のことである。アフォーダンスという視点を用いることにより、私たちはソーシャルメディアの定義を絞り込むことができる。

　私たちの目的からすれば、あるサイトがソーシャルメディアとみなされるためには、ユーザーがコンテンツを**パーソナライズ**できなければならない（たとえば、個人ホームページを作成する、ユーザー名やハンドルネームを選ぶ）。たとえば、Facebook では個人やグループが写真、興味のリスト、その他のオリジナルコンテンツを掲載したプロフィールを作成できるようになっている。Instagram やTwitter も同様に、個人がプロフィールを作成したり、オリジナルコンテンツをアップロードできるようになっている。さらに、これらのプラットフォームはユーザーが接触するコンテンツを自分たちが収集・整理したり、パーソナライズできるようになっている。

　2つ目の区別の目安となるアフォーダンスは、ユーザーはサイト上で他の人々と**交流**することができなければならない（もしくは、AI システムの場合と同様に少なくとも交流している感覚を持てなければならない）ということである。コメントする、メッセージを交換する、コンテンツに「いいね」をつける、投稿をシェアするというのはすべて交流の一形態である。たとえば、TikTok 上で、ユーザーは動画にいいねをしたり、アカウントをフォローしたり、動画にコメントしたり、既存のコンテンツをベースにして新しいコンテンツを創作することができる（たとえば、既存の音声を使ったり、既存の動画とデュエットしたり）。

　3つ目の区別の目安となるアフォーダンスは、ユーザーは**他者が見ることができるコンテンツを作成し投稿**できなければならないということである。Instagram 上では、ユーザーは写真を撮影し、編集し、投稿することができる。Twitter 上では、ユーザーはツイートを作成し、共有できる。このコンテンツはどこか別の場所で作成され、それからサイトにアップロードされるかもしれないが（たとえば、あなたのカメラで撮影し、それから Facebook に投稿するかもしれない）、それでもソーシャルメディアは（1）コンテンツの作成と（2）内容の公開、もしくは一部の人々を対象とした半公的な共有ができなければならない。ユーザーは数人の親しい友人や家族だけにコンテンツへのアクセスを許可する制限的なプライバシー設定を選択するかもしれないが、ソーシャルメディアサイトのアフォーダンスのレベルでは、コンテンツの共有ができるようになっている。

これら３つのアフォーダンスを組み合わせることで、どのサイトがソーシャルメディアとみなされるべきか、あるいはそうでないかを決定するための客観的な基準が与えられる。たとえば、Facebook はこれらの基準を用いるとソーシャルメディアとして認められる。ユーザーはパーソナライズされたプロフィールを作成し、コンテンツを作成して友達と共有し、サイト内の他のユーザーとは投稿にコメントし、反応し、共有することで交流ができる。扱いにくい例が Snapchatである。これは個人が友人に私的なメッセージを送信するためによく利用される。もしこれだけがそのプラットフォームの機能ならば、私たちはそれをソーシャルメディアというよりもテキストメッセージに類似しているものとみなすかもしれない。しかし Snapchat を使うと、ユーザーは個人アカウントを作成し、彼らをフォローしている人々にストーリーを見せることができる。ユーザーは友人や見知らぬ人、「ディスカバー」ページに載っているブランドのコンテンツを見ることもできる。しかし、Snapchat で交流ができるだろうか？　ユーザーは確かにメッセージのやりとりはできるが、いいねやコメントをつける機能がなければ、そのプラットフォームが本当に交流のための条件にかなっているかどうかを判断するのは難しい。しかしながら、ユーザーは他者が作成した公開スナップを友人たちと共有することができる。もし他者のコンテンツを共有することを交流とみなすならば、Snapchat はソーシャルメディアサイトとして分類できる。一方で、前述した『ニューヨーク・タイムズ』のウェブサイトの例はその基準を満たさないだろう。なぜなら、主要なコンテンツ（すなわち、ニュース記事）はサイト自体の管理者によって作成されているからだ。ユーザーは個人アカウントを作成しコメントを残しておくことによってニュース記事と関わり合うことはできるが、彼らは自分でニュース記事を作成することはできない。

　このように、本章の目的を考慮して、私たちはソーシャルメディアを各サイトが提供するアフォーダンスに基づいて定義する。ソーシャルメディアとは、ユーザーが個人アカウントを作成し、コンテンツを作成・共有し、他のユーザーと交流することができるウェブベースのプラットフォームまたはサイトである。この定義はかなり幅広いが、新しく登場するプラットフォームを評価するための柔軟性を備えていると同時に、ソーシャルメディアの範囲を特定の客観的な特性を含むプラットフォームのみに限定もしている。

　この定義に適合するサイトでも、プライバシー、匿名性、同期性といった点で（さらに他の点でも）、互いに異なる場合があるだろう。**プライバシー**とは、ユーザーが作成・共有したコンテンツに他者がアクセスできる範囲を指す。多くの

ソーシャルメディアのプラットフォームでは、ユーザーが彼らのプライバシー設定を管理し、どのコンテンツを完全にプライベート（ユーザーだけが閲覧可能）なものにするか、事前に決められた少人数のグループ内（たとえば、友達リスト）で共有するか、あるいはインターネットにアクセスしている人ならば誰でも閲覧可能な形で公開するかを決めることができる。場合によっては、プライバシー設定は Twitter の「保護されたツイート」のように、別の名前がつけられることもあるが、ツイートを「保護する」機能はさまざまなソーシャルメディアのプラットフォームで利用できる他のプライバシーオプションと同種のものである。ただ、最終的には、プラットフォームが異なればプライバシーのオプションも異なり、それらのプライバシーオプションに関するセキュリティレベルも異なる。

　ソーシャルメディアのプラットフォームは**匿名性**、すなわちユーザーやコンテンツが名を伏せた状態のままでいられる程度に関しても異なっている。Facebook の公式ポリシーは、すべてのユーザーは彼らの「本当の」名前（日常生活で通用する名前）を使用してアカウントを作成しなければならないというものだが、このポリシーを強制することには多少問題もある。TikTok のような他のプラットフォームはコンテンツに匿名でアクセスすることは許されているが、コンテンツを作成したり交流したりするためにはアカウントが必要である。その対極には、本人確認を必要とするプラットフォームもある。たとえば、Myspace や Facebook と類似した韓国のソーシャルメディアである Cyworld は、初期の頃、アカウント作成のためにユーザーに本名と住民登録番号（アメリカの社会保障番号に似たもの）を要求していた。ユーザーがどの程度匿名のままでいられるかは、サイト上での経験に影響を与える可能性がある。

　ソーシャルメディアのプラットフォーム間で異なる 3 点目は**同期性**、すなわちどれほどユーザーがリアルタイムで交流したり、コンテンツを共有することができるかという点である。Twitter などの一部のサイトでは、ユーザーがまずコンテンツを投稿し、その後、他のユーザーがそれに対してリプライを投稿できる。他のユーザーはリアルタイムに近い形で投稿に反応したり、コメントしたりするかもしれないが、Twitter は技術的には非同期のサイトであると考えられている。Facebook ライブは、ユーザーがリアルタイムでライブのビデオフィード（ユーザーはライブ放送中にコメントを投稿したり交流したりできる）を投稿できるので、同期的なものとみなされる。ライブビデオは作成者のページに保存され、終了後に視聴することもできるので、非同期的な交流も可能である。

　ソーシャルメディアのプラットフォームは多くの点で異なっているかもしれな

いが、それらのアフォーダンスに基づく類似性により、私たちはその技術全体を包括的に調査することができる。私たちの最終的な目標は、人々がどのようにプラットフォームを利用しているのか、そしてそうすることでどのようなポジティブな効果がもたらされるかを理解することである。

ソーシャルメディアのポジティブな利用

孤独感の低下と人間関係の維持

　ソーシャルメディアの最も重要な特徴の一つは、他者とのつながりを可能にすることである。結局のところ、それがソーシャルメディアと呼ばれる所以なのだ。その技術は、頻繁に会う人々とも、物理的に離れた人々とも同じように連絡を取り続ける唯一の方法を提供してくれる。他のコミュニケーション技術（たとえば、手紙や電話）も、何世紀もの間、人々が友人や家族との連絡を保つことを比較的シンプルかつ便利な方法で可能にしてきたが、ソーシャルメディアのプラットフォームはその可能性を驚くような形で拡大し、変化させてきた。私たちはいまや、私たちの幼馴染や世界中の親戚、実生活では知り合わなそうなセレブ、そしてその他多くの人々の写真や近況を（ほぼ）リアルタイムで見ることができる。多くの点で、ソーシャルメディアはつながりのために設計されているのである。これらの他者とのつながりは、ユーダイモニックなウェルビーイングの重要な構成要素であり（第3章および Ryff, 1989 を参照）、ソーシャルメディアはポジティブな関係を構築し、育むための唯一の方法を提供している。

　にもかかわらず、研究者のなかにはソーシャルメディアの利用と孤独感との間に関連性を見出した者もいる。しかし、実際これらの研究の多くは相関関係を示してはいるが（第1章を参照）、ソーシャルメディアの利用が孤独感を引き起こすかどうかは定かではない。ハントら（Hunt et al., 2018）は、ソーシャルメディアの利用を一つのプラットフォームあたり1日10分に制限している人は、制限していない人に比べて、孤独感や憂鬱感が低いことを明らかにした。この研究から、ソーシャルメディアの利用は孤独感や憂鬱感を引き起こし、ソーシャルメディアの利用を制限することでウェルビーイングを上昇させることができると結論づけたくなるかもしれないが、この研究が実際に示しているのは、ソーシャルメディアをどのように使うかが重要であるということだ。

BOX 7.1 研究によって（一見）矛盾した結果が見出されるのはなぜか？

　ソーシャルメディア研究に関しては、研究によってさまざまな結果が示されている。たとえば、ソーシャルメディアの利用が孤独感の上昇に関連していることを示す研究もあれば（たとえば、Song et al., 2014）、孤独感の低下に関連していることを報告しているものもある（たとえば、Deters & Mehl, 2016）。さらに、別の研究はソーシャルメディアの利用と孤独感との間には関連がないことを明らかにしている（たとえば、Brusilovskiy et al., 2016）。同様に、ソーシャルメディアの利用はより高いウェルビーイングおよびより低いウェルビーイングに関連している可能性がある（たとえば、LGBTQ ユーザーにおける精神的ウェルビーイングへのポジティブな効果、Chong et al., 2015；幸福度へのネガティブな効果、Brooks, 2015）。一見、これらの研究は互いに矛盾しているように見えるかもしれないが、必ずしもそうであるとは限らない。なぜ研究によって一見矛盾した結果が見出されるのであろうか？

　研究によって結果が異なる原因の一つは、研究者たちが異なる母集団について調べているからかもしれない。この章で述べたように、多くのソーシャルメディア研究は、アメリカとヨーロッパの研究大学の学部生を対象に調査を実施している。だが、学者たちはしだいに他の母集団に対するメディア利用の影響についても同様に研究するようになってきている。結果が異なる一因は、ソーシャルメディアの利用が異なる母集団に対して異なる影響を及ぼすからかもしれない。たとえば、一般的に**デジタルネイティブ**とみなされる学部生たちは（つまり、彼らはソーシャルメディアのテクノロジーとともに成長してきた）、これらのプラットフォームを利用するとき、人生の遅くにこのテクノロジーがやってきた上の世代の人々とは異なる経験をする可能性がある。あるいは、特定の文化的価値観や経験がソーシャルメディアの使い方に影響を及ぼし、それが私たちに及ぼす効果に影響を与えるのかもしれない。前述のブルシロフスキーら（Brusilovskiy et al., 2016）の研究に見られるように、私たちのメンタルヘルスの状態もソーシャルメディアの効果に影響を与える可能性がある。この研究では、深刻な精神疾患を持つ人に調査を実施しており、ソーシャルメディアと孤独感との間に関連が見られなかったのは、特定の母集団に特有のことである可能性を示唆している。

　結果が異なる第 2 の理由は、研究者たちが異なるプラットフォームについて調査しているからかもしれない。本章で言及したピットマンとライヒ（Pittman & Reich, 2016）による研究では、研究者たちは写真ベース（Instagram と Snapchat）

とテキストベース（Twitter と YikYak）のプラットフォームを直接比較し、その効果を検討している。しかし、多くの研究では、一つの研究につき 1 つか 2 つのソーシャルメディアプラットフォームしか検討していない。そして、これらの研究は、実際には特定のプラットフォームでのユーザー経験と効果を主に示しているものなのだが、「ソーシャルメディア」研究として一般化される。プラットフォーム間のアフォーダンスの違いについて私たちが知っていることを考慮すると、プラットフォームが異なれば効果も異なる可能性が高くなるのは当然である。

　では、このすべての情報を踏まえて私たちはどうしたらよいのだろうか。ソーシャルメディアの「本当の」効果が何であるかを知るにはどうすればよいのだろうか。真実をいえば、一つの「本当の」効果というのは存在しない。それぞれの研究は互いに矛盾しているように見えても、調査された特定の状況を考えるとおそらく正しいのだろう。たとえば、ソングら（Song et al., 2014）は、ソーシャルメディアの効果に関する先行研究を検討するメタ分析（第 1 章を参照）を実施し、ソーシャルメディアの利用が孤独感と関連していることを明らかにした。しかし、研究者たちは過去の研究結果をより綿密に検討し、ソーシャルメディアの利用が孤独感を引き起こすのではなく、孤独な人々がより頻繁にソーシャルメディアを利用する傾向があると判断したのである。この研究は、ソーシャルメディアの効果について議論する際に、誰が対象だったのか、どのプラットフォームが調査されたのか、測定された具体的な効果は何で、変数間の因果関係の方向はどうなのかといったことに、なぜ私たちが目を向ける必要があるのかを示すよい例である。このことは、ソーシャルメディアの利用が特定の状況で特定の母集団に及ぼす影響の全容を明らかにするのに役立つだろう。その影響が母集団やプラットフォームにかかわらずまったく同一である可能性は低い。そのため、研究によって異なる結論に至ることは驚くべきことではないのだ。

　ソーシャルメディアをどのように使うかが重要であるという考えをさらに支持するものとして、ヤング（Yang, 2016）は、Instagram を閲覧したり投稿に反応したりするという特定の行為は、孤独感の低さと関連していることを明らかにした。これはさまざまな友人による投稿を見ることは、つながりの数がどれだけ多いかということをユーザーに思い出させ、他者とつながりが多いと感じさせるからかもしれない、と著者は論じている。しかしヤングは、自分と他者とを比較する傾向のある人の場合、この孤独感との関連性は弱かったとも記述している。つまり、自分が見たコンテンツに登場する人や、やりとりした他者と自分自身を比較する

人は、自分と他者を比較しない人ほどメリットが得られないということである。これは**上方社会的比較**が原因かもしれない（社会的判断理論を参照；Festinger, 1954）。

　上方社会的比較を行うとき、私たちは自分より優れていると思う他者、もしくはより良い状況にあると思う他者と自分自身を比較する。たとえば、Instagramで、私たちよりも魅力的だったり、金持ちだったり、幸福だったり、その他の好ましい属性を持っていると思われる人々の写真を見るとき、結果として自分自身が嫌になる傾向がある。ヤング（Yang, 2016）は、Instagramの投稿で自分を他者と比較する人には、そうする傾向がない人と同じようには孤独感の低下が見られなかったことを明らかにした。これは、パーソナリティ特性と個人的傾向がソーシャルメディアの影響の及ぼし方を左右している可能性があることを示唆している。これらの結果はまた、ソーシャルメディアの利用から最大の利益を得るためには、上方社会的比較を避けるべきであることを示唆しているが、それは口で言うほど簡単なことではない（第13章も参照）。

　どのサイトを利用するかもソーシャルメディアの効果に影響を与える。ピットマンとライヒ（Pittman & Reich, 2016）は、Instagramのような画像ベースのソーシャルメディアサイトの利用は、孤独感の低下、幸福感の上昇、生活満足度の上昇と関連していることを明らかにした。この研究で研究者たちは、学部生を対象に、彼らのInstagram、Snapchat、Twitter、YikYak（現在は閉鎖した匿名のソーシャルメディアサイト）の利用について調査を実施した。彼らは画像ベースのソーシャルメディアプラットフォームの利用が、幸福感や生活満足度の上昇と、孤独感の低下に関連していることを明らかにした。研究者たちは、これは画像ベースのプラットフォームが、単なるテキストメッセージのやりとりよりも、ユーザーに実際の人物とコミュニケーションし、交流しているように感じさせるためかもしれないと主張した。実際に誰かとコミュニケーションをとっているかのように感じられる程度を**社会的存在感**という（Biocca et al., 2003; Short et al., 1976を参照）。基本的な考え方は、実在の人物の写真やビデオを見ることで、その人が物理的に一緒にいるように脳が錯覚する、というものだ。実生活での会話を忠実に再現するためには、ソーシャルメディアのプラットフォームは同期性と親密性を提供しなければならない。多くのプラットフォームでは非常に迅速なレスポンスが可能だが、前述したように、それらは技術的には非同期である可能性がある。親密さの側面を再現することはより困難であるが、写真は、テキストでは満足に得られないこのような感覚の獲得を助けてくれることがある。このように、ピットマン

とライヒ（Pittman & Reich, 2016）はさまざまなソーシャルメディアサイトがさまざまな方法で孤独感に影響を与える可能性があることを実証したのである。

　ソーシャルメディアは、個人の社会的な輪の中や周囲の世界で何が起こっているのかをモニタリングするための道具としても役立つ。さらに、人間関係を維持するための方法としても役に立つ。これらの人間関係は、オンラインや対面のチャンネルを通じて日々育む関係かもしれないし、物理的な距離のせいで維持することがより困難な関係かもしれない。ソーシャルメディアは、他のテクノロジーとは異なる関係維持のための道具を提供し、ユーダイモニックなウェルビーイングを高める有意義なつながりを構築するための貴重な場を提供する。共有とプライバシーのアフォーダンスにより、ユーザーは投稿を更新したり、一度に多くの人々と、あるいは選択した少数の人々と彼らの生活に関するコンテンツを共有したりできる。このことは、大きなライフイベントや日常の出来事、そしてその中間にある多くのことについて常に把握しておくのに役立つ。ヴィタク（Vitak, 2014）は、物理的に距離が離れている友人との関係を維持するためにソーシャルメディアを利用する人々が、そのテクノロジーから最も恩恵を受けていることを明らかにした。彼女は、ソーシャルメディアを使えば、連絡先情報（たとえば、電話番号、Eメールアドレス）がなくても、ユーザーは友人と連絡を取り合うことができると論じた。必要なのはオンライン上のつながりだけだ。つまり、彼らを「友達」登録するか、フォローするか、そうでなければプラットフォームを介してつながるかである。そうすることで、物理的に距離の離れた人間関係を維持することはより容易になる。個人的な人間関係を維持することは、ウェルビーイングにポジティブな影響をもたらすことがあり、そしてソーシャルメディアは私たちが大事に思う人々と連絡を取り続けることをこれまで以上に容易にしているのである。

　これらの研究結果は、私たちがいくつかのガイドラインに従う限り、ソーシャルメディアの利用が孤独感を低下させ、人間関係を維持するのに役立つことを示唆している。このテーマについては、以降のセクションの多くで出てくるだろう。すなわち、もし研究で見出された「最善の方法」に従ってソーシャルメディアを利用したら、より多くのメリットが得られる可能性があるということだ。たとえば、孤独感を減らすことに関しては、写真ベースのプラットフォームはテキストベースのプラットフォームよりも適しているかもしれない。ただし上方社会的比較を避けることができる場合に限る。そして、ソーシャルメディアの利用から恩恵を受ける可能性が最も高い人間関係は、物理的に遠く離れている友人との関係

である。

似ている他者とつながる

　新しいテクノロジーは私たちが物理的な距離とは無関係に友人や家族とつながることを可能にするだけでなく、その多くは前例のない方法で、共通の興味や経験を介して見知らぬ人たちとつながることも可能にする。たとえばFacebookのグループは、ガーデニングへの愛、政治的見解、あるいは望ましいエクササイズの方法やその他のトピックを共有する見知らぬ人々とのコミュニケーションを促進する。私たちは趣味に関するヒントを得たり、見解を共有する他者とつながったり、実生活では決して交流し得なかった人々にサポートを受けたり、与えたりすることができる。研究者たちは、親たちや母乳で育児中の母親向けに作られたコミュニティ、体重管理のコミュニティ、大学生が大学生活に適応することを支援するコミュニティ、糖尿病患者向けの健康関連コミュニティなど、幅広いコミュニティにおけるピアサポートを調査してきた。ソーシャルメディア上で提供されるユーザー同士のサポートは、あらゆる種類のコミュニティにとって有益であり、ユーザーがこれらのコミュニティとのポジティブな関係を構築し、維持するのに役立っている。さらに、それらはユーダイモニックなウェルビーイングの重要な構成要素である環境に対する統制感に寄与することもある。

　たとえば、デアンドレアら（DeAndrea et al., 2012）は、大学に入学する前のソーシャルメディアの利用が、最初の学期における大学生活への適応にどれくらい影響しているかを調査した。多くの学生にとって、大学へ行くことは刺激的であるのと同時に不安のもとでもある。多くの学生にとって、それは新しい町での新しい暮らし、新しい人々、新しい教授たちを意味する。1年生が経験する不安のいくつかは、大学で何が起こるかが不明確であることに起因しているかもしれない。大学生活がどのようなものかについて学生たちが情報を得ることのできる一つの方法は、ソーシャルメディアを介して他の学生たちと交流することだ。デアンドレアら（DeAndrea et al., 2012）は、新入生が互いに交流したり、寮のメンターと交流できる、学校独自の学生専用ソーシャルメディアサイトを調査した。彼らは、このサイトの利用が、教員や仲間を含むさまざまな個人とつながり、助けを得る能力に関する学生の**自己効力感**を高めていることを明らかにした。学生たちはサイト上で質問し、その機会を利用して互いに援助や情報を見つける手助けをし、その過程で関係を築いていた。

ストレス管理

　人々は通常ストレスを避けようとするが、ほとんどの人にとってそれは避けられないものである。ストレスレベルの上昇は、身体的、精神的健康に悪影響をもたらし、主観的ウェルビーイングの低下をもたらす。そのため、ほとんどの人はさまざまな行動を通じてストレスレベルを最小限に抑えるか、少なくとも軽減しようとする。人々は一般的に2つの方法のうちいずれかでストレスに対処する。それは感情に焦点を当てるか、問題に焦点を当てるかだ。感情に焦点を当てる戦略は、ストレス感やストレスに関連した感情に対処しようと試みる。たとえば、もしあなたが試験を控えてストレスを感じていたら、ソーシャルメディアをスクロールしたり、友人と話すことによって気を紛らすかもしれない。問題に焦点を当てる戦略は、ストレスの原因自体に対処しようと試みる。試験関連のストレスの場合、いつもより勉強して、準備ができていることを確認することがこれに含まれるかもしれない。感情に焦点を当てる戦略も、問題に焦点を当てる戦略も、どちらもストレスに対処する方法を提供し、さまざまな状況で使うことができる。感情に焦点を当てた対処法は問題を避けているように見えるかもしれないが、すぐにコントロールできない状況ではとても重要な方法になり得る。

　ソーシャルメディアは感情に焦点を当てた対処と問題に焦点を当てた対処の両方の機会を提供し、その利用はストレスの軽減に役立つ。スマートフォンの一般的な利用に関する研究で、カルセイら（Karsay et al., 2019）は、自己開示がストレスや孤独感の管理において重要な役割を果たしていることを明らかにした。ここでの**自己開示**は、自分の問題や気持ちについての個人的な情報を共有することを含んでおり、ソーシャルメディアのプラットフォームを介したものも含まれる。この研究では、自己開示のためにスマートフォンを利用した人々の場合、その利用は孤独感の低下およびストレスの減少をもたらしていた。孤独感については、ソーシャルメディアと孤独感についての前述の議論を考えると、おそらく驚くべきことではない。他者との有意義なつながりは、ウェルビーイングの重要な一側面である。しかし、ストレスについての調査結果はより驚くべきものかもしれない。チャン（Zhang, 2017）はソーシャルメディアがストレスのレベルに及ぼす影響をより具体的に検討するなかで、同様の結果を明らかにした。つまり、ソーシャルメディアを介して自分のストレスに関する情報を他者と共有することは、ストレスレベルの低下と関連していたのである。研究結果としては、テクノロジーを介して誰かと問題を共有することで、ストレスから解放された気持ちにな

り、サポートを受けることにつながるかもしれない、ということが示唆されている。

　実際、ナビら（Nabi et al., 2013）は、社会的支援を受けているという感覚がストレスレベルの低下と関連していることをさらに裏づける結果を明らかにしている。社会的支援を受けているという感覚は Facebook の友達の数が増えるにつれて上昇しており、それはオンラインでのつながりが実生活でも支援を受けている感覚をもたらすという過去の議論を支持するものであった。具体的には、この研究は Facebook の友達が多いことは社会的支援をより強く感じていることと関連し、それがストレスの軽減につながっていることを明らかにしたものである。さらに一歩進んで、ストレスの軽減は一般的なウェルビーイングが高いことと身体的疾患の度合いが低いことの両方と関連していることをこの研究者たちは明らかにしている。

ソーシャルメディアとアドボカシー

　ソーシャルメディアは私たちが人々とどのように連絡を取り続け、つながるかということに、多くの点で大変革をもたらした。それはまた、私たちが主要なニュース記事や出来事、そして社会運動について知る方法を変えた。多くの人々にとって、ソーシャルメディアのサイトはニュース速報を最初に耳にする場所である。それらはまた、アドボカシー（寄付の要請を投稿することから人々が抗議のために直接行動を起こすよう力づけることまで）のためのフォーラムになりつつある。#MeToo と #BlackLivesMatter の運動は、主にオフラインでの不正に端を発したものだが、ソーシャルメディアを通じて広く注目を集め、現実世界での行動を促した。しかし、どの程度ソーシャルメディアが積極行動主義を根本的に変化させたかについては、学者たちの意見が分かれている。

　ソーシャルメディアがアドボカシーや積極行動主義をどのようにして変化させたのかを探るために、私たちはまず、そもそもなぜ人々はこれらの活動にかかわるのかという理由を考えなければならない。たとえば、なぜ人々は #BLM の集会で抗議したり、職場でのセクシャルハラスメントの規則をより厳しくするよう主張したりするのだろうか？　人々がある目的のために行動を起こすことを決断するには、4 つの要件が満たされる必要がある。第 1 に、まずその問題に関心がなければならない。これは、その問題に個人的つながりがある（たとえば、警察の残虐行為やセクシャルハラスメントを経験したことがある）ためかもしれないし、

あるいは大切な誰かがその問題の影響を受けているためかもしれない。その問題によって影響を受けた人を個人的には誰も知らなくても、影響を受けた人に単に共感しているだけかもしれない。行動を起こす第2の要件は、出来事もしくは活動が発生していることを認識していなければならないということだ。抗議行動が起こっていることを知らなければそれに参加することもできない。第3の要件は、参加したいと思わなければならないということだ。これは単に問題に関心を寄せることとは異なり、その人が実際に行動や活動にかかわることを望み、動機づけられている必要がある。そして最後の要件は、参加が可能でなければならないということだ。彼らは行動にかかわるための個人的資源（たとえば、仕事を休む時間、身体的能力、財力）を持っている必要がある。ある人は抗議行動に参加したいと思っても、集会に行くことが物理的にできないかもしれない。他の誰かは職場の変化を求めて主張したいと思っても、権威に異議を唱えられるほど雇用が安定していないかもしれない。そうすると、問いは次のようになる。ソーシャルメディアは行動を起こすためのこれらの要件を根本的に変えてきただろうか？

　この問いに関しては、大きく分けて3つの見解がある。1つ目は、ソーシャルメディアのプラットフォームが社会運動の形成と行動の方法を実質的かつ有意義に変化させたということだ。この観点から、ソーシャルメディアサイトは人々が運動や積極行動主義についての情報を得る方法を目覚ましく変化させたと論じられている。さまざまなプラットフォームは、世界中の不正に直面している人々に関する記事へのアクセスを増やし、おそらく他の人々がその状況に共感したり、関心を寄せる可能性を高めている。出来事や行動に関する情報はソーシャルメディアでより簡単にアクセスされ、広く拡散される。ある友人が行動への呼びかけや抗議についての投稿をすると、私たちは自分自身でそれを探すことなくその情報に出会う。ソーシャルメディアはまた、ハッシュタグを使った記事の共有や、大義あることへの寄付の促進、同様の関心を持つ他者とのつながりなど、人々が団結を示す行動に参加することを可能にする。多くの点で、ソーシャルメディアは私たちが変化を求めて主張する方法を変えてきたのである。

　しかしながら、第2の見解は、ソーシャルメディアは行動を起こすための要件を根本的には変えていないというものである。社会運動や行動に関する情報を得ることはより簡単になったかもしれないが、この見方を支持する人々は、このことが行動を起こすための実際の要件を変えたわけではないと主張する。私たちはより多くの情報にアクセスできるかもしれないが、その情報は実際に私たちにその大義についてもっと関心を寄せ、行動を起こしたいと思わせているだろうか？

それは私たちが行動を起こすことをより可能にしているだろうか？　ある人はオンラインで知った抗議行動に参加したいと思うかもしれない。しかし仕事を休むことができないままであれば、参加もできないままである。

第3の見解は、これらの両極端の中間にあるもので、この見方を支持する学者たちは、この問題が根本的な変化の問題ではなく、程度の変化の問題であると主張している。アールら（Earl et al., 2010）の説明にあるように、ソーシャルメディアは変化を求めて主張する私たちの能力を「超大型化」してきた。変化を起こすための要件は同じままだが、ソーシャルメディアのプラットフォームはそれが使えるようになる前よりもはるかに大きな規模で、変化を主張し行動を起こすよう促すことを容易にしている。このように、行動を起こすための要件は根本的には変わっていないが、要件を満たす方法は一般の人々にとってより簡単でアクセスしやすいものになった。忍耐力、決意、そして少しの運があれば、誰でもオンライン上で社会運動を始めることができる。ソーシャルメディアは変化のための強力なツールをインターネットにアクセスできる人なら誰でも利用できるようにする。そしてそれはポジティブな社会変革につながり得るのだ。

娯楽的で、有意義で、自己超越的なオンラインコンテンツ

ソーシャルメディアを利用することによって得られるもう一つのポジティブな効果は、エンターテインメントである。もっと具体的にいうと、ソーシャルメディアコンテンツの消費、参加、制作を通じて、ユーザーは、帰属、社会的相互作用、自己呈示、アイデンティティ管理、自己効力感、自己肯定感などの基本的な人間の欲求を満たすことによって、喜び（すなわち、楽しみの経験）や意義（すなわち、鑑賞の経験）を見出し、それが主観的、およびユーダイモニックなウェルビーイングの支えとなる（たとえば、Toma & Hancock, 2013; Valkenburg et al., 2006）。自己決定理論（第3章を参照）の観点から、ライネッケら（Reinecke et al., 2014）は、Facebookの利用を楽しむことは、ビデオゲームのプレイでみられるものと同様に（たとえば、Ryan et al., 2006）、自律性や有能性への基本的な欲求に対する満足と有意に関連していることを明らかにした。興味深いことに、研究者たちはソーシャルメディアを使うべきだという友人や家族からの外的な圧力（つまり、外発的動機づけ）も、有能性の欲求を満たすことを通じて楽しみの上昇に寄与する可能性があることを明らかにした。

さらに、ソーシャルメディアのコンテンツは、有意義で自己超越的なメディア

経験を促進する可能性がある。感動や感銘を与えるソーシャルメディアコンテンツを調査した一連の研究では、自己超越的感情を誘発するもの（第6章を参照）がFacebookの投稿（Dale et al., 2020）やYouTubeの動画（Dale et al., 2017）によく見られることがわかっている。自己超越的感情を誘発するものとしては、人々（および彼らの行動）、場所、または特定の感情を感じさせるものごとが挙げられる。たとえば、グランドキャニオンを見ると畏敬の念が誘発されるかもしれないし、誰かが困難な障害を乗り越えるのを見ると希望の感情が誘発されるかもしれない。これらは、実生活のなかで自己超越的感情を引き出すことが知られているもの（たとえば、自然、忍耐）を描いた、直接的な誘発物の例である。オンラインコンテンツには、誰かが登場して自己超越的感情を実演するモデル化された誘発物もある。この用語は社会的認知理論（第2章）にルーツがあり、メディアの利用者は登場人物が表す感情を経験できるという考えに基づいている。たとえば、親切にしてもらい感謝している誰かを見ると、それに反応して私たちも感謝する気持ちになるかもしれない。

　これらの研究において、デールらはソーシャルメディアのコンテンツには自己超越的感情とその誘発物の例が数多く含まれていることを発見した。彼らはまた、これらの描写が実際に視聴者が受ける感動や感銘の感情を高めることを明らかにしている（Dale et al., 2017）。この研究で、研究者たちは参加者に一連のYouTube動画を見てもらい、秒単位で反応を測定する装置を使って彼らが受ける感動や感銘の感情を示すよう指示した。結果として得られた詳細なデータから、研究者たちは、自己超越的感情の誘発物が画面上に現れたときに、参加者たちがダイアルを上げている（より高水準の感動や感銘を受けたことを示している）ことを発見した。この研究は、特定のタイプのソーシャルメディアコンテンツを感動や感銘の感情に直接結びつけた最初の研究だった。

　有意義で、かつ感動や感銘させる内容に満ちたコンテンツは、インターネットミームでもよく見られる。たとえば、リーガーとクリムト（Rieger & Klimmt, 2019）は、Tumblrのユーザーがオンラインで「ちょっとした」ユーダイモニックなコンテンツと呼ばれるものに定期的に出会っていることを明らかにした。この定期的な出会いは、ソーシャルメディアのユーザーにとっていろいろな意味で有益である。実際、ジャニッケら（Janicke et al., 2018）は、仕事中に有意義なYouTubeの動画を見ると、従業員たちの職場でのウェルビーイングが高まることを発見している。具体的には、従業員たちは勤務中に4つの有意義な、またはおもしろいYouTubeの動画を視聴した。どちらのタイプのコンテンツも、ポジ

ティブではあるが異なる反応をもたらした。おもしろいビデオを視聴した人は、よりリラックスし、彼らの仕事に満足していた。有意義なビデオを視聴した人は、より高い水準の達成感と活力を感じていた。勤務中にソーシャルメディアを閲覧するよう従業員に勧める上司はほとんどいないだろうが、この研究は、おもしろいコンテンツでも有意義なコンテンツでも視聴することは有益であり、さらに有意義なコンテンツは従業員が仕事関連のストレスから回復する手助けとなる、独特な役割を果たす可能性があることを示したのである。

　しかしながら、ここでもまた私たちがソーシャルメディアを使う方法が、ウェルビーイングへの効果に重要な役割を果たす。ジャニッケ＝ボウルズら（Janicke-Bowles et al., 2020）は、異なる種類のコンテンツを共有することが主観的ウェルビーイングとユーダイモニックなウェルビーイングにどの程度影響を与えるのかを調査した。この研究で、参加者たちは 10 日間、Facebook を積極的に利用するか、受動的に利用するように求められた。ソーシャルメディアを積極的に利用するよう求められた人は、さらに 2 つのグループに分けられた。一方の参加者たちはおもしろいコンテンツを投稿し、もう一方は感動や感銘を与えるコンテンツを投稿した。ソーシャルメディアを受動的に利用するよう求められた人は、コンテンツを投稿せずに Facebook のフィードをただスクロールするように指示された。結果として、研究者たちは、感動や感銘を与えるコンテンツを積極的に投稿することが人生の満足度を上昇させることを明らかにした。さらにこれらのユーザーに関しては、ポジティブな感情の水準は時間経過による影響を受けなかったが、（主観的ウェルビーイングに関連している）ネガティブな感情の水準は低下していった。逆に、おもしろいコンテンツを投稿した参加者は時間の経過とともにユーダイモニックなウェルビーイングが低下したと報告した。驚いたことに、受動的な利用は主観的ウェルビーイングにもユーダイモニックなウェルビーイングにも影響を及ぼしていなかった。

BOX 7.2　デジタル・ウェルビーイングアプリについてはどうか？

　市場はますます自己改善を目的としたスマートフォンアプリで溢れており、その多くはウェルビーイングの向上を謳っている。これらのアプリのすべてが私たちのソーシャルメディアの基準を満たしているわけではないが、一部満たしているものもある。いくつかの瞑想アプリと生産性アプリは、このカテゴリーに分類される。おそらくあなたは今そのようなアプリをスマートフォンに入れているだ

ろう。

　しかし興味深いことに、ほとんどの自己改善アプリや健康アプリは、心理学や健康行動学の理論に基づいて開発されてはいない。さらに、ほとんどは科学的方法を用いた評価を受けていない。したがって、このようなアプリケーションの有効性は不確かなままなのである（あなた自身の経験から証明することはできるかもしれない）。ディーフェンバッハ（Diefenbach, 2018）は、習慣を変化させるアプリに特に有益と思われるいくつかの設計上の特徴をまとめている。自己改善アプリは以下の場合に最も効果的であると考えられる。（1）それらの設計が、行動を変えるための明確な要求（たとえば、具体的な行動や手順）を提供すると同時に、（2）行動を実行する際にユーザーに自律性を与える（たとえば、その行動をいつ、どのように行うかを選択する自由）。効果的なアプリはまた（3）フィードバックや報酬を与えてくれる（たとえば、他のユーザーからの社会的支援、やる気を起こさせることばの引用）。これらの3つのアフォーダンスが提供されたとき、アプリは確かにデジタルなウェルビーイングや繁栄に貢献するかもしれない。次にあなたが新しいアプリをダウンロードするときは、そのアプリがあなたにこれらの3つの点を提供しているかどうか確認するとよい。

ポジティブソーシャルメディア研究の限界

　すべての研究と同様に、ソーシャルメディアの効果に関する研究にも考慮すべきいくつかの限界がある。研究の実施方法、調査対象者、調査対象のテクノロジーはすべて、研究結果に影響を及ぼす可能性がある。研究について議論するときは、これらの限界それぞれについて認識しておく必要がある。そうすることで、結果が意味することを正確に理解できるのである。

　一部のソーシャルメディア研究における一つの限界は、その研究計画において相関関係を想定していることが多いことだ。すなわち、データを得るためにサーベイ調査を用いる研究である。これは、研究者が参加者に彼らのソーシャルメディア利用と、研究者が興味を持っている他の変数（たとえば、ウェルビーイング、生活満足度）について尋ねる質問紙を送ることを意味する。この種のデータは要因間の関連について貴重な洞察を与えてくれるが、要因間の因果関係を証明することはできない（第1章を参照）。ソーシャルメディアが、研究者が関心を持って

いる変数（たとえば、孤独感、ストレス）を引き起こすかどうかをこのタイプの研究から判断することは不可能なのである。

　第2の限界は、ソーシャルメディア研究が、多くの場合、学部生のサンプルを用いて実施されることである。若年成人がソーシャルメディアの主要なユーザーの一部であり、通常学術研究の対象にしやすいため、これは多くの点で理にかなっている。ただし、調査結果を高齢者やその他の母集団に一般化することは難しくなる。ソーシャルメディアが、若くて教育を受けた人々と同様に中高齢者にも影響を与えると確信することはできない。したがって、研究者たちはこれらの世代がどのように異なるかを把握するために、研究対象の集団を拡大し始めている。

　ソーシャルメディア研究の第3の限界は、論文や教科書が執筆されるよりもはるかに速くテクノロジーが変化してしまうことだ。学術機関で研究を計画し、出版するまでには、多くの場合、数カ月から数年までかかることがある。その間、ソーシャルメディアのプラットフォームが何度も変更されたり、あまり使われなくなったりする可能性がある。たとえば、Facebook のプライバシー設定の作動方法が変更されたら、Facebook のプライバシー設定に関する研究は公開前に今日的な意義を持たないものになるかもしれない。このことは研究者が現在のテクノロジーの効果について常に把握しておくことを困難にしている。このような限界はあるものの、ソーシャルメディア研究は個人がどのようにソーシャルメディアのプラットフォームを利用し、それによってどのような影響を受けるかについての貴重な洞察を提供することができるのだ。

まとめ

　ソーシャルメディアという用語は、幅広いさまざまなオンラインプラットフォームに適用することができる。ここに分類されるプラットフォームは多様なので、私たちはソーシャルメディアをプラットフォームが提供するアフォーダンスの観点から定義する。ソーシャルメディアが良いか悪いかを問う代わりに、ソーシャルメディアの利用がウェルビーイングを高める状況を探ることによって、私たちはより多くの恩恵を受けられるかもしれない。諸研究はソーシャルメディアやモバイルテクノロジーがさまざまな有用な方法で利用され得ることを示してきた。これらのプラットフォームやテクノロジーは、ユーザーが他者とつながる

ことで孤独感を低下させるのを手助けし、結果として、ポジティブで有意義な人間関係を維持したり、社会的支援を受けたりするのに役立っている。ソーシャルメディアは、ストレス管理のためのツールとしても、そして個人が彼らのコミュニティにおける社会変革を主張する方法としても利用できる。研究に基づいた利用戦略を取り入れることで、私たちは皆、ソーシャルメディアをポジティブに利用することによる恩恵を享受することができるのだ。

引用文献

Biocca, F., Harms, C., & Burgoon, J. K. (2003). Toward a more robust theory and measure of social presence: Review and suggested criteria. *Presence: Teleoperators & Virtual Environments*, 12, 456-480. doi:10.1162/105474603322761270.

Brooks, S. (2015). Does personal social media usage affect efficiency and well-being? *Computers in Human Behavior*, 46, 26-37. doi:10.1016/j.chb.2014.12.053.

Brusilovskiy, E., Townley, G., Snethen, G., & Salzer, M. S. (2016). Social media use, community participation and psychological well-being among individuals with serious mental illnesses. *Computers in Human Behavior*, 65, 232-240. doi:10.1016/j.chb.2016.08.036.

Chong, E. S., Zhang, Y., Mak, W. W., & Pang, I. H. (2015). Social media as social capital of LGB individuals in Hong Kong: Its relations with group membership, stigma, and mental well-being. *American Journal of Community Psychology*, 55, 228-238. doi:10.1007/s10464-014-9699-2.

Dale, K. R., Raney, A. A., Janicke, S. H., Sanders, M. S., & Oliver, M. B. (2017). YouTube for good: A content analysis and examination of elicitors of self-transcendent media. *Journal of Communication*, 67, 897-919. doi:10.1111/jcom.12333.

Dale, K. R., Raney, A. A., Ji, Q., Janicke-Bowles, S. H., Baldwin, J., Rowlett, J. T., Wang, C., & Oliver, M. B. (2020). Self-transcendent emotions and social media: Exploring the content and consumers of inspirational Facebook posts. *New Media & Society*, 22(3), 507-527. doi:10.1177/1461444819865720.

DeAndrea, D. C., Ellison, N. B., LaRose, R., Steinfield, C., & Fiore, A. (2012). Serious social media: On the use of social media for improving students' adjustment to college. *The Internet and Higher Education*, 15, 15-23. doi:10.1016/j.iheduc.2011.05.009.

Deters, F. G., & Mehl, M. R. (2016). Does posting Facebook status updates increase or decrease loneliness? An online social networking experiment. *Social Psychological and Personality Science*, 4, 579-586. doi:10.1177/1948550612469233.

Diefenbach, S. (2018). The potential and challenges of digital well-being interventions: Positive technology research and design in light of the bitter-sweet ambivalence of change. *Frontiers in Psychology*, 9, e331. doi:10.3389/fpsyg.2018.00331.

Earl, J., Kimport, K., Prieto, G., Rush, C., & Reynoso, K. (2010). Changing the world one webpage at a time: Conceptualizing and explaining Internet activism. *Mobilization: An International Quarterly*, 15, 425-446. doi:10.17813/maiq.15.4.w03123213lh37042.

Fardouly, J., & Vartanian, L. R. (2016). Social media and body image concerns: Current research and future directions. *Current Opinion in Psychology*, 9, 1-5. doi:10.1016/j.copsyc.2015.09.005.

Festinger, L. (1954). A theory of social comparison processes. *Human Relations*, 7, 117-140. doi:10.1177/001872675400700202.

Hunt, M. G., Marx, R., Lipson, C., & Young, J. (2018). No more FOMO: Limiting social media decreases loneliness and depression. *Journal of Social and Clinical Psychology*, 37, 751-768. doi:10.1521/jscp.2018.37.10.751.

Janicke, S. H., Rieger, D., Reinecke, L., & Connor, W. (2018). Watching online videos at work: The role of positive and meaningful affect for recovery experiences and well-being at the workplace. *Mass Communication and Society*, 21, 345-367. doi:10.1080/15205436.2017.1381264.

Janicke-Bowles, S. H., Raney, A. A., Oliver, M. B., Dale, K. R., Zhao, D., Neumann, D., Clayton, R., & Hendry, A. (2020, May). *Content matters: Effects of inspiring Facebook posts on subjective and eudaimonic well-being.* Paper presented virtually at the annual meeting of the International Communication Association, Gold Coast, AU.

Karsay, K., Schmuck, D., Matthes, J., & Stevic, A. (2019). Longitudinal effects of excessive smartphone use on stress and loneliness: The moderating role of self-disclosure. *Cyberpsychology, Behavior, and Social Networking*, 22, 706-713. doi:10.1089/cyber.2019.0255.

Nabi, R. L., Prestin, A., & So, J. (2013). Facebook friends with (health) benefits? Exploring social network site use and perceptions of social support, stress, and well-being. *Cyberpsychology, Behavior, and Social Networking*, 16, 721-727. doi:10.1089/cyber.2012.0521.

Pew Research Center. (2019a, June 12). Mobile Fact Sheet. Pew Research Center: Internet & Technology. https://www.pewresearch.org/internet/fact-sheet/mobile/.

Pew Research Center. (2019b, June 12). Social Media Fact Sheet. Pew Research Center: Internet & Technology. https://www.pewresearch.org/internet/fact-sheet/social-media/.

Pittman, M., & Reich, B. (2016). Social media and loneliness: Why an Instagram picture may be worth more than a thousand Twitter words. *Computers in Human Behavior*, 62, 155-167. doi:10.1016/j.chb.2016.03.084.

Reinecke, L., Vorderer, P., & Knop, K. (2014). Entertainment 2.0? The role of intrinsic and extrinsic need satisfaction for the enjoyment of Facebook use. *Journal of Communication*, 64, 417-438. doi:10.1111/jcom.12099.

Rieger, D., & Klimmt, C. (2019). The daily dose of digital inspiration: A multi-method exploration of meaningful communication in social media. *New Media & Society*, 21, 97-118. doi:10.1177/1461444818788323.

Ryan, R. M., Rigby, C. S., & Przybylski, A. (2006). The motivational pull of video games: A self-determination theory approach. *Motivation & Emotion*, 30, 347-363. doi:10.1007/s11031-006-9051-8.

Ryff, C. D. (1989). Happiness is everything, or is it? Explorations on the meaning of psychological well-being. *Journal of Personality and Social Psychology*, 57, 1069-1081. doi:10.1037/0022-3514.57.6.1069.

Short, J., Williams, E., & Christie, B. (1976). *The social psychology of telecommunications.* London, UK: John Wiley & Sons.

Song, H., Zmyslinski-Seelig, A., Kim, J., Drent, A., Victor, A., Omori, K., & Allen, M. (2014). Does Facebook make you lonely? A meta analysis. *Computers in Human Behavior*, 36, 446-452. doi:10.1016/j.chb.2014.04.011.

Toma, C. L., & Hancock, J. T. (2013). Self-affirmation underlies Facebook use. *Personality and Social Psychology Bulletin*, 39, 321-331. doi:10.1177/0146167212474694.

Valkenburg, P. M., Peter, J., & Schouten, A. P. (2006). Friend networking sites and their relationship to adolescents' well-being and social self-esteem. *Cyberpsychology & Behavior, 9*, 584-590. doi:10.1089/cpb.2006.9.584.

Vitak, J. (2014, February). Facebook makes the heart grow fonder: Relationship maintenance strategies among geographically dispersed and communication-restricted connections. In *Proceedings of the 17th ACM Conference on Computer Supported Cooperative Work & Social Computing* (pp. 842-853). New York, NY: Association for Computing Machinery.

Yang, C. C. (2016). Instagram use, loneliness, and social comparison orientation: Interact and browse on social media, but don't compare. *Cyberpsychology, Behavior, and Social Networking, 19*, 703-708. doi:10.1089/cyber.2016.0201.

Zhang, R. (2017). The stress-buffering effect of self-disclosure on Facebook: An examination of stressful life events, social support, and mental health among college students. *Computers in Human Behavior, 75*, 527-537. doi:10.1016/j.chb.2017.05.043.

参考文献 ∷∷

Campbell, S. W., & Ling, R. (2020). Effects of mobile communication. Revolutions in an evolving field. In M. B. Oliver, A. A. Raney, & J. Bryant (Eds.), *Media effects: Advances in research and theory* (4th ed., pp. 389-403). New York, NY: Routledge.

Fox, J., & Holt, L. F. (2018). Fear of isolation and perceived affordances: The spiral of silence on social networking sites regarding police discrimination. *Mass Communication and Society, 21*(5), 533-554. doi:10.1080/15205436.2018.1442480.

Fox, J., & McEwan, B. (2020). Social media. In M. B. Oliver, A. A. Raney, & J. Bryant (Eds.), *Media effects: Advances in research and theory* (4th ed., pp. 373-388). New York, NY: Routledge.

Rieger, D., & Klimmt, C. (2019). The daily dose of digital inspiration 2: Themes and affective user responses to meaningful memes in social media. *New Media & Society, 21*(10), 2201-2221. doi:10.1177/1461444819842875.

第**8**章 デジタルゲームと仮想現実

　2020 年初頭の新型コロナウイルス感染症の発生に対応して世界中でロックダウンが行われる中、多くのオンラインメディア・プラットフォームは記録的にユーザー数を伸ばした。世界中の人々が、仕事をしたり学習したりする場所を求めオンラインに避難したため、Netflix と Zoom の利用は急増した。主にビデオゲームのプレイ映像をライブでストリーミングしている Amazon 傘下の Twitch も、最も大きな規模でウイルスの影響を受けた一部のヨーロッパ諸国で利用者が最大 50 ％も増えるなど、大幅な成長を遂げた（Bellanger, 2020）。これに対抗するため、Facebook は、世界の大半の人々がまだ孤立して過ごしているなか、Android デバイスで利用できるスタンドアロン・プラットフォームである Facebook Gaming のリリースを急いだ。どちらのケースも、全体的なメディア地平において、デジタルゲームの重要性が高まっていることを示している。この章では、心理学の観点から、その理由のいくつかを検討する。その中で、インタラクティブ性や没入型仮想環境を活用するメディアテクノロジーが、ユーザーにポジティブな影響を与え得ることを強調することになるだろう。

　以下で説明するテクノロジーとメディア形式にはすべて一つの重要な共通点がある。それは、ユーザーをコンピュータで生成した何らかの形の現実にかかわらせるということだ。場合によっては、これは**拡張現実**（AR: Augmented Reality）の形を取る。これには、通常、デジタル情報をユーザーの物理的な空間に重ね合

わせることが含まれる。たとえば、Pokémon GO は AR を使用して、ゲームの中の生き物がプレイヤーの現実世界の環境に存在しているかのように見せる。しかし、多くの場合、これらのテクノロジーは**仮想環境**（VE: Virtual Environment）を作り、呈示する。ユーザーはコンピュータが生成したその世界に入り、探検する。VE の最も身近なタイプの一つは、ゲームの世界である。

　技術的にいえば、ゲームは、ルールに基づいてゴールに到達するための課題に挑戦する活動であり、通常、そのゴールへの到達に向けた進捗状況に応じてフィードバックが返される。この章全体を通して、私たちは**デジタルゲーム**という用語で、コンソール、コンピュータ、スマートフォン、タブレット向けに、ソフトウェアや独自のストリーミング・プラットフォームで提供されたり、または Web サイトやその他のアウトレットに統合されて配信されるすべてのゲームを表す。形式や配信方法に関係なく、ルール、課題、ゴールはゲームタイトルによって異なる。一部のゲームでは、プレイヤーは特定のタスクやミッションを特定の順序で完遂する必要があるが、プレイヤーのペースやその時々の偶然な要素で展開されていく開放世界型ゲーム（「サンドボックス・ゲーム」と呼ばれる）もある。

　また、ゲームの舞台となる仮想環境は、現実世界との一致度（たとえば、外観、時系列、身体能力、課されるタスクなど）やユーザーがゲーム世界に存在または没頭していると感じる度合いの点で大きく異なる。**仮想現実**（VR: Virtual Reality）は、コンピュータで生成された最も没入感のある体験を提供するテクノロジーのことである（Kalyanaraman & Bailenson, 2020 を参照）。ヘッドマウント・ディスプレイ、ヘッドフォン、ハンド・コントローラー、トラッキング・センサーを通じて、VR テクノロジーは仮想環境に置かれたユーザーの感覚、特に視覚、聴覚、触覚を完全に包み込む。嗅覚と味覚さえも次第に取り込まれつつある。ユーザーの物理的な動きは、ユーザーのアバターまたはユーザーを表す表象物によって再現される。以下で説明するように、VR テクノロジーはゲーム類への対応がメインであるが、ゲーム以外の多くの分野でも利用されている。

メディアとしてのデジタルゲームの理解

　ゲームは、技術開発と一般への普及の両面で、コンピュータの歴史において重要な役割を果たしてきた。1950 年代と 1960 年代に、コンピュータ科学者たちは、

初期のコンピュータの計算能力や描画能力を調べたり、実証する方法としてゲームを開発した。1970年代後半から1980年代前半にかけて、消費者がApple IIやCommodore 64などの第1世代家庭用コンピュータをより容易に受け入れることができた理由は、Atariが開発した古典的なアーケードゲームである〈ポン〉[1]や初期のビデオゲームコンソール（Magnavox Odysseyなど）でのプレイ経験が楽しかったからである。家庭用ゲーム機は、リビングのテレビをそのままゲームセンターに変え、今日の統合メディアの基礎となった。1990年代初頭、任天堂の「ゲームボーイ」などの携帯型デバイスによってデジタルゲームはモバイルで楽しむものとなり、〈アングリーバード〉、〈フルーツニンジャ〉、〈マインクラフト〉などへの道が開かれた。事実、私たちのほとんどにとって、コンピュータのようなデバイスを直接触る最初の経験は、おそらく何らかのデジタルゲームのプレイだった。

　ゲーム、コンピュータ、その他の通信技術の歴史が絡み合っているため、デジタルゲームをメディアの一つとして考えるのは自然なことのように思える。しかし同時に、ゲームにはテレビ番組や映画などの他のメディアコンテンツとは根本的に異なるいくつかの特徴がある。これらの特徴は、ゲームのポジティブな効果と関連する特定のプロセスを引き起こし、それに影響を与えるため、全体的な議論にとって大事である。

インタラクティブ性

　インタラクティブやインタラクティブ性という用語は、デジタルゲームとゲームプレイのいくつかの側面と関連がある。まず、これらの用語は、ゲームまたはゲームがプレイされるシステムの特徴（またはアフォーダンス）を表している(Vorderer, 2000)。たとえば、テレビコンテンツのオンデマンド・ストリーミングが普及し、視聴者はシリーズの特定のエピソードを選択できるようになったが、主人公のシャツの色やその番組の舞台となっている都市を変更することまではできない。ただし、デジタルゲームは通常、他のメディアコンテンツで提供されるよりもはるかに高い「選択」の幅をユーザーに提供する。つまり、どのレベルでプレイするか、どのアバターに扮するか、どのミッションに挑戦するか、どの音楽を流すかなどをすべて選べる。デジタルゲームでは、ユーザーがコンテンツを

訳注[1] ビデオ画面上に再現された卓球ゲームで、世界最初のビデオゲームといわれる。

「操作」および「変更」することもできる。プレイヤーのキーストロークやジョイスティックの動き、ボタンの押し方などを含め、ゲーム内での選択はすべて、ゲーム体験そのものを変化させる。支援ソフトウェアが無数の出力と潜在的な結果を伴う無限の入力に対応しているからである。その結果、ゲームは不確定である。プレイヤーの前進や成功は事前に決められてはいない。これを、結末が決まっていて変更できない他の形式のコンテンツ（スポーツやその他のコンペティションを除く）と比べてみてほしい。また、ほとんどのメディアの物語は本質的に線形的であり、特定のストーリーラインに沿って時系列的またはテーマ的に展開するため、各視聴者または読者にとって常に同一である。ただし、多くのデジタルゲームは「非線形的」である。アバターが岐路に立たされたとき、文字通り、異なる結果に至るどちらかの道を選べる。一部のゲームでは、ただぶらぶらしたければ、時間をつぶして景色を見ながら、そうすることもできる。そして、仮想現実でプレイされるゲームでは、それらの環境で遭遇するものが、他のほとんどの形式のメディアコンテンツよりも大きな「感覚活性化」をもたらす。たとえば、一部の VR システムではハンドヘルド・コントローラーを使って、ユーザーが物質の世界でやっているのと同じ腕の動きと筋肉を使って、仮想オブジェクトを持ち上げたり、回転させたり、投げたりすることができる。

　第 2 に、インタラクティブおよびインタラクティブ性という用語は、第 1 で述べたゲームの特性の体験に対するユーザーの知覚を指すことがある。つまり、どれだけ没頭でき、コントロールでき、臨場感を感じ、つながっていると思うかという知覚のことである。知覚されたインタラクティブ性に影響を与える他の要因には、システムの反応と通信性能が含まれる（McMillan & Hwang, 2002）。最後に、これらの用語は、第 1 で述べたゲームの特性を使って行われるコミュニケーション過程の性質を表すこともある。これは、ユーザーがテクノロジーまたはコンテンツと相互作用する仕方（ユーザーとシステム間のインタラクティブ性）、およびテクノロジーを使用しているユーザー同士で相互作用する仕方（ユーザー間のインタラクティブ性、たとえば、オンラインゲームでコミュニケーションする複数のプレイヤー）に適用できる。

　インタラクティブ性に関するこれらの概念において、ゲームは他の多くのメディア形式と異なっており、このようなインタラクティブ性は、ゲームの効果が現れるプロセスに重要な意味を持っている。

没入と臨場

エレベーターに乗ることを想像してみよう。80階まで上昇した後、ドアが開く。ただ、そこはロビーではなく、空中だ。目の前には高層ビルと青空、眼下には車が小さく見え、歩道は遥か下に見える。約2メートルくらいの厚板が足元に伸びている。ロープも、手すりもない。ただ板だけがある。あなたは足を踏み出して板の上を歩こうと思うだろうか？　それが本当の状況ではないことを知っていたらどうだろうか？　リッチーの厚板体験（Richie's Plank Experience）は、最も勇敢な人でさえも恐怖を感じるVRアプリケーションである。なぜ怖いのだろうか？　その状況がとてもリアルに感じられるからである。テクノロジーとしてのVRは、ユーザーが仮想環境の中で実際に「そこにいる」かのように没入できるよう設計されている。すべてのデジタルゲームは、ある程度、同じ結果を目指している。**没入**（immersion）は、ユーザーとメディアコンテンツの間で発生する多面的な心理的プロセスで、注意、認知的および感情的な関与、時間や努力の投入、熟達、および制御を含む（Brown & Cairns, 2004）。そのプロセスの頂点は臨場である。

臨場（presence）とは、「そこにいる」という心理的な経験である。これは、ユーザーがいま経験していることがメディアによって媒介されていることを「忘れる」こと、またはリー（Lee, 2004, p.32）がいうように、「経験の仮想性に気づかれていない心的状態」である。臨場はあらゆる形式のメディアで可能であるが、多くのデジタルゲームや仮想環境では、完全な没入（つまり、臨場）を目指しており、ユーザーが体験をリアルなものとして受け入れるよう促している。臨場は多次元の経験であり、空間的で物理的な側面、および自己参照的な側面や社会的側面が含まれることがある。

社会的臨場の現れの一つが**同一視**である。ユーザーはそれによって登場人物になったかのような体験をする（Klimmt et al., 2009）。第4章で述べたように、登場人物への同一視は他の形式のメディアでも可能である。ただ、ゲームや仮想環境は、しばしばユーザー自身と身体的に似ていることさえあるカスタマイズされたアバターを通じて、キャラクターの行動、動き、決定を制御するため、質的に異なる同一視の機会を提供する。以下で説明するように、この現実感はプレイヤーに自己認識をキャラクターのそれに臨時的に移行させる機会を提供する。ゲームプレイ中に起きる自己認識と自己表象の移行が、私たちの日常における行動や他者との相互作用に実際に影響を与えることを**プロテウス効果**（Proteus effect）と

いうが、そのような効果の存在を示す確かな証拠もある（Yee & Bailenson, 2007）。

社会的相互作用

　最後に、今日の他のメディア経験と同じく、デジタルゲームは社会的相互作用を誘発する。相互作用の動機は、競争、協力、批判、指導、交友など、さまざまである。さらに、前述のように、一部のゲーム関連の社会的相互作用は、プレイヤーとコンピュータが動かすキャラクターとの相互作用を含むユーザー対システムの相互作用として特徴づけることができる（たとえば、疑似社会的相互作用、疑似コミュニケーション；Hartmann, 2008 を参照）。その他に、ユーザー間の相互作用がある。これには、媒介されるものとそうではないもの、同期的なものと非同期的なもの、ゲーム関連のものとそうでないものなどがあり得る。したがって、デジタルゲームの潜在的な影響の幅を理解しようとする試みは、メディア心理学だけでなく、社会心理学や対人コミュニケーションからの理論的観点も参照しないといけない。

デジタルゲームのポジティブな効果

　メディア・エンターテインメントとして、デジタルゲームはこれまでの章で説明したのと同じ効果を多くもたらす可能性がある。これまで行われた豊富な研究が、この主張の膨大な根拠を提供している（最近のレビューとしては、Klimmt & Possler, 2020 がお勧め）。以下では、上述した特性ゆえにもたらされるゲームの効果に最大の焦点を当てながら、これまでの研究の重要部分を紹介したい。

ヘドニックなエンターテインメントとしてのデジタルゲーム

　快楽を追求するよう動機づけられた生き物として、人間は楽しい経験を求める。人々がデジタルゲームをプレイする主な理由の一つは楽しさである。ゲームが本当に楽しいものであることは、数々の研究や、あなた自身の生の経験からも明らかである。具体的には、ゲームをプレイすることは、人生の満足とウェルビーイングを支えるポジティブな感情につながる可能性がある。ゲームはまた、ストレスの低減、感情と気分の調節、リラクゼーション、仕事関連の疲労からの回復、

孤独感の克服など、典型的に楽しいものと考えられているその他の結果とも関連している（たとえば、Reinecke, 2009; Russoniello et al., 2009）。

　デジタルゲームをプレイすることの楽しさの源の多くは、他の形式のメディアで見られるものと同じである。たとえば、「ジャンル」と「物語のあらすじ」はデジタルゲームを楽しむ上で重要な要素であり、性別、年齢、性格のタイプによって好みに違いが見られる（Fang & Zhao, 2010; Schneider et al., 2004 など）。コンテンツ特性と受容過程の面で考えると、「臨場」や「アバターとの同一視」は、どちらもゲームの楽しさと強く関連している。映画やスポーツのテレビ中継に関する研究ですでに見られたように、ゲームプレイの楽しさも、プレイ中に経験する「サスペンス」のレベル（Klimmt et al., 2009 など）および生理的喚起（Poels et al., 2012）と強く関連している。言い換えれば、人々は他の形式のメディアがおもしろいと思うのと同じ理由でデジタルゲームプレイを楽しんでいるのである。

　さらに、ゲームのインタラクティブな性質により、ユーザーには、選択、変更、操作、非線形性などの点で、他の形式のメディアでは不可能な、物語やエンターテインメント体験の制御がある程度与えられる。たとえば、ゲームの世界をただ探索するという単純な相互作用でも、それ自体楽しいし、それだけで楽しむことができる（Wirth et al., 2013）。この探索行為は、感覚的好奇心と認知的好奇心の両方から動機づけられる可能性があるからである。同様に、ただ単に制御を行うということ、すなわち、ゲームの世界に変化を起こし、影響を与える（効能〔effectance〕[2]）こと自体、非常に楽しい体験になり得る（Klimmt et al., 2007）。同じことはファンタジーに没頭することにも当てはまる。ファンタジーの中で私たちは、日常の経験が持つ制約や属性に縛られない世界に遭遇するからである（Malone, 1981）。

　さらに、ゲームの環境や状況の特定の側面に対して自律性を行使し、それらのアクションの結果を体験することも同様に楽しいことになり得る。たとえば、上述したように、アバターとの同一視はゲームプレイのより大きな楽しさにつながる可能性がある。これは特に、キャラクターの設定とキャラクター中心のストーリーに大きく依存するロールプレイングゲーム（RPG）においてそうである。実際、このようなゲームは**キャラクター愛着**を促進する可能性がある。これは、単なる同一視を超えた、プレイヤーとキャラクターの心が一つに融合する、特に楽しい経験である（Bowman et al., 2012 など）。プレイヤーがアバターの外観や能力

訳注[2]　環境との有効なやりとりを意味する心理学の用語。

をカスタマイズすると、アバターとの同一視や愛着が高まり、それが、楽しさ、臨場感、喚起に影響を与えるという確かな証拠がある（たとえば、Kim et al., 2015）。さらに、アバターをカスタマイズして、プレイヤー自身と身体的に似ているようにすると、同一視と楽しさはさらに高まる可能性がある。ただし、これらの関係は、すべての種類のゲームに当てはまるとは限らない。たとえば、成功または失敗が自尊心や自己概念に影響を与える可能性のある競争的なゲームでは、自分に似ているアバターでプレイすることが楽しさに悪影響を与える可能性がある（Trepte & Reinecke, 2010）。

　楽しさに影響する可能性のあるインタラクティブ性のもう一つの側面は、ゲームの世界で制御が行われる仕方である。マッピングとは、プレイヤーのアクションをゲームの変化と対応させることで、通常、ある種のコントローラーを介して行われる。多くのゲームプラットフォームは、コントローラー自体またはコントローラーによって実行されるアクションが実世界でのアクションと一致する、自然なマッピング形式を用いている（たとえば、レーシングゲームのステアリングホイール）。一般的にいえば、自然なマッピングを活用したコントローラーを利用するゲームは、現実感、臨場感、楽しさの知覚を高める（Skalski et al., 2011 など）。これについての有力な説明は、より自然にマッピングされたゲームコントローラーは、ゲームでの行動に対応する現実世界の行動の認知的表象（または「メンタルモデル」）へのプレイヤーの迅速なアクセスを容易にし、より高い精度の操作を可能にし、楽しさをもたらすというものである。より高い精度の操作はより大きな成功につながるはずで、やはり楽しいものである。しかし、研究によると、ゲーム内での成功だけが必ずしもゲームを楽しむための最も重要な要素ではない（たとえば、Shafer, 2012）。最終的には、優れたプレイヤーを倒したり、接戦を制したりして、ゲームをマスターすることが特に喜びをもたらすようである（たとえば、Abuhamdeh & Csikszentmihalyi, 2012）。

　「ゲームをマスターしたい」というこの願望は、デジタルゲームの利用と満足に関する文献全体において、ゲームをプレイすることの最も一般的な理由として言及されることが多い。フロー（flow）という概念（第3章で最初に紹介された；Csikszentmihalyi & Csikszentmihalyi, 1988）は、ゲームをマスターする過程がどのように楽しいのかを説明するのに役立つ。大まかにいえば、フローは、タスクに完全に没頭することから来る喜びのことである。フローにつながる可能性のある活動の一般的な例は、絵を描くことや楽器の演奏など、本質的にクリエイティブな活動が多いが、実際には、行為者のスキルにとって十分に難しいタスクだけれ

ど、マスターできないほどのものでもない場合には、ほぼすべてのタスクでフローの状態に入ることができる。フローの状態では、あなたは完全にそのタスクに夢中になり、今の瞬間だけに全神経を集中する。あなたの行動は何の苦労もなく行われているような気がする。時間が経つのを忘れてしまう。自分で自分のことがわからなくなってしまう。そして、あなたはおおむね「それをすること」がとても楽しいので、そのタスクを続ける。多くの場合、そのタスクの産物または最終結果の重要性は二次的なものである（Nakamura & Csikszentmihalyi, 2002）。フローの結果には、楽しさ、喜び、そしてその他のポジティブな感情、および主観的ウェルビーイングが含まれる。これを読んでいるヘビーゲーマーは、おそらくすぐにデジタルゲームのプレイがどのようにフロー状態につながるかを理解できるだろう。実際にゲームがフローを促進できるという研究結果が出ているのも不思議ではない（たとえば、Sherry, 2004; Vella et al., 2013）。もちろん、ゲームがフローを保証するわけではない。簡単すぎるゲームには退屈する可能性があり、難しすぎるゲームにはイライラするかもしれない。ゲームを通じてフローを経験するための鍵は、ゲーム（またはゲーム内のタスク）の難易度とプレイヤーのスキルのバランスである（ただし、全体の過程はかなり複雑である）。このため、理論的には、誰でもデジタルゲームをプレイしながらフローを経験できる可能性がある。

　人々がデジタルゲームのプレイから受けるヘドニックな楽しみを説明するもう一つの理論的視点は、**自己決定理論**である（Ryan & Deci, 2000a）。第4章の内容を思い出せると思うが、私たちは皆、自律性、有能性、関係性という3つの基本的な欲求の充足に役立つ目標と活動を追い求める内発的動機を持っている。これらの欲求は、成長、ウェルビーイング、そして幸福のために不可欠である。タンボリーニら（Tamborini et al., 2010）は、自己決定理論をエンターテインメント理論と概念的に整合させ、3つの基本的な欲求の充足が、ヘドニックな楽しみの明確で理論的根拠のある定義を表していると主張する。この主張を裏づける根拠は、自律性、有能性、および関係性の欲求充足と関連するさまざまなゲームの要素がすべて楽しみの度合いと強く関連しているということから得られている。他の研究では、ゲームをプレイすることが、自己決定理論によって特定された欲求を充足する仕方や、その欲求充足が幸福とウェルビーイングにつながることをさらに実証している（Ryan et al., 2006 など）。

有意義なエンターテインメントとしてのデジタルゲーム

　定義上、ゲームはある程度、おもしろく、真面目ではなく、気をまぎらわせるもので、楽しいものと想定される。そして間違いなく、ほとんどのゲームはそうである。しかし、ゲームの中には、おもしろさを超えて（またはそれに加えて）私たちに働きかけ、影響を与え、そして私たちを鼓舞し、怒らせ、感動させる機能を果たすものがあることも否定できない。そうすることでそれらのゲームは、ユーザーがユーダイモニックな関心や欲求を満たし、心理的ウェルビーイングをさらに充実させ、人間の繁栄を追求するのを助けることができる（Kowert, 2020 を参照）。これが成し遂げられるよい例は、ウェルビーイングに関する PERMA 理論の観点からゲームを検討することで見つけることができる（BOX 8.1 を参照）。

BOX 8.1　ゲームと PERMA

　ポジティブ心理学者たちがユーダイモニックなウェルビーイングに関するいくつかの理論を開発したことを、第3章を読んだ人は覚えているだろう。よく知られているものの一つは、PERMA 理論である（Seligman, 2011）。この章の前半で説明したゲームのさまざまな側面と結果は、実際に PERMA 理論とうまくマッチしていて（Kelly, 2020; Jones et al., 2014 を参照）、ゲームがどのようにユーダイモニックなウェルビーイングにつながる可能性があるかを示している。

- ポジティブ（Positive）な情動は楽しさとともにもたらされ、
- エンゲージメント（Engagement）は没入を通じてもたらされる可能性があり、
- ポジティブな関係（Relationships）はキャラクターとの同一視と社会的相互作用によって経験される可能性があり、
- 達成（Accomplishment）はゲームをマスターすることによってもたらされる。

　さらに、ライアンとデシ（Ryan & Deci, 2000b）は、有意義性（Meaningfulness）は、自律性、有能性、および関係性の欲求充足の副産物であると主張した（これが、自己決定理論を主観的ウェルビーイングではなくユーダイモニックなウェルビーイングとつなげる主な理由である）。より具体的にいえば、根本的な真実や経験という観点からの意味の探究は、基本的な欲求の充足という観点から人生について省察するこ

とを通じてもたらされるということである。

オリバーら（Oliver et al., 2016）は、デジタルゲームのプレイに関連して、このようなアイデアを実証した。彼らは、自己決定理論とエンターテインメントの2要因モデル（楽しむものとしての、そして鑑賞するものとしてのエンターテインメント、第5章を参照）の観点から、おもしろいゲームと比べる形で有意義なゲームについての認識を調べた。鑑賞は有意義なゲームと強く関連していた。さらに、自律性と有能性欲求の充足は楽しみと密接に関連していたが、関係性の欲求、そして彼らの研究で新たに浮上した洞察の欲求は、鑑賞とより強く関連していた。ゲームのストーリーで描かれているナラティブの質を高く知覚する人ほど、関係性欲求と洞察欲求が高かった。

したがって、PERMA の観点からみれば、ゲームは心理的ウェルビーイングにとって不可欠な要素を満たしてくれる可能性を持っている。

有意義なゲーム体験についての検討が始まったのはごく最近のことであるが、すでにいくつかの研究は、ポジティブな効果を生む有意義なゲーム体験の潜在力を実証している。たとえば、エンターテインメントの一つとしてのゲーム、特に物語に沿って展開するタイプのゲームは、キャラクターと自己を同一視する人々に対しては特に（Bowman et al., 2016）、ユーダイモニックな鑑賞経験を促進することができる（たとえば、Possler et al., 2019）。ゲームはまた、悲しみや感動およびその他の混合感情、キャラクターや他のプレイヤーへの共感、認知的および感情的な課題への取り組み、熟考と省察、有意義な社会的つながり、および道徳的熟慮を促進する可能性がある（たとえば、Bopp et al., 2016; Daneels et al., 2020; Kümpel & Unkel, 2017）。過去のゲーム体験を思い出すことで、ノスタルジー、楽観主義、社会的つながり感の上昇を誘発される可能性がある（Wulf et al., 2020）。同様に、以前遊んでいたゲーム（「レトロゲーム」）をプレイすることで、幸せな思い出の追想とレジリエンスの発達を促進できる（Bonus et al., 2018）。

自己超越的なエンターテインメントとしてのデジタルゲーム

デジタルゲームが自己超越、宗教、精神的充実をどのように促進するかを理論化した学者もいるが（Hayse, 2014; Scholtz, 2005 など）、これらのトピックを明示的に調べた経験的研究は比較的少ない。ただし、自己超越に関連した概念の一つは、ゲーム研究者からいくらかの注目を集めている。その概念は畏敬である。

第6章で説明したように、畏敬は、私たちの環境内に存在する何らかのものが（1）非常に広大で、我々の通常の準拠枠を超えていて、（2）既存の精神構造に適合しないため、その精神構造の変更（「順応」；Keltner & Haidt, 2003）を要求することによって引き出される感情的反応である。畏敬の経験には、通常、生理的反応（鳥肌が立つなど）やその他の表現反応（「すごい！」と叫ぶなど）が含まれる。一つの感情として、畏敬は主にポジティブな経験であり、喜びなどの他のポジティブな感情を引き起こす。また、自己感覚の低下（つまり、「小さな自己」）も伴う。これらの特徴から、ビデオゲームをしながら畏敬の念を抱くことが、現実逃避につながる自己への関心の低下とポジティブな感情をともに活性化し、ヘドニックな楽しみをもたらすと考えるのは理にかなっている。

　しかし、畏敬は、自己超越的な感情反応として、関心の焦点を外側にシフトさせ、意味を理解しようとする動機と、自己より大きな何かとのつながりを誘発する（畏敬の概要については、Allen, 2018を参照）。それはまた、精神世界についての思考や精神的充実を活性化することもできる。その結果、デジタルゲームをプレイしているときに感じる畏敬の念が、どのように自己超越に関連した結果につながる可能性があるかを検討し始めた研究者もいる（たとえば、Possler et al., 2018）。

　コンポーネントプロセスモデル（第2章を参照）および関連する査定理論（Scherer et al., 2001など）の観点では、すべての感情は刺激への反応として生じ、感情の種類と強さは、刺激に対する個人の主観的な評価（または査定）に依存する。ゲームをプレイしているとき、プレイヤーは、架空のコンテンツ、ゲームの芸術的品質、プレイの状況と設定、プレイの出来、誘発された以前のプレイの記憶など、複数の知覚レイヤー（Wirth & Schramm, 2007）にわたるプレイの経験を主観的に評価できる。畏敬は、これらのさまざまなレイヤーにわたる多くの刺激によって引き起こされる可能性が考えられる。広大で美しい景色や眺望に出会う、魅力的で感動的な音楽を聞く、信じられないほど独創的で革新的なミッションを完了する、とてつもなく強い敵と対戦する、エピソードの難関をものともしないチームメイトの圧倒的なプレイを見る、またはこれまでにない素晴らしいプレイをする（「狂ったようにプレイする」）などなど。畏敬とゲームプレイに関する最初の研究の一つで、ポスラーら（Possler et al., 2019）は、実際、これらの要因がプレイヤーに畏敬の念をもたらす可能性があることを発見した。さらに、畏敬は、プレイの他の有意義な側面（たとえば、物語や社会的相互作用、探検など）を経由する間接的な形だけでなく、直接的な形でも鑑賞の経験に対して固有の影響力を持っていることも発見された。ビデオゲームでの畏敬の経験が、向社会性や利他

主義などの自己超越に関連した他の結果につながる可能性があるかどうかは、まだ検証されていない。

シリアスゲーム

ここまでは、主にエンターテインメント用に設計されたゲームを中心に議論を進めてきた。ただし、一部のゲーム——**シリアスゲーム**——は、エンターテインメント以上のものを目的として開発されている（Ritterfeld et al., 2009；「説得を目的としたコンピューティング」も参照）。シリアスゲームとは、プレイヤーにとってもっぱら有益なゲーム、すなわち、学習、洞察、成長などのメリットをもたらすゲームのことである（つまり、ゲームの内容に悪影響をもたらす要素がない；Ratan & Ritterfeld, 2009）。言語学と教育学の先導的学者であるジェームズ・ポール・ジー（Gee, 2003, 2009）は、いくつかの著作で、デジタルゲームがどのようにディープラーニングにとって理想的な手段なのかを説明した。たとえば、ゲームは、プレイヤーが自ら進んで熱心に採択して受け入れたルールに基づいて世界を作り上げており、これがゲームの結果に対する個人的で感情的なかかわりを促進している。さらに、ゲームはプレイヤーに、しばしばミクロなレベルで、ゲームの世界に対する制御を許している。これは自律性と有能性の感覚を高めるだけでなく、その制御が一般的にアバターを介して実行されるため、キャラクターに対する同一視と愛着も促進する。このミクロな制御は、プレイヤーがゲーム世界の抽象的な要素と具体的な要素の間を移動したり、探索したり、それらの要素に関与したりすることを助長する。その結果、無数の状況から継続的に、そして経験的に学ぶ機会が得られる。したがって、個人的、感情的、認知的に関与するものであると同時に、社会的、多次元的、多感覚的、体験的、開放的で、さらにその上に楽しくもあるゲームという活動は、学習と意味が花開く可能性のある肥沃な原野なのである。ここで、その学習と意味という結実が検討されている3つの特定の領域に注意を向けてみよう。これらの効果を説明してくれると思われる理論とメカニズムについては、第10章と第11章で詳細に議論する。

▷学習のためのゲーム

何世紀にもわたって、教師と保護者は、特に子どもたちを対象に、ゲームやその他の楽しい活動を利用して情報を伝えてきた。ゲームは、（理想としては）講義や暗記、演習に使われるものとは異なる学習者の認知能力を働かせ、より深い学

習とより相互に関連した知識構造をもたらすため、教育目的に非常に効果的であると考えられている。さらに、自己決定理論の文献で述べられているように、ゲームプレイは内発的に動機づけられた活動である可能性があるため、情報がゲームプレイと統合されている場合、ただ楽しく、個人的に満足できるという理由だけでなされたことの副産物として学習が行われることになる。したがって、パーソナルコンピュータの初期の頃から、ゲームデザイナーが教育用のデジタルゲームを開発するのは当然のことであった。コンテンツはほぼ無限にある。幼児に色や形、数字を教えるゲーム、未就学児向けの基本的な読書と初級の算数スキルを教えるゲーム、小学生に基本的な科目を教えるゲーム、さらには、問題解決やその他の柔軟な思考スキル、上級レベルの科目、専門的なトレーニング、高校生のための大学進学準備、芸術史、古代建築、第2外国語、および生涯学習者のための無数のトピックについて教えるゲームなどがある。

　利用できる教育用ゲームタイトルの数と学校システムによるそれらの採用が増加するにつれて、それらの有効性についての疑問も増加した。マイヤー（Mayer, 2011）は、メディア比較研究（たとえば、ゲーム以外のものに比べ、ゲームは果たして効果があるのかを調べる研究）や付加価値研究（たとえば、ゲームのさまざまな側面がどのように学習を促進するのかを調べる研究）など、この分野におけるさまざまなタイプの研究を挙げている。特に、年齢層、社会経済的階層、さまざまな能力、そして文化にわたって調べられたその他の高度に複雑な現象と同じように、ゲームの有効性に関する結果も研究によって多少矛盾する可能性がある。しかし、この主題に関するいくつかの優れたメタ研究によるところが大きいが（たとえば、Clark et al., 2016; Vogeletal, 2006; Wouters et al., 2013）、ゲームの有効性に関する全体的な傾向は明らかになってきている。

　メディア比較研究に関していえば、デジタルゲームを介した学習は、情報の取得、保持、動機づけ、および学習に対する態度改善の点で、ゲームを利用しない従来の指導方法よりも全体的に効果的である。これらの結果は、生物学的性別および年齢に関係なく当てはまる傾向がある。また、学習者がゲームに無制限にアクセスできる状況では、一回よりも複数回にわたってプレイした場合、より多くの学習につながる傾向がある。ただし、補足的な指導においては、ゲーム以外の指導方法が、学習を助ける効果が有意に高いと結論づけたメタ研究もあれば、そのような利点を見つけられなかった研究もある。

　付加価値研究においては、個人プレイとグループプレイの状況に関して、メタ研究から異なる結論が出ている。ゲームを一人でプレイした場合に学習が向上す

ることを発見した研究もあれば、グループ活動としてプレイしたときに学習が向
上することを発見した研究もあるし、はたまた個人プレイとグループプレイの間
に差がないことを示す研究もある。これに関しては、ゲームの性質が競争的か協
調的かが重要であるように思われる。競争的なゲームを一人でプレイする場合に
最も学習効果が低いというコンセンサスがある。より多くの方法でゲームとの双
方向的なやりとりができるゲームは、かなり有益であるように見える。ゲーム内
の物語の存在は、学習を改善するようには見えない。深く複雑なストーリーは、
むしろ学習効果を低下させる可能性がある。グラフィックの視覚的なリアリティ
も学習にほとんど影響しない傾向がある。

▷健康のためのゲーム

　多くの学術的かつ大衆的な注目を集めている別のタイプのシリアスゲームは、
健康関連のトピックや問題を扱っているゲームである。実際、その名も *Games
for Health Journal* という学術雑誌は、この分野の研究だけを掲載している。私た
ち筆者は、ポジティブメディア心理学という大きい看板の下に、身体の健康と
ウェルネスを含めているが、この広範囲にわたる領域を数パラグラフで要約する
ことは不可能である。たとえば、がん、糖尿病、心血管疾患、囊胞性線維症など
のさまざまな疾患の診断、治療、およびリハビリテーションをサポートするため
にゲームが開発され、利用されてきたというにとどめておこう。ゲームは、臨床
および管理業務のトレーニングにも使用されている（Lieberman, 2015 を参照）。
最も広く利用可能で人気のある健康ゲームのフォーマットは、〈Dance Dance
Revolution〉や任天堂の〈WiiFit〉などの**エクサゲーム**（アクティブ・ビデオゲー
ムともいう）である。その名の通り、エクサゲームはエクササイズを兼ねるデジ
タルゲームのことで、ほとんどの場合、プレイヤーの体の動きや反応を追跡する
技術を利用している。このようなゲームをプレイすると、軽度から中程度の運動
と同等のエネルギーを消費する可能性があるが、その究極の効果は、実際にはセ
ラピーと回復にあるのかもしれない（Peng & Day, 2017 を参照）。
　最近成長している有望な分野の一つは、メンタルヘルスのためのゲームである。
他の健康介入と同様に、いくつかのゲームは、うつ病、注意欠如・多動症
（ADHD）、心的外傷後ストレス障害（PTSD）、不安障害、双極性障害などのさま
ざまな精神的健康状態の診断と治療のために特別に開発されている。さらに、多
くのゲームはプレイヤーのメンタルヘルスリテラシーに焦点を当てている。たと
えば、〈スティグマストップ〉（StigmaStop）というゲームは、それをプレイした

10代の若者の統合失調症に関する否定的なステレオタイプを大幅に減少させた（Cangas et al., 2017）。いくつかの大衆向けに発売されたゲームの中には、精神疾患を患いながら生活しているキャラクターが登場するものがあり（たとえば、Hellblade: Senua's Sacrifice）、プレイヤーにさらなるリテラシーとスティグマ削減の機会を提供している（たとえば、社会的に距離を取ろうとする欲求の減少；Ferchaud et al., 2020）。

▷社会変革のためのゲーム

　大きなゲームコミュニティ内の一ジャンルとしてしっかり確立した、社会変革のためのゲームは、その名称が示唆しているように、特定の大義や争点に関するプレイヤーの信念、態度、または行動を変容させるよう設計されたデジタルゲームである。そのようなゲームの主題は無限にある。ほんの数例を挙げると、気候変動、省エネ、不平等、ネットいじめ、貧困、虐殺と戦争、人種的偏見、神経多様性理解、メンタルヘルスサポート、薬物とアルコール依存、社会正義、平和などがある。2004年以来、非営利団体のゲームズ・フォー・チェンジ（G4C: Games for Change）は、意識を高め、社会変革をもたらすことを目的としたゲームと没入型環境を、ゲーム開発者と社会運動団体が協力して開発するよう奨励してきた。同団体のウェブサイトは、毎年開催されるアワードフェスティバルでの過去の候補作や受賞作を含む、175以上の変革のためのゲームのリストを載せている。

　ゲームのタイトルやトピックが非常に多様であるためか、変革のためのゲームの影響に関する学術研究は遅れている。ゲームの有効性や効果に関する単一の研究、および既存のゲームに対する内容分析は、通常、ゲームの基礎となっている問題に関連した学問分野の学術誌で読むことができる。メディア心理学の分野で特筆すべき研究の一つは、ペングら（Peng et al., 2010）による〈ダルフールは死にかけている〉（Darfur is Dying）という、21世紀の最初の10年間に起こった戦争によるダルフールの人道的危機についての認識を高めるために作られたゲームについての将来性のある検証である。プレイヤーは、用意されているいくつかのダルフール難民アバターの中から一つを選択し、民兵の兵士を避けて砂漠で水を見つけるタスクを行う。ミッションに失敗すると、それと同じ実際の場面で、男性、女性、女の子、または男の子に何が起こるかについての事実が画面に表示される。予想通り、このゲームを直接プレイすることで、同じ内容の文章を読んだり、他の誰かがプレイするのを見るよりも、助けようとする意欲や役割受容がよ

り高まった。同じゲームを対象にしたその後の研究（Cohen, 2014）では、プレイヤーはゲームプレイ中にポジティブな感情とネガティブな感情の両方を経験することがわかった。ネガティブな感情の経験は、プレイ後にこのゲームを他の人と共有する行動をより予測していた。

　一般に、共感の活性化は、変革のためのゲームをプレイする効果として日常的に現れる。これにより、その後の態度変容（たとえば、特にそのプレイヤーにとってはすでに解決済みの問題に対する態度；Kampf & Cuhadar, 2015 など）、行動意図（たとえば、その問題についてより学習しようとすること；Bachen et al., 2016）、および実際の行動（Steinemann et al., 2015）が促進される。予想通り、臨場感とキャラクターへの同一視もゲームの効果を上昇させる。変革のためのゲームに関するより多くの体系的な研究が望まれる。

仮想現実のポジティブな効果

　仮想現実のテクノロジーによってもたらされるより大きな没入感と臨場感の知覚、より自然なゲーム操作のマッピングにより、VRゲームはこれまで議論してきたよりもさらに大きなポジティブな効果をもたらし得ると期待できる。そして一般的にいえば、これは事実である。たとえば、ポスラーら（Possler et al., 2019）は、VRバージョンの〈ジ・エルダー・スクロールズ・ファイブ：スカイリム〉（The Elder Scrolls V: Skyrim）が、テレビで再生するときに比べて、より多くの臨場感を生み、それによる畏敬の経験が増強し、より大きなユーダイモニックな鑑賞経験につながることを発見した。

　しかし、VRで作られる没入型の環境は、ゲーム以外にも多く利用されている。ユーザーを、空間的、感覚的、社会的、自己参照的に、その環境に本当に存在しているように感じさせるVRの機能は、さらに大きなポジティブ効果への扉を開く。たとえば、VRにおける臨場感の力は、ほんの数例を挙げると、不安障害、PTSD、痛み、摂食障害、および多くの恐怖症の治療を含むさまざまな臨床場面で利用されてきた（Rivera et al., 2015）。仮想の自然の中で時間を過ごすだけでも、リラックスしてストレスを軽減するのに役立つ（たとえば、Anderson et al., 2017）。

　さらに、実際の行動をシミュレートする機能、またはシミュレートされた環境内で実際の行動を実行する機能は、自己効力感、感情記憶、および新しい認知構造の発達を促進し、向社会的な結果につながる。たとえば、仮想環境で木を切り

倒す経験をすると、その後のタスクでの紙の使用量が20％少なくなり、その影響は少なくとも1週間続いた（Ahn et al., 2014）。VRの潜在的な影響は、象徴的に関連する状況にまで及ぶようである。シミュレーターで空を飛ぶ超能力を経験した個人は、同じくシミュレーターでヘリコプターに乗った個人よりも、フィクションのスーパーヒーローのように、困っている人をより迅速に助けたのである（Rosenberg et al., 2013）。

　一部のVRシミュレーションでは、ユーザーは自分の「仮想自己」の一つに遭遇し、「他者」としての自己と顔を合わせて対話することができる。魔法の鏡の前に立つように、ユーザーは自分の仮想自己が年をとったり、痩せたり、はげたり、別の肌色になったりするのを見ることができる。このような相互作用の体験は、ユーザーにより直接的な行動面の影響を与える可能性がある。たとえば、「より健康な自分」（Fox & Bailenson, 2009）を見た後は、ジムで運動をしようとしたり、「より老けた自分」（Hershfield et al., 2011）と対話した後は、貯金を増やそうと動機づけられるかもしれないのである。さまざまな将来のイベントやシナリオをシミュレートできるVRの機能は、環境や他者（たとえば、ホームレスの個人；Herrera et al., 2018）への関心の高まりなど、他のポジティブな結果を促進することにも利用されている。

　さらに、一部のVR環境では、ユーザーが「他人の外皮」を自分の体に適用し、まったく別の人物として相互作用することもできる。VRで他人の視点から世界を見ることは、ユーザーの共感に大きな影響を与える可能性がある。この手法を採用した研究では、黒人のアバターを体現した白人参加者の人種的偏見が減少したこと（Peck et al., 2013）、統合失調症のアバターを体現した後に、精神的な病気に苦しむ人々に対する寛容レベルが増加したこと（Kalyanaraman et al., 2010）、そして動物のアバターを体現した後に、自然とのつながり感が上昇したこと（Ahn et al., 2016）が報告されている。

まとめ

　デジタルゲームと仮想環境は、ユーザーにポジティブな効果を経験するユニークな機会を提供する。これらのテクノロジーは、「伝統的な」メディアよりもインタラクティブで、没入感の高い、社会的につながった経験をもたらしてくれる。その結果、ユーザーは、快楽的な楽しみとユーダイモニックな鑑賞経験、そして

自己超越性をサポートする斬新でありながら馴染みのあるコンテンツに出会う。ゲームの世界を探索し、没頭して臨場感を感じ、キャラクターと自己を同一視し、そしてゲームをマスターすることで、ユーザーはフロー状態に入り、基本的な心理的欲求を充足させ、幸福とウェルビーイングを得ることができる。学習、健康、社会変革のためのシリアスゲームは、思いやり、助け、癒し、そしてさまざまな個人の成長を促進することができる。そして、仮想現実を通して作られた新しい世界は、私たちの物的世界を変革するために、共感し、行動することを私たちに教えてくれるかもしれない。

引用文献

Abuhamdeh, S., & Csikszentmihalyi, M. (2012). The importance of challenge for the enjoyment of intrinsically motivated, goal-directed activities. *Personality and Social Psychology Bulletin*, 38, 317-330. doi:10.1177/0146167211427147.

Ahn, S. J. G., Bailenson, J. N., & Park, D. (2014). Short-and long-term effects of embodied experiences in immersive virtual environments on environmental locus of control and behavior. *Computers in Human Behavior*, 39, 235-245. doi:10.1016/j.chb.2014.07.025.

Ahn, S. J., Bostick, J., Ogle, E., Nowak, K. L., McGillicuddy, K. T., & Bailenson, J. N. (2016). Experiencing nature: Embodying animals in immersive virtual environments increases inclusion of nature in self and involvement with nature. *Journal of Computer-Mediated Communication*, 21, 399-419. doi:10.1111/jcc4.12173.

Allen, S. (2018). The science of awe. Greater Good Science Center. https://ggsc.berkeley.edu/images/uploads/GGSC-JTF_White_Paper-Awe_FINAL.pdf.

Anderson, A. P., Mayer, M. D., Fellows, A. M., Cowan, D. R., Hegel, M. T., & Buckey, J. C. (2017). Relaxation with immersive natural scenes presented using virtual reality. *Aerospace Medicine and Human Performance*, 88, 520-526. doi:10.3357/AMHP.4747.2017.

Bachen, C. M., Hernandez-Ramos, P., Raphael, C., & Waldron, A. (2016). How do presence, flow, and character identification affect players' empathy and interest in learning from a serious computer game? *Computers in Human Behavior*, 64, 77-87. doi:10.1016/j.chb.2016.06.043.

Bellanger, C. (2020, March 30). New study from Upfluence finds COVID-19 lockdown restrictions resulted in a 24% viewership increase on live-streaming platform Twitch. Upfluence. https://www.upfluence.com/press-release/new-study-from-upfluencefinds-covid-19-lockdown-restrictions-resulted-in-a-24-viewership-increase-on-livestreaming-platform-twitch.

Bonus, J. A., Peebles, A., Mares, M. L., & Sarmiento, I. G. (2018). Look on the bright side (of media effects): Pokemon Go as a catalyst for positive life experiences. *Media Psychology*, 21, 263-287. doi:10.1080/15213269.2017.1305280.

Bopp, J. A., Mekler, E. D., & Opwis, K. (2016, May). Negative emotion, positive experience? Emotionally moving moments in digital games. In *Proceedings of the 2016 CHI Conference on Human Factors in Computing Systems* (pp. 2996-3006). New York, NY: Association for Computing Machinery.

Bowman, N., Oliver, M., Rogers, R., Sherrick, B., Woolley, J., & Chung, M.-Y. (2016). In control or in their shoes? How character attachment differentially influences video game enjoyment and appreciation. *Journal of Gaming & Virtual Worlds*, 8, 83-99. doi:10.1386/jgvw.8.1.83_1.

Bowman, N. D., Schultheiss, D., & Schumann, C. (2012). "I'm attached, and I'm a good guy/gal!": How character attachment influences pro-and anti-social motivations to play massively multiplayer online role-playing games. *Cyberpsychology, Behavior, and Social Networking*, 15, 169-174. doi:10.1089/cyber.2011.0311.

Brown, E., & Cairns, P. (2004, April). A grounded investigation of game immersion. In *CHI 2004 Extended Abstracts on Human Factors in Computing Systems* (pp. 1297-1300). New York, NY: Association for Computing Machinery.

Cangas, A. J., Navarro, N., Parra, J., Ojeda, J. J., Cangas, D., Piedra, J. A., & Gallego, J. (2017). Stigma-Stop: A serious game against the stigma toward mental health in educational settings. *Frontiers in Psychology*, 8, e1385. doi:10.3389/fpsyg.2017.01385.

Clark, D. B., Tanner-Smith, E. E., & Killingsworth, S. S. (2016). Digital games, design, and learning: A systematic review and meta-analysis. *Review of Educational Research*, 86, 79-122. doi:10.3102/0034654315582065.

Cohen, E. L. (2014). What makes good games go viral? The role of technology use, efficacy, emotion and enjoyment in players' decision to share a prosocial digital game. *Computers in Human Behavior*, 33, 321-329. doi:10.1016/j.chb.2013.07.013.

Csikszentmihalyi, M., & Csikszentmihalyi, I. S. (1988). *Optimal experience: Psychological studies of flow in consciousness*. New York: Cambridge University Press.

Daneels, R., Vandebosch, H., & Walrave, M. (2020). "Just for fun?": An exploration of digital games' potential for eudaimonic media experiences among Flemish adolescents. *Journal of Children and Media. Advanced online publication*. doi:10.1080/17482798.2020.1727934.

Fang, X., & Zhao, F. (2010). Personality and enjoyment of computer game play. *Computers in Industry*, 61, 342-349. doi:10.1016/j.compind.2009.12.005.

Ferchaud, A., Seibert, J. C., Sellers, N., Salazar, N. E. (2020). Reducing mental health stigma through video game characters with mental illness. *Frontiers in Psychology*, 11, 2240. doi:10.3389/fpsyg.2020.02240.

Fox, J., & Bailenson, J. N. (2009). Virtual self-modeling: The effects of vicarious reinforcement and identification on exercise behaviors. *Media Psychology*, 12, 1-25. doi:10.1080/15213260802669474.

Gee, J. P. (2003). *What video games have to teach us about learning and literacy*. New York, NY: Palgrave Macmillan.

Gee, J. P. (2009). Deep learning properties of good digital games: How far can they go? In U. Ritterfeld, M. Cody, & P. Vorderer (Eds), *Serious games: Mechanisms and effects* (pp. 65-80). New York, NY: Routledge.

Hartmann, T. (2008). Parasocial interactions and paracommunication with new media characters. In E. A. Konijn, S. Utz, M. Tanis, & S. B. Barnes (Eds.), *Mediated interpersonal communication* (pp. 177-199). New York, NY: Routledge.

Hayse, M. (2014). Transcendence. In M. J. P. Wofl & B. Perron (Eds.), *The Routledge companion to video game studies* (pp. 493-501). New York, NY: Routledge.

Herrera, F., Bailenson, J., Weisz, E., Ogle, E., & Zaki, J. (2018). Building long-term empathy: A large-scale comparison of traditional and virtual reality perspective-taking. *PLoS ONE*, 13 (10), e0204494. doi:10.1371/journal.pone.0204494.

Hershfield, H. E., Goldstein, D. G., Sharpe, W. F., Fox, J., Yeykelis, L., Carstensen, L. L., & Bailenson, J. N. (2011). Increasing saving behavior through age-progressed renderings of the future self. *Journal of Marketing Research*, 48, S23-S37. doi:10.1509/jmkr.48.SPL.S23.

Jones, C., Scholes, L., Johnson, D., Katsikitis, M., & Carras, M. C. (2014). Gaming well: Links between videogames and flourishing mental health. *Frontiers in Psychology*, 5, 260. doi:10.3389/fpsyg.2014.00260.

Kalyanaraman, S., & Bailenson, J. (2020). Virtual reality in media effects. In M. B. Oliver, A. A. Raney, & J. Bryant (Eds.), *Media effects: Advances in research and theory* (4th ed., pp. 404-418). New York, NY: Routledge.

Kalyanaraman, S., Penn, D. L., Ivory, J. D., & Judge, A. (2010). The virtual doppelganger: Effects of a virtual reality simulator on perceptions of schizophrenia. *The Journal of Nervous and Mental Disease*, 198, 437-443. doi:10.1097/NMD.0b013e3181e07d66.

Kampf, R., & Cuhadar, E. (2015). Do computer games enhance learning about conflicts? A cross-national inquiry into proximate and distant scenarios in Global Conflicts. *Computers in Human Behavior*, 52, 541-549. doi:10.1016/j.chb.2014.08.008.

Kelly, R. (2020). Positive psychology and gaming: Strength and resilience +1. In R. Kowert (Ed.), *Video games and well-being: Press start* (pp. 77-96). Cham, CH: Palgrave Pivot.

Keltner, D., & Haidt, J. (2003). Approaching awe, a moral, spiritual, and aesthetic emotion. *Cognition and Emotion*, 17, 297-314. doi:10.1080/02699930302297.

Kim, K., Schmierbach, M. G., Bellur, S., Chung, M. Y., Fraustino, J. D., Dardis, F., & Ahern, L. (2015). Is it a sense of autonomy, control, or attachment? Exploring the effects of in-game customization on game enjoyment. *Computers in Human Behavior*, 48, 695-705. doi:10.1016/j.chb.2015.02.011.

Klimmt, C., Hartmann, T., & Frey, A. (2007). Effectance and control as determinants of video game enjoyment. *CyberPsychology & Behavior*, 10, 845-848. doi:10.1089/cpb.2007.9942.

Klimmt, C., Hefner, D., & Vorderer, P. (2009). The video game experience as "true" identification: A theory of enjoyable alterations of players' self-perception. *Communication Theory*, 19, 351-373. doi:10.1111/j.1468-2885.2009.01347.x.

Klimmt, C., & Possler, D. (2020). Video games. In M. B. Oliver, A. A. Raney, & J. Bryant (Eds.), *Media effects: Advances in research and theory* (4th ed., pp. 342-356). New York, NY: Routledge.

Klimmt, C., Rizzo, A., Vorderer, P., Koch, J., & Fischer, T. (2009). Experimental evidence for suspense as determinant of video game enjoyment. *CyberPsychology & Behavior*, 12, 29-31. doi:10.1089/cpb.2008.0060.

Kowert, R. (Ed.) (2020). *Video games and well-being: Press start*. Cham, CH: Palgrave Pivot.

Kümpel, A. S., & Unkel, J. (2017). The effects of digital games on hedonic, eudaimonic and telic entertainment experiences. *Journal of Gaming & Virtual Worlds*, 9, 21-37. doi:10.1386/jgvw.9.1.21_1.

Lee, K. M. (2004). Presence, explicated. *Communication Theory*, 14, 27-50. doi:10.1111/j.1468-2885.2004.tb00302.x.

Lieberman, D. A. (2015). Using digital games to promote health behavior change. In S. S. Sundar (Ed.), *The handbook of the psychology of communication technology* (pp. 507-527). West Sussex, UK: John Wiley & Sons.

Malone, T. W. (1981). Toward a theory of intrinsically motivating instruction. *Cognitive Science*, 4, 333-369. doi:10.1016/S0364-0213(81)80017-1.

Mayer, R. E. (2011). Multimedia learning and games. In S. Tobias & J. D. Fletcher (Eds.), *Computer games and instruction* (pp. 281-305). Charlotte, NC: Information Age Publishing.

McMillan, S. J., & Hwang, J. S. (2002). Measures of perceived interactivity: An exploration of the role of direction of communication, user control, and time in shaping perceptions of interactivity. *Journal of Advertising*, 31, 29-42. doi:10.1080/00913367.2002.10673674.

Nakamura, J., & Csikszentmihalyi, M. (2002). The concept of flow. In S. J. Lopez & C. R. Snyder (Eds.), *Handbook of positive psychology* (pp. 89-105). London, UK: Oxford University Press.

Oliver, M. B., Bowman, N. D., Woolley, J. K., Rogers, R., Sherrick, B. I., & Chung, M.-Y. (2016). Video games as meaningful entertainment experiences. *Psychology of Popular Media Culture*, 5, 390-405. doi:10.1037/ppm0000066.

Peck, T. C., Seinfeld, S., Aglioti, S. M., & Slater, M. (2013). Putting yourself in the skin of a black avatar reduces implicit racial bias. *Consciousness and Cognition*, 22, 779-787. doi:10.1016/j.concog.2013.04.016.

Peng, W., & Day, T. (2017). Media use and physical fitness: From time displacement to exergaming. In L. Reinecke & M. B. Oliver (Eds.), *The Routledge handbook of media use and well-being* (pp. 329-340). New York, NY: Routledge.

Peng, W., Lee, M., & Heeter, C. (2010). The effects of a serious game on role-taking and willingness to help. *Journal of Communication*, 60, 723-742. doi:10.1111/j.1460-2466.2010.01511.x.

Poels, K., Hoogen, W. V. D., Ijsselsteijn, W., & de Kort, Y. (2012). Pleasure to play, arousal to stay: The effect of player emotions on digital game preferences and playing time. *Cyberpsychology, Behavior, and Social Networking*, 15, 1-6. doi:10.1089/cyber.2010.0040.

Possler, D., Klimmt, C., & Raney, A. A. (2018). Gaming is awesome! A theoretical model on cognitive demands and the elicitation of awe during video game play. In N. D. Bowman (Ed.), *Video games: A medium that demands our attention* (pp. 74-91). New York, NY: Routledge.

Possler, D., Klimmt, C., Raney, A. A., Steger, F., Landmann, L., & Seibert, J. C. (2019, May). *The "wow!"-effect: Introducing awe as novel element of the (VR) video game experience.* Paper presented at the annual meeting of International Communication Association, Washington, DC.

Possler, D., Kumpel, A. S., & Unkel, J. (2019). Entertainment motivations and gaming-specific gratifications as antecedents of digital game enjoyment and appreciation. *Psychology of Popular Media Culture.* Advanced online publication. doi:10.1037/ppm0000248.

Possler, D., Scheper, J., Kreissl, J., Raney, A. A., Kuempel, A. S., & Unkel, J. (2019, May). *Awe-inspirational gaming: Exploring the formation and entertaining effects of awe in video games.* Paper presented at the annual meeting of International Communication Association, Washington, DC.

Ratan, R., & Ritterfeld, U. (2009). Classifying serious games. In U. Ritterfeld, M. Cody, & P. Vorderer (Eds.), *Serious games: Mechanisms and effects* (pp. 10-24). New York, NY: Routledge.

Reinecke, L. (2009). Games and recovery: The use of video and computer games to recuperate from stress and strain. *Journal of Media Psychology*, 21, 126-142. doi:10.1027/1864-1105.21.3.126.

Ritterfeld, U., Cody, M., & Vorderer, P. (Eds.) (2009). *Serious games: Mechanisms and effects.* New York, NY: Routledge.

Rivera, R. M. B., Arbona, C. B., Garcia-Palacios, A., Castellano, S. Q., & López, J. B. (2015). Treating emotional problems with virtual and augmented reality. In S. S. Sundar (Ed.), *The handbook of the psychology of communication technology,* 32, 548-566. West Sussex, UK: John Wiley & Sons.

Rosenberg, R. S., Baughman, S. L., & Bailenson, J. N. (2013). Virtual superheroes: Using superpowers in virtual reality to encourage prosocial behavior. *PloS One,* 8(1), e55003. doi:10.1371/journal.pone.0055003.

Russoniello, C. V., O'Brien, K., & Parks, J. M. (2009). The effectiveness of casual video games in improving mood and decreasing stress. *Journal of CyberTherapy & Rehabilitation,* 2, 53-66. Gale Document Number: GALE | A225437126

Ryan, R. M., & Deci, E. L. (2000a). Self-determination theory and the facilitation of intrinsic motivation, social development, and well-being. *American Psychologist,* 55, 68-78. doi:10.1037/0003-066X.55.1.68.

Ryan, R. M., & Deci, E. L. (2000b). The darker and brighter sides of human existence: Basic psychological needs as a unifying concept. *Psychological Inquiry,* 11, 319-338. doi:10.1207/S15327965PLI1104_03.

Ryan, R. M., Rigby, C. S. & Przybylski, A. (2006). The motivational pull of video games: A self-determination theory approach. *Motivation and Emotion,* 30, 344-360. doi:10.1007/s11031-006-9051-8.

Scherer, K. R., Schorr, A., & Johnstone, T. (Eds.). (2001). *Appraisal processes in emotion: Theory, methods, research.* New York, NY: Oxford University Press.

Schneider, E. F., Lang, A., Shin, M., & Bradley, S. D. (2004). Death with a story: How story impacts emotional, motivational, and physiological responses to first-person shooter video games. *Human Communication Research,* 30, 361-375. doi:10.1111/j.1468-2958.2004.tb00736.x.

Scholtz, C. P. (2005). Fascinating technology: Computer games as an issue for religious education. *British Journal of Religious Education,* 27(2), 173-184. doi:10.1080/0141620042000336657.

Seligman, M. E. (2011). *Flourish: A visionary new understanding of happiness and well-being.* New York, NY: Free Press. (セリグマン『ポジティブ心理学の挑戦：" 幸福 " から " 持続的幸福 " へ』宇野カオリ監訳、ディスカヴァー・トゥエンティワン、2014)

Shafer, D. M. (2012). Causes of state hostility and enjoyment in player versus player and player versus environment video games. *Journal of Communication,* 62, 719-737. doi:10.1111/j.1460-2466.2012.01654.x.

Sherry, J. L. (2004). Flow and media enjoyment. *Communication Theory,* 14, 328-347. doi:10.1111/j.1468-2885.2004.tb00318.x.

Skalski, P., Tamborini, R., Shelton, A., Buncher, M., & Lindmark, P. (2011). Mapping the road to fun: Natural video game controllers, presence, and game enjoyment. *New Media & Society,* 13, 224-242. doi:10.1177/1461444810370949.

Steinemann, S. T., Mekler, E. D., & Opwis, K. (2015, October). Increasing donating behavior through a game for change: The role of interactivity and appreciation. In *Proceedings of the 2015 Annual Symposium on Computer-Human Interaction in Play* (pp. 319-329). New York, NY: Association for Computing Machinery.

Tamborini, R., Bowman, N. D., Eden, A. L., Grizzard, M., & Organ, A. (2010). Defining media enjoyment as the satisfaction of intrinsic needs. *Journal of Communication*, 60, 758.777. doi:10.1111/j.1460-2466.2010.01513.x.

Trepte, S., & Reinecke, L. (2010). Avatar creation and video game enjoyment: Effects of life-satisfaction, game competitiveness, and identification with the avatar. *Journal of Media Psychology*, 22, 171-184. doi:10.1027/1864-1105/a000022.

Vella, K., Johnson, D., & Hides, L. (2013, October). Positively playful: When videogames lead to player wellbeing. In *Proceedings of the First International Conference on Gameful Design, Research, and Applications* (pp. 99-102). doi:10.1145/2583008.2583024.

Vogel, J. J., Vogel, D. S., Cannon-Bowers, J., Bowers, C. A., Muse, K., Wright, M. (2006). Computer gaming and interactive simulations for learning: A meta-analysis. *Journal of Educational Computing Research*, 34, 229-243. doi:10.2190/FLHV-K4WAWPVQ-H0YM.

Vorderer, P. (2000). Interactive entertainment and beyond. In D. Zillmann & P. Vorderer (Eds.), *Media entertainment: The psychology of its appeal* (pp. 21-36). Mahwah, NJ: Lawrence Erlbaum Associates.

Wirth, W., Ryffel, F., Von Pape, T., & Karnowski, V. (2013). The development of video game enjoyment in a role playing game. *Cyberpsychology, Behavior, and Social Networking*, 16, 260-264. doi:10.1089/cyber.2012.0159.

Wirth, W., & Schramm, H. (2007). Emotionen, metaemotionen und regulationsstrategien bei der medienrezeption: Ein integratives modell. [Emotions, meta-emotions and emotion regulation during media consumption. An integrative model.] In W. Wirth, H.-J. Stiehler, and C. Wuensch (Eds.), *Dynamisch-transaktional denken: Theorie und Empirie in der Kommunikationswissenschaft* [*Thinking in a dynamic-transactional way: Theory and empirical research in communication science.*] (pp. 153-184). Cologne, DE: Halem.

Wouters, P., van Nimwegen, C., van Oostendorp, H., & van der Spek, E. D. (2013). A meta-analysis of the cognitive and motivational effects of serious games. *Journal of Educational Psychology*, 105, 249-265. doi:10.1037/a0031311.

Wulf, T., Bowman, N. D., Velez, J. A., & Breuer, J. (2020). Once upon a game: Exploring video game nostalgia and its impact on well-being. *Psychology of Popular Media*, 9, 83-95. doi:10.1037/ppm0000208.

Yee, N., & Bailenson, J. (2007). The Proteus effect: The effect of transformed self-representation on behavior. *Human Communication Research*, 33, 271-290. doi:10.1111/j.1468-2958.2007.00299.x.

参考文献 •••

Bailenson, J. N. (2018). *Experience on demand: What virtual reality is, how it works, and what it can do*. New York, NY: W.W. Norton. (ベイレンソン『VR は脳をどう変えるか？：仮想現実の心理学』倉田幸信訳、文藝春秋、2018)

Ferchaud, A., & Sanders, M. S. (2018). Seeing through the avatar's eyes: Effects of point-of-view and gender match on identification and enjoyment. *Imagination, Cognition and Personality*, 38, 82-105. doi:10.1177/0276236618761372.

Lombard, M., & Ditton, T. (1997). At the heart of it all: The concept of presence. *Journal of Computer-Mediated Communication*, 3. doi:10.1111/j.1083-6101.1997.tb00072.x.

第**9**章　ポジティブなニュースと ノンフィクション

Kaspars Grinvalds/Shutterstock.com

　ニュースの内容といえば、多くの人が、不安になる、あるいは気がかりなメッセージを思い浮かべるのではないか。よく使われる「血が流れれば、取り上げられる」（if it bleeds, it leads）というフレーズは、暴力的、ドラマティック、センセーショナルで感情的に苦痛を与えるような情報が優先的に報道されることが多い、ということをいっている。犯罪、戦争、銃による暴力、そして苦しみについての記事は確かに多い。その結果、ニュース消費が態度や信念に及ぼす悪影響を検証する多数の研究が行われてきた。しかし同時に、ニュースは人間のレジリエンス、希望、そして優しさに関するストーリーを描写するものでもある。さらに、ニュースは一般的に「現実の」人々や「現実の」争点を描いていると思われているため、こうしたポジティブなタイプのニュース記事は特に影響力があると考えられる。本章では、まずニュースの基礎的な理論をいくつか概観する。そして次に、ポジティブなニュースに関する新しい研究に注目し、それが今後の道筋をどのように示してくれるのか考えてみよう。

ニュースに関する基礎理論

　メディアの影響に関する多数の理論が、オーディエンスに与えるニュースの影

響を検証してきた。それはおそらく、市民に情報を提供するという点からだけでなく、「第4の権力」（政府機関について自由に報道し、チェックする機能を持っていることを示す比喩的な表現）としての機能を持つという点からも、ニュースが民主主義社会に不可欠なものと考えられているからであろう。

　議題設定は、ニュースや世論に関する理論の中で最も検討されたものの一つである（McCombs & Shaw, 1993）。簡潔にいえば、特定の争点に関するニュース記事が目立つことで、人々がその争点を重要だとみなすようになるという理論である。たとえば、ギャラップ社の世論調査はさまざまな時期に、国が直面している最も重要な争点や差し迫った争点は何だと思うか、定期的に回答者に尋ねてきた。メディア議題設定とは、さまざまな時期における（たとえば、健康、犯罪、国際安全保障などの）争点にメディアがどれほど注目しているかが、世論調査の回答に反映されるということを意味している。概して、メディアの議題設定機能は多くの研究で実証されている。

BOX 9.1　何がニュース価値を決めるのか？

　時間（たとえば、ジャーナリストが一日に執筆できる時間）、スペース（たとえば、新聞の物理的なスペース）、資金（たとえば、報道機関が雇えるライターや編集者の数）など資源の制約があるため、報道機関が一日に報道できるニュースは限られている。その結果、ニュース発信源はどの記事を報道するかを選択しなければならない。しかし、何がそろっていれば報道する価値があるのだろうか？

　ジャーナリズムの基本指針は、ニュース価値の判断に影響を及ぼし得る6つの要素を提示している。このリストはすべてを網羅しているわけではないが、多くの報道機関が何を報道するかを決定する際に考慮する主な要素をいくつか取り上げている。

- **タイミング**：報道機関は現在起こっている出来事を報道することに関心がある。つまり、新しさがニュースをつくる。過去の出来事や長期的な問題は、新しい情報が出てこない限りニュースで大きく取り上げられることはない。
- **近接性**：ニュースの消費者は身近なところで起こった問題や出来事により関心をもつ傾向がある。人々は地元の高校や選挙、あるいはレストランなどに関する日常的なニュースを、他の州や国の同じようなニュースよりも気にかける。
- **対立／論争**：暴力、紛争、あるいは論争に関する情報は、問題や争点につい

ての最新の状況を伝え続けるため、ニュース価値が高い傾向にある。

- **インパクト／関連性**：人々がニュース報道を求める理由の一つは、自分に影響する物事について最新の情報を得るためである。あなたの地域での大規模な道路工事は、通勤や通学時間に影響を与える可能性があるため、ローカルニュースで大きく取り上げられるかもしれない。
- **著名性**：記事に登場する人物が有名であることは、ニュース価値に影響を及ぼすことがある。ハリー王子とメーガン・マークルの結婚は世界的に注目を集めたが、同じ日に行われた何千という「一般人」の結婚は、たとえ注目されたとしてもごくわずかなものに過ぎなかった。
- **人間への興味**：私たちは他の人々についての記事を読むのが好きである。これらの記事はニュース価値のルールを「破る」ことができるという点で若干特殊である。タイミング、近接性、インパクトといった要因は、人間への興味記事を論じる際には影響力が小さくなることがある。

　ニュースがどのように、なぜ、ある内容のものに構築されるのかを理解することは、メディアリテラシーの高いニュース消費者になるために不可欠なことである。

　これまであまり注目されてこなかった議題設定の２つの変異型として、**メディア間議題設定**（Intermedia Agenda Setting）と**公衆による議題設定**（Public Agenda Setting）がある（Roselyn Du, 2017; Seethaler, 2017）。メディア間議題設定とは、いくつかの報道機関が特定の話題を報道することが、他の報道機関がその話題を報道する程度に影響を与えるという考え方である。たとえば、『ニューヨーク・タイムズ』が安全ではない飲料水の話題を大きく取り上げれば、他の報道機関も同じ話題を取り上げることになるだろう。公衆による議題設定とは、一般の人々がある争点に関心をもち、議論することが、メディアがその争点を取り上げる可能性を高める、という考え方である。たとえば、製薬業界に対する一般市民の激しい抗議は、この争点に関するニュース報道を増やすことになるだろう。

　議題設定研究は最初、全国ネットのテレビ放送は少なく、新聞を読むのが一般的で、商用インターネットが存在しない時代に展開した。メディア状況の変化に伴って、当初提案された議題設定のメカニズムに疑問を呈する研究者も多くなった。たとえば、現在ではインターネットで非常に多様なニュースに接することができる。その結果、たいてい似たような争点を提供する一握りのニュース情報源に頼るのではなく、今日では、個々人がさまざまな話題に焦点を当てた多様な情

報源を簡単に調べることができるようになった。同様に、人々が受け取るニュースは今や、ソーシャルメディアで共有された記事や話題にまで及ぶこともしばしばである。そしてついに、ブログや YouTube、Instagram を利用することで、インターネット以前の時代には想像もできなかったような方法で、独自のニュースを作成し、配信することもできるようになった。その結果、ソーシャルメディアのようなチャンネルを介しても議題設定が生じることを示唆する研究（Freezell, 2018）もあるが、従来の議題設定モデルの見直しを求める研究者もいて、主要報道機関、一般の人々、そして「ニッチ」メディアの相互作用に関するより複雑なモデルへの代替を主張している（Gruszczynski & Wagner, 2016）。

　議題設定の初期の定式化が、メディアはどの争点が重要であるかの顕出性を高めること、つまり、何について考えるべきかに注目させることで世論に影響を及ぼすと強調していたことを理解することが重要である。しかし、その後議題設定理論は、**属性型議題設定**（Attribute Agenda Setting）に関するものへと重要な拡張を行う（McCombs & Reynolds, 1994）。簡潔にいえば、属性型議題設定（**第2レベル議題設定**と呼ばれることもある）とは、ニュースメディアがある争点を他の争点よりも多く報道することに加えて、争点の特定の属性や特徴を強調することで、一般の人々が重要だと思う争点は何かだけでなく、その争点に関するどのような属性が注目に値するかにも影響を及ぼすというものである。この従来の議題設定の拡張部分は、**メディアフレーミング**の概念に近いものである（Tewksbury & Schuefele, 2020）。ある研究者は次のように述べている。

　　フレーミングとは、知覚された現実のいくつかの側面を選択し、それらを伝達するテクストの中で次のように顕出化させることである。つまり、伝えているニュース項目について特定の問題を定義し、その問題の原因を突き止め、道徳的な判断を行い、そして／または、特定の対処を推奨するものである。

（Entman, 1993, p.53）

　たとえば、ブラック・ライブズ・マター（Black Lives Matter）に関する政治的行動を報道する際、2つのメディアが警察署の焼失をきわめて異なる形で報道した。『フォックス・ニュース』の見出しには「ミネアポリス警察署第3管区が暴徒の侵入を受けて火事に」とあり、ジョージ・フロイド氏を「警察の拘束中に死亡した黒人男性」と描写していた（Calicchio, 2020, para.1）。対照的に、『ニューヨーク・タイムズ』の見出しは「警察に対する抗議がエスカレート」となってお

り、ジョージ・フロイド氏は警察に殺されたと表現されている（Leonhardt, 2020）。フレーミングの観点からいうと、同じ事柄を報道するこれら 2 つの異なる視点は、抗議活動に対する異なる認識や理解をもたらし、ひいては公共政策に対するさまざまなレベルの支持と結びつく可能性がある。

　例示理論（Exemplification Theory）は、ニュース関連の効果についてもう一つの視点を提供する。簡潔にいえば、記事に「躍動感を与え」、ビビッドなものにする方法として、ジャーナリストが抽象的なまたは広範な争点を説明するために事例（あるいは、イグゼンプラー）をよく用いることに注目した理論である（Zillmann & Brosius, 2000）。たとえば、学生の教育資金に関する記事なら、クレジットカードで負債を抱えた学生や地域の貧困者向け配給で食料を調達しなければならない学生の話から始まるだろう。同じ記事の中で、ほとんどの学生は金銭管理に長けているという内容が続いて書かれていたとしても、一人の学生の生々しく際立った事例は、学生の貧困に関する読者の認識に最も大きな影響を与えると例示理論は主張するだろう。たとえば、ある研究では、「カージャックで死亡するのは 0.2 ％に過ぎない」と明示されているニュース記事を実験参加者に読ませた（Gibson & Zillmann, 1994）。しかし、女性が殺害されたという目立つ事例を記事が取り上げた場合には、実験参加者はカージャックで死者が出る割合を有意に高く推定した（15.1 ％）。この効果は数週間にわたって持続（そして増加）した。

　補強螺旋モデル（Reinforcing Spiral Model）もまたニュース研究にとって参考になる（Slater, 2007, 2015）。一般に、メディア心理学における「螺旋モデル」という用語は、メディアの影響と個人のメディアへの選択的接触の間の経年的な相互作用を意味するものである。たとえば、美味しいものを食べることが好きな人は、テレビで料理番組を観ることを選択するだろう。料理番組を視聴することで新しいレシピに挑戦し、新しいレシピを楽しむことでさらに料理番組を選択して新レシピに挑戦し、もっと料理をしてそれを食べることになる。補強螺旋モデルはほとんどの種類のコンテンツに適用可能だが（たとえば、メディアで描かれる暴力や攻撃；Slater et al., 2003）、政治的に分断された現代においては、ニュースコンテンツへの適用が特に重要である。

　補強螺旋モデルはニュースや政治にもうまく適用することができる。社会的・政治的争点に関する最近の全米世論調査では、銃政策で 57 ％の差、人種問題で 55 ％の差、気候・環境問題で 48 ％の差など、多くの争点において民主党支持者と共和党支持者の間には大きな相違があることが明らかにされた（Pew Research Center, 2019）。同時に、他の研究は、1980 年以降、熱心な政党支持者は支持政党

への帰属意識を高め、対立する政党への敵対的な感情を強めていることを示している（Iyengar & Krupenkin, 2018）。これらの結果は、ニュース消費の分裂が進んでいることを反映している。現在、共和党員はニュース消費において『フォックス・ニュース』に大きく依存しており、民主党員はより多様ではあるが、CNN、NBC、そして ABC といった共和党員とは異なる報道機関に依存している（Jurkowitz et al., 2020）。分極化とニュース消費に関するこれら 2 つの研究結果は補強螺旋モデルと一致するものである。政治的見解がより分裂するようになるにつれ、人々は自分たちの信念に合致したメディアを選択しやすくなる。こうしたメディア接触は、結果として人々の政治的見解を補強したり、強めることになる。加えて重要なことに、一見したところ無限のニュース情報源がインターネットによって提供されていることは、同じ考えをもつ友人たちと情報を共有したり彼らに向けて投稿したりする傾向と相まって、インターネットとソーシャルメディアがこの種の螺旋を強める役割を果たしている可能性を示唆している（Sunstein, 2001）。

　このように、ニュースの基礎的な理論をまとめてみると、報道機関は重要だと思われる争点を強調することによって、公衆議題を決められることがわかる。また、さまざまなやり方で問題をフレーミングしたり、際立った事例を用いてニュースの内容を例証したりすることで、視聴者は争点について考える際にその顕出的な特性に注目し、代表的でもないイグゼンプラーを通して社会的現実を知覚するようになる。最後に、ニュース選択と世論との間の相互影響関係は補強的な傾向があり、最終的には態度を強化し、時には分断をもたらす可能性がある。もちろん、これらの理論はすべて、公式のオンラインニュースメディア、ユーザー生成型のニュースコンテンツやニュース記事の共有や投稿などのインタラクティブ性など、メディア状況の大きな変化を考慮して常に改訂が加えられている。それでは、こうした背景を踏まえた上で、情報を提供するだけではなく、どのようにニュースがポジティブで有意義な形でオーディエンスに感動や感銘を与える働きをすることができるのかを検討してきた研究に目を向けてみよう。

ポジティブニュース

内容と接触

　ニュース消費は、誰も自己超越的な描写が出てくることを期待しない最後のメディア文脈かもしれない。ニュース産業はネガティブなバイアスがかかっているとよく非難されてきたが、ニュース編集者の認識に関する過去の研究によると、この非難には一定の根拠があるようだ。たとえば、ガリシアンとパステルナック (Galician & Pasternack, 1987) は、彼らの研究でサンプルとした 133 人のニュース・ディレクターのうち、61.7 ％が「悪いニュースの方が良いニュースよりも報道価値がある」に、58.6 ％が「悪いニュースの方が良いニュースより視聴者をひきつける」に、47.4 ％が「ほとんどの人は悪いニュースについての記事を好む」に「その通りだ」と回答したことを明らかにした。また、「ネガティブなニュースは世界の現実の出来事を反映している」には 80.5 ％が同意し、「テレビのニュース番組はポジティブなニュースとネガティブなニュースをバランスよく報道するようにすべきだ」には 57.1 ％が同意しなかったのである。同様の結果は、ジャーナリストを対象とした研究でも得られている。その研究では、ポジティブあるいはネガティブなニュースのどちらかになるように改変した 10 のニュース記事の重要性を評価するように求めた (Bohle, 1986)。「いずれにもあてはまらない」という回答を除くと、10 のニュース記事のうち 9 つで、ネガティブなニュースがより重要であるとして選択された。

　しかし、このようにニュースとネガティブであることの関連性を念頭におくとしても、最近ではポジティブなニュースの発信を促進する報道機関も増えつつある。『USA トゥデイ』、『ワシントン・ポスト』、『ハフィントン・ポスト』などの大衆紙やキュレーションサイトは、今日ではポジティブなニュース欄を設けている。同様に、ポジティブニュースについての認識を調べたある研究で、ジャーナリストたちは「社会が危機に瀕しているときに人々に希望を与える」、「望ましい社会的価値や規範を促進する」、「勇気や感動を与えるストーリーを伝える」記事を最も高いニュース価値をもつものとして評価した (Leung & Lee, 2015) のである。

　したがって、米国の成人の 77.6 ％が以前にニュース記事から感動や感銘を受けたことがあると回答し、33 ％はこの一週間でそのような経験をしたと回答したことは驚くことではない (Janicke-Bowles et al., 2019)。さらには、人々はポジ

ティブなニュース記事をツィートしたりシェアしたりする傾向があり、それによってフォロワーや友人知人の間でその記事への接触が増えるということを示す研究もある。ジら（Ji et al., 2019）による内容分析は、ニュースには本質的に感動や感銘を与える性質があるという考えを支持している。この研究者たちは、2016年初頭の3カ月間、その日にメール、ツィート、Facebookへの投稿が最も多かった『ニューヨーク・タイムズ』の記事のうち21％が本質的に感動や感銘を与えるものであったことを明らかにしている。そうした記事は、ポジティブな感情語（「良い」「美しい」「素晴らしい」など）を有意に多く含んでおり、感動や感銘を与えるような内容ではない記事と比べて、よりおもしろく、驚くべきもので、役立つものだと評価された。自己超越的な感情を引き出す要因（第6章を参照）という観点からいうと、感動や感銘を与える記事には、たとえば優れた技術をもつ人への称賛や科学的発見や自然の驚異に対する畏敬の念を著者が表明するなど、美と卓越性を称賛する描写が豊富にあった（全記事の61.8％）。次に多かった自己超越的描写は希望（全記事の42.5％）、次いで感謝（全記事の30.1％）だった。

　同様の結果は、ポジティブなニュース、あるいは良いニュースに特化したウェブサイトについても報告されている。マッキンタイア（McIntyre, 2016）は、『グッドニュース・ネットワーク』、『ハッピー・ニュース』、『ダリン・ケイガン』、『オードワイヤー』、そして『ハフポスト・グッドニュース』に存在する7つの異なるニュース価値を内容分析した。主流報道機関と比較するため、『ニューヨーク・タイムズ』のニュース記事もコーディングした。良いニュースを紹介するニュースサイトは、エンターテインメント／奇異な出来事（67％）と感情的インパクト（46％）のニュース価値を示す記事の割合が『ニューヨーク・タイムズ』（それぞれ28％、19％）よりも有意に高かった。一方、『ニューヨーク・タイムズ』はコンフリクト（60％）、パワーエリート（68％）、タイムリーさ（66％）というニュース価値が、良いニュースに特化したニュースサイト（それぞれ7％、18％、43％）よりも多く見られた。

　ニュースや政治広告によく出てくる政治家の演説においても、感動や感銘を与える題材がよく使われる（たとえば、Irimieş & Irimieş, 2017）。政治家はよく希望のメッセージを伝えたり、感動的で心温まる事例を議論に織り交ぜたり、勇気や寛大さといった人間の美徳に焦点を当てたりする。ラムソンとマクグラス（Lamson & McGrath, 2019）は、1864年から2016年までの間に行われた大統領候補の指名受諾演説で、希望や優しさといった自己超越的な性格的強みを感じさせる表現を多く用いた場合、その候補者（ただし、現職ではない）は人気投票で勝

利し、選挙でも勝利する可能性が高いことを明らかにした。

　最後に、自己超越的経験、特に希望や感謝の自己超越的経験を与えることができると大きく期待されている特定のタイプの新しいニュース形式について、多くの研究者が検討し始めたことを指摘しておこう。そのようなニュース形式の一つが、**回復ナラティブ**（restorative narratives）である（Fitzgerald et al., 2020; Tenore, 2015；第10章も参照）。このニュース形式は、ハリケーンや健康問題、あるいは衝撃的な出来事など、何らかの危機や緊急事態を報道する際によく用いられる。回復ナラティブは、危機のネガティブな影響やそれによって引き起こされる苦しみにのみ焦点を当てるのではなく、希望に満ちた未来への道筋を示しつつ、住民あるいは地域社会がどのようにその強さとレジリエンスを見せてくれているかにより重点を置く。類似の概念として**建設的ジャーナリズム**（constructive journalism）があるが、これは「ポジティブ心理学の手法をニュースの制作と伝達過程に適用し、ジャーナリズムの中核的な機能を維持しながら、生産的で魅力ある報道をしようとするジャーナリズムの新しい形」と定義されている（McIntyre & Gyldensted, 2017, p.23）。マッキンタイアとギルデンステッドが説明するように、建設的ジャーナリズムは、解決策に焦点を当てたもの、回復ナラティブ、未来志向の報道（プロスペクティブ・ジャーナリズム）、そして紛争によってもたらされる課題と機会を強調する報道（平和ジャーナリズム）など、さまざまな形式を取り得る。また、彼らはポジティブ心理学の文献を参考に、ニュース記事を建設的に表現するためのさまざまな方法を提案した。それは、ジャーナリストが記事を書くときに世界のウェルビーイングを考慮する、ニュース記事でポジティブな感情を呼び起こす、建設的なインタビュー手法を用いる、解決策を重視する、そして記事の特性にPERMA（第3章を参照）を盛り込むといったテクニックである。

　要約すると、ニュースは紛争を強調した悲惨な内容であることが多いが、ポジティブで感動や感銘を与える記事は決して珍しいものではない。ポジティブなニュースに特化した報道機関が増えてきており、ジャーナリズムの傾向として、建設的で回復志向的なニュースを報道することへの関心が高まっている。その結果、多くの人がニュースで見たものに感動や感銘を与えられたと報告している。そこで、次にそうしたニュースへの接触がオーディエンスの反応や行動に及ぼす効果についての研究に注目してみよう。

ポジティブニュースの効果

　感動や感銘を与えるニュース、あるいはポジティブなニュースコンテンツの視聴に関連する多くの結果は、映画やテレビ番組、あるいはショートビデオなど、他のメディアジャンルでも見られるものである。これらの効果には相互に関連した多くの感情的、認知的、行動的効果が含まれていて、ウェルビーイング、つながり、そして思いやりを高めることに関連する望ましい結果を志向している。これらの効果に関する初期の研究の多くは、（ある反応を誘発する要因に注目するというよりは）オーディエンスとなる人々の反応そのものに焦点を合わせていたが、それらの研究では、ニュースメッセージを含むメディアメッセージを用いて反応を誘発することが多かったことに注意する必要がある。

▷感情

　エンターテインメント研究者の間では、ポジティブな感情、善性の高まり、畏敬、そして感動といった感覚への注目が高まっている。しかし、こうした感覚はニュースに対するオーディエンスの反応という点からも観察されてきた。いくつかの研究は、ポジティブな感情それ自体やオーディエンスの楽しみに焦点を当ててきた。たとえば、マッキンタイアとギブソン（McIntyre & Gibson, 2016）は、ポジティブ、ネガティブ、あるいは「いまは悪いけど希望はある」とフレーミングされたニュース記事に対する実験参加者の反応を検討した。ポジティブ感情と楽しみはポジティブなニュース記事により最も高くなったが、ウェルビーイング度全体は高くならなかった。同様に、別の2つの研究では、ポジティブで建設的にフレーミングされたニュース記事はよりポジティブな感情と楽しみをもたらしたが、重要なのは、それらのニュース記事がジャーナリズム的な価値を欠いているとは判断されなかったことである（Baden et al., 2018）。また、その後の研究では、より自然な環境下で同様の効果が見られるかが検討された（McIntyre, 2020）。実験参加者は、アプリに向かって「何か良いことを教えて」と言うと建設的フレームを用いたニュース記事を出してくれるGoogleアプリを提示された。そして実験参加者がアプリを使い始める前と2週間後に、全体的感情が評価された。その結果、アプリの使用を選択した人たちは、2週間経った後には最初の時よりも有意に高いレベルのポジティブ感情を報告した。また、その人たちは、「主流報道機関のニュースはネガティブ過ぎる」という意見により多く賛同したのである。

　さらに、自己超越的感情である善性の高まりなど、より複雑な感情的反応を検

討した研究も行われている。たとえば、ある研究では、学校で銃乱射事件が起き
た後のアーミッシュ・コミュニティの優しさ、レジリエンス、そして寛容につい
てのニュース記事を実験参加者に読ませた（Aquino et al., 2011）。このニュース記
事を読んだ実験参加者は、夕焼けの景色を眺めることについての心地よい記事を
読んだ実験参加者よりも、有意に高いレベルの善性の高まり（畏敬の念、思いやり、
感動や感銘、そして称賛により測定）を報告した。また、政治的演説であっても、
感動的なイグゼンプラーを盛り込めば善性の高まりを生むことができることを示
した研究もある（Ellithorpe et al., 2019）。同様の結果は、回復ナラティブでも得ら
れている（Fitzgerald et al., 2020）。実験参加者は、悲惨な状況として呈示されるか、
あるいは回復ナラティブでフレーミングされた、希少がんを患った女性のニュー
ス記事を読んだ。回復ナラティブ条件の実験参加者たちは、ポジティブ感情と有
意義な感情（たとえば、希望に満ちている、感動している）の両方をより高いレベ
ルで報告し、恐怖や悲しみのレベルはより低いと回答したのである。

▷思いやり、つながり、そして偏見の低減

　ポジティブで自己超越的な感情を引き起こすことに加え、ポジティブニュース
は多くの好ましい形で他者に対する知覚にも影響を及ぼす。個人が人間性をどう
捉えるかを分析した研究では、実験参加者は感動的だったり人の心を動かす記事
を読んだ後には、人間性をより肯定的に捉え、人は概して善良であるという考え
に賛同する傾向が高まることが示されている（Aquino et al., 2011）。実際に、メ
ディアでポジティブなコンテンツに接触することによって、人々は一般的に良識
があり、正直で、親切であると判断する「カインドワールド症候群（kind-world
syndrome）」[1]が培養されると指摘する研究者もいる（McIntyre, 2016; Oliver et al.,
2012）。

　さらに、特定の社会的カテゴリーの集団を取り上げたポジティブニュースに触
れることが、描かれた集団に対する知覚をどのように変えるかを分析した研究も
ある。たとえば、オリバーら（Oliver et al., 2012）は、高齢者、受刑者、あるいは
移民のいずれかの集団における健康格差に焦点を当てたニュース記事を読むよう
に実験参加者に求めた。これらの記事は、政策に焦点を当てた記事、もしくは顕
出的なイグゼンプラーを含むナラティブ記事のどちらかとして呈示された。ナラ

訳注[1] 暴力に関連したコンテンツにさらされた視聴者は、知覚した脅威に反応して、恐怖心や不安、
　　　悲観、警戒心をつのらせるという意味のミーンワールド症候群（mean world syndrome）がガー
　　　ブナーによって1970年代に提唱されているが、それにちなんでつけられた名称である。

ティブ記事を読んだ人々は記事の中で描かれた人物への思いやりを深め、その集団の人々を支援するための政策支持を高め、より多くの情報探索をするとまで回答した。同様の結果は、政治演説に対する人々の反応に関する研究でも示された（Ellithorpe et al., 2019）。感動や感銘を与えたり、心が温かくなるようなイグゼンプラーが演説に含まれていると、実験参加者は描かれている人物や政治家全般に対してよりポジティブに感じたのである。

　特定の集団に対するより好意的な態度を促進するために有意義なメディアを利用する際には、喚起されるであろうさまざまな関連感情に留意することが重要である。たとえば、ある集団への共感には、憧れ、親近感、あるいは仲間意識が含まれるだろう。特にバルチら（Bartsch et al., 2018）は、非スティグマ化における善性の高まり、親近感、そして同情の役割を区別しようとした。彼らの研究では、実験参加者は共感を誘発する音楽、または感情的にはニュートラルな音楽を含むように編集されたパラリンピック競技大会の広告を視聴した。共感は、善性の高まり、障害者への親近感（たとえば、称賛、つながり）、そして障害者への同情（たとえば、同情、思いやり）の高まりと関連していた。重要なことは、善性の高まりと親近感がより高い非スティグマ化と関連していたのに対し、同情はより高いスティグマ化と関連していたということである。これらの結果は、有意義なメディアが引き起こす反応の複雑さを浮き彫りにしており、すべての反応が望ましい結果をもたらすとは限らないという教訓を与えてくれる。

　そしてついに、ある研究者たちは、善性の高まりの経験やそれに伴う人間性に溢れたつながりの感覚が、これまで実験で使用されたメディア刺激において明確には描かれてこなかった、たびたび社会から取り残されてきた集団に対する偏見を低減することに、最終的には役立つのではないかという考えを検討した。一般的に、こうした研究の背景にある論理とは、人間性に溢れたつながりの感覚というのは必然的に人類すべてを対象としており、日常的にスティグマ化されたり、虐げられている集団も含むというものである（Oliver et al., 2015 を参照）。さらに、善性の高まりは虐げられた集団に対して抱く嫌悪感を弱めると考えられていることから、メディアによって引き起こされる善性の高まりの経験は、これらの偏見に満ちた感覚を打ち消す働きをするはずである。ライら（Lai et al., 2014）は、ゲイの男性に対する同性愛嫌悪の心情を低減させる上で、善性の高まりが果たす役割を検証するためにこの推論を採用した。実験参加者は、性的指向とは無関係のニュースとノンフィクション（トークショー）から抜粋された感動や感銘を与える動画を視聴するか、善性の高まりは含まれていないおもしろい動画を視聴する

か、あるいは統制条件の動画を視聴した。ポジティブな感情を引き出す動画や統制条件の動画とは対照的に、感動や感銘を与える動画は善性の高まりを引き起こし、顕在的態度と潜在的態度の両方で測定されたゲイの男性に対するネガティブな態度も低減させたのである。

▷利他主義と寛容

　感動や感銘を与える記事が人とのつながりを感じさせることを考えると、自己超越的感情が、より良い人間になろうとする、あるいは人助けをしようとする動機をどのように高めるのかについても、多くの研究が明らかにしようとしてきたことは驚くにあたらない（Algoe & Haidt, 2009 を参照）。そうした研究の中に、実験参加者が自己申告した行動意図に注目したものがある。たとえばバーデンら（Baden et al., 2018）は、解決フレームで書かれた環境問題や平和問題に関する建設的な記事を読んだ後には、この問題について家族や友人と話をしたり、自らの行動をより環境に配慮したものに変えたり、慈善団体に寄付するなど、記事の争点に関する実験参加者たちの行動意図が高まることを明らかにした。同様の結果は、がんに関する回復ナラティブを実験参加者に読んでもらった研究でも見られた（Fitzgerald et al., 2020）。実験参加者たちは、より悲惨な記事を読んだ実験参加者たちと比べてよりポジティブで希望に満ちていただけでなく、より利他的な動機（たとえば、誰かの助けになりたい、ボランティアに参加したい）も表明した。こうした利他的な動機は、（回復ナラティブから）ポジティブな感情や有意義な感情を感じた場合には強まっていたが、恐怖、悲しみ、怒りを感じた場合には弱まっていた。

　実際の行動変容を検討した研究もある。たとえば、アキノら（Aquino et al., 2011）は、実験参加者に最初にクロスワードパズルをやってもらう方法で道徳的アイデンティティを活性化した後、感動や感銘を与えるニュース記事を読ませた。その後、競争相手にいくらお金を渡すかを選択するゲームをしたところ、道徳的アイデンティティを活性化され、感動や感銘を与える記事を読んだ実験参加者は、活性化されなかった実験参加者や夕焼けに関する単にポジティブな記事を読んだ実験参加者よりも有意に多くのお金を渡した。次の研究でアキノらは、道徳アイデンティティ尺度で高得点だった人と感動や感銘を与える動画を観た人は、研究参加の謝礼からより多くの金額を慈善団体に寄付することを明らかにしている。

　また、善性の高まりをもたらすコンテンツは、反社会的な傾向をより弱めるようである。フリーマンら（Freeman et al., 2009）は、社会的優位志向は反黒人的態

度とより強く関連していることが多く、したがって、特にアフリカ系アメリカ人に対して利他的な行動を見せることが少ない傾向にあることを指摘した。しかし、人間の優しさを強調した善性の高まりをもたらすニュース記事を読むことで、こうした傾向が緩和されることが複数の研究で示された。統制群では社会的優位性と黒人関連団体への慈善性の間には負の関連が見られたが、善性の高まりをもたらすニュース記事を読んだ後にはこの関係は消滅したのである。

▷関心と好奇心

　ポジティブニュースが向社会的傾向に及ぼす効果を明らかにしたことに加え、気持ちを高めてくれるニュースや有意義なニュースが、そのニュースで描かれている話題へのより高い関心をどのように呼び起こし、結果としてより多くの情報探索がなされるようになるかについてもさらなる研究が行われてきた。バルチとシュナイダー（Bartsch & Schneider, 2014）は、政治ニュース、あるいはニュース価値のあるトピックを取り上げるユーダイモニックなエンターテインメントが（ヘドニックなエンターテインメントに比べて）どのようにトピックへの関心を刺激するのかを説明するため、**二重過程モデル**を発展させた。具体的にいうと、著者らは、ユーダイモニックなコンテンツはネガティブな感情やネガティブとポジティブが混合した感情を引き起こし、そして適度に覚醒させることが多いと主張した。これらの要因は、いずれもより精緻な、あるいは熟考的な情報処理を促進し、描かれたトピックへの関心を高めると予想された。彼らの研究では、実験参加者は『君のためなら千回でも』〈原題：*The Kite Runner*〉（タリバンを題材にした作品）か、あるいは『闇の列車、光の旅』〈原題：*Sin Nombre*〉（若者の犯罪集団を題材にした作品）のいずれかの映画からのシーンを視聴した。映像を視聴し、それについて自分たちが思ったことを回答した後、その映像で描かれた問題に関するニュース記事を読む機会が与えられた。映像を観て感動したと感じた場合（たとえば、混合感情など）は視聴後の熟考度がより高かった。そして熟考はニュース記事を読む際の関心の指標（たとえば、関心度、読む時間）をより高めていたのである。これらの結果は、その後テレビのワイドショー番組を刺激として用いた別の実験でも再現された。著者らは、「思考を刺激する……エンターテインメントはさもなければ無関心な視聴者層の政治意識を高める働きをするだけでなく、エデュテインメントの文脈における学習プロセスを内発的に動機づけるかもしれない」（p.392）と結論づけている。

　また、トークショーの視聴者でも同様の結果が得られている。ロスら（Roth et

al., 2014）は、テレビの政治トークショー番組を観る視聴者の動機、視聴時の経験、そして視聴にともなってどれくらい情報を得たと感じたかを測定した。全体として、人口統計学的属性や視聴動機を統制すると、ユーダイモニックな視聴経験は情報を得たという感覚の有意な説明変数であった。もちろん、情報を得たと感じることは情報を得ていることと同義ではないが、この研究の結果は、興味をかきたて、提供された情報の入念な処理を高める可能性を秘めた手段として、ニュースの視聴における有意義な経験の重要性を示すものである。

▷共有する、いいねをする、コメントする

インターネット以前は、ニュースのオーディエンスは一般的に情報の受け手でしかなかった。友人と話したり、編集者に手紙を書いたりすることを除けば、個人がニュースの制作や拡散にかかわることはほとんどなかった。もちろん、今日のメディア状況においては、個人がニュースを制作したり（たとえば、ブログ、市民ジャーナリズム）、ニュースにコメントしたり、ソーシャルメディアでニュースを共有したりする機会は豊富にある。こうした背景を念頭に、オーディエンスの受容に及ぼすユーザーコメントの影響はもちろん、社会的共有を予測するニュースの特徴を検討し始める研究者が増えている。

ニュースの社会的共有に関する初期の研究として、バーガーとミルクマン（Berger & Milkman, 2012）は『ニューヨーク・タイムズ』に掲載されたニュース記事を内容分析し、どんなときに記事がインターネット上で拡散するのかを予測する要因を検討した。ポジティブな感情価をもつ記事はネガティブな感情価の記事よりも多く共有されていたが、畏敬の念を抱かせる記事や、怒りや不安と関係がある記事のように、覚醒度の高い記事も多く共有されていた。

一方で別の研究は、ポジティブで自己超越的なコンテンツが、以前考えられていたよりも社会的共有においてより重要な役割を果たしている可能性を示唆している。『ニューヨーク・タイムズ』の記事の社会的共有に関する最近の研究で、ジら（Ji et al., 2019）は人間によるコーディングとコンピュータによるコーディングの両方を採用し、電子メール、Twitter、そしてFacebookで再送信されたニュース記事を説明する要因を検討した。何千という記事が検討された中で22.0％は感動や感銘を与える内容と判断された。そして最もシェアされた記事では、29.0％が感動や感銘を与える性質をもっていた。感動や感銘を与える記事に現れる言葉を調べてみると、成長、優しさ、希望、そして愛に関連する言葉が多かった。さらに、感動や感銘を与える記事のトピックは、政治、科学／健康／テ

クノロジー、音楽、スポーツなど多岐にわたっていた。

　自己超越的感情の重要性は、他の種類のノンフィクションコンテンツでも報告されている。テリスら（Tellis et al., 2019）は広告を対象に、どのような種類のコンテンツ特性が社会的共有の規模の大きさを予測するかを確かめた。自己超越的感情の研究にとって重要なことに、ドラマティックな表現がなされた広告や「かわいい」描写（たとえば、赤ちゃん、動物）を含む広告は、より多くの温かさ、楽しさ、そして感動や感銘を喚起するという結果が示された。これらの感情反応は、次々と社会的共有を増やす有意な説明変数となったのである。

　ニュースサイトでは、メディアコンテンツを共有する機能に加えて、利用者が記事にコメントしたり、他の人のコメントに反応したりする機能もあることが多い。この意味において、記事に対するユーザーの反応は、その記事がどのように解釈されるかを「フレーミング」することができるし、一般市民の感情を示す基準になり得るものである。もちろん、すべてのコメントがポジティブであったり、建設的であるわけではない。実際のところ、オンラインニュースのコメント欄の議論を内容分析すると、「攻撃的」とコーディングされた投稿が10 %、「論争の的になる」は34 %、「否定的」は40 %という結果になった（Ziegele et al., 2014）。幸いなことに、投稿のうち10 %は「ユーモアを含んでいる」とコーディングされてもいる。

　ユーザーのコメントが読者の知覚に与える効果を調べるため、ワデルとベイリー（Waddell & Bailey, 2017）は、礼儀にかなった語調のコメント、無作法な語調のコメント、あるいはコメントなしの3条件で、感動や感銘を与えるニュース記事または感動や感銘を与えないニュース記事のどちらかを実験参加者に読んでもらう実験を実施した。感動や感銘を与えるニュース記事は全体的により高い善性の高まりを喚起したが、コメント自体（礼儀にかなっているか無作法かにかかわらず）はこの効果を弱めているようであった。一方で、礼儀にかなったコメントは、バンドワゴン知覚（すなわち、他の人々もこの記事が好きで共有するだろうという考え）を介して普遍性認知志向の感覚（たとえば、全人類とつながっている感覚）と間接的に関連していた。この著者たちは、「従来、感動や感銘を与えるメディアと関連づけられていたメディア効果は、他の人々が感動や感銘を受けたことを示すコメントによっても誘発され得る」（p.547）と結論づけている。

まとめ

　ニュースが示す風景は敵対的、対立的、否定的であるとされることが多い。し
かし、多くのニュースは希望、感謝、優しさ、そして感動や感銘を表している。
まさにそうしたコンテンツに、多くの人々が遭遇したと回答しているだけでなく、
ポジティブなニュース記事がポジティブで自己超越的な感情、つながっていると
いう感覚、より多くの利他的行為の動機を引き出すことができ、そして抑圧され
た、あるいはスティグマ化された集団に対する偏見に基づいた感情を低減するこ
とができることを示す研究が増えている。こうした一連の研究はニュースの基礎
的理論に適用され、多くのニュース記事が問題をより平和的で調和的に解釈でき
るように議題を設定できること、建設的あるいは回復的な方向で記事をフレーミ
ングできること、そして感動的で善性の高まりをもたらすイグゼンプラーを含め
ることができることを示唆している。さらに、人はポジティブニュースを他者と
共有したり、他の人もポジティブなニュースに感動や感銘を受けたと知覚すると
より大きなつながりを感じることから、感動や感銘を与え、気持ちを高めてくれ
る記事が拡散することは、優しさや感謝の気持ちを広める補強螺旋モデルにつな
がるのではないかと期待している。

引用文献

Algoe, S. B., & Haidt, J. (2009). Witnessing excellence in action: The "other-praising" emotions of elevation, gratitude, and admiration. *Journal of Positive Psychology*, 4, 105-127. doi:10.1080/17439760802650519.

Aquino, K., McFerran, B., & Laven, M. (2011). Moral identity and the experience of moral elevation in response to acts of uncommon goodness. *Journal of Personality and Social Psychology*, 100, 703-718. doi:10.1037/a0022540.

Baden, D., McIntyre, K., & Homberg, F. (2018). The impact of constructive news on affective and behavioural responses. *Journalism Studies*, 20, 1940-1959. doi:10.1080/1461670x.2018.1545599.

Bartsch, A., Oliver, M. B., Nitsch, C., & Scherr, S. (2018). Inspired by the paralympics: Effects of empathy on audience interest in para-sports and on the destigmatization of persons with disabilities. *Communication Research*, 45, 525-553. doi:10.1177/0093650215626984.

Bartsch, A., & Schneider, F. M. (2014). Entertainment and politics revisited: How non-escapist forms of entertainment can stimulate political interest and information seeking. *Journal of Communication*, 64, 369-396. doi:10.1111/jcom.12095.

Berger, J., & Milkman, K. L. (2012). What makes online content viral? *Journal of Marketing Research*, 49, 192-205. doi:10.1509/jmr.10.0353.

Bohle, R. H. (1986). Negativism as news selection predictor. *Journalism Quarterly*, 63, 789-

796.

Calicchio, D. (2020, May 28). Minneapolis Third Precinct police station set on fire after rioters break in. *Fox News*. Retrieved from https://www.foxnews.com/us/minneapolis-third-precinct-police-station-set-on-fire-after-rioters-break-in.

Ellithorpe, M. E., Huang, Y., & Oliver, M. B. (2019). Reach across the aisle: Elevation from political messages predicts increased positivity toward politics, political participation, and the opposite political party. *Journal of Communication*, 69, 249-272. doi:10.1093/joc/jqz011.

Entman, R. M. (1993). Framing: Toward clarification of a fractured paradigm. *Journal of Communication*, 43, 51-58. doi:10.1111/j.1460-2466.1993.tb01304.x.

Fitzgerald, K., Paravati, E., Green, M. C., Moore, M. M., & Qian, J. L. (2020). Restorative narratives for health promotion. *Health Communication*, 35, 356-363. doi:10.1080/10410 236.2018.1563032.

Freeman, D., Aquino, K., & McFerran, B. (2009). Overcoming beneficiary race as an impediment to charitable donations: Social dominance orientation, the experience of moral elevation, and donation behavior. *Personality and Social Psychology Bulletin*, 35, 72-84. doi:10.1177/0146167208325415.

Freezell, J. T. (2018). Agenda setting through social media: The importance of incidental news exposure and social filtering in the digital era. *Political Research Quarterly*, 71, 482-494. doi:10.1177/1065912917744895.

Galician, M.-L., & Pasternack, S. (1987). Balancing good news and bad news: An ethical obligation? *Journal of Mass Media Ethics*, 2, 82-92. doi:10.1080/08900528709358298.

Gibson, R., & Zillmann, D. (1994). Exaggerated versus representative exemplification in news reports: Perception of issues and personal consequences. *Communication Research*, 21, 603-624. doi:10.1177/009365094021005003.

Gruszczynski, M., & Wagner, M. W. (2016). Information flow in the 21st century: The dynamics of agenda-uptake. *Mass Communication and Society*, 20, 378-402. doi:10.1080/152 05436.2016.1255757.

Irimieş, L., & Irimieş, C. (2017). Effective communication in politics: Barack Obama's inspirational speeches. *Journal of Media Research*, 10, 122-129. doi:10.24193/jmr.29.10.

Iyengar, S., & Krupenkin, M. (2018). The strengthening of partisan affect. *Political Psychology*, 39, 201-218. doi:10.1111/pops.12487.

Janicke-Bowles, S. H., Raney, A. A., Oliver, M. B., Dale, K. R., Jones, R. P., & Cox, D. (2019). Exploring the spirit in U.S. audiences: The role of the virtue of transcendence in inspiring media consumption. *Journalism & Mass Communication Quarterly*. Advanced online publication. doi:10.1177/1077699019894927.

Ji, Q., Raney, A. A., Janicke-Bowles, S. H., Dale, K. R., Oliver, M. B., Reed, A., Seibert, J., & Raney II, A. A. (2019). Spreading the good news: Analyzing socially shared inspirational news content. *Journalism & Mass Communication Quarterly*, 96, 872-893. doi:10. 1177/1077699018813096.

Jurkowitz, M., Mitchell, A., & Walker, M. (2020, January 24). U.S. Media polarization and the 2020 election: A nation divided. *Pew Research Center*. Retrieved from https://www.journalism.org/2020/01/24/u-s-media-polarization-and-the-2020-electiona-nation-divided/.

Lai, C. K., Haidt, J., & Nosek, B. A. (2014). Moral elevation reduces prejudice against gay men. *Cognition & Emotion*, 28, 781-794. doi:10.1080/02699931.2013.861342.

Lamson, W. R. J., & McGrath, R. E. (2019). Speaking of character: Character strength references in movies and presidential nomination speeches. *The Journal of Positive Psychology*. Advanced online publication. doi:10.1080/17439760.2019.1689415.

Leonhardt, D. (2020, May 29). Protests against police escalate. *New York Times*. Retrieved from https://www.nytimes.com/2020/05/29/briefing/minneapolis-twitter-coronavirus-your-friday-briefing.html.

Leung, D. K. K., & Lee, F. L. F. (2015). How journalists value positive news: The influence of professional beliefs, market considerations, and political attitudes. *Journalism Studies*, 16, 289-304. doi:10.1080/1461670x.2013.869062.

McCombs, M., & Reynolds, A. (1994). How the news shapes our civic agenda. In J. Bryant & M. B. Oliver (Eds.), *Media effects: Advances in theory and research* (3rd ed., pp. 1-16). New York: Routledge.

McCombs, M. E., & Shaw, D. L. (1993). The evolution of agenda-setting research: Twenty-five years in the marketplace of ideas. *Journal of Communication*, 43, 58-67. doi:10.1111/j.1460-2466.1993.tb01262.x.

McIntyre, K. (2016). What makes "good" news newsworthy? *Communication Research Reports*, 33, 223-230. doi:10.1080/08824096.2016.1186619.

McIntyre, K. (2020). "Tell me something good": Testing the longitudinal effects of constructive news using the google assistant. *Electronic News*, 14, 37-54. doi:10.1177/1931243120910446.

McIntyre, K., & Gyldensted, C. (2017). Constructive journalism: Applying positive psychology techniques to news production. *The Journal of Media Innovations*, 4, 20-34. doi:10.5617/jomi.v4i2.2403.

McIntyre, K. E., & Gibson, R. (2016). Positive news makes readers feel good: A "silver-lining" approach to negative news can attract audiences. *Southern Communication Journal*, 81, 304-315. doi:10.1080/1041794x.2016.1171892.

Oliver, M. B., Ash, E., & Woolley, J. K. (2012). Responses to media portrayals of moral beauty. In R. Tamborini (Ed.), *Media and the moral mind* (pp. 93-108). New York, NY: Routledge.

Oliver, M. B., Dillard, J. P., Bae, K., & Tamul, D. J. (2012). The effect of narrative news format on empathy for stigmatized groups. *Journalism & Mass Communication Quarterly*, 89, 205-224. doi:10.1177/1077699012439020.

Oliver, M. B., Kim, K., Hoewe, J., Ash, E., Woolley, J. K., & Shade, D. D. (2015). Media-induced elevation as a means of enhancing feelings of intergroup connectedness. *Journal of Social Issues*, 71, 106-122. doi:10.1111/josi.12099.

Pew Research Center. (2019, December 17). In a politically polarized era, sharp divides in both partisan coalitions. *Pew Research Center*. Retrieved from https://www.people-press.org/2019/12/17/in-a-politically-polarized-era-sharp-divides-in-both-partisan-coalitions/.

Roselyn Du, Y. (2017). Intermedia agenda-setting effects. In P. Rössler, C. A. Hoffner, & L. van Zoonen (Eds.), *The international encyclopedia of media effects* (pp. 1-13). Hoboken, NJ: John Wiley & Sons.

Roth, F. S., Weinmann, C., Schneider, F. M., Hopp, F. R., & Vorderer, P. (2014). Seriously entertained: Antecedents and consequences of hedonic and eudaimonic entertainment experiences with political talk shows on TV. *Mass Communication and Society*, 17, 379-399. doi:10.1080/15205436.2014.891135.

Seethaler, J. (2017). Political agenda-building. In P. Rössler, C. A. Hoffner, & L. van Zoonen (Eds.), *The international encyclopedia of media effects* (pp. 1-12). Hoboken, NJ: John Wiley & Sons.

Slater, M. D. (2007). Reinforcing spirals: The mutual influence of media selectivity and media effects and their impact on individual behavior and social identity. *Communication Theory, 17,* 281-303. doi:10.1111/j.1468-2885.2007.00296.x.

Slater, M. D. (2015). Reinforcing spirals model: Conceptualizing the relationship between media content exposure and the development and maintenance of attitudes. *Media Psychology, 18,* 370-395. doi:10.1080/15213269.2014.897236.

Slater, M. D., Henry, K. L., Swaim, R. C., & Anderson, L. L. (2003). Violent media content and aggressiveness in adolescents: A downward spiral model. *Communication Research, 30,* 713-736.

Sunstein, C. R. (2001). *Republic.com.* Princeton, NJ: Princeton University Press.

Tellis, G. J., MacInnis, D. J., Tirunillai, S., & Zhang, Y. W. (2019). What drives virality (sharing) of online digital content? The critical role of information, emotion, and brand prominence. *Journal of Marketing, 83,* 1-20. doi:10.1177/0022242919841034.

Tenore, M. J. (2015). The case for restorative narratives. *Kosmos.* Retrieved from https://www.kosmosjournal.org/article/the-case-for-restorative-narratives/.

Tewksbury, D., & Schuefele, D. A. (2020). News framing theory and research. In M. B. Oliver, A. A. Raney, & J. Bryant (Eds.), *Media effects: Advances in theory and research* (4th ed., pp. 51-68). New York, NY: Routledge.

Waddell, T. F., & Bailey, A. (2017). Inspired by the crowd: The effect of online comments on elevation and universal orientation. *Communication Monographs, 84,* 534-550. doi:10.1080/03637751.2017.1369137.

Ziegele, M., Breiner, T., & Quiring, O. (2014). What creates interactivity in online news discussions? An exploratory analysis of discussion factors in user comments on news items. *Journal of Communication, 64,* 1111-1138. doi:10.1111/jcom.12123.

Zillmann, D., & Brosius, H. B. (2000). *Exemplification in communication: The influence of case reports on the perception of issues.* Mahwah, NJ: Lawrence Erlbaum Associates.

参考文献 ■

Berger, J. (2011). Arousal increases social transmission of information. *Psychological Science, 22,* 891-893. doi:10.1177/0956797611413294.

Heimbach, I., & Hinz, O. (2016). The impact of content sentiment and emotionality on content virality. *International Journal of Research in Marketing, 33,* 695-701. doi:10.1016/j.ijresmar.2016.02.004.

Holt, L. F. (2013). Writing the wrong: Can counter-stereotypes offset negative media messages about African Americans? *Journalism & Mass Communication Quarterly, 90,* 108-125. doi:10.1177/1077699012468699.

第10章 ナラティブ説得

Vasilyev Alexandr/Shutterstock.com

　放送やインターネットなどのコミュニケーションテクノロジーは、人々が情報を共有する方法をその根底から変えた。インターネットを検索するだけで、新しいレシピを見つけたり、タイヤの交換方法を理解したり、歴史や私たちを取り巻く世界について知りたいことをほとんど何でも見つけることができる。新しいテクノロジーにより、文化、空間、時間を超えて情報にアクセスし、共有することが格段に容易になったのである。もちろん、人間はこのようなテクノロジーが登場するずっと前から、また文字を使用せず、文字による知識がなかった文字以前の社会においてでさえ、互いに情報を共有していた。知識、文化的価値、歴史を伝える手段の一つとしてこれらのすべての時代を通して使われ続けているのは、ストーリーテリングである。世界中で、そして何千年もの間、人々は物語を通して知識を共有してきた。ストーリーテリングの伝統と技術が進化しても、物語自体が知識の伝達や説得の強力なツールであることに変わりはない。

　物語、あるいはナラティブと呼ばれているものは、情報を伝えるためのユニークな手段である。本章では、こうしたナラティブが説得に特に役立つ理由を探り、ナラティブ説得というプロセスを通じてポジティブで向社会的な結果を促進するために、特定のナラティブをどのように利用できるかを検討する。**ナラティブ説得**とは、大まかにいえば、メディアによって媒介されたナラティブのメッセージが、オーディエンスの信念、態度、行動に与える影響のことである。

説得とナラティブの概要

　説得研究の始まりは、政治演説の効果に関心が集まっていた古代ギリシャ時代にまでさかのぼることができる。歴史的には、説得は、送り手の「意図」という点で、他の形態のコミュニケーションと区別されてきた。すなわち、どのメッセージもオーディエンスに影響を与え得るが、特に商業的広告や公共広告、選挙演説のような説得メッセージは、影響を与えようとする意図のもとで考案されるものである。ナラティブ説得の研究者の中には、この区別が重要だと考える人もいる。彼らは、ナラティブ説得は、特定の信念、態度、行動に影響を与えるという明確な目的によって作られた物語（または物語の特定の部分）で起こり得るとする。別の研究者たちは、コンテンツの形態より、プロセスとしての説得に重点を置いている。したがって今は、多くの研究者が、ナラティブ説得の影響はメッセージの制作者によって意図された場合もあれば、意図されない場合もあると見ている。本章の著者たちは、必ずしもこの問題に関して特定の立場をとるわけではない。しかし、著者たちの関心は本質的に有益な信念、態度、行動の採用または強化にあるため、以下の議論では、このような結果を促進するためにナラティブを利用する意図的な取り組みに焦点を当てる。

　ところで、ナラティブは、コミュニケーションの一形態として、政治演説や修辞的な主張と何が違うのだろうか。ナラティブは、研究者によってさまざまな形で定義されており、ナラティブを構成する要素そのものを理解することに注力している研究もある。多くの定義は、すべてのナラティブに、(1) 特定の構造、そしてその構造における、(2) 登場人物と、(3) 何らかのコンフリクトの3つの要素が含まれる（たとえば、Green & Brock, 2000; Hinyard & Kreuter, 2007）としている点で共通している。モイヤー＝グセとデール（Moyer-Gusé & Dale, 2017）は、物語には、構造、具体的には、始まり、中間、終わりが含まれていなければならないということが、最も本質的な特徴であると主張する。オーディエンスは話の展開に沿って物語をつなぎ合わせる必要があり、この構造は、ナラティブが認知的、感情的にどのように処理されるかに対して重要な意味を持つ。政治演説や修辞的主張には確かにナラティブが含まれることがあるが、物語の構造とは異なる構造に従っているため、本質的に異なる。

　ナラティブの構造、登場人物、コンフリクトはナラティブへのエンゲージメントを促進する。ナラティブへのエンゲージメントの重要な側面は、物語世界の一

部になるという感覚である。読者の皆さんも、好きな本を読んだり、好きなテレビ番組を見ているときに、この現象を経験したことがあるだろう。物語に完全に夢中になると、現実の世界が消えていくような感覚に包まれる。物語の世界に引き込まれていく経験は、移入として知られている。これについては、以下で詳しく説明する。さらに、ナラティブには登場人物（実在か架空かを問わず）がいるため、その登場人物との関係性もナラティブの説得効果に影響を与える。たとえば、オーディエンスが、登場人物と自分が似ていると認識する度合いは、ナラティブメッセージを広めるのに多かれ少なかれ効果がある。結局、ナラティブへのエンゲージメントはナラティブ説得につながる可能性がある。それではナラティブ説得に関連するいくつかの理論と重要概念についてみてみよう。

ナラティブ説得の主要理論と概念

ナラティブ説得に関する研究は、少なくともある程度は「熱心な」オーディエンスを想定している。つまり、メッセージにある程度注意を払うことが、そのメッセージから学び、説得されるための前提条件だと考えられている。しかし、メディアコンテンツを消費するとき、オーディエンスはさまざまなレベルの注意状態に入る。ポッター（Potter, 2012）は、その状態として、自動意識、注視、移入、省察の4つを指摘した。**自動意識**状態では、コンテンツが存在することに気づき、そのことを認識していても、そのコンテンツに注意を払っていない。たとえば、学校や職場に向かう車の中で音楽を聴いていても、（理想的には）運転に注意を向ける。音楽がかかっていることは「知っている」が、それには注意を向けていないのである。**注視**状態では、メッセージを意識し、何らかの注意を払う。例としては、腰を据えて好きな番組を見たり、本を読んだりする場合である。この注意レベルがさらに進んだ**移入**状態では、メッセージに夢中になり、周りの時間や場所の感覚がなくなる。最後に、**省察**状態は、メッセージを認識するとともに、そのメッセージについて自分自身が考えていることを認識する状態である。この状態が続く間、そのメッセージが自分に与える影響や、特定のコンテンツを選択した理由などを深く考えるかもしれない。ポッター（Potter, 2012）は、省察状態を「メッセージと、自分がそのメッセージを処理していることを強く意識している状態」と定義した（p.23）。研究者たちは、一般的に注視状態と移入状態にあるオーディエンスを対象に調査を行い、理論化する。

さらに、ナラティブ説得に関するほとんどの理論は、ナラティブで説得できる（そして実際に説得する）ことを前提としている。その結果、これらの理論は、主に、ナラティブがオーディエンスの態度や行動を（単に変えることができるかどうかではなく）どのように変えることができるかを記述し、説明することを追求している。

移入想像モデル

　移入の概念は前述した通りである。グリーンとブロック（Green & Brock, 2000）は、本に夢中になり、部屋に他の人が入ってきたことに気づかない例を挙げながら、移入の状態を説明している。この状態は、読者、視聴者、リスナー、利用者、プレイヤーが、周囲の世界に関する感覚を失うほどまでに、すなわち、すべての精神的プロセスが物語の中で起こっている出来事に集中する状態に至るまでに、ナラティブに認知的、感情的にかかわっていく過程のさまざまなレベルで起きる。実際に、高いレベルの移入状態になっている人は、夢中になるあまりメッセージの中で提示された情報が現実の生活と矛盾していても気づかなかったり、その点に批判的にならなかったりする。その結果、物語の世界に引き込まれ、移入するほど、それをあまり経験しない、あるいはまったく経験しない人に比べて、物語で提示される態度が現実世界の事実に基づかなかったり、それによって支持されないものであっても、それと一貫する態度をより受け入れるようになる。こうしたプロセスを説明するのが、**移入想像モデル**（TIM: Transportation Imagery Model; Green & Brock, 2002）である。

　一般的にいって、私たちがある信念や態度を持つのは、それが正しいと思うからであり、私たちがある行動を行うのも同じ理由からである。誰かがそうでないのだと説得しようとすると、私たちは相手に反論し、相手の主張の間違いや欠陥を見つけようとする傾向がある。説得研究で**反論**として知られているプロセスである。TIM では、移入が反論を減らすためナラティブ説得につながると述べている。物語の世界に引き込まれ、移入するということは、私たちが物質的な世界をあまり意識しなくなることを意味する。その結果、物語の世界で提示される情報を、現実世界の情報と比較したり、対比する可能性が低くなる。そのため、メディアに引き込まれ、移入した利用者は、現実の世界では反論するようなことでも、物語の中で示される信念、態度、行動に対しては反論することが少なくなる。反論しないことで、メディア利用者は、物語の中の信念、態度、行動を採用する

可能性が高くなる。言い換えれば、移入によって反論の可能性を認識しなくなり、反論の影響が減少するのである。

インターン先の組織が、社内報にリサイクルの重要性を伝える短い物語を掲載することで、従業員のリサイクルに対する態度を変えようとしていると考えてみよう。TIM は、読者が高いレベルで引き込まれ、移入する物語を作ると、そうでない物語よりも、物語に沿った態度が形成されやすいことを示唆している（たとえば、リサイクルは重要で、簡単に実行でき、環境に役立ち、みんなの責任であり、良い従業員が行うことであるといった態度）。このような物語にかなり夢中になった従業員は、現在リサイクルをしていない人であっても、読んでいる最中に反論することが少なくなるため、リサイクル推進メッセージを採用する可能性が高くなる。

物語とオーディエンスに関連する多くの要因が、ナラティブの受容時に経験する移入のレベルに影響を与える。反論との関連で特に重要なのは、知覚されたリアリズムという多面的な概念である（Green, 2004）。拡張移入想像モデルを開発するにあたり、ヴァン・ラーら（Van Laer et al., 2014）は、移入における知覚されたリアリズムの 2 つの側面の役割を強調した。(1) 読者と視聴者が強いイメージを抱くよう促す形でナラティブが作られている度合い、(2) 物語の中の出来事が実際に起こり得る度合いがそれである。ブッセルとビランジッチ（Busselle & Bilandzic, 2008）は、ナラティブの理解とエンゲージメントのモデルを提案する際に、ナラティブ説得の過程におけるリアリズムの重要性をさらに強調した。**ナラティブリアリズム**とは、物語の中の情報が、ナラティブの中の過去の情報とどの程度一致しているかということであり、**外界リアリズム**とは、その情報が現実世界の事実とどの程度一致しているかということである。たとえば、あるテレビ番組の登場人物がクモを嫌っているのに、何の説明もないまま後でクモと問題なく接している場面を見せられると、ナラティブリアリズムは低くなる。もしそのクモがしゃべれるとしたら、外界リアリズムは低くなるだろう。いずれかのリアリズムが低い場合、ナラティブへのエンゲージメント、移入、ナラティブの説得力は損なわれる。オーディエンスに関連する要因も、経験される移入のレベルに影響する可能性がある。その要因としては、とりわけ、移入可能性、すなわち、個人がどれくらい移入されやすいのかを個人差変数として測定したもの（Mazzocco et al., 2010）や感情欲求（Appel & Richter, 2010）、物語の馴染み度（Van Laer et al., 2014）などがある。

拡張精緻化見込みモデル

　ナラティブ説得には、移入に加えて、登場人物との同一視が重要な役割を果た
す。登場人物との**同一視**には、登場人物の役割や視点を取り入れることが含まれ
る（Cohen, 2001）。物語に夢中になるという点では移入に似ているが、同一視は、
特に登場人物やその視点、動機、役割を通して物語の世界を体験することと関連
している。**拡張精緻化見込みモデル**（E-ELM: Extended Elaboration Likelihood
Model; Slater & Rouner, 2002）で説明されているように、同一視はナラティブ説得
において重要な役割を果たす。E-ELM モデルは、（ナラティブ以外の）説得過程
について、有力な説明として長い間用いられている、精緻化見込みモデル（ELM:
Elaboration Likelihood Model; Petty & Cacioppo, 1986）として知られるモデルをベー
スにしており、それをナラティブに適用できるように変更したものである。

　内発的に動機づけられた行動として、メディア利用によるナラティブの受容は
基本的に報酬的なものである。私たちは、ナラティブを消費するとき、ナラティ
ブにかかわり続けたい、移入を体験したい、そして登場人物と自分を同一視した
いのである。最近、映画を見に行って、途中で誰かの携帯電話が鳴ったときのこ
とを考えてみてほしい。現実世界に引き戻されることなく、映画に夢中になりた
かったのに、気が散って苛ついたはずである。スレーターとルーナー（Slater &
Rouner, 2002）は、物語の世界に移入し続け、登場人物と自分を同一視し、関係
を維持したいという動機から、ナラティブは従来のメッセージ形式とは異なる説
得の機会を提供すると主張した。前述の TIM によれば、移入および登場人物と
の同一視のレベルが高いほど、結果として反論を減少させるため、物語に沿った
態度をより強く受け入れることができる。

抵抗抑制エンターテインメントモデル

　前述のように、説得メッセージには、現在の信念、態度、行動と矛盾する情報
が含まれている場合がある。一つの自然な反応は、反論することであるが、移入
を利用することでその反応を抑制することができる。もう一つの反応は、リアク
タンスを経験することである。**リアクタンス**は、脅威を喚起させる感情で、誰か
が、あるいは何かが私たちの選択や決定の自由を奪おうとしているように見える
ときに起こるものであり、あるメッセージが、特定の方向で行動したり考えたり
するように私たちを説得しようとしていると認識したときに生じる。自己決定理

論（第3章を参照）によれば、自律性欲求はウェルビーイングの重要な側面である。人は、自分の自律性が脅かされていると感じると、リアクタンスを経験し、その結果、現在の態度をより強固に保持したり、既存の行動にさらに関与したりするようになる。たとえば、多くの人が医学的なアドバイスを無視し、有害な健康行動を取り続けている。フォガティ（Fogarty, 1997）は、これがリアクタンスの感情によるものである可能性があると説明している。

　リアクタンスは、**抵抗抑制エンターテインメントモデル**（EORM: Entertainment Overcoming Resistance Model）で重要な役割を果たしている（Moyer-Gusé, 2008）。このモデルによると、ナラティブによって、あからさまな説得の目標が目立たなくなり、オーディエンスに起こりやすいリアクタンス反応を抑制することができる。ほとんどのメディア利用者は、広告や他の説得メッセージが、何かを説得しようとしていることを知っていて、これがリアクタンスの引き金となる。しかし、ナラティブの独特の構造とナラティブの処理に必要となる精神的負担によって、メディア利用者が物語の中の説得の試みに気づく可能性は低くなり、その結果としてリアクタンスが抑制される。たとえば、テレビドラマの登場人物が、健康のために禁煙を決意した場合、視聴者は、コマーシャルの時間に禁煙広告を見た場合に比べ、自分にも禁煙するよう説得している意図的な試みだとは考えないだろう（たとえ、そのドラマの禁煙ストーリーが疾病管理センター〔CDC: Centers for Disease Control〕と協議し、意図的に挿入されたものであっても）。

　EORM は、E-ELM の考え方に基づき、登場人物との同一視が、ナラティブの説得力、特に危険な行動を抑制するメッセージの説得力に重要な役割を果たしていると主張する。一般的に、人は特定の脅威に対する自分の脆弱性を過小評価する傾向がある。たとえば、多くの人は、自分は自動車事故に遭わないと思っているので、運転中に自動車事故に遭うリスクについて考えたりはしない。しかし、EORM によれば、ある状況や決定によるネガティブな影響を経験した登場人物と自分を同一視すると、自分が同じ脅威を経験する可能性に関する予想（すなわち、知覚された脆弱性）が調整される。モイヤー＝グセとナビ（Moyer-Gusé & Nabi, 2010）は、ある研究で予定外の妊娠をテーマにしたナラティブが、リアクタンス、反論、およびその脅威に対する自分の脆弱性知覚にもたらす影響を調査した。そのナラティブを見た2週間後、登場人物との同一視は、自分の脆弱性知覚の上昇を予測していた。妊娠した登場人物との同一視を経験した参加者は、将来的に安全な性行為を実践する意思が高まったのである。

感情的フロー

　ナラティブ説得に関する最後の重要な理論的視点は、ナビとグリーン（Nabi & Green, 2015）によって提案されたものである。**感情的フロー**は、内容全体を通して起こる感情の変化を概念化したものである。大地を流れながらねじれて向きを変える川の様子を思い浮かべてみよう。私たちがメッセージを通して経験する感情も、同じようにねじれたり、向きを変えたりしながら、流れる可能性がある。ナラティブ以外の研究でも、感情的フローがメッセージの説得力に影響を与えることが示されている。たとえば、ロッシターとソーントン（Rossiter & Thornton, 2004）は、恐怖アピールから始まり、その後、安心感を与える広告の方が、恐怖で始まり、全体を通して恐怖のレベルを上げていく広告よりも効果があることを明らかにした。

　ナビとグリーン（Nabi & Green, 2015）は、感情的フローもナラティブ説得に寄与すると主張した。私たちは好きな登場人物の幸運に大喜びするかと思えば、ストーリーが突然悪い方向に向かうと悲しみに沈む。好きな登場人物が突然の不幸に見舞われたときに経験するその悲しみ（つまり、同一視）によって、物語がどうなるか（そして状況が好転するかどうか）を知りたいため、物語にもっと集中し続ける（移入する）かもしれない。このように、感情的フローは物語へのエンゲージメントに重要な役割を果たし、最終的にはナラティブの説得効果に影響を与える可能性があるのである（TIM、E-ELM、および EORM の説明によれば）。

　これらの理論によって、ナラティブの説得効果に影響を与えるさまざまな要因、特に移入と同一視という要因が明らかになった。これらの要因は、物語要因（たとえば、リアリズム、感情的フロー）や、オーディエンス関連要因（たとえば、移入可能性、感情欲求）によってさらに影響を受ける。多くの要因がナラティブの説得効果を決定するが、研究者たちは、ナラティブが信念、態度、行動を変える強力なツールになり得るという見解においては一致している。次節では、これまで研究者たちが、人々の考えや行動を変えるためにナラティブを使って説得を試みてきたいくつかの文脈を検討しよう。

有効なナラティブ

ナラティブと健康情報

ナラティブ説得に関して最も長い間、そして多くの学術的成果を蓄積してきたのは、エンターテインメント教育（E-E: Entertainment Education）として知られる分野である。**エンターテインメント教育**は、「個人、コミュニティ、組織、および社会の望ましい変化をもたらすために、教育的、社会的問題を、エンターテインメント番組の創作、制作、加工、普及のプロセスに意図的に組み込んだ、理論に基づいたコミュニケーション戦略」（Wang & Singhal, 2009, pp.272-273）である。成功した E-E の取り組みは、世界各地（特にメキシコ、インド、アフリカと南アメリカの一部の国々）で見られ、さまざまなメディアフォーマット（ラジオやテレビのシリーズまたはエピソードが最も一般的である）を活用し、農業技術から家庭内暴力防止に至るまで、さまざまな問題に挑んでいる（詳細は、Singhal & Rogers, 2012 を参照）。ここでは、主に健康関連の行動や信念の変容を目的とした一連の E-E の取り組みが主な関心事となる。

たとえば、ヴォーンら（Vaughan et al., 2000）は、タンザニアで娯楽的なラジオ教育番組が安全な性行為の実践に及ぼす影響を検討した。この番組は、HIV の感染を防ぐために制作され、コンドームの使用が性感染症の蔓延を防ぐのに有効であるというストーリーが含まれていた。この番組の登場人物としては、ポジティブなモデル（健康に関する適切な判断でポジティブな結果につながった事例）とネガティブなモデル（避妊具を使用せず感染した事例）の両方が提示された。その結果、ラジオ番組を聴くことで、リスナーの間で性的パートナーの数が減少し、避妊具の使用が増加したことがわかった。同様の研究は、セントルシアやエチオピアなどでも行われ、同様のポジティブな結果が確認されている。

E-E プログラムでよく取り上げられる健康問題にがんがある。たとえば、ウィルキンら（Wilkin et al., 2007）は、スペイン語のテレノベラ[1]に含まれた乳がんに関するストーリーラインが、視聴者の乳がんに関する知識と行動意図に及ぼす影響を研究した。研究者たちは、ドラマ放映中にがんホットラインの電話番号が紹介されると、問い合わせの電話が増えることを発見した。さらに、ドラマを視聴

訳注[1] 連続テレビ小説形式のメロドラマ。

することで、女性の間で乳がんに関する知識が深まり、マンモグラフィーの受診意向が高まることが示された。

　同様に、ヘザーら（Hether et al, 2008）は、乳がんに関する視聴者の知識、態度、行動に及ぼす『ER 緊急救命室』〈原題：ER〉と『グレイズ・アナトミー 恋の解剖学』〈原題：Grey's Anatomi〉のストーリーラインの影響を調査した。どちらのストーリーラインも、いわゆる「乳がん感受性遺伝子」（BRCA1）の検査結果が陽性と診断され、予防手術を受けるかどうかを決めなければならない登場人物に焦点が当てられていた。参加者は、このエピソードの放送前と放送後に調査に回答し、いずれか一方のドラマのみを視聴した人と両方のドラマを視聴した人の結果が分析された。一方のドラマのみを視聴した参加者の場合も、ポジティブな結果（知識の向上、態度の変化など）が得られたが、両方とも視聴した参加者は、知識、態度、行動に最大の変化が見られた。このことから、エンターテインメント・ナラティブの中のポジティブな健康メッセージに繰り返し触れることは影響力があり、有益であることが示唆された。

　また、ナラティブ説得に関する研究分野では、臓器提供に対する態度と行動意図も研究されている。その例として、臓器提供に関するストーリーラインを含むいくつかの人気テレビ番組（『CSI：ニューヨーク』、『ナンバーズ 天才数学者の事件ファイル』、『Dr. HOUSE』、『グレイズ・アナトミー 恋の解剖学』、〈原題はそれぞれ、CSI:NY、Numb3rs、House、および Grey's Anatomy〉）のエピソードを視聴したときの影響を分析したモーガンら（Morgan et al., 2009）の研究がある。研究の結果、物語への感情的な関与が、臓器提供に関する知識と動機づけに重要な役割をはたしていることがわかった。さらに、特定のエピソードの中に不正確な情報や都市伝説（たとえば、米国に富裕層向けの臓器の闇市場が存在する）などが含まれている場合でも、参加者の臓器提供に関する信念はドラマで提示された不正確な情報と一致していた。この研究結果は、ナラティブが態度、知識、行動に実際的な影響を与える可能性があるため、ナラティブの内容が何であるかが重要であることを示している。コンテンツ制作者は、誤ってストーリーラインで視聴者を間違った方向に誘導しないよう、ナラティブに含まれた情報が正しいものであることを保証しなければならない。

BOX 10.1　なぜ『ER 緊急救命室』と『グレイズ・アナトミー 恋の解剖学』についてこれほど研究が多いのか

　『ER 緊急救命室』（以下『ER』）と『グレイズ・アナトミー 恋の解剖学』（以下、

『グレイズ・アナトミー』）という2つの長寿番組が示すように、医療ドラマは米国の視聴者の間で昔から人気がある。『ER』は15シーズンにわたって放送され、331ものエピソードがある。この本の出版時点で、『グレイズ・アナトミー』は17シーズン目の制作が決まっている。高い人気を誇るこの医療ドラマは、それぞれの病院の医師、看護師、スタッフのプライベートな生活や、職業と関連する日々を追っている。この医療ドラマは一般のオーディエンスだけでなく研究者にも人気があって、ドラマのエピソードは多くのE-E研究の題材として用いられてきた。なぜこの2つのドラマはナラティブ説得研究でこれほど頻繁に使用されているのだろうか。

まず、『ER』と『グレイズ・アナトミー』は視聴者を惹き付ける没入感のある物語である。2つのドラマとも視聴者を物語の世界に引き込むように構成されており、移入を促進するナラティブの重要な特徴を持っている。すでに本章で説明したように、移入はナラティブ説得に重要な役割を果たす。メレディス（主人公の女性）が爆発を止めるために爆弾に手を当てる『グレイズ・アナトミー』のエピソードを思い出す視聴者は、画面上の主人公の演技に心を奪われ、完全に没入して周りの世界を見失ってしまったことを思い出すだろう。こうした物語の構成は移入を可能にするため、研究者にとっても魅力的である。

これらのドラマが研究対象として選ばれる2つ目の理由は、ドラマの人気にある。人々がこのドラマを楽しんでいることは、研究のために参加者に何かを見てもらう必要があるときにも役立つ。ドラマを楽しむことは、一般的にポジティブな経験をすることを意味する。もし研究者が、人々が意識的に嫌うドラマを選ぶと、オーディエンスの間で移入と同一視のレベルが低くなる可能性がある。また人気があるということは、多くの人々がそのドラマを見ているということであり、これはこのドラマの潜在的な影響の大きさを意味する。結果として、研究者は、医療問題や医療行為に対する態度が、これらのナラティブによってどのように影響されるかを理解するために、広く視聴されている医療ドラマの効果を調査することが重要なのである。

これらのドラマがよく選ばれる3つ目の理由は、研究者の興味に合った重要なストーリーラインが含まれているからである。ナラティブ説得に関する研究を計画する際、適切な刺激を見つけるのが難しい場合がある。乳がんや安全な性行為に対するナラティブの影響を研究したいのであれば、これらの問題を取り上げたナラティブが必要である。一つの方法は、これらの問題を取り上げている既存の物語を探すか、直接書くことである。これは、テキストベースのナラティブを研

究することに関心がある人にとっては大変よい方法であり、研究者には研究目的にぴったり合った刺激を開発できる高い自由度が与えられる。しかし、研究者がテレビや広告、映画などの視覚的なナラティブの研究に関心を持っている場合は問題になる。ほとんどの研究者は、本物のテレビ番組レベルのメディア制作ツールを利用できないため、すでに利用できるコンテンツの中から選ばなければならない。『ER』と『グレイズ・アナトミー』は何百話も放送されているので、研究者が興味を持っている健康関連の問題が何であれ、ドラマですでに取り上げられている可能性が高い。研究者がナラティブをコントロールできないため、不完全な解決策ではあるが、既存の人気ドラマを利用することで得られる外的妥当性は価値ある妥協であろう。

　最後に、これらのドラマが研究者に利用されているもう一つの理由は、ドラマに含まれる健康情報がほとんど科学的に正確だからである。南カリフォルニア大学のノーマン・リア・センター（The Norman Lear Center）にある「ハリウッド、健康、社会」（HH&S: Hollywood, Health & Society）プログラムの研究者たちは、エンターテインメント業界に対し、健康、セキュリティ、安全性の問題に関する情報を提供したり、専門家を紹介する形で協力している。具体的には、2012 年から2017 年の間に、HH&S は、放送、ケーブルテレビ、ストリーミングサービスで放送された数百本のドラマの 1,100 以上のストーリーラインの制作に協力した。このHH&S がずっと支援してきたドラマが、『ER』と『グレイズ・アナトミー』である。

他者に対する態度を形成し、影響を与える

　私たちが周りの世界をどのように認識するかを検討するために、培養理論や社会的認知理論などのコミュニケーション理論と心理学理論が応用されてきた（第2 章を参照）。このような理論とそれを支持する証拠から、人々が実体験だけでなく、モデル化された現実世界の行動を通じて学習すること、また、メディアを通じて世界について学習することができる（そして実際にそうしている）ことが明らかになっている。その具体例として、他者についての学習がある。たとえば、特定の宗教団体や国の人、または特定の性的指向や性自認を持つ人に会ったことがない場合もあるだろう。しかし、（フィクションやノンフィクションの）メディアコンテンツを通して、このようなグループの人たちについて知っていることがあるかもしれない。こうした他者に対する態度や行動にポジティブな影響を与える

ために、多くの研究者たちがナラティブがどのように利用できるかを検討してきた。

　この一連の研究における重要概念は、「他者」という考え方である。「他者」、つまり**外集団メンバー**とは、何らかの形で自分と異なる集団のメンバーのことである。外集団メンバーは、性自認や人種、通っている大学が違うなど、さまざまな特徴を持っているかもしれない。一般的に、一つでも同じ特性を共有していれば、私たちは、その人を**内集団のメンバー**として（または何らかの違いがあれば外集団メンバーとして）認識し、さまざまなカテゴリーに沿って人々をグループ化する傾向がある。たとえば、アメリカの多くの大学は、スポーツやその他の競技でライバル校を持っている。ライバル校の学生は、宗教、人種、性自認、出身国、専攻などを共有しているという事実があるにもかかわらず、学生の多くは、学校の所属だけで、ライバル校の学生を外集団メンバーとみなしている。たとえば、オハイオ州立大学に通う学生は、ミシガン大学の学生を外集団メンバーとして考えるだろう（その逆も同じである）。

　接触仮説は、次の4つの条件が満たされていれば、外集団メンバー間のポジティブな接触が、外集団に対するよりポジティブな態度をもたらす可能性があるとしている。(1) 接触している個人の地位が同等であること、(2) 共通の目標を持っていること、(3) 互いに協力していること、(4) 彼らの間の接触が容認されているとみなされていること（たとえば、合法的であるか、権力者によって認められているか；Allport, 1954 を参照）。何世代にもわたって、研究者たちは他者に対する態度を変えるために、現実世界でのポジティブな対人的相互作用をどのように利用できるかを検討してきたが、このアプローチにはいくつかの問題がある。まず、接触仮説が示しているポジティブな効果につながる相互作用に必要な理想的条件が満たされることは稀であるという問題である（Dixon et al., 2005）。2つ目は、集団間の相互作用が不安感をもたらす可能性があるということである（Greenland & Brown, 1999）。そのため、研究者たちは、他者に対する態度変容のために、対人接触の代わりにメディアを活用する方法を検討し始めた。

　ナラティブを使った態度変容の方法の一つは、メディア利用者が「安全な」環境で、自分と異なる登場人物との関係を構築できるようにすることである。第2章で説明したように、人間の脳はメディアコンテンツをあたかも現実であるかのように処理する。この点に基づいて、メディアの登場人物とまるでそれが実在するかのような相互作用を経験すれば、現実世界にまで影響が及ぶことを主張する研究がある。たとえば、テレビの視聴者は、あるシリーズの登場人物との間で、

その登場人物を知っているかのような感覚になる**疑似社会的相互作用**（PSI: Parasocial Interaction）を経験することがある（Horton & Wohl, 1956；第4章も参照）。ある番組で好きなキャラクターを演じている俳優が他の番組に別のキャラクターとして登場しているのを見て、「それは○○さんの振る舞い方じゃない」と一瞬思ったとき、あなたはPSIを経験しているのかもしれない。そのキャラクターが実在する者でないとわかっていても、彼らを実際に知っていて、彼らがどのように振る舞うかを知っているような気がする。私たちは彼らと（一方向の）相互作用をしているように感じるのである。

　疑似社会的接触仮説は、この相互作用の感覚を基に、メディアコンテンツにおける外集団メンバーのポジティブな描写が、外集団メンバーに対するオーディエンスのいっそうポジティブな態度につながる理由の一つを説明する。シアッパら（Schiappa et al., 2005）は、一連の研究で、外集団メンバーに対する態度変容のためにナラティブを利用できるかどうかを検討した。研究の参加者たちは、テレビドラマ『シックス・フィート・アンダー』〈原題：*Six Feet Under*〉の最初のシーズンを視聴した。このドラマは、葬儀社を経営する一家を描いたもので、主人公（デイビッド）が自分のアイデンティティに悩み、最終的にゲイであることをカミングアウトするストーリーラインである。シーズン1を視聴した後、他の項目とともに、レズビアンやゲイの男性に対する一般的態度が測定された。その結果、デイビッドとの疑似社会的な接触がゲイ男性に対するポジティブな態度をもたらすことが明らかになった。

　疑似社会的接触仮説の説明によれば、外集団メンバーに対する態度変容には、メディアの登場人物との間でポ・ジ・テ・ィ・ブ・な・疑似社会的相互作用を経験することが必要とされる。しかし、視聴者の個人的な経験を抜きにして、メディアで登場人物同士の相互作用を見ることだけでも、同様のポジティブな結果が得られることがある。**媒介された集団間接触**アプローチでは、私たちは集団間で相互作用を行うポジティブなモデルからも学習することができ、この経験を通して他者に対してよりポジティブな態度を形成できるとしている（Ortiz & Harwood, 2007）。このアプローチは、社会的認知理論（第2章参照）に基づいており、外集団メンバーとポジティブな相互作用を行っている内集団メンバーは、集団間の相互作用においてポジティブなモデルになり得ると主張している。これは、視聴者と登場人物の間ではなく、ナラティブの中の2人の登場人物の間に存在する関係という点で、疑似社会的接触仮説とは異なる。この分野の研究では、媒介された集団間接触がどれくらいポジティブな態度をもたらすかにおいて、登場人物との同一視が重要

な役割を果たすことが示されている（Moyer-Gusé et al., 2019）。

　他者に対する態度をポジティブなものに変えるためにナラティブを利用できるという主張は、多くの研究で支持されている。しかし、上述したアプローチはすべて、ナラティブの中で外集団メンバーが実際にポジティブに描かれていることを必要とする。そのためには、ステレオタイプに反した描写や集団間のポジティブな相互作用が必要になるが、ナラティブが、ポジティブな変化をもたらすという成功を収めるためには、ポジティブな描写の存在が欠かせない。しかし、現実には、多くの集団がメディア上であまり取り上げられていないし、一部の集団はネガティブに描かれている。そこで研究者たちは、他者に対する態度を変えるためにメディアを利用できる他の方法を模索し始めている。

　ナラティブを他者に対する態度変容に使うための一つの方法は、自己超越的感情を引き出すことである（第6章参照）。たとえば、善性の高まりを体験することで、他者と人類一般をより近くに感じることができる。オリバーら（Oliver et al., 2015）は、集団間の相互作用に関する具体的でポジティブなメッセージがない場合でも、善性の高まりをもたらすメディアを使えば、他者に対する態度を変えることができるという仮説を立てた。彼らの研究は、善性の高まりを誘発する感動的な動画を視聴することが、人類をより身近に感じること、さらに、多様な他者に対するよりポジティブな態度と関連していることを明らかにした。彼らは、人間一般をより身近に感じることが、参加者の内集団認識の拡大につながると結論づけている。私たちは内集団メンバーを好む傾向があるため、内集団の範囲を「人類」を含むところまで広げることで、以前は外集団メンバーとみなしていた人々に対してよりポジティブな感情を抱くようになるのである。これに加えて、エリソープら（Ellithorpe et al., 2019）は、政治演説に善性の高まりをもたらすメッセージがあると、ポジティブな効果が得られることを示した。このようなメッセージへの接触は、政治と演説者の両方に対するよりポジティブな評価と、政治的に他者である人々への親近感の増加に関連していた。また、パラリンピックの映像を見ながら善性の高まりを経験することも、障害者に対するスティグマを減らすことにつながっていた（Bartsch et al., 2018）。

　このようにユニークな説得力を持つナラティブは、他者に対する態度にポジティブな影響を与えることができる。しかし、ナラティブ説得は、必ずしもその結果がポジティブであると決まっているわけではない。ナラティブはその構造と特性によって定義されるものなので、同じくネガティブな態度にも簡単に影響を与えられるのである。不健康な行動を助長したり、憎しみを助長したい人は、ポ

ジティブな方向に行動を変えたり、他者の受け入れを促進したい人と同様に、ナラティブを利用することができるのである。そのため、研究者たちは、過激主義を助長するプロパガンダにナラティブが利用されている事例を研究し、その試みに対抗するために何ができるかを研究し始めている。

　ある研究で、フリッシュリッヒら（Frischlich et al., 2018）は、暴力的な過激主義に反対する対抗ナラティブについて検討した。参加者たちは、過激派のプロパガンダ動画と、暴力的な過激主義に対抗するために制作された動画を視聴した。その結果、物語性がプロパガンダ動画と対抗ナラティブ動画の「両方」において影響力を持っていることがわかった。物語性は、動画の訴求力と、登場人物との同一視の程度を高めていた。同一視はその結果として認知的誘導をもたらしていたが、これは、両方の動画に登場する人々への同一視がコンテンツに対する視聴者の情報処理の仕方に影響を与えたことを意味する。

　結局、他者に対するポジティブな態度を促すために特別に考案されているかどうかにかかわらず、ナラティブは、他者に対する考え方や態度に影響を与える目的で利用されることがあり得る。態度変容の方法として自己超越的感情を加えることで、研究者たちは外集団メンバーや彼らとの相互作用をポジティブに描いたコンテンツに限定せず、より幅広いナラティブを調べることができるようになる。ポジティブな描写は確かに態度に影響を与えるために利用できるが、自己超越的感情を引き出すナラティブもポジティブな効果をもたらす可能性があるのである。

希望、弱者、そして回復ナラティブ

　効果が期待されるもう一つの自己超越的感情は希望である（第6章参照）。**希望**とは、実現できそうにない特定の結果を望む感情のことである。さまざまな研究者が、映画やテレビなどの伝統的なメディアから、YouTube 動画や Facebook などの新しいメディアに至るまで、そのコンテンツに希望や希望を誘発する要素が頻繁に見られることを示している。希望に満ちた感情を引き出すことができるナラティブの一つに、弱者の物語がある。**弱者ナラティブ**は、成功しそうもない人物が困難な障害を乗り越えるために努力する物語である。プレスティン（Prestin, 2013）が説明したように、弱者とは「粘り強さ、執着力、努力」（p.322）で障害に立ち向かう不利な立場にある人物のことである。プレスティン（Prestin, 2013）は、弱者ナラティブに関する彼女の研究で、弱者ナラティブの物語を視聴するこ

とで、希望と、目標に向かって努力する意欲が高まることを見出した。ナラティブの研究領域からは外れるが、チャドウィック（Chadwick, 2015）は、気候変動メッセージにおける希望的アピールの説得効果を検討している。この研究では、希望の感情が、気候変動問題に取り組むことへの関心と、メッセージの知覚された効果の両方と関連していた。これらの研究は、希望が、ナラティブを介して態度に影響を与える特に興味深いルートであることを示している。

　回復ナラティブは、ポジティブな影響を検証できる具体的な文脈を提供する。**回復ナラティブ**は、人々の欠点や不完全さではなく、希望とレジリエンスに焦点を置くジャーナリズムおよびストーリーテリングの一形態である（第9章も参照）。これらは、読者と視聴者の善性の高まりと希望を一貫して引き出す。フィッツジェラルドら（Fitzgerald et al., 2019）は、健康関連の文脈で、回復ナラティブとネガティブなナラティブを比較している。この研究で、参加者たちは、希少がんを患う女性を取り上げた回復ナラティブとネガティブなナラティブのいずれかを読むように無作為に割り当てられた。物語自体は同じであったが、回復ナラティブは希望に満ちた展望を、ネガティブなナラティブはネガティブな結果に焦点を当てた絶望的な見通しを打ち出していた。研究の結果、回復ナラティブを読んだ人は、より希少疾患を持つ人を助けることが重要だと考え、物語で説明されている特定のがんを患う人を助けようとする傾向が見られた。

　レイら（Ray et al., 2019）は、回復ナラティブの影響について、健康とレジリエンスに関する重要な情報を伝える事例を取り上げ、さらなる検証を行っている。この研究では、学生のレジリエンス（特に感情や学業面での対処スキル）を育成し、立ち直りを励ますことを目的としたフロリダ州立大学のオンラインプログラムを検証した。参加者たちは、学生たちが大学で遭遇した問題と、その問題に対処し克服するために大学のリソースをどのように利用したかを語る動画を少なくとも2本視聴した。参加者となった学生たちは、動画内容の回復ナラティブ度が高いと判断したとき、動画のコンテンツが将来自分が遭遇する可能性のある問題に対処するのに役立つだろうと考える傾向があった。そのサイトを再び利用し、周りの人たちに勧めたいと思う傾向もより強かった。

　弱者ナラティブと回復ナラティブの効果に関する研究は比較的新しいものだが、この一連の研究は、ナラティブを通して望ましい結果を促進する有効な方法を提供している。弱者ナラティブを利用することで、個人が自分の目標を達成するためにもっと努力したい気持ちを高めることもできるだろう。また、障害を克服した物語や希望を描いた回復ナラティブを用いることで、私たちは、人々が望まし

い健康行動を採用し、健康問題で苦しんでいる人を助け、また自らを助けるため
のリソースを探し、多くのその他の成果を得るように促すことができるだろう。

まとめ

　研究者たちは、ナラティブがどのようにしてポジティブな信念や態度、行動の
変化を促すかを説明するいくつかの理論モデル（TIM、E-ELM、EORM）を提唱
してきた。ナラティブは、（始まり、中間、終わりを含む）その構造や、何らかの
コンフリクトに直面している登場人物が含まれていることなどの側面で他と区別
される。私たちは、ナラティブに引き込まれると、メッセージに対して反論しに
くくなり、リアクタンスを経験する可能性も低くなる。そのため、ナラティブは、
従来のメッセージではできなかった方法で私たちを説得することができる。また、
視聴者や読者はナラティブの中の登場人物と自らを同一視することで、その登場
人物の視点を取り入れるようになり、ナラティブの説得効果が生じることがある。
このようなナラティブの説得効果は、健康関連、集団間相互作用、自己超越、そ
して回復など、さまざまな文脈で研究されている。人々を教育したり、望ましい
健康行動を促したり、外集団メンバーに対する態度を変えたりすることを望むな
ら、ナラティブはさまざまなタイプの情報を伝える効果的な方法の一つになるだ
ろう。

引用文献 ●●

Allport, G. W. (1954). *The nature of prejudice*. Reading, MA: Addison-Wesley.（オルポート
　『偏見の心理』原谷達夫・野村昭 共訳、培風館、1968）

Appel, M., & Richter, T. (2010). Transportation and need for affect in narrative persuasion: A
　mediated moderation model. *Media Psychology*, 13, 101-135. doi:10.1080/15213261003799847.

Bartsch, A., Oliver, M. B., Nitsch, C., & Scherr, S. (2018). Inspired by the Paralympics: Effects
　of empathy on audience interest in para-sports and on the destigmatization of persons
　with disabilities. *Communication Research*, 45, 525-553. doi:10.1177/0093650215626984.

Busselle, R., & Bilandzic, H. (2008). Fictionality and perceived realism in experiencing
　stories: A model of narrative comprehension and engagement. *Communication Theory*, 18,
　255-280. doi:10.1111/j.1468-2885.2008.00322.x.

Chadwick, A. E. (2015). Toward a theory of persuasive hope: Effects of cognitive appraisals,
　hope appeals, and hope in the context of climate change. *Health Communication*, 30, 598-
　611. doi:10.1080/10410236.2014.916777.

Cohen, J. (2001). Defining identification: A theoretical look at the identification of audiences
　with media characters. *Mass Communication & Society*, 4, 245-264. doi:10.1207/

S15327825MCS0403_01.

Dixon, J., Durrheim, K., & Tredoux, C. (2005). Beyond the optimal contact strategy: A reality check for the contact hypothesis. *American Psychologist*, 60, 697-711. doi:10.1037/0003-066X.60.7.697.

Ellithorpe, M. E., Huang, Y., & Oliver, M. B. (2019). Reach across the aisle: Elevation from political messages predicts increased positivity toward politics, political participation, and the opposite political party. *Journal of Communication*, 69, 249-272. doi:10.1093/joc/jqz011.

Fitzgerald, K., Paravati, E., Green, M. C., Moore, M. M., & Qian, J. L. (2020). Restorative narratives for health promotion. *Health Communication*, 35, 356-363. doi:10.1080/10410 236.2018.1563032.

Fogarty, J. S. (1997). Reactance theory and patient noncompliance. *Social Science & Medicine*, 45, 1277-1288. doi:10.1016/S0277-9536(97)00055-5.

Frischlich, L., Rieger, D., Morten, A., & Bente, G. (2018). The power of a good story: Narrative persuasion in extremist propaganda and videos against violent extremism. *International Journal of Conflict and Violence (IJCV)*, 12, a644. doi:10.4119/UNIBI/ijcv.644.

Green, M. C. (2004). Transportation into narrative worlds: The role of prior knowledge and perceived realism. *Discourse Processes*, 38, 247-266. doi:10.1207/s15326950dp3802_5.

Green, M. C., & Brock, T. C. (2000). The role of transportation in the persuasiveness of public narratives. *Journal of Personality and Social Psychology*, 79, 701-721. doi:10.1037/0022-3514.79.5.701.

Green, M. C., & Brock, T. C. (2002). In the mind's eye: Transportation-imagery model of narrative persuasion. In M. C. Green, J. J. Strange, & T. C. Brock (Eds.), *Narrative impact: Social and cognitive foundations* (pp. 315-341). Mahwah, NJ: Lawrence Erlbaum Associates.

Greenland, K., & Brown, R. (1999). Categorization and intergroup anxiety in contact between British and Japanese nationals. *European Journal of Social Psychology*, 29(4), 503-521. doi:10.1002/(SICI)1099-0992(199906)29:4-503:AID-EJSP941-3.0.CO;2-Y.

Hether, H. J., Huang, G. C., Beck, V., Murphy, S. T., & Valente, T. W. (2008). Entertainment-education in a media-saturated environment: Examining the impact of single and multiple exposures to breast cancer storylines on two popular medical dramas. *Journal of Health Communication*, 13, 808-823. doi:10.1080/10810730802487471.

Hinyard, L. J. & Kreuter, M. W. (2007). Using narrative communication as a tool for health behavior change: A conceptual, theoretical, and empirical overview. *Health Education & Behavior*, 34, 777-792. doi:10.1177/1090198106291963.

Horton, D., & Wohl, R. R. (1956). Mass communication and para-social interaction. *Psychiatry: Journal for the Study of Interpersonal Processes*, 19, 215-229. doi:10.1080/00332 747.1956.11023049.

Mazzocco, P. J., Green, M. C., Sasota, J. A., & Jones, N. W. (2010). This story is not for everyone: Transportability and narrative persuasion. *Social Psychological and Personality Science*, 1, 361-368. doi:10.1177/1948550610376600.

Morgan, S. E., Movius, L., & Cody, M. J. (2009). The power of narratives: The effect of entertainment television organ donation storylines on the attitudes, knowledge, and behaviors of donors and nondonors. *Journal of Communication*, 59, 135-151. doi:10.1111/ j.1460-2466.2008.01408.x.

Moyer-Gusé, E. (2008). Toward a theory of entertainment persuasion: Explaining the persuasive effects of entertainment-education messages. *Communication Theory*, 18, 407-

425. doi:10.1111/j.1468-2885.2008.00328.x.

Moyer-Gusé, E., & Dale, K. (2017). Narrative persuasion theories. In P. Roessler, C. Hoffner, & L. Van-Zoonen (Eds.), *International encyclopedia of media effects*. Boston, MA: Wiley-Blackwell.

Moyer-Gusé, E., Dale, K. R., & Ortiz, M. (2019). Reducing prejudice through narratives: An examination of the mechanisms of vicarious intergroup contact. *Journal of Media Psychology*, 31, 185-195. doi:10.1027/1864-1105/a000249.

Moyer-Gusé, E., & Nabi, R. L. (2010). Explaining the persuasive effects of narrative in an entertainment television program: Overcoming resistance to persuasion. *Human Communication Research*, 36, 25-51. doi:10.1111/j.1468-2958.2009.01367.x.

Nabi, R. L., & Green, M. C. (2015). The role of a narrative's emotional flow in promoting persuasive outcomes. *Media Psychology*, 18, 137-162. doi:10.1080/15213269.2014.912585.

Oliver, M. B., Kim, K., Hoewe, J., Chung, M. Y., Ash, E., Woolley, J. K., & Shade, D. D. (2015). Media-induced elevation as a means of enhancing feelings of intergroup connectedness. *Journal of Social Issues*, 71, 106-122. doi:10.1111/josi.12099.

Ortiz, M., & Harwood, J. (2007). A social cognitive theory approach to the effects of mediated intergroup contact on intergroup attitudes. *Journal of Broadcasting & Electronic Media*, 51, 615-631. doi:10.1080/08838150701626487.

Petty, R. E., & Cacioppo, J. T. (1986). The elaboration likelihood model of persuasion. *Advances in Experimental Social Psychology*, 19, 123-205. doi:10.1016/S0065-2601(08)60214-2.

Potter, W. J. (2012). *Media effects*. Thousand Oaks, CA: Sage.

Prestin, A. (2013). The pursuit of hopefulness: Operationalizing hope in entertainment media narratives. *Media Psychology*, 16, 318-346. doi:10.1080/10410236.2014.916777.

Ray, E. C., Arpan, L., Oehme, K., Perko, A., & Clark, J. (2019). Testing restorative narratives in a college student resilience project. *Innovative Higher Education*, 44, 267-282. doi:10.1007/s10755-019-9464-4.

Rossiter, J. R., & Thornton, J. (2004). Fear-pattern analysis supports the fear-drive model for antispeeding road-safety TV ads. *Psychology & Marketing*, 21, 945-960. doi:10.1002/mar.20042.

Schiappa, E., Gregg, P. B., & Hewes, D. E. (2005). The parasocial contact hypothesis. *Communication Monographs*, 72, 92-115. doi:10.1080/0363775052000342544.

Singhal, A., & Rogers, E. (2012). *Entertainment-education: A communication strategy for social change*. New York, NY: Routledge. (Singhal & Rogers『エンターテイメント・エデュケーション：社会変化のためのコミュニケーション戦略』河村洋子訳、成文堂、2011.)

Slater, M. D., & Rouner, D. (2002). Entertainment--education and elaboration likelihood: Understanding the processing of narrative persuasion. *Communication Theory*, 12, 173-191. doi:10.1111/j.1468-2885.2002.tb00265.x.

Van Laer, T., De Ruyter, K., Visconti, L. M., & Wetzels, M. (2014). The extended transportation-imagery model: A meta-analysis of the antecedents and consequences of consumers' narrative transportation. *Journal of Consumer Research*, 40, 797-817. doi:10.1086/673383.

Vaughan, W., Rogers, E., Singhal, A., & Swalehe, R. (2000). Entertainment-education and HIV/AIDS prevention: A field experiment in Tanzania. *Journal of Health Communication*, 5 (sup1), 81-100. doi:10.1080/10810730050019573.

Wang, H., & Singhal, A. (2009). Entertainment-education through digital games. In U.

Ritterfeld, M. Cody, & P. Vorderer (Eds.), *Serious games: Mechanisms and effects* (pp. 271-292). New York, NY: Routledge.

Wilkin, H. A., Valente, T. W., Murphy, S., Cody, M. J., Huang, G., & Beck, V. (2007). Does entertainment-education work with Latinos in the United States? Identification and the effects of a telenovela breast cancer storyline. *Journal of Health Communication*, 12, 455-469. doi:10.1080/10810730701438690.

参考文献

Appel, M., & Richter, T. (2007). Persuasive effects of fictional narratives increase over time. *Media Psychology*, 10, 113-134. doi:10.1080/15213260701301194.

Appel, M., & Richter, T. (2010). Transportation and need for affect in narrative persuasion: A mediated moderation model. *Media Psychology*, 13, 101-135. doi:10.1080/15213261003799847.

Bilandzic, H., & Busselle, R. (2013). Narrative persuasion. In J. P. Dillard & L. Shen (Eds.), *The Sage handbook of persuasion: Developments in theory and practice* (2nd ed., pp. 200-219). Thousand Oaks, CA: Sage.

De Graaf, A., Hoeken, H., Sanders, J., & Beentjes, J. W. (2012). Identification as a mechanism of narrative persuasion. *Communication Research*, 39, 802-823. doi:10.1177/0093650211408594.

Joyce, N., & Harwood, J. (2014). Improving intergroup attitudes through televised vicarious intergroup contact: Social cognitive processing of ingroup and outgroup information. *Communication Research*, 41, 627-643. doi:10.1177/0093650212447944.

Moyer-Gusé, E., Chung, A. H., & Jain, P. (2011). Identification with characters and discussion of taboo topics after exposure to an entertainment narrative about sexual health. *Journal of Communication*, 61, 387-406. doi:10.1111/j.1460-2466.2011.01551.x.

Ramasubramanian, S. (2013). Intergroup contact, media exposure, and racial attitudes. *Journal of Intercultural Communication Research*, 42, 54-72. doi:10.1080/17475759.2012.707981.

Ratcliff, C. L., & Sun, Y. (2020). Overcoming resistance through narratives: Findings from a meta-analytic review. *Human Communication Research*. Advanced online publication. doi:10.1093/hcr/hqz017.

第11章 子どものための 教育的・向社会的メディア

christinarosepix/Shutterstock.com

　「ポジティブメディア心理学」について最初に言及した出版物の一つに、オランダのコミュニケーション研究者であるレベッカ・デ・レーウ（Rebecca de Leeuw）とモニーク・ブイゼン（Moniek Buijzen）による 2016 年の論文がある。この論文で彼女らは研究者たちに、メディアは子どもと青少年の心理的ウェルビーイングにどのように寄与し得るのかを検討しはじめることを求めた。本書の著者として私たちは心からこの要請に同意するし、同様のことを提唱してきた。しかし、これまでのところ、そのような検討は極めて少ない。おそらくこのテキストの次の版までには、この問題に取り組むのに十分な科学的エビデンスが蓄積しているだろう。

　しかし、「善のためのメディア」運動において、子どもが見過ごされてきたということではない。実際、メディアの有益な効果についての最も初期の研究のいくつかは、子ども向けの教育的・向社会的テレビの研究に遡ることができる。私たちはこの豊かな研究の伝統は、広範なポジティブメディア心理学の傘下に位置づけるに値すると考える。この章では、この重要な研究の概要を紹介する。

　その際に私たちは、教育のためにデザインされた子ども向けコンテンツと、向社会的発達のためにデザインされたものを区別する。実のところ、子どものために制作され、研究者によって検討されてきたコンテンツの多くは両方の要素を含んでいる。また、子ども向けメディアの利点に関する大多数の研究はテレビコン

テンツについて実施されてきたため、それがこの章の主要な焦点となる。

子ども向けメディアの簡単な歴史

　全米中の地方局は、テレビの最も初期の頃から子どもをターゲットとした番組を放映していた。そのほとんどは、物語の読み聞かせ、操り人形、寸劇、音楽、そして特別ゲストを招いたコーナーを組み合わせた内容だった。有名な例としては、1954 年のはじめにピッツバーグの地方局 WQED によって制作され、若き日のフレッド・ロジャース（Fred Rogers）が人形使いとして出演した『チルドレンズコーナー』〈原題：*The Children's Corner*〉がある（BOX 11.1 参照）。しかし 1960年代には安価に制作できるカートゥーン[1]シリーズや収益性の高いソープオペラ[2]が出現し、実写の子ども向け番組は昼間の放送からほとんど追いやられた。その穴を埋めるべく、全米教育テレビ（NET: the National Educational Television）ネットワークは――アメリカにおける今日の公共放送サービス（PBS: Public Broadcasting Service）の前身であるが―― 1968 年 2 月 19 日に『ミスタロジャースのご近所さん』〈原題：*Misterogers' Neighborhood*〉のデビュー作を放送した。1970 年に『ミスター・ロジャースのご近所さん』〈原題：*Mister Rogers' Neighborhood*〉と名前を変えたこのシリーズは、ほぼ間違いなくアメリカで初めて全国放送された向社会的な子ども向けテレビシリーズである。NET（その後のPBS）局は、1969 年に『セサミストリート』〈原題：*Sesame Street*〉の、そして1971 年に『ザ・エレクトリック・カンパニー』〈原題：*The Electric Company*〉（『セサミストリート』の「卒業生」向け）の第一話を放送した。このようにして、PBS と教育的・向社会的な子ども向けテレビとの長年にわたる結びつきが始まった。また、番組の効果についての学術研究の第一波も開始された。

BOX 11.1　ご近所さんになろう

　教育的・向社会的な子ども向けテレビの歴史にとってのフレッド・ロジャースの重要性についてはいくら言っても大げさではない。彼はペンシルバニア州西部の勤勉で敬虔な小さな町ラトローブで育った。この町が、彼が最終的に作り出した、

訳注[1] 子ども向けアニメ。
訳注[2] 連続もののメロドラマ。

テレビ番組の中のご近所さんのインスピレーションのもととなった。彼は長老派教会の牧師の訓練を受けて牧師として勤めたほか、熱心な音楽家であり人形使いでもあった。彼の人生のこのような側面は、彼のテレビ作品によく反映されている。『ミスター・ロジャースのご近所さん』は子どもに固有の価値を称賛した。彼は「あなたは特別だし、この世界の他の誰もがそうなのだ」とよく言っていた。この番組は自己価値、愛、思いやり、理解、寛容性、ケア、他者への感謝を奨励した。この番組は子どもに自分の感情について、学ぶことの喜びについて、変化や新しい経験に立ち向かいそれを受け入れる方法、悲しみや死に対処する方法を教えた。『ミスター・ロジャースのご近所さん』は、それまでのどの番組とも、そして多くの意味でそれ以降のどの番組とも違っていた。最終話は 2001 年に放送され、フレッド・ロジャースは 2003 年に亡くなった。しかし、子ども向けテレビにとっての彼の遺産とビジョンは、元の番組の人形の一つを主役にしたアニメ番組、『ダニエルタイガーのご近所さん』〈原題：Daniel Tiger's Neighborhood〉を通じて生き続けている。フレッド・ロジャースの物語は、有意義なドキュメンタリー映画『ミスター・ロジャースのご近所さんになろう』〈原題：Won't You Be My Neighbor?, 2018〉として制作され賞を贈られたし、フィクション映画『幸せへのまわり道』〈原題：A Beautiful Day in the Neighborhood, 2019；トム・ハンクスがミスター・ロジャース役で出演〉でさらに称賛を受けた。私たちは両方の映画を推薦する。また、「早期学習と子ども向けメディアのためのフレッド・ロジャース・センター」(http://www.fredrogerscenter.org) を通じて、この先駆的なテレビ司会者であり、教育者であり、ご近所さんであった人の作品、人生、遺産について、さらに詳しく調べることを勧める。

　1970 年代、1980 年代の全体にわたって、PBS はアメリカ全国で視聴できる子ども向け教育番組の事実上すべてを提供していた。1990 年代になると、主に 2 つの理由でこの状況は変わり始めた。1 つはケーブルテレビの普及で、これは子どもを対象としたネットワーク、最も注目すべきは「ニコロデオン」(Nickelodeon)、「ディズニー・チャンネル」(the Disney Channel)、そして（後の）「ノギン」(Noggin) の出現につながった。2 つ目は 1990 年の子ども向けテレビ法の成立で、これによって連邦通信委員会（FCC: the Federal Communications Commission）は子どもの教育的・情報的（E/I: Educational and Informational）ニーズを満たす番組放送のための米国内のテレビ放送局の規制を策定し実施する義務を負うことになった。地方局は新しい規制に従わなければ更新時にライセンスを失うリスクがあった。

1996 年、FCC はすべての放送局に対して、特に 16 歳以下の子どもの情報的・教育的ニーズに対応するためにデザインされた中心的な E/I 番組を週に少なくとも 3 時間放送することを求め、より厳しい（そしてより明確な）規制を課した。FCC の規制対象ではなかったものの、特にニコロデオンの『ブルーズ・クルーズ』〈原題：*Blue's Clues*〉、『ガラ島』〈原題：*Gullah Island*〉、『ドーラといっしょに大冒険』〈原題：*Dora the Explorer*〉のような番組をはじめ、子ども向けのケーブルネットワークの多くはこの時期にも教育的・向社会的な番組を増やしていた。これは子ども向け番組への学術的関心の第二波につながった。

　同じ頃、パーソナル・コンピューティングの革命も急速に進んでいた。教育的・向社会的なコンピュータソフト（ゲーム、パズル、補習レッスン、上級レッスンなどを含む）・教育用端末（リープフロッグ社のリープパッドのような）が未就学児や若い学習者の親たちに向けて大量に販売された。1996 年には「ベイビーアインシュタイン」が発売され、ついに乳幼児教育向けの一連のマルチメディア製品が提供された。そしてもちろん、今日、（YouTube Kids のような）多くのストリーミングサービスが、教育的・向社会的メディアコンテンツをいつでもどこでも配信するチャンネルやレコメンデーションシステム[3]を提供している。

　2019 年、FCC は放送局への E/I 規制を緩和した。放送局は依然として毎週 3 時間の E/I コンテンツを放送する必要があるが、そのうち少なくとも 3 分の 1 は（連続シリーズではなく）スペシャルや単発番組の形式にすることができ、一部は（主要な放送チャンネルではなく）マルチキャストストリームで配信することができる。多くのテレビ局を所有している企業は、彼らの観点から見れば子ども向けテレビは十分な広告収入が入らないため、1996 年の規則からの「解放」のためにロビー活動を行ってきた。一方、メディア研究者、教育者、政策立案者、そして子どもの権利の擁護者たちは、利潤のために公益や社会的善の力を切り下げたとして、この動きを批判した。

訳注[3] おすすめを表示するシステム。

教育的な子ども向けメディア

理論的視点

　メディアを通じて子どもに教えることは複雑な課題であり、無数の発達的要因、コンテンツ関連要因、そして状況要因への注意を要する。この1つの問題についてだけの議論でこの本全体を埋められるだろう。しかし、簡潔さのため、ここでは2つの重要な考え方に焦点を当てる。

▷ピアジェの理論

　発達心理学者ジャン・ピアジェ（Jean Piaget）の研究は、教育的メディアからの子どもの学習に関する初期の研究のほとんどを導いており、今日もなお重要性を持っている。ピアジェ（Piaget, 1970）は、子どもの知的発達は、論理や思考の構造における幅広い変化に対応する4つの段階を通じて進行し、その段階ごとに、特定の時点で培われる認知スキルのタイプが決定されると主張した。生まれてから2歳までの子どもは、知識が主として運動活動と視知覚に限定されている「感覚運動期」（sensorimotor stage）にあるといわれる。この段階の終わりごろに、子どもはさまざまな対象（またはオブジェクト）を表象したり、単純な問題を解決するために心的イメージを使用しはじめる。2歳から7歳までの子どもは「前操作期」（preoperational stage）にあり、その特徴は、主として機能の感覚運動モードから概念・象徴モードへの移行（たとえば発話、数、動き）、言語や社会化された行動の発達、そして高次の推論や情報処理戦略の初期的な枠組みの構築にある。7歳から11歳の「具体的操作期」（concrete operational stage）では、子どもは前操作期の自己中心性を超越し、他者とより共有される現実、他者の視点を通して理解される現実へと移行する（脱中心化）。より論理的で概念的な思考が出現するが、抽象的、仮説的な概念はしばしば困難であることがわかっている。発達の最終段階（12歳から成人期）は「形式的操作期」（formal operational stage）で、抽象的な論理的推論、体系的な計画、道徳的な推論が出現する。

　古典的なピアジェの知的発達主義は、ネオ・ピアジェ派の思想によって改良されてきた（たとえば、Case, 1992; Demetriou et al., 1994）。元の理論に対する主要な追加や変更点としては、発達における複数の下位段階、個人差、認知構造の発達の強調がある。特にケース（Case, 1985）は、ピアジェが発達の測定として子ど

もの内的論理機能に注目したことから離れ、問題解決機能に注目することを主張した。

コンテンツ制作の観点でみると、ピアジェの理論は脚本家やプロデューサーが年齢（段階）に適したレッスンやストーリー展開を開発することに影響を与えた。また、ピアジェ理論は研究者に、学習効果を検討するための枠組みを提供した。最も初期の、そして最も多くの教育番組は、未就学児や小学校低学年の子ども（つまり、ピアジェの前操作期にある子ども）を対象としていた（そして現在もそうである）。たとえば、最も初期のテレビシリーズ（1960年代後半から1970年代前半）の多くは、就学準備支援、特に本読みや算数を学ぶための準備、語彙、言語スキルに焦点を当てていた。子ども教育番組の主要な第二の波（1990年代から今日まで）は、多くの教育ゲームと同様、ネオ・ピアジェ派による問題解決や柔軟な思考の重視をますます反映している。

容量モデル

第2章で私たちは、動機づけられたメッセージ処理の容量限界モデル（LC4MP; Lang, 2000）を紹介した。これは、テレビ視聴は、コンテンツ理解のため私たちが意図的に割く資源に加えて、（進化によって備わった反応システムに沿ってコンテンツを処理するために）私たちの心的リソースの一部を自動的に要求するため、認知的に負担のかかる活動となり得ることを（とりわけ）主張している。これが負担になる理由は、私たちの認知資源が限られていると考えられているためである。認知処理についての同様の想定に基づいて、発達心理学者でありセサミワークショップの番組研究の元副責任者（『セサミストリート』のプロデューサー）であるシャローム・フィッシュ（Shalom Fisch）は、**子どもの教育的テレビコンテンツ理解**における**容量モデル**を開発した（Fisch, 2000）。これは、子どもがどうやって教育番組から学ぶのかを説明するこれまでで最も包括的なモデルである。

フィッシュの容量モデルは、教育的番組では、認知資源が**教育的コンテンツ**だけでなく**ナラティブ**（たとえばプロット、一連の出来事、登場人物）の理解にも必ず費やされると主張する。そのため、教育的コンテンツでは「ストーリー」と「レッスン」の並行処理が必要となる。一般にナラティブの処理は視聴者が費やす資源の大半を占める。なぜならば、(a) テレビは通常（特に子どもにとって）娯楽メディアとして利用されており、(b) ナラティブは本質的により明示的な要素である（つまり、教育的コンテンツがナラティブに埋め込まれているのであって、

その逆ではない）からである。したがって、教育的コンテンツがナラティブと絡み合って入り組んだ形で結びついている番組は、より大きい学習を引き起こすはずである。つまり、ナラティブと教育的コンテンツとの間の**距離**が小さいと、一方の認知処理がもう一方を補完することができ、両方のより深い処理を助け、（理論的には）より大きな理解をもたらす。距離が大きいと、2つのコンテンツは認知資源を巡って競い合うことになる。この戦いでは必然的にナラティブが勝利し、教育的コンテンツの処理は最小限となり、理解度は低下する。

　視聴者特性の多く、いくつか例を挙げると、ナラティブと教育的コンテンツの両方に見られる主題の予備知識、テレビの形式的特徴や物語スキーマへの十分に発達した理解、興味、認知的・その他の発達的要因、そして推論能力も、コンテンツのより効率的な処理を促す。同様に視聴状況、特に子どもの視聴動機（たとえば、学ぶために視聴すると理解が深まる）や大人と一緒に視聴すること（特に大人が内容を補強したり、さらに説明したりする場合）も学習プロセスに影響を与える。最後に、ナラティブの複雑さと一貫性、教育的な表現の明快さと明示性、既存のスキーマへのストーリーの適合性、ストーリーの直線性と因果的時間順序、今後の展開についての手がかり（つまり先行オーガナイザー[4]）が含まれていること、などの番組の特徴によっても学習は変わってくる。

　もともとはテレビコンテンツの処理を説明するために開発されたが、容量モデルは他の形式の子ども向け教育メディア――デジタルゲーム、短いオンライン動画、インタラクティブな物語、そして物語本さえも――が理解と学習にどのようにつながる（あるいはつながらない）かに十分に当てはまる。ここではそのようなメディアを通じた学習に関する実証的なエビデンスに注目する。

乳幼児向け教育的コンテンツ

　アメリカ小児科学会は、親は生後24カ月未満の子どもに対して、ビデオチャット以外は画面を見せないことを推奨している。この勧告にはテレビ番組の『テレタビーズ』〈原題：*Teletubbies*〉や、ベイビーアインシュタインなどの人気マルチメディアコンテンツのような、幼児向けに「デザインされた」と称されるコンテンツも含まれる。それはなぜか？　簡単にいえば、幼児は認知、記憶、注意のスキルが未発達なため、概してこのようなコンテンツから学習することができない

訳注[4]　これから学ぶことについて事前に提示される枠組み。

からである。

　研究によれば、たとえば、言語や語彙のスキル（たとえば、Krcmar et al., 2007）、問題解決能力（たとえば、Schmitt & Anderson, 2002）などについて、幼児がそのようなビデオコンテンツに接触することの利点は一つも示されていない。そして、たとえ幼児が「何か」を学習したとしても、彼らはその知識を自分の生きた経験に転移する能力に欠けている（すなわち、**転移欠損**；Barr, 2010）。たとえば、テレビからの模倣行動は早ければ生後 6 カ月で現れ始めるが（Barr et al., 2007）、それらの行動の学習は、少なくとも 3 歳までは、生身のモデルからの学習に比べてかなり遅れをとる（たとえば、**ビデオ欠損効果**；Anderson & Pempek, 2005）。インタラクティブな形式のメディア——特にタッチスクリーンタブレット——は、特定の条件下での教育ではやや優れているかもしれないが（Kirkorian et al., 2016）、概して生身のモデルからの学習の方がはるかに効果的である。さらに、幼児期におけるいかなるメディア接触も、より低い認知的発達や語彙の発達と関連している（たとえば、Tomopoulos et al., 2010）。

未就学児向け教育的コンテンツ

　前述のように、歴史的に、子ども向けの教育的なテレビ番組の大部分は、就学前の子ども（2 歳から 6 歳まで）を対象にしてきた。これらの番組のほとんどにとっての目的は「就学準備」であった。これは、それらは単に知的発達を促したということではない。概して、番組は学習に対して、「子ども全体」アプローチ（"whole child" approach）をとってきた。たとえば『セサミストリート』は最初のシーズンに、子どもの発達の 5 つの領域、すなわち読解と言語、算数と数、推論と問題解決、知覚、社会的・道徳的・情動的成長を扱うカリキュラムを開発した（Fisch, 2014；BOX 11.2 も参照）。

　最も効果的な教育番組は、すべてのエピソードのすべての部分があらかじめ定義された一連の目標を支援するようデザインされている、**カリキュラムベース**の番組である。ほとんどの番組（そしてゲームや他のソフトウェア）にとって、番組の目標とそれらの目標を追求するために制作されたコンテンツは、制作物が公開される前に大いに調査され（すなわち**形成的研究**；一般的には内部の研究スタッフが行うが、時として研究者もコンサルタントを務める）、学習と発達へのその後の効果もコンテンツが公開された後に研究される（すなわち**総括的研究**；客観性のため第三者団体がしばしば行う）。ほとんどの未就学児向けの教育的メディアコンテンツ

の究極の目標は特定のスキルの「習得」であり、彼らの発達能力を考えれば、それはある特定のエピソード内や同じコンテンツの複数回の再放送を通じての「反復」から出現する（『ブルーズ・クルーズ』で導入された反復への新しいアプローチについては、BOX 11.2 を参照）。

BOX 11.2　2つの先駆的な番組：『セサミストリート』と『ブルーズ・クルーズ』

　デビューから 50 年以上たってもなお放送されている『セサミストリート』は、史上最長の子ども向け番組である（その偉大な歴史と効果の概要については、Fisch & Truglio, 2001 や Fisch, 2014 を参照）。以前はチルドレンズ・テレビジョン・ワークショップ（CTW: Children's Television Workshop）の名で知られていたセサミワークショップ制作の『セサミストリート』は、各シーズンにつき 130 話（！）構成で始まった（あなたの好きな Netflix や Hulu で今入手できるオリジナル作品が 8 話か 10 話構成なのと比較してほしい）。当初より絶賛されたこの番組とそのキャスト、多くの脚本家、音楽家、振付師、音響技師、セットデザイナー、アートディレクターは、テレビの歴史上他のどの番組よりも多くのエミー賞を受賞している。オーディエンスにも愛されており、1996 年の調査では、アメリカの未就学児の 95 ％は 3 歳になる前のどこかでこの番組を視聴していたことが明らかになった（Fisch & Truglio, 2001）。この番組は、スペインでは『バリオセサモ』〈原題：Barrio Sésamo〉、エジプトでは『アラムシムシム』〈原題：Alam Simsim〉、中国では『チマチエ』〈原題：芝麻街〉というように、150 以上の国と 70 以上の言語で放送されており、通常は内容を文化的文脈に合わせるため、地元の専門家と共同制作されている。

　『セサミストリート』は文字通り、その後のすべての成功した教育的テレビ番組のモデルを作った。この番組は、カリキュラム開発、コーナーとエピソードの事前調査、番組の視聴者への効果の測定において、実証的・社会科学的研究を用いて制作された初めての事例である。CTW モデルとして知られるこの制作プロセスは、他の CTW の番組（たとえば、『ザ・エレクトリック・カンパニー』、『3-2-1 コンタクト』〈原題：3-2-1 Contact〉）に巧みに適用され、セサミ傘下外の他の番組にも採用されている。番組制作以外の側面でも、『セサミストリート』はすべての子どもにアピールすることで階層間の壁を打ち破った。低所得でマイノリティの背景を持つ子どもは平均的に学力がより未発達な状態で就学することを認識し、CTW チームは皆に歓迎される親しみやすいストーリー世界を作ろうとした。セットはアメリカの典型的な都心部の住宅街のような雰囲気で、褐色砂岩の玄関前階段、

落書き、ごみ入れ、小さい地元の食料品店があった。キャストは過去も現在も人種的に多様であり、テレビで初めてラテン系の女性が主役で登場した（マリア役のソニア・マンザーノ〔Sonia Manzano〕）。何年にもわたって、この番組には（バレエを踊る）車いすの子どもやダウン症の子どもが登場し、エイズや自閉症のマペットがいた。彼らは子どもたちがホームレス、健康的な食事、怖い考えのような問題に立ち向かうのを助けた。そしてもちろん彼らは、世界中の何億人もの子どもが学校での最初の年によりうまくできるよう準備するのを助けた。

　『ブルーズ・クルーズ』もまた、画期的な子ども向けテレビシリーズであった。それは1996年にケーブル放送チャンネルニコロデオンでニックジュニア社（Nick Jr.）が編成する番組ブロックの一部として初公開され、2006年まで放送された後、2019年に『ブルーズ・クルーズ & You!』〈原題：*Blue's Clues and You*〉として再開した。『ブルーズ・クルーズ』は、アニメ仕立ての物語本の世界の中で、未就学児に実写の司会者——最初はスティーブ（Steve; スティーブン・バーンズ〔Steven Burns〕が担当）で現在は彼の「いとこ」のジョシュ（Josh; ジョシュア・デラ・クルーズ〔Joshua Dela Cruz〕が担当）——に加わるよう呼びかける、「一緒に考え、一緒に遊ぶ」番組だった。この番組は、「未就学児に力を与え、挑戦させ、自尊心を築かせるとともに、その間中彼らをずっと笑わせることを使命として制作された」（Anderson et al., 2000, p.180）。CTWモデルに基づき、『ブルーズ・クルーズ』では、アニメの子犬ブルーが足跡として残した3つの手がかりをスティーブが見つけるのを子どもたちが手伝い、問題解決や柔軟な思考のスキルを教えた。手がかりを見つけるにはしばしば教育的ゲームをクリアする必要があり、たとえばブルーは昼食に何を食べたいのか、何が怖いのかに関する問題や謎を解決するのが最終目標であった。未就学児のオーディエンスはすぐにブルーとこの番組が好きになった。最初の数年間、『ブルーズ・クルーズ』は常に最も評価の高い子ども向けテレビ番組であった。

　番組制作におけるいくつかの特徴が『ブルーズ・クルーズ』をこの業界のパイオニアの座に登らせた。第1に、思考スキルのカリキュラムは（典型的な「ABC、123」ではなく）当時のネオ・ピアジェ派の発達的アプローチを反映していた。第2に、制作者たちは彼らの「学ぶために遊ぶ」戦略の効果を最大にするために、当時の学習とエンターテインメントに関する最新理論も活用した。第3に、各エピソードの際立った特徴の一つは、オーディエンスの能動的な参加を通じて、オーディエンスがスティーブやブルーと直接的に相互作用するのを重視し、奨励したことであった。番組全体を通してスティーブはオーディエンスに直接語りかけた。

典型的なパターンは子どもたちに質問をなげかけ、答えることができるよう待っ
てあげることであった。そうすることで未就学児は一人のオーディエンスである
だけでなく番組の参加者となり、それが視聴状況を本当の実践的・直接学習的経
験に近づけた。第4に、反復が習得につながることを理解し、制作者たちは他に
類を見ないテレビ放送戦略を開発した。彼らは一週間毎日同じエピソードを提供
したのである。これによって視聴者は5日間にわたって同じスキルを復習するこ
とができ、コンセプトを本当に習得し、遊びながら深く学ぶことにつながった。
　両番組の抜粋とすべてのエピソードをインターネットで見ることができる。検
索してみることをお勧めする。

　『セサミストリート』は史上最長の子ども向け番組である。当然のことながら、
最も研究されている番組でもある。その効果は1,000以上の研究で検討されてい
る（Fisch, 2014）。最も初期のものは教育試験サービス（ETS: the Educational
Testing Service）によって実施された。ETS は現在も GRE や TOEFL のような標
準化されたテストを施行している団体である。最初のシーズン後、ETS は3歳か
ら5歳の子ども約1,000人にテストを実施した。子どもの半数は26週間のシー
ズンを通じてこの番組を視聴するよう勧められており、残りの半数はそうではな
かった。番組を視聴した子どもは（そのシーズンが放送される直前に行われた事前
調査のレベルから）アルファベット、数、身体部位の知識、形、分類、並べ替え
などのさまざまな領域においてより大きな向上を示した。この研究は第2シーズ
ン後にも再度行われ、同じ結果となった（優れた概要は、Fisch, 2014 を参照）。心
強いことに、この結果は年齢、性別、地理的位置、社会経済的地位が異なる子ど
もの間で一貫していた。さらに、この結果は文化を超えて当てはまるようである。
マレスとパン（Mares & Pan, 2013）は『セサミストリート』の効果についての15
カ国の10,000人以上の子どもを対象とした24の研究を評価するメタ分析を実施
した。全体として、結果は番組視聴と上記の基本的な読み書き・計算能力の知識、
世界についての知識（たとえば健康、安全、文化）、社会的推論や態度（たとえば外
集団に対するよりポジティブな態度、より少ないステレオタイプ的態度）との間の正
の関連を明らかにした。
　さらに、『セサミストリート』の効果は長続きするようである。シーズン2後
の研究の一環として、ETS の研究者たちはシーズン1の参加者の一部について、
教師に就学準備度を評価するよう依頼した（教師には子どもの以前の視聴習慣につ
いては伝えなかった）。教師は以前に『セサミストリート』をより少なく視聴して

いた（あるいは視聴していなかった）子どもよりも、この番組を多く視聴していた子どものほうが、より就学の準備ができていると評価した。さらに、子どもの頃に『セサミストリート』を視聴していた、あるいは視聴していなかった570人の高校生を対象にした有名な「追跡」研究では、番組視聴の長期的な効果として、英語、数学、科学におけるより良い成績、より頻繁な本の利用、より高い学問的自尊心、学業成績により高い価値を置くことなどが見出された（Huston et al., 2001）。

　他の未就学児向けの教育的テレビ番組についての研究では、同様の（短期的な）効果が示されている。たとえば、PBS の『バーニー＆フレンズ』〈原題：*Barney & Friends*〉のうち10話を視聴した3・4歳児は、視聴しなかった子どもに比べて、数えるスキルや語彙力が優れていた（Singer & Singer, 1998）。2年間にわたって『ブルーズ・クルーズ』を視聴した子どもは、視聴しなかった子どもよりも、問題解決や柔軟な思考の課題の成績が有意に高かった（Anderson et al., 2000）。多くの研究は親や教師のサポートがこれらの利益をさらに強化するのに役立つ可能性があることを示唆している。

　未就学児の教育のためにデザインされたソフトウェアやデジタルゲームなどの「学習テクノロジー」が利用できるにもかかわらず、残念ながら、それらの効果についての学術研究はほとんど行われていない。初期の読み書き能力（たとえば、アルファベット、書くこと）を高めるようデザインされたタブレットアプリはある程度見込みはあるが、大人のサポートや補助がきわめて重要のようである（たとえば、Neumann & Neumann, 2014）。おそらく未就学児がテクノロジーを使うことの最も大きな利点はより基本的なところにある。それは、デジタルデバイスに慣れ親しみ、それらを使って学習する傾向性を彼らの中に発達させ始めるということである。それは彼らの残りの人生を通じての学習のために、ますます必要となるスキルである（Plowman et al., 2012）。

就学児向け教育的コンテンツ

　子どもが正式に学校に入ると、教育番組の潜在的なポジティブな利益だけを切り離すことがますます難しくなる。それでも、過去に特定の学習目的のためにデザインされたテレビシリーズは概して好ましい結果を示している（よい概要は、Fisch, 2004 を参照）。たとえば、『ザ・エレクトリック・カンパニー』は（おそらく）以前『セサミストリート』を視聴していた幼い学習者のために制作された。

具体的には、それは小学校低学年の生徒の読解力を強化することを目指していた。小学校 1 年生から 4 年生までの 8,000 人以上の生徒を対象にした研究では、半数が 6 カ月間学校で『ザ・エレクトリック・カンパニー』を視聴し、番組視聴が意味の理解やさまざまな文字の発音スキルを高める読解と関連していることが見出された。PBS の番組『ライオンたちとイングリッシュ』〈原題：*Between the Lions*〉を視聴した後の幼稚園児にも、特に萌芽的リテラシーのスキル（たとえば、文字の名前を言い当てること）において、同様のポジティブな効果が観察された。『リーディング・レインボー』〈原題：*Reading Rainbow*〉で特集された本は図書館や書店で子どもにひっぱりだこであった。ただしこの番組が実際に読書を促進したかどうかは不明である。

　『スクエアワン TV』〈原題：*Square One TV*〉は、8 歳から 12 歳の子どもに、算数への前向きな態度と問題解決戦略のさらなる使用を促すことを目的としていた。製作者側で行われた内部研究は、この番組が概してその点で成功したことを示唆した。『ビル・ナイ・ザ・サイエンス・ガイ』〈原題：*Bill Nye the Science Guy*〉、『ビークマンの世界』〈原題：*Beakman's World*〉、『3-2-1 コンタクト』、『クロ』〈原題：*Cro*〉のような番組は、8 歳から 12 歳の視聴者グループにおいて、科学概念への態度と理解を向上させ、コンテンツと関連する実験や実践活動を促進することが示されている。残念ながら、科学や算数を学習する学齢期の子どもに特化した（商業）番組はきわめて少ない。しかし、そのような状況の中、『怪しい伝説』〈原題：*Mythbusters*〉、『バ科学』〈原題：*Science is Stupid*〉、『コスモス』〈原題：*Cosmos*〉、『ノヴァ』〈原題：*NOVA*〉のような、大人が対象だが子どもにも非公式な学習機会を提供できそうな番組にはいくらか希望が持てる。

　残念ながら、学齢期の子どもを対象とした教育的なソフトウェアやゲームについても、詳細は明らかではない。この領域の学術研究のほとんどは、さまざまなタイトルの効果よりむしろ、そのようなゲームはどうデザインされるべきかを示唆している。ゲームや他のテクノロジーを従来の学校教育に組み入れることの潜在的な利益（または問題）を議論している研究もあるが、どちらの主張もそれを支持する大規模な実証的効果研究はあまりない。教育場面における拡張現実（AR；第 8 章参照）の利用は、学習者を仮想世界により深く没入させることができるので、ある内容（たとえば、3D 空間関係や運動感覚など）を教えるのにはある程度有望であると思われる。しかし、発達上のスキルや能力により、低年齢児が AR によって学習できることは限られるかもしれない（Radu, 2014）。

向社会的な子ども向けメディア

　「向社会的」という言葉は、さまざまな態度、動機づけ、意図、行動に適用できる。前の節で述べた教育的学習やスキル学習も、広くとれば向社会的と考えられると主張する人もいるだろう。またある人は、オーディエンスの自尊心、ポジティブな身体イメージ、その他の個人的に役立つ考えや行為を支援するコンテンツが向社会的なのだというかもしれない。私たちは、これらの見方のどちらにも必ずしも反対しない。しかし、向社会的な子ども向けメディアに関しては、ほとんどの研究者は健全な社会関係を支援する学習、究極的には利他的であることの学習のためにデザインされたコンテンツに注目している。したがって、一般的に関心事となる結果や効果は、援助、友好的な相互作用、情動管理、包摂性、寛容性、利他性、ステレオタイプ・攻撃性の低減などのような**向社会的行動**である。

　1996 年に FCC が迅速なテレビ放送ライセンス更新のために各週 3 時間の教育的・情報的（E/I）番組を要求する規制を制定したとき、FCC は何が E/I 番組として「カウントされる」のかに関する基準をかなり幅広くとっている。前の節で論じた子どもの認知的・知的ニーズに応える番組は E/I であると考えられる。しかし、それに加えて、子どもの社会的・情動的ニーズに応える番組もこの基準を満たしている。このため、ある種の道徳的または社会的教訓を特徴とする幅広い番組が長年にわたって E/I として「カウント」されてきた。実際、多くのテレビシリーズは——子どものためにデザインされたものもあればそうでないものもあるが——登場人物が他者に優しく接したり、一緒に問題を建設的に解決したり、多様で共生的な環境に住んでいるところなどを描いている。その結果、テレビ視聴を通じて向社会性を自然に学習する機会は、理論的には非常に多い。しかし登場人物の行動は、誰が、どのような動機で（たとえばポジティブな結果の追求 vs. ネガティブな結果の回避）、どのようなコストで、それらの行動を行うのか、誰がその行動の利益を受けるのかという点で、互いに非常に異なっている可能性がある。このことは効果についての実証的な検討をきわめて複雑にしている。

　1970 年代以降、内容分析はメディアにおける向社会的コンテンツの量を把握することを試みてきた。多くは特に子ども向けにデザインされた番組を検討している。たとえば、61 本のディズニー映画についての研究では、平均して毎分約 1 回の向社会的行為（言語的または実際の行為）がカウントされた（Padilla-Walker et al., 2013）。ウッダード（Woodard, 1999）は、子ども向け番組の 50 ％には少なく

とも 1 つの社会的教訓が含まれており、未就学児対象の番組ではこの割合はずっと高くなる（77%）ことを見出した。しかし、子どもが実際に最も多く視聴している番組（ニールセンの視聴率による）を検討すると、上位 20 位のうち何らかの種類の社会的教訓を含んでいるのは 4 つのみであり、ポジティブな相互作用や利他主義についての教訓を含んでいるのは 2 つのみであった。

テレビにおける向社会的行動についてのこれまでで最も包括的な研究は、コミュニケーション研究者のサンディ・スミスと彼女の同僚（Smith et al., 2006）によるもので、1,750 時間以上のアメリカの放送番組とケーブル番組における分かち合いと援助の事例が検討された。全体として、番組の 73% には少なくとも 1 つの分かち合い・援助行為が含まれており、1 時間あたりで平均 2.92 の行為数であった。予想されるように、利他的行動は子ども向け番組（少なくともベーシックプランのケーブル番組で見られるもの）ではより高い割合（78%）、より高い頻度（1 時間あたり 4.02 行為）で現れていた。

理論的視点

向社会的な子ども向けメディアの背後にある基本的な考えはきわめて単純である。それは、優しく、親切で、寛容で、寛大な登場人物を子どもに見て、聞いて、読んで、演じてもらうことである。そうすれば彼らは自分自身が同じことをすることを学ぶ（そしてしたいと思う）だろう。しかし、この本の残りの部分で証明されているように、これらの関係を支えるさまざまな心理的プロセスはきわめて複雑である。ここではその複雑さを理解するのに役立つ 3 つの理論的考え方に焦点を当てる。

▷ 心の理論

私たちが言及しなければならない、向社会的メディアからの学習に関連する最初の理論的視点は、その名称には理論という言葉が登場しているが、古典的な意味においては理論ではない。心の理論（ToM: Theory of Mind）は、他の人々が自分とは異なる心的状態（たとえば知覚、信念、情動、意図、欲求）——彼らの行動に影響を与え、その行動を説明し、予測する心的状態——を持っていることを理解する能力を意味する概念である（たとえば、Wellman, 1990）。ToM は他者の視点をとる能力と関連しており、ひいては共感と関連している。そのため ToM は、向社会的行動の抽象的原理（たとえば、なぜ誰かは他の誰かを助けるのか、もし助け

られたらどう感じるのか）を理解し、同様の行為を動機づけるのに必要な要素であると考えられている。

　子どもは発達の一環として心の理論を獲得すると想定されているため、より進んだ ToM を持つ子ども、より進んでいない ToM を持つ子どもということもできるだろう。ToM が正確にはいつ出現して子どもの認知的推論に反映されるようになるのかについては、研究者の間でいくぶん意見の相違が存在する。初歩的な ToM は乳児にも見られることを指摘している研究もあれば、それらの研究結果は ToM の不完全な表出を示すものだとして低く評価するものもいる（Imuta et al., 2016）。最も一般的に使用されるこの概念の測定方法によれば、ToM は 4 歳頃に出現することが一貫して示されている。いずれにしろ、子どもにおける ToM の発達は、彼らがメディアコンテンツにおいてモデリングされた向社会的行為を学習し再現する能力に直接的な影響を与える。

▷社会的認知理論

　このテキストの何カ所かで論じられているように、**社会的認知理論**（SCT: Social Cognitive Theory; Bandura, 1986）はおそらく、私たちがメディアから行動をどのように学ぶかについて最も引用される説明である（第 2 章参照）。簡単にいえば、SCT は、人間が他の人々を観察することによってどのように行動について学ぶのかを説明している。それらの観察は、新しい行動の採用（モデリング）や、観察された行動への適応または動機づけが似ている新しい行動の採用を導くイノベーション思考（抽象的モデリング）につながる可能性がある。子ども向けテレビの分野では、SCT は、向社会的行動をしている登場人物を視聴することによって子どもはどのようにそれを学習し、動機づけられるのかを説明するのに用いられてきた。一般的にいって、登場人物がその行動をすることで報酬を得ていたり正の強化を受けている場合、登場人物に現実性があり、視聴者に似ている場合、そして行動が容易に模倣できる場合、行動はモデリングされやすくなる（Strasburger et al., 2014）。さらに、特定の行動はどのような状況で許容され、どのような結果になるかを示すことで、子ども向けの向社会的コンテンツは認知的スキーマ（スキーマ理論も参照；Fiske & Taylor, 1991）や行動スクリプト（スクリプト理論も参照；Tomkins, 1978）を幼いユーザーに形成することができる。

▷一般学習モデル

　子ども（および大人）がメディアから向社会的行動をどのように学べるかを説

明する視点の一つに、**一般学習モデル**（GLM: General Learning Model；たとえば Buckley & Anderson, 2006; Swing & Anderson, 2008）がある。興味深いことに、GLM は現実世界の反社会的行動、すなわち攻撃を引き起こすかもしれない要因を検討する研究から作られた（一般攻撃性モデル；Anderson & Bushman, 2002）。とはいえ、GLM は当初は（特に向社会的な）デジタルゲームをプレイすることによる即時的な（接近した）、そして長期的な（遠位の）行動上の効果を説明するために開発された。

　即時的なレベルにおいては、向社会的な行動を奨励しそれに報酬を与えるゲームをプレイすると、短期的に同じ行動を促すことができる。ゲームプレイは生理的な覚醒、情動、認知を活性化する。それらのプロセスは、画面上で起こることに応じてプレイヤーに報いたり罰したりするという形で、互いに影響を与える。たとえば、プレイヤーが動物の群れを保護しなければならない（向社会的な認知的スクリプトが活性化される）ゲームでは、負傷したトラの幼獣を救うためのサスペンスに満ちたミッション（覚醒度を高める）は、それが成功したとき、大きな喜び（情動的な反応）につながる可能性がある。ポジティブな結果はさらにプレイヤーの覚醒、思考、感情に影響を与え、その後のゲーム内での決定に影響を与える（たとえば、報酬を与えられた援助行動は類似の行動を促すはずである）。言い換えれば、向社会的なゲームは、向社会的な認知的・情動的スクリプトを活性化させ、それらのスクリプトをリハーサルする機会をプレイヤーに与え、ゲーム内でのそれらのスクリプトの実践に成功すると報酬を与え、それによってさらにそのスクリプトの使用を強化する。その結果、プレイ直後に同様の行動をとる機会が与えられると（たとえば、兄弟の宿題を手伝う）、プレイヤーは活性化されリハーサルされたスクリプトのため、そうする可能性が高くなるはずである（第2章のプライミング、第3章の拡張‐構築理論も参照）。

　向社会的なゲームをすればするほど、プレイヤーはそれらの短期的効果をより頻繁に経験するはずである。時間の経過とともに、「前認知的・認知的構成概念」（たとえば、知覚、信念、スクリプト）、「認知的‐情動的構成概念」（たとえば、態度、ステレオタイプ）、「感情特性」（たとえば、共感）の変化などの長期的な効果が生じることが予想される。プレイする向社会的ゲームが多いほど、これらの効果はより加算的に（あるいはおそらく相乗的にさえも）なり、最終的にはプレイヤーのパーソナリティにおける変化をもたらし、その後の学習機会にフィードバックされ（Gentile et al., 2009）、向社会的な学習と生活の螺旋的な循環をもたらす。

　ゲームはそのインタラクティブな性質（第8章参照）を考えると、GLM で説明

されるプロセスと結果を最も効率的かつ効果的に経験できるメディアコンテンツだと思われる。しかし、このモデルの原則は、他の形態の向社会的メディアによる行動上の効果を説明するのにも十分なくらい広範である。

テレビの向社会的効果

　過去数十年にわたって、研究者は、サーベイ調査、一回だけの接触による実験、複数回の接触による長期研究、フィールド実験などのさまざまな方法を用いてテレビの子どもへの向社会的効果を検討してきた。正直なところ、これらの研究の大多数は1970年代と1980年代の子ども向け番組の第一波を受けて実施された。近年の向社会的メディアの研究はインタラクティブゲーム（p.240参照）に焦点を当てる傾向にある。それでも、その後のメタ分析（たとえば、Coyne et al., 2018; Mares & Woodard, 2005）からの知見は極めて一貫している。テレビにおける向社会的描写への接触は、視聴者におけるいくつかのポジティブな結果、特に利他主義と援助、社会的相互作用、包摂性における増加と（中程度ではあるが）関連している。実際、一部の研究からは、向社会的テレビ視聴のポジティブな効果は、（多くの親や教育者の長年の懸念である）メディア暴力の視聴と関連するネガティブな効果と同程度か、おそらくより強くさえあるかもしれないことも示唆されている。さらに、観察されたポジティブな効果は、能動的（インタラクティブ）なメディアよりも、（TVのような）受動的な向社会的メディアとの接触からのほうが、より強いようである（Coyne et al., 2018）。

　テレビにおける向社会性の最も一般的な表現の一つは、援助行動を通じて表現される優しさである。マレスとウッダード（Mares & Woodard, 2005）は、34の研究で検討されたさまざまな結果の中で、向社会的テレビ視聴の利他主義への効果は、特に（具体的な援助行動のモデリング効果を測定する傾向にある）実験の参加者において最も強かったことを報告している。多くの向社会的な番組も、ポジティブで協力的な社会的相互作用、特に友好的な遊びを強調している。そのような描写の視聴効果は、（1回だけの接触と比較して）複数回の接触による研究においてずっと強いようであり、生じるのに時間がよりかかるかもしれないことが示唆されている。同じことは包摂性、特に寛容性についての表現やテーマにも当てはまるようである。たとえば、他人種への態度は、『セサミストリート』の視聴者において1年後には変化していなかったが、2年後には有意により寛容であった（Mares & Woodard, 2001）。一方、いくつかの研究では、特に統制条件の参加者に

比べて、向社会的描写への接触後に即時的なステレオタイプ減少効果が観察されている（Mares & Woodard, 2005）。

　向社会的テレビ視聴が行動上の利益をもたらすプロセスにはいくつかの要因が影響しているようである。一つは年齢で、視聴の効果は3歳から7歳の子どもで最も著しく増加し、その後急速に減少する傾向にある。もう一つの要因は共感である。プロトら（Prot et al., 2014）は、共感が向社会的メディア接触と向社会的行動との観察された関係性を強力に媒介するという説得力のあるエビデンスを見出した。つまり、共感レベルがより高い子どもはより大きい効果を示す。さらに、媒介効果は、東欧、東アジア、および西欧諸国のサンプルでも同様に強力な結果が観察されていることから、文化的文脈に依存しないようである。また、効果は、番組で描かれた教訓を大人が奨励し、補強し、詳しく説明するときや、追加情報、教訓、関連資料によってサポートされている場合に顕著である。中流階級から上流階級の子どもは、社会経済状況がより低い子どもよりもずっと強い効果を示す傾向にあることから、残念ながら、効果は必ずしもすべての人において等しいとは限らないようである（Mares & Woodard, 2001）。

　最後に、番組内で向社会的行動を描く一般的な方法の一つは、それを攻撃的または何らかの他の反社会的行動と対比させることである。典型的なやり方は、反社会的行動は非難され、対比される向社会的行動は最後に称賛されるというものである。残念ながら、このナラティブアプローチはうまくいかないようである。いくつかの研究では、子ども、特に幼い子どもは、向社会的行動よりもむしろ反社会的行動や理想的とはいえない行動を、後にモデルにしたり支持したりする傾向が強い。たとえばマレスとアコスタ（Mares & Acosta, 2008）は、寛容性を促進し障害についての恐怖を減らす方法として、5歳と6歳の子どもに3本脚の犬が主役のアニメ番組を見せた。この番組では、他の犬は3本脚の犬を最初は恐れていたが、後に友達になった。残念ながら、この番組を視聴した子どもは、他の犬の恐怖反応シーンが削除された同じ番組を視聴した子どもに比べて、障害は他の犬をいやな気持にさせる可能性があると話す傾向が強かった。同様に、登場人物が不正行為者を攻撃して罰するアニメ番組を見せた研究では、子どもはしばしば（攻撃行動を目撃しなかった子どもよりも）その後の遊び活動で協力を示すことが少なかった。さらに、向社会的行動は反社会的行動を負かすという勧善懲悪型のナラティブを視聴した子どもたちは、一貫して「物語の道徳的教え」を誤解するか、あるいは単に完全に見逃していた（Mares et al., 2018 参照）。このようなナラティブの技巧は多くの子どもにとって、根底にある意図された向社会的教訓を把握す

るには抽象的すぎるのかもしれない。

デジタルゲームの向社会的効果

　向社会的子ども向けテレビの長い歴史を考えると、それが向社会的ゲームよりも学術的な注目を受けていることは驚くべきことではない。この領域における研究の欠如は、ゲームの潜在的なネガティブな影響に向けられている厳しい監視によってさらに悪化している。事実、ゲームと向社会性への最も初期の注目は、暴力的ゲームのプレイは援助行動や共感の欠如とどのように関連しているかに焦点を当てており、つけ加えると、実際そうであるとの結果も出ている（たとえば、Anderson et al., 2010）。また、向社会的テーマを中心に特別にデザインされたゲームの開発は商業的に登場するのが遅かった。しかし、過去 10 年ほどで、デジタルゲームの向社会的効果についての研究は増えている。

　一般的にいって、向社会的ゲームのプレイによるポジティブな効果は向社会的テレビの視聴から見出された効果と同様である。一般学習モデルの最初の支持は、シンガポールと日本の学齢期の子どもにおいて向社会的ゲームのプレイ後に援助行動が増加するという報告によってもたらされた（Gentile et al., 2009）。同様にアメリカでの実験では、向社会的ゲームの短期的なプレイは援助の増加と有害行動の減少につながった（Saleem et al., 2012）。また、向社会的ゲームのプレイは、より大きい共感性（共感的関心、視点取得、同情能力を含む；たとえば、Vieira, 2014）、向社会的思考（たとえば、Greitemeyer & Osswald, 2011）、ポジティブな感情（たとえば、Whitaker & Bushman, 2012）と関連しており、敵対的な思考（たとえば、Greitemeyer & Osswald, 2009）や攻撃（たとえば、Greitemeyer et al., 2012）の想起の減少とも関連している。さらに、経時的な研究によれば、これらの効果は時間が経過しても安定している可能性がある（Ihori et al., 2007）。

　テレビのように、デジタルゲームにおける向社会的行動はしばしば、反社会的な（特に、暴力的な）行動と一緒に、あるいはそれへの反応としてなされる。しかし前述のテレビの効果とは違い、向社会的行動と反社会的行動の共存はゲームからの潜在的なポジティブな効果を減少させないようである。具体的には、（競争的にではなく）「協力的に」暴力的なデジタルゲームをプレイすることさえ、攻撃行動を減少させ（たとえば、Jerabeck & Ferguson, 2013）、向社会的行動を増加させる可能性がある（たとえば、Greitemeyer et al., 2012）。ただし、この結果は大学生くらいの年齢のプレイヤーを対象にした研究から得られたものであることに注

意すべきである。子どもにも同様の効果が起こり得るかどうかを確認するためには研究が必要である。また、これらの効果の原因となるかもしれないデジタルゲームの特徴をよりよく理解するためには、第8章を参照することを勧める。

向社会的行動の複雑性

全体として、向社会的な子ども向けテレビとデジタルゲームはきわめて有益であり得るように思われる。しかし、先に述べたように、呈示され、学習された向社会的行動はきわめて複雑で多次元的である可能性がある。コインら（Coyne et al., 2018）は、向社会的メディアの効果に関する最新のメタ分析においてこのことの実態を強調した。このメタ分析では、注目すべきことに、さまざまな形態のメディアと、子どもと大人の参加者両方を含む、72の研究データを検討した。たとえば、向社会的メディアは新たな効果よりも模倣的な効果を生むのに優れているようである。つまり、モデリングされた援助行動はしばしば採用されるが、他の形態の向社会性（たとえばチャリティ、ボランティア）の増加にはつながらないようである。おそらくこれは部分的には発達的な問題（たとえば、具体的操作期 vs. 形式的操作期）によるものであろう。または、おそらく、低コスト行動に対して高コスト行動を促すことの何らかの難しさを反映しているのであろう。さらに、向社会的メディアの効果は友人や家族よりも見知らぬ人への行動においてより頻繁に現れる。このことはおそらく、向社会的メディアの共感上昇効果を強く示しているものであろう。特に子どもについて、向社会性とメディアの関係の背後にある複雑な心理をよりよく理解するためには、さらなる研究が必要である。

まとめ

メディアは、最も幼いときから、善の力のために利用することができる。教育的・向社会的な番組やゲームは、子どもの初期の認知的、情動的、社会的発達において重要な役割を果たすことができる。メディアの状況は進化し続けているため、ポジティブメディア心理学者、教育者、親、政策立案者は、将来のそのようなコンテンツのための場を守り育てるため、注意を怠ってはならない。

引用文献

Anderson, C. A., & Bushman, B. J. (2002). Human aggression. *Annual Review of Psychology*, 53, 27-51. doi:10.1146/annurev.psych.53.100901.135231.

Anderson, C. A., Shibuya, A., Ihori, N., Swing, E. L., Bushman, B. J., Sakamoto, A., Rothstein, H. R., & Saleem, M. (2010). Violent video game effects on aggression, empathy, and prosocial behavior in Eastern and Western countries: A meta-analytic review. *Psychological Bulletin*, 136, 151-173. doi:10.1037/a0018251.

Anderson, D. R., Bryant, J., Wilder, A., Santomero, A., Williams, M., & Crawley, A. M. (2000). Researching Blue's Clues: Viewing behavior and impact. *Media Psychology*, 2, 179-194. doi:10.1207/S1532785XMEP0202_4.

Anderson, D. R., & Pempek, T. (2005). Television and very young children. *American Behavioral Scientist*, 48, 505-522. doi:10.1177/0002764204271506.

Bandura, A. (1986). *Social foundations of thought and action: A social cognitive theory.* Englewood Cliffs, NJ: Prentice-Hall.

Barr, R. (2010). Transfer of learning between 2D and 3D sources during infancy: Informing theory and practice. *Developmental Review*, 30, 128-154. doi:10.1016/j.dr.2010.03.001.

Barr, R., Muentener, P., & Garcia, A. (2007). Age-related changes in deferred imitation from television by 6- to 18-month-olds. *Developmental Science*, 10, 910-921. doi:10.1111/j.1467-7687.2007.00641.x

Buckley, K. E., & Anderson, C. A. (2006). A theoretical model of the effects and consequences of playing video games. In P. Vorderer & J. Bryant (Eds.), *Playing video games: Motives, responses, and consequences* (pp. 363-378). Mahwah, NJ: Lawrence Erlbaum Associates.

Case, R. (1985). *Intellectual development: Birth and adulthood.* Orlando, FL: Academic Press.

Case, R. (1992). Neo-Piagetian theories of intellectual development. In H. Beilin & P. B. Pufall (Eds.), *Piaget's theory: Prospect and possibilities* (pp. 61-104). Hillsdale, NJ: Lawrence Erlbaum Associates.

Coyne, S. M., Padilla-Walker, L. M., Holmgren, H. G., Davis, E. J., Collier, K. M., Memmott-Elison, M. K., & Hawkins, A. J. (2018). A meta-analysis of prosocial media on prosocial behavior, aggression, and empathic concern: A multidimensional approach. *Developmental Psychology*, 54, 331-347. doi:10.1037/dev0000412.

Demetriou, A., Shayer, M., & Efklides, A. (Eds.) (1994). *Neo-Piagetian theories of cognitive development: Implications of application for education.* London, UK: Routledge.

Fisch, S. M. (2000). A capacity model of children's comprehension of educational content on television. *Media Psychology*, 2, 63-91. doi:10.1207/S1532785XMEP0201_4.

Fisch, S. M. (2014). *Children's learning from educational television: Sesame Street and beyond.* London, UK: Routledge.

Fisch, S. M. & Truglio, R. T. (Eds.) (2001). *"G" is for "growing": Thirty years of research on children and Sesame Street.* Mahwah, NJ: Lawrence Erlbaum Associates.

Fiske, S., & Taylor, S. (1991). *Social cognition* (2nd ed.). New York, NY: McGraw-Hill.

Gentile, D. A., Anderson, C. A., Yukawa. S., Ihori, N., Saleem, M., Ming, L. K., Shibuya, A., Liau, A., Khoo, A., Bushman, B. J., Huesmann, L. R., & Sakamoto, A. (2009). The effects of prosocial video games on prosocial behaviors: International evidence from correlational, experimental, and longitudinal studies. *Personality and Social Psychology Bulletin*, 35, 752-763. doi:10.1177/0146167209333045.

Greitemeyer, T., Agthe, M., Turner, R., & Gschwendtner, C. (2012). Acting prosocially reduces retaliation: Effects of prosocial video games on aggressive behavior. *European Journal of Social Psychology*, 42, 235-242. doi:10.1002/ejsp.1837.

Greitemeyer, T., & Osswald, S. (2009). Prosocial video games reduce aggressive cognitions. *Journal of Experimental Social Psychology*, 45, 896-900. doi:10.1016/j.jesp.2009.04.005.

Greitemeyer, T., & Osswald, S. (2011). Playing prosocial video games increases the accessibility of prosocial thoughts. *The Journal of Social Psychology*, 151, 121-128. doi:10.1080/00224540903365588.

Greitemeyer, T., Traut-Mattausch, E., & Osswald, S. (2012). How to ameliorate negative effects of violent video games on cooperation: Play it cooperatively in a team. *Computers in Human Behavior*, 28, 1465.1470. doi:10.1016/j.chb.2012.03.009.

Huston, A. C., Anderson, D. R., Wright, J. C., Linebarger, D. L., & Schmitt, K. L. (2001). Sesame Street viewers as adolescents: The recontact study. In S. M. Fisch & R. T. Truglio (Eds.), *"G" is for "growing": Thirty years of research on children and Sesame Street* (pp. 131-144). Mahwah, NJ: Lawrence Erlbaum Associates.

Ihori, N., Sakamoto, A., Shibuya, A., & Yukawa, S. (2007). Effect of video games on children's aggressive behavior and pro-social behavior: A panel study with elementary school students. *Proceedings of DiGRA 2007 Conference: Situated Play* (pp. 170-177). ISSN:2342-9666.

Imuta, K., Henry, J. D., Slaughter, V., Selcuk, B., & Ruffman, T. (2016). Theory of mind and prosocial behavior in childhood: A meta-analytic review. *Developmental Psychology*, 52, 1192-1205. doi:10.1037/dev0000140.

Jerabeck, J. M., & Ferguson, C. J. (2013). The influence of solitary and cooperative violent video game play on aggressive and prosocial behavior. *Computers in Human Behavior*, 29, 2573-2578. doi:10.1016/j.chb.2013.06.034.

Kirkorian, H. L., Choi, K., & Pempek, T. A. (2016). Toddlers' word learning from contingent and noncontingent video on touchscreens. *Child Development*, 87, 405-413. doi:10.1111/cdev.12508.

Krcmar, M., Grela, B., & Lin, K. (2007). Can toddlers learn vocabulary from television? An experimental approach. *Media Psychology*, 10, 41-63. doi:10.1080/15213260701300931

Lang, A. (2000). The limited capacity model of mediated message processing. *Journal of Communication*, 50, 46-70. doi:10.1111/j.1460-2466.2000.tb02833.x.

Mares, M. L., & Acosta, E. E. (2008). Be kind to three-legged dogs: Children's literal interpretations of TV's moral lessons. *Media Psychology*, 11, 377-399. doi:10.1080/15213260802204355.

Mares, M. L., Bonus, J. A., & Peebles, A. (2018). Love or comprehension? Exploring strategies for children's prosocial media effects. *Communication Research*. Advanced online publication. doi:10.1177/0093650218797411.

Mares, M. L., & Pan, Z. (2013). Effects of Sesame Street: A meta-analysis of children's learning in 15 countries. *Journal of Applied Developmental Psychology*, 34, 140-151. doi:10.1016/j.appdev.2013.01.001.

Mares, M. L., & Woodard, E. (2001). Prosocial effects on children's social interactions. In D. G. Singer & J. L. Singer (Eds.), *Handbook of children and the media* (pp. 183-203). Thousand Oaks, CA: Sage.

Mares, M. L., & Woodard, E. (2005). Positive effects of television on children's social interactions: A meta-analysis. *Media Psychology*, 7, 301-322. doi:10.1207/

S1532785XMEP0703_4.

Neumann, M. M., & Neumann, D. L. (2014). Touch screen tablets and emergent literacy. *Early Childhood Education Journal*, 42, 231-239. doi:10.1007/s10643-013-0608-3.

Padilla-Walker, L. M., Coyne, S. M., Fraser, A. M., & Stockdale, L. A. (2013). Is Disney the nicest place on earth? A content analysis of prosocial behavior in animated Disney films. *Journal of Communication*, 63, 393-412. doi:10.1111/jcom.12022.

Piaget, J. (1970). *Genetic epistemology*. New York, NY: Columbia University Press. (ピアジェ 『発生的認識論：科学的知識の発達心理学』芳賀純訳、評論社、1972)

Plowman, L., Stevenson, O., Stephen, C., & McPake, J. (2012). Preschool children's learning with technology at home. *Computers & Education*, 59, 30-37. doi:10.1016/j.compedu.2011.11.014.

Prot, S., Gentile, D. A., Anderson, C. A., Suzuki, K., Swing, E., Lim, K. M., Horiuchi, Y., Jelic, M., Krahé, Liuqing, W., Liau, A. K., Khoo, A., Petrescu, P. D., Sakamoto, A., Tajima, S., Toma, R. A., Warburton, W., Zhang, X., & Lam, B. C. P. (2014). Long-term relations among prosocial-media use, empathy, and prosocial behavior. *Psychological Science*, 25, 358-368. doi:10.1177/0956797613503854.

Radu, I. (2014). Augmented reality in education: A meta-review and cross-media analysis. *Personal and Ubiquitous Computing*, 18, 1533-1543. doi:10.1007/s00779-013-0747-y.

Saleem, M., Anderson, C. A., & Gentile, D. A. (2012). Effects of prosocial, neutral, and violent video games on children's helpful and hurtful behaviors. *Aggressive Behavior*, 38, 281-287. doi:10.1002/ab.21428.

Schmitt, K. L., & Anderson, D. R. (2002). Television and reality: Toddlers' use of visual information from video to guide behavior. *Media Psychology*, 4, 51-76. doi:10.1207/S1532785XMEP0401_03.

Singer, J. L., & Singer, D. G. (1998). Barney & Friends as entertainment and education: Evaluating the quality and effectiveness of a television series for preschool children. In J. K. Asamen & G. L. Berry (Eds.), *Research paradigms, television, and social behavior* (pp. 305-367). Thousand Oaks, CA: Sage.

Smith, S. W., Smith, S. L., Pieper, K. M., Yoo, J. H., Ferris, A. L., Downs, E., & Bowden, B. (2006). Altruism on American television: Examining the amount of, and context surrounding, acts of helping and sharing. *Journal of Communication*, 56, 707-727. doi:10.1111/j.1460-2466.2006.00316.x.

Strasburger, V. C., Wilson, B. J., & Jordan, A. B. (2014). *Children, adolescents, and the media* (3rd ed.). Thousand Oaks, CA: Sage.

Swing, E. L., & Anderson, C. A. (2008). How and what do video games teach? In T. Willoughby & E. Wood (Eds.), *Children's learning in a digital world* (pp. 64-84). Oxford, UK: Blackwell.

Tomkins, S. S. (1978). Script theory: Differential magnification of affects. *Nebraska Symposium on Motivation*, 26, 201-236.

Tomopoulos, S., Dreyer, B. P., Berkule, S., Fierman, A. H., Brockmeyer, C., & Mendelsohn, A. L. (2010). Infant media exposure and toddler development. *Archives of Pediatrics & Adolescent Medicine*, 164, 1105-1111. doi:10.1001/archpediatrics.2010.235.

Vieira, E. T. (2014). The relationships among girls' prosocial video gaming, perspective-taking, sympathy, and thoughts about violence. *Communication Research*, 41, 892-912. doi:10.1177/0093650212463049.

Wellman, H. M.（1990）. *The child's theory of mind*. Cambridge, MA: MIT Press.

Whitaker, J. L., & Bushman, B. J.（2012）. "Remain calm. Be kind." Effects of relaxing video games on aggressive and prosocial behavior. *Social Psychological and Personality Science*, 3, 88-92. doi:10.1177/1948550611409760.

Woodard, E. H.（1999）. *The 1999 state of children's television report: Programming for children over broadcast and cable television*（*Rep. No. 28*）. Philadelphia, PA: University of Pennsylvania, Annenberg Public Policy Center.

参考文献

de Leeuw, R. N. H., & Buijzen, M.（2016）. Introducing positive media psychology to the field of children, adolescents, and media. *Journal of Children and Media*, 10, 39-46. doi:10.1080/17 482798.2015.1121892.

de Leeuw, R. N. H., & Buijzen, M.（2017）. Can media contribute to happiness in children and adolescents? In N. A. Jennings & S. R. Mazzarella（Eds.）, *20 questions about youth and the media*（2nd ed., pp. 36-43）. New York, NY: Peter Lang.

Padilla-Walker, L. M., Coyne, S. M., Collier, K. M., & Nielson, M. G.（2015）. Longitudinal relations between prosocial television content and adolescents' prosocial and aggressive behavior: The mediating role of empathic concern and self-regulation. *Developmental Psychology*, 51, 1317-1328. doi:10.1037/a0039488.

第12章 個人差と文化差

Rawpixel.com/Shutterstock.com

　初期のメディア効果研究は、メディア効果を態度や信念、行動を直接予測するものとして概念化した（Harris & Sanborn, 2013 など）。これら「魔法の弾丸」または「皮下注射」という概念は、主にオーディエンスは情報の受動的な受け手であり、メディアへの接触は多大で強力な影響をもたらすとみなした。もちろん、メディア心理学のほとんどの研究が明らかにできたのは小または中程度の効果でしかない傾向があるため、このタイプの概念化は大きく後退した。典型的な実験で、もしメディアメッセージへの接触が結果反応の分散の5%を説明することができた場合、95%の分散は説明されないまま残ることになる。この「説明されていない」分散を説明するものは何なのだろうか？　この章では、個人差と文化差という視点から、この「説明されていない分散」について考えていく。まず、個人差がこれまでどのように研究されてきたかを説明し、これらの違いに関する著者たちの考えを提示する。その後、ポジティブメディアの消費や反応プロセスの中で、これらの変数がどのように機能するかについて考察する。

個人差・文化差に関する研究と概念化

　それぞれの個人は、無数の次元で異なっている。私たちの背景、教育、好み、

経験や生理的特性は、私たちをユニークな存在にする多くの特性のうちの一つにすぎない。少なくとも部分的に、これらの特性がもたらすものとして、私たちは（1）同じエンターテインメントの好みを共有せず、（2）異なる形式のエンターテインメントに接触する可能性があり、（3）メディアが提供するものへの反応という点で明らかに異なる。これらのバリエーションのために、個人差はメディア効果研究をいくらか混乱させる。つまり、人々はメディアへの反応に影響を与える要因という点で大いに異なる可能性があるため、研究者はメディアの影響を明確に区別できるよう、これらの違いを統制することを試みるという困難な課題に直面している。

BOX 12.1　一時的に異なる自分になること

　本章の主な目的は、私たちのメディア選択が、私たちが何者であるかということにどのように影響されるかを探ることである。しかし、時に私たちのメディア利用は、別のバージョンの自分になりたいという願望によって引き起こされる。

自我境界の一時的拡張理論（TEBOTS: Temporarily Expanding the Boundaries of the Self; Slater et al., 2014）は、私たちが時に物語に惹きつけられるのは、そうでなければ一貫性を保とうとする個人的・社会的な自己イメージの要求から一時的に逃れる機会を、それが与えてくれるためであると主張している。フィクションの物語に熱中することや、メディアの登場人物の社会的役割や感情、アイデンティティと自分を重ね合わせることによって、オーディエンスは一時的に、自己概念の制約を広げたいという欲求を満たすことができる。日々の生活で、私たちは常に自己イメージを維持し、守っている。仕事や人間関係での苦労といった外部からのストレスは、登場人物と自分を同一視することや自己概念を代理的に超越することによって、個人的・社会的な自我の境界を拡大するよう人々を動機づける。

　視聴者が一時的に登場人物のアイデンティティを受け入れる同一視とは対照的に（Cohen, 2001；また第4章も参照）、自我拡張の間、視聴者は常に自我を意識している。TEBOTS は、どのような物語に対して視聴者が一時的に自我の境界を広げたいと思うのかについて明確な予測はしていないが、研究の結果によれば、仕事で長い一日を過ごした後のように、視聴者の自己統制力が消耗されたときに、ユーダイモニックなエンターテインメント経験が高まることが示されているようである（たとえば、Johnson et al., 2015 など）。つまり TEBOTS は、どのような状況で、物語が最高のユーダイモニックな（そしてヘドニックな）エンターテインメント経

験を引き起こすかを説明するのに役立つかもしれない。

　調査や相関研究では（第1章を参照）、研究者はしばしば**統制変数**（または共変量）を用いて、個人差や文化差を説明しようとする。たとえば、テレビ視聴が子どもの食生活に与える影響に関する研究では、親の教育水準や世帯年収が、テレビ視聴と食事の両方に影響を与える可能性があると推論できる（Signorielli & Staples, 1997など）。したがって研究者は、確実に影響を与えている諸々の人口統計学的変数を一定に保った上でテレビ視聴と食生活の関連を調べられるように、これらの変数を統計的に統制することを選ぶことができる。

　実験研究では（第1章を参照）、研究者たちはメディア接触の効果を測定するだけでなく、メディアコンテンツのさまざまな側面（登場人物、物語の結末、音楽など）を操作し、一方の集団にはあるバージョンを、別の集団には他のバージョンを接触させた後、関心のある効果を測定する。実験を行う研究者は、個人差や文化差を説明するための方法として統計分析の中で統制変数を用いることも可能だが、典型的には実験条件への**ランダム配置**（random assignment）を用いる。つまり、実験参加に同意した人々はランダムにいくつかの「異なるバージョン」のコンテンツ（または実験条件）に配置される。なぜ、個人特性が実験条件間で同等であることを保証するために、これらの特性を測定し実験参加者をマッチングさせないのだろうか？　マッチングも選択肢の一つであることが多く、時々採用される。しかし、実験を行う研究者は通常、人々には何千とまではいかなくとも何百もの違いがあること、それゆえにマッチングを行うことは不可能ではないが面倒であることを認識している。その代わり、研究者はしばしば、ランダム配置を採用する。そうすることによって、潜在的に重要な個人特性をすべて測定することなく、さまざまな個人差において実験集団を理論的に同等にできるからである。つまり、調査と実験の両方で、個人間の違いは潜在的に問題を引き起こすものと考えられている。というのも、それらは潜在的にメディア効果研究を不明瞭なものにしたり、歪める可能性があるからである。またそれらは典型的に、メディアに明確に割り当てることができる実際の効果の大きさを小さくする。その結果、個人差（または集団内の差）によるメディア接触の結果のバリエーションは、しばしば「ノイズ」や「誤差分散」、または「説明されていない分散」とされる。

　この章では、個人差や文化差を私たちの研究における「問題」として概念化するというよりも、メディアメッセージとオーディエンスの反応がどのように相関するのか、その意味合いを理解する「機会」として扱う。たとえば、個人差はし

ばしば、メディア接触の重要な予測因子として機能する。つまり、ある特定の描写やジャンルに対して、他の人よりも惹きつけられるという人もいるだろう。個人差はまた、メディア影響の重要な**調整因子**（moderator）になり得る。端的にいえば、調整因子とは原因と結果の関係に影響を与える変数である。たとえば、ある人が、雑誌を読むことが摂食障害を招くかどうかはその人の性別に依存すると主張する場合、この主張では性別が調整変数として扱われている。つまり、雑誌を読むことが摂食障害を引き起こすかどうかは性別によって異なる（または、性別によって調整される）。そして、ほとんど研究されていないが、個人差は結果としても置かれることがある。たとえばある研究者は、何らかの種類のニュース番組を見ることで、権威主義のレベルが高まる可能性を主張するかもしれない。一般的に、権威主義は気質や性格特性（つまり個人差）と考えられているが、この例においては、結果として位置づけられている。

　このような背景をふまえながら個人差や文化差を明確に定義することは大変な作業である。その難しさの一つとして、あり得る個人差のリストに際限がないことが挙げられる。概念的には、態度、人口統計学的変数、身長、靴のサイズ、食生活、運動などを含め、人々がそれぞれに持つ違いはすべて、個人差と呼ぶことができる。しかしこれらの違いの多くは、メディアに対する個人の選択や反応との関係においては重要でないかもしれない。そのためこの章では、メディア心理学、特にポジティブメディア心理学において重要な役割を果たすとみなされる個人差だけに注目する。これらの変数のいくつかには人口統計学的な特性が含まれる。そしてそれらの一部は、典型的には時間が経過しても安定している、持続的な特性や態度および気質である。

　同様に、文化を概念化することも難しいことである。キムとエオム（Kim & Eom, 2020）が指摘したように、多くの人は国という点から文化を操作化しているが、おそらくこのトピックへのアプローチとしては単純すぎる。というのも、多くの国の間にも共通の特徴があるし、一つの文化に属する多くの人々も一連の特性において異なるためである。したがってこの章では、文化を理解するうえで「特定の共有された文脈に属することにより、類似の文化的アイデア、価値観、慣習に接触する可能性が高い人々の集団」（p.424）というキムとエオムの考えを採用した。この観点に立てば、「女子の文化」、「ヒップホップの文化」または「ファン文化」など、一つの国の中に存在する文化と同じように、国レベルにおける文化も確かにこの概念に当てはめることができる。さらに、文化は個人間でも異なるため、この章で私たちは文化差を個人差として扱う。というのも、どち

らの概念もメディアの選択、反応、効果において重要な役割を果たすからである。

ポジティブメディアへの選好と反応の予測因子としての個人差

すべての人がメディアに対して同じ好みを持っているわけではないということは明白である。ホラーやスリラーを見ることに大きな喜びを見出す人もいれば、そのようなコンテンツを見て重い気分になる人もいる。多くの研究でこのようなタイプの違いが検討されてきたが、ポジティブメディア心理学は比較的新しい研究領域であるため、検討された変数の数はさらにいくらか範囲が限られる。それにもかかわらず、メディアの選択と満足を予測する重要な因子として、かなりの個人差が確認されてきた。

ジェンダー

人口統計学的変数の中でもジェンダーは、残念ながら現在に至るまで、コミュニケーション学や心理学の分野ではもっぱら生物学的に定められた2値の概念として測定されているが、エンターテインメントの選好や接触の予測因子として最も研究されている特性の一つかもしれない（Oliver, 2000を参照）。おそらく、ジェンダーに焦点を当てることは、男性または女性が関心を持つ対象についての文化的規範、また感情を露わにすることに関する規範を反映している。たとえば、男児は一般的に恐怖や悲しみを表現することが不適切であると教えられているが、その一方で、女児は一般的に怒りや攻撃性を露わにすることが不適切であると教えられている（Brody & Hall, 2000）。その結果、「不適切」な感情的反応を促進するメディアコンテンツは避けられ、嫌われる可能性がある。

有意義なメディアに関する初期の研究は、快楽的な欲求に応えることがエンターテインメントの主な機能だという支配的な学術的規範への反作用として、悲劇や悲しい映画に焦点を当てていた（Oliver, 1993）。悲劇がコメディなどのポジティブな内容価を持つコンテンツとは正反対であることを考えると、非快楽的なコンテンツを研究することは、自然と悲劇という特定のタイプの有意義なメディアに重心を置くことになる。しかし、悲しい映画や悲劇の主なターゲットは女性であり、「チック・フリック」[1]や「悲劇」、または「お涙頂戴もの」などの表現が、このジャンルについて言及する際によく使われる。当然、その後のメディア

選好に関する研究では、悲劇に対する選好に大きなジェンダー差があることが一貫して示された。しかしそれと同時に、なぜこのような差が存在するかについては、明確な理由は示されていない。

　一つの有力な説明は、男性に悲しみや弱みを吐けないようにする社会化されたジェンダー規範の発達が、このようなジェンダー差を生み出しているというものである。オリバーとグリーン（Oliver & Green, 2001）は、子ども向けの悲劇（『きつねと猟犬』〈原題：Fox and the Hound〉や『ライオン・キング』〈原題：Lion King〉など）に対する感情的な反応のジェンダー差が、幼少期（たとえば、就学前）の子どもの間では非常に小さかったが、成長とともに大きくなるという、この解釈と一致する結果を見出した。この発見は、ジェンダー差はある程度、社会的発達の結果であることを示唆している。

　もちろん、悲しい映画や悲劇は有意義なメディアコンテンツの一つのタイプにすぎない。考えさせられるドラマ、深い友情物語、勇気の物語などは、人々が感動や感銘を受ける多くのコンテンツの一部にすぎない。たとえば、自己超越的感情を誘発するものを多く描写する感動的な動画は、ソーシャルメディア上で一般的に利用可能である（Dale et al., 2017）。これらの動画は悲しみそれ自体に焦点を当てているわけではないが、温かさや愛、感謝、希望、そして時には涙の感情を引き出しているようである。それにもかかわらず、このようなタイプの動画への選択的接触に関する研究では、男性に比べて女性のほうがこのような動画を選びやすく、より長い時間視聴する傾向が有意に強かった（Oliver et al., 2017）。同様に、アメリカで行われた全国調査では、男性より女性のほうが音楽を聴く、映画やテレビを視聴する、ニュース記事や本を読む、オンラインビデオを見る、ソーシャルメディアを使うといった場面で感動や感銘を受ける割合が有意に高いことが示唆された（Raney et al., 2018）。ジェンダー差は感動や感銘を与えるミームの受容においても観察されていて、男性よりも女性のほうが、ソーシャルメディアを通してそのようなミームを有意に多く受け取り、そのようなミームがよく投稿されるグループをフォローすると報告している（Rieger & Klimmt, 2019）。

　しかし、自己超越的なメディアに関するすべての研究がジェンダー差を明らかにしているわけではない。メディア消費に対するヘドニックおよびユーダイモニックな動機尺度を開発したオリバーとレイニー（Oliver & Raney, 2011）の研究では、おおむね男性と女性の間でメディアの選好において大きな差が見られるこ

訳注[1] 直訳すると「ひよこ映画」だが、女の子が見る映画やドラマという意味の俗語。

とはなかったのである。ジェンダー差に関する豊富な研究に照らし合わせるとこの発見は幾分意外だが、おそらく有意義なコンテンツが一つの性別に明確に関連づけられていない場合や、感情を引き出そうとする明確な試み（たとえば、「これを見たらあなたは涙するだろう！」）を行わない場合、ジェンダー差は最小化する可能性がある。同様に、多くの感動的な映画における描写に焦点を当てた他の研究では、それらの描写が抽象的な内容というよりある主体の行動に関するテーマ（たとえば、親密な関係というよりバスケットボールチームについての物語）である場合、ジェンダー差が現れないことを発見した（Oliver et al., 2000）。

　もちろん、ジェンダーは2値の構成概念ではない。研究者たちはますますメディア利用の予測因子としてジェンダー・アイデンティティを検討するようになり、自己報告式の相互志向性（communal orientation）（女性らしさに似た特性）が感動的な映画に対する選好の予測因子であることを示している（Oliver et al., 1998など）。

年齢

　有意義なメディアに対する好みと年齢についての研究は、あまり行われていない。しかし聞くところによると、特にスリラーやホラーなどのジャンルに対しては、高齢のオーディエンスよりも若年のオーディエンスの方がそれをより楽しむようである。同様に、感動や感銘を得るためのメディアテクノロジー利用に関しても年齢による違いがいくつか観察されている。たとえば18〜29歳の若いアメリカ人は、テレビや映画、ニュース記事から感動や感銘を受ける傾向がある45歳以上のアメリカ人よりも、オンライン動画やソーシャルメディアに感動したり感銘を受けると回答している（Janicke et al., 2019）。

　社会情動選択理論（Socioemotional Selectivity Theory; Carstensen et al., 1999）は、年齢と有意義なメディアの問題に対するアプローチとして、一つの枠組みを提供している。この理論は、時間が有限だと感じたとき、人は、自分の環境から不快な経験を取り除こうとし、その代わりによりポジティブで有意義な経験を求めることを示している。時間の有限さは必ずしも年齢のみに関係するわけではない。たとえば、休日が終わろうとしている、大学生活が終わろうとしている、定年によって退職が近づいているなども同じである。しかし、人生の終わりは疑いもなく最も決定的であり、限られた時間の顕著性は年齢とともに増していく。

　この視点を用いてマレスら（Mares et al., 2008）は、10代の若者は高齢者に比

べて日々の生活の中でネガティブな感情を経験することをいとわず、高齢者はポジティブな感情を穏やかに経験することに関心を持ちやすいと予測した。研究の結果、この推論は支持され、さらに、ネガティブな感情を経験することをいとわないことは、暗い性質（不気味、怖い、不穏など）を持つエンターテインメントへの選好と関連がある一方で、ポジティブな感情を経験することへの関心は、気持ちを高ぶらせるような性質（心温まる、高揚するなど）を持つエンターテインメントへの選好と関連していることが示された。実験参加者にテレビ番組に関する一連の短い説明を読んでもらう形で行われた後続の研究でも、同様の結果が報告されている（Mares et al., 2016）。番組に関する説明ごとに、実験参加者はそのテレビ番組が引き出すと思われる感情と、そのテレビ番組の視聴に対する彼らの関心を評定した。その結果、実験参加者の年齢が上がるにつれて、心温まる感情が感じられるほど有意義な番組であるという知覚が高まることが示された。

性格特性と気質

　性格特性（気質ともいわれる）は、ポジティブメディア選択の予測因子としての役割という観点から最も注目されているといっていいだろう。たとえばいくつかの研究では、美への関与傾向と関連する性格特性が確認されている。ディースナーら（Diessner et al., 2008）は、3つの下位因子を含む、美への関与尺度を検証した。具体的には、芸術への関与、自然への関与、そして道徳的な美への関与の3つである（Diessner et al., 2018 を参照）。道徳的な美への関与を測る尺度には、「胸にぐっとくるような道徳的に美しい行為を見ると、畏敬の念、驚き、興奮、賞賛または善性の高まりを感じるなど『感動する』」（p.329）という項目が含まれている。道徳的な美への関与は、感謝や精神的な超越、人生の満足感など、一連の気質と関連づけられてきた。言い換えれば、美しさに出会ったときに心動かされ、感動しやすい人は、より自分たちの人生に感謝や満足を感じやすい傾向にある。また、そのような人々は、自分よりも大きなことを認識、経験することが多く、自分たちのこのような性格特性に合うコンテンツを探す可能性が高い。

　ポジティブメディア心理学の研究は、ディースナーら（Diessner et al., 2008）が報告したものと類似した多くの性格特性を確認してきた。たとえば、ユーダイモニックなエンターテインメントに対する選好は、より高い熟考傾向や認知欲求、知性重視、感情欲求、そして人生における意味の探求と関連している（Oliver & Raney, 2011）。対照的に、ヘドニックなエンターテインメントに対する選好は、

楽観主義、ユーモア、陽気さ、自発性と正の関連があり、悲観主義とは負の関連がある。さまざまなメディアプラットフォームで感動や感銘を受ける人についても同様の結果が得られている。全体的に、感動や感銘を与えられるメディア経験は、共感的な関心や感情欲求、普遍性認知志向（Raney et al., 2018）、そして感謝の気持ちや意味の探求、精神的充実（Janicke-Bowles et al., 2019）と正の関連を持っている。加えて、選択的接触に関する研究では、（ユーモラスな動画や情報系の動画とは対照的に）感動や感銘を与えられる動画視聴を選択することは、高いレベルの共感や低いレベルのサイコパシー、マキャヴェリズムやナルシシズムと関連することが示されている（Oliver et al., 2017）。つまりこの研究は、他者について考えたり、他者を感じたり、志向することが好きな人が、他者について考えたり、思いやることができるメディアを探し、鑑賞する傾向があることを示している。

文化間の違い

多くの研究が、感情の表現や経験に関する文化差を調べてきた。ラッセル（Russell, 1991）は、感情を描写するために使われる言葉や感情の認知、そして感情の次元を含む、感情に関する文化差についての研究をレビューしているが、その中で彼は、文化間には多くの類似した点も存在するが、同様に相違点もあると結論づけた。社会的規範や歴史、コミュニティはすべて、私たちの感情的な生活において重要な役割を果たしている。したがって、感動や感銘を与えるメディアの選択や経験に関する研究でも、文化間にある程度の一貫性と同時にいくつかの注目すべき違いがあることが示されている。

おそらく、自己超越的感情に関する最も大きな文化差研究の一つは、**カマ・ムタ**という概念（Fiske et al., 2017；第6章も参照）に焦点を当てたものである。カマ・ムタ（サンスクリット語で「愛に動かされる」という意味）は、共同の共有関係が突然示されることと、その増強を目の当たりにしたときに引き出される感情の一種である。たとえば、長い間離れ離れだった後、空港で再会している家族を見ると、胸が詰まったり、涙ぐんだり、感動することがある。この分野の研究者たちは、感情的な経験としてのカマ・ムタは文化を超えて生じると主張している。このような意味において、それは普遍的であるように見える。一方で、この感情を引き起こす共同の共有関係の種類は、文化的規範に大きく依存している。普遍的なカマ・ムタ経験を調べるために、ジックフェルドら（Zickfeld et al., 2019）は

19カ国（および15言語）でデータを収集した。カマ・ムタの経験は、感動したり心に触れたりするような動画を参加者に見せたとき、また参加者に自分たちが感動したイベントを思い出させたときに引き出された。この研究では、カマ・ムタの特徴（たとえば、感動することや身体的な感覚）はおおむね、文化を超えても一貫していると示唆している。

　他の文化間比較研究では、感動や感銘を与えるメディアを消費する動機やその内容に対する認識について、同様の結果が報告されている。たとえば、イガルトゥアとバリオス（Igartua & Barrios, 2013）はオリバーとレイニー（Oliver & Raney, 2011）によるユーダイモニックおよびヘドニックなメディアへの選好尺度をスペインのオーディエンス向けに翻訳し、この尺度に信頼性があり、この尺度が当初の仮説のとおり、さまざまなジャンルへの選好を予測することを発見した。同様に、シュナイダーら（Schneider et al., 2017）はオリバーとバルチ（Oliver & Bartsch, 2010）による、映画の楽しみ、鑑賞、サスペンスに関する尺度をドイツ語に翻訳し、検証したところ、おおむね比較可能な結果が得られることを確認した。

　しかし、すべての文化間比較研究がメディアとオーディエンスの関係における不変性を示しているわけではない。たとえば、オダーグら（Odağ et al., 2016）はドイツとトルコの参加者間で、ヘドニックおよびユーダイモニックなメディアに対する選好尺度を検証した。この尺度は両国で同じ項目で構成されたが、ユーダイモニックなメディアの選好尺度における各項目の負荷量が異なり、項目の平均値も文化間で異なっていた。その後の研究では、オダーグら（Odağ et al., 2018）が、ホフステード（Hofstede, 1991）による集団主義と個人主義という側面からの文化の概念化、そしてマーカスとキタヤマ（Markus & Kitayama, 1991）による自己解釈（self-construals）に関する文化的自己観の概念（基本的に、自分自身を他者から独立していると捉えるのか、それとも他者と相互依存していると捉えるのかという認識の度合い）を採用し、これらの変数がヘドニックおよびユーダイモニックなメディアに対する選好とどのように関連するかを検討した。そうすることで、文化間の違い（出生地という側面）と文化内の違い（自己観という側面）の両方を調べることができる。この研究者たちは、ヘドニックなメディアの選好は高い相互依存的自己観と低い文化的個人主義によって予測される一方で、ユーダイモニックなメディアの選好は高い独立的自己観によって予測されることを発見した。彼らはこの発見が示唆するものとして、独自性を重視する自己観と個人主義的文化は、「個人のウェルビーイングを追求することについての自己に関連する実存的

な関心」（p.651）に取り組むユーダイモニックなエンターテインメントに引き寄せられるという解釈を提示した。同様に、調和と団結を重視する自己観と集団主義的文化は、文化のすべてのメンバーのウェルビーイングに役立つような、より軽快な内容に引き寄せられる可能性がある。

　文化差とウェルビーイングに関するレビューの中で、キム（Kim, 2017）、キムとエオム（Kim & Eom, 2020）は、有意義なメディアの選択とそこから得られる満足に影響を与える３つの重要な文化的変数に着目した。これらには上述の、個人主義や集団主義などの文化的価値観や、独立志向や相互依存志向といった自己観が含まれている。そして３つ目の変数は、分析的思考と全体論的思考の次元である。この研究者たちは、西洋文化は、文脈を離れて、各対象とその機能のみを考慮する分析的思考を用いる傾向があると主張した。東洋文化は、文脈に即して対象を考慮し、循環的で非線形な思考を好み、さらには矛盾（たとえば、「善は悪となり、悪は善となる」〔Kim, 2017, p.436〕）さえも容認する全体論的思考を用いる傾向がある。

　このような文化的バリエーションは幸福とウェルビーイング観にも関連し、西洋文化はポジティブな感情や個人のウェルビーイングをより重視するのに対し、東洋文化は社会的なウェルビーイングをより重視する。この研究者たちによれば、東洋文化においては、一個人の過度な幸せの表出は他の人を不愉快にさせる可能性があるため、不適切であるとみなされるかもしれない。この推論に符合するように、キムら（Kim et al., 2014）の研究では、韓国の参加者がアメリカの参加者に比べて、複雑な感情を引き出すような映画をより好む傾向が見られた。重要なのは、この選好が、韓国人の「素朴な弁証法」尺度、また一見矛盾しているように見えることへの耐性と選好に関する尺度（たとえば、「双方が対立している場合、真実は常にその中間のどこかにある」〔p.534〕）の高いスコアと関連していたことである。

　まとめると、感動や感銘を与えるメディアを選択し、視聴し、満足を得ることは、多くの異なる個人や文化において起こる共通の出来事である。しかし同時に、社会的規範、性格特性、そして人口統計学的特性は、どのような人が特定のタイプのメディアコンテンツに最も魅力を感じるのかを予測する上で重要な役割を果たしている。すべての人が「思いっきり泣く」ことを好むわけではないだろうし、メディア選好は生涯を通じて変化していくものかもしれない。私たちは、自己超越的な描写への選好を予測する特性のリストを間違いなくさらに増やしてくれる研究が今後も行われることを期待している。

個人差、調整変数、そして結果

　個人特性や文化は一般的に安定していると考えられているため、典型的な予測変数として扱われている（たとえば、「どのような文化のどのような人が、特定のタイプのメディアを楽しむのか？」）。しかし、わずかではあるが、それらがメディア消費の調整変数として、そして結果としてどのように作用しているかを検討している研究も増えている。最後のセクションではこれらの両方の役割について検討する。

調整変数としての個人差

　ポジティブメディアに関する典型的な研究では、精神を高揚させる内容に接触することが一連の自己超越的感情を引き出すと予測され、それらの感情が今度は、慈善や利他的な行為といったさらなる結果を予測するために用いられることがある。しかし、そのような接触がいつでも自己超越を引き起こすわけではないし、自己超越が常に予測された結果をもたらすわけでもない。「ポジティブメディアは誰に感動や感銘を与えるのか？」、「自己超越がその後の行動を促進するのはどのような人に対してか？」という問いに答えようと、研究者たちはその因果関係の推定を説明するのに役立ちそうな個人特性を調べた。このような場合、研究者たちは個人差を調整変数として扱っていることになる。

　性格特性は、しばしば調整変数として探究される。たとえば、アキノら（Aquino et al., 2011）は、道徳的な美しさを目にすることによって生じる善性の高まりの経験は、個人の道徳的なアイデンティティに依存する可能性があると推論した。この研究者たちは、より中心的な道徳的特性が個人の自己概念に含まれているほど、道徳的考慮が情報処理過程においてより顕著になる可能性があると主張した。この仮説を検証するために行われた実験で、参加者たちは、学校での銃撃事件を経験したアーミッシュの人々のレジリエンスや許しに関するニュース記事と、日没に関するポジティブな記事のどちらかを読んだ。すべての参加者は、日没の記事を読んだ後よりもアーミッシュの記事を読んだ後の方で高いレベルの善性の高まりを報告したが、一方で、その効果は道徳的アイデンティティ尺度のスコアが高かった人に顕著であった。

　個人差はまた、善性の高まりが行動上の結果に与える影響を調整することもあ

る。ある研究では、感動的な動画によって引き起こされる善性の高まりの経験が、対戦型ゲームでのより慈善的な振る舞いをもたらしたが、それは道徳的な美への関与を測る尺度の得点が高い参加者において特にそうだったのである（Pohling et al., 2019; Diessner et al., 2013 も参照）。

いくつかの特性が自己超越的感情とそれによってもたらされる結果を増強するのに役立つ可能性があることが示されたのと同様に、そのような反応を弱める働きをする性格特性があることも研究によって示されている。たとえばアペルら（Appel et al., 2018）は、共感の欠如を反映する特性は、ユーダイモニックなエンターテインメントに対する自己超越的な感情反応を減少させるはずだと考えた。特に、この研究者たちは、いわゆる「ダークトライアド」（dark triad）といわれる性格特性（ナルシシズム、マキャヴェリズム、サイコパシー）の調整役割を、ユーダイモニックまたは非ユーダイモニックな短い動画を用いて調べた。ダークトライアドの得点の高さがユーダイモニックな動画から受ける有意義な感情に強く影響を与えることはなかったが、そのような動画をより「つまらない」（たとえば、愚か、感情的すぎる、不自然だ）と知覚させる影響は実際に存在していた。

最後に、一部の研究者が、メディアユーザーの特性によってどのようなタイプのコンテンツから感動や感銘を受けやすいかを検討したことに触れておきたい。たとえば、感動的なラブストーリーを見ることは、現実主義者よりもロマンティックな人に感動や感銘を与えるかもしれないが、その一方で、感動的なスポーツイベントを見ることは、ロマンティックな人よりも現実主義者により感動を与える可能性がある。このような見立ては近年、2016 年のアメリカ大統領選挙の政治広告の文脈において研究された（Seibt et al., 2019）。ドナルド・トランプ氏とヒラリー・クリントン氏の支持者らは、2 人の候補者のうち 1 人の感動的な広告を視聴し、その広告を見てどれくらい感動したかを点数で回答した。当然、トランプ支持者はトランプの広告により感動し、クリントン支持者はクリントンの広告により感動した。そして重要なのは、どちらの広告でも、感動したと感じることは、その広告に登場した候補者への投票意向の高さと関連していたことである。

結果としての個人差

本章の最後では、あまり研究されることのない、結果変数としての個人差について検討する。（個人の）特性は一般的に安定していて持続的であるとみなされ

ているため、このような形で個人差があまり研究されないことは理解できる。たとえば、長さ3分の動画を1本見ることでその人の好みや物の見方、性格特性が変わることはないだろう。さらに、年齢や文化的背景、人種などの個人差は外部からの影響で変わるものではない。しかし、感動や感銘を与えるメッセージが内在化される限りにおいては、それらの影響が長期間にわたって持続する可能性がある。

　反復的な視聴がどのように長期的な効果を持ちうるのかを調べるために、エリクソンら（Erickson et al., 2018）は、30日間のうち7日、10日または12日にわたり感動や感銘を与える短い動画を見ることが、それぞれ鼓舞される感情や向社会的傾向にどのように影響を与えるかを検討する3つの研究を実施した。当然、感動や感銘を与える動画を見た人は視聴後すぐに高水準の善性の高まりが見られた。しかし重要なのは、ポジティブな感情、他者とのより強い連帯感、善性の高まりが、持続的な影響を持っていたことである。1カ月を超える長い接触ではなかったため、この研究者たちは「我々の研究結果をもって、長期間の接触による性格の変化について語ることはできないが、性格を形作る介入要素の一つとして、善性の高まりを検討する理由を提示することはできる」（p.652）（Nabi & Prestin, 2020 も参照）と結論づけた。

　6週間以上にわたって、メディアメッセージに繰り返し接触することの効果を検討した最近の研究でも、同様の結果が得られた（Neubaum et al., 2020）。参加者たちは、暴力的、中立的または善性を高めるような動画のいずれかを週に6回見るよう割り当てられた。その結果、長期的な視聴は繁栄に関する尺度やステレオタイプ化されたグループとの交流意向に影響を与えてはいなかったが、日常におけるより高水準の善性の高まりを導くことが明らかになった。この日常における善性の高まりは、長期的な向社会的動機や、人間は基本的に善良で親切だという認識と関連していた。このような動機と認識は、それ自体が個人の特性であるとは考えられていないが、これらのことが慢性的に活性化されると、たとえばそれと関連している性格的強み（第3章を参照）が顕在化するような形で、個人の気質のより安定した側面になる可能性があると示唆することは妥当であると考える。

　長期的な接触とその効果に関するこれらの研究においては、「実際の生活」の中で、個人が感動や感銘を与えられる動画を毎日受け取ることは不自然に思えるかもしれない。しかし現実のメディア利用の中では、善性の高まりが得られるようなコンテンツを定期的に選んで見ている人もいるだろうことは不自然ではない。この章の前の部分で、参加者が感動や感銘を与える動画、ユーモアのある動画、

または情報を与える動画（統制条件）のいずれかを選択できる選択的接触研究について説明した。動画を選んで視聴するその研究の最後のところで、参加者たちは人類との連帯感を測る項目と、3つの価値観についてそれぞれをどの程度優先するかを尋ねる項目に回答していた。その3つの価値観とは、「有意義さ」（たとえば、より良い人であること）、「達成」（たとえば、たくさんお金を稼ぐこと）、「楽しさ」（たとえば、人気があること）である。その結果、共感のような特性を統制した後でさえ、（ユーモラスな動画や統制条件の動画とは違って）感動や感銘を与える動画を選択して視聴することは、人類との連帯感や有意義さという価値観と正の関連を持っていた。これら2つの変数も感動や感銘を与えるメディア「選択」の予測因子の多くと似ているため、私たちはこれらの結果が感動や感銘のスパイラルを意味しているのではないかという希望を抱いている。共感しやすい人は感動や感銘を与えるメディアを選好し、それを視聴すると、将来より多くの感動や感銘を与えるメディアを選択する可能性を高めるような価値観が引き出される。もしこの解釈が正しければ、長期的かつ反復的な接触は、結局のところ自然な（研究とは関係のない）状況で起こり、自己超越的な状態とそれに伴う価値観を拡大する可能性がある。

まとめ

　人はあらゆる形、サイズ、そして経験を伴って存在する。これらの違いは美しいが、時にメディアの効果だけを切り分けることを難しくする。私たちが皆異なるように、私たちのメディア習慣や好みも異なる。一連の特性は、私たちに感動や感銘を与えるメディアを選択し楽しむように導き、一部の特性は自己超越経験を高める働きをする。さらに、感動や感銘を与えるメディアを消費することは、究極的には人とのつながりや自己超越に注目する気質を形作り育てる働きをする可能性があることを示す希望のある研究も現れ始めている。当然のことながら、人は生まれ持った特性と育まれた特性の両方を反映することをふまえると、感動や感銘を与える描写に常に接触することは、確かに健康的で精神を高揚させる選択肢の一つのようである。

引用文献
Appel, M., Slater, M. D., & Oliver, M. B. (2018). Repelled by virtue? The dark triad and eudaimonic narratives. *Media Psychology*, 22, 769-794. doi:10.1080/15213269.

2018.1523014.

Aquino, K., McFerran, B., & Laven, M. (2011). Moral identity and the experience of moral elevation in response to acts of uncommon goodness. *Journal of Personality and Social Psychology*, 100, 703-718. doi:10.1037/a0022540.

Brody, L. R., & Hall, J. A. (2000). Gender, emotion, and expression. In M. Lewis & J. M. Haviland-Jones (Eds.), *Handbook of emotions* (2nd ed., pp. 338-349). New York, NY: The Guilford Press.

Carstensen, L. L., Isaacowitz, D. M., & Charles, S. T. (1999). Taking time seriously: A theory of socioemotional selectivity. *American Psychologist*, 54, 165-181. doi:10.1037//0003-066X.54.3.165.

Cohen, J. (2001). Defining identification: A theoretical look at the identification of audiences with media characters. *Mass Communication and Society*, 4, 245-264. doi:10.1207/S15327825MCS0403_01.

Dale, K. R., Raney, A. A., Janicke, S. H., Sanders, M. S., & Oliver, M. B. (2017). Youtube for good: A content analysis and examination of elicitors of self-transcendent media. *Journal of Communication*, 67, 897-919. doi:10.1111/jcom.12333.

Diessner, R., Iyer, R., Smith, M. M., & Haidt, J. (2013). Who engages with moral beauty? *Journal of Moral Education*, 42, 139-163. doi:10.1080/03057240.2013.785941.

Diessner, R., Pohling, R., Stacy, S., & Gusewell, A. (2018). Trait appreciation of beauty: A story of love, transcendence, and inquiry. *Review of General Psychology*, 22, 377-397. doi:10.1037/gpr0000166.

Diessner, R., Solom, R. D., Frost, N. K., Parsons, L., & Davidson, J. (2008). Engagement with beauty: Appreciating natural, artistic, and moral beauty. *The Journal of Psychology*, 142, 303-332. doi:10.3200/jrlp.142.3.303-332.

Erickson, T. M., McGuire, A. P., Scarsella, G. M., Crouch, T. A., Lewis, J. A., Eisenlohr, A. P., & Muresan, T. J. (2018). Viral videos and virtue: Moral elevation inductions shift affect and interpersonal goals in daily life. *Journal of Positive Psychology*, 13, 643-654. doi:10.1080/17439760.2017.1365163.

Fiske, A. P., Seibt, B., & Schubert, T. (2017). The sudden devotion emotion: Kama muta and the cultural practices whose function is to evoke it. *Emotion Review*, 11, 74-86. doi:10.1177/1754073917723167.

Harris, R. J., & Sanborn, F. W. (2013). *A cognitive psychology of mass communication* (6th ed.). New York, NY: Routledge.

Hofstede, G. (1991). *Cultures and organizations: Software of the mind*. New York, NY: McGraw-Hill. (ホフステード『多文化世界：違いを学び共存への道を探る』岩井紀子・岩井八郎訳、有斐閣、1995)

Igartua, J.-J., & Barrios, I. (2013). Hedonic and eudaimonic motives for watching feature films. Validation of the Spanish version of Oliver & Raney's scale. *Communications*, 38, 411-431. doi:10.1515/commun-2013-0024.

Janicke-Bowles, S. H., Raney, A. A., Oliver, M. B., Dale, K. R., Jones, R. P., & Cox, D. (2019). Exploring the spirit in U.S. audiences: The role of the virtue of transcendence in inspiring media consumption. *Journalism & Mass Communication Quarterly*. Advanced online publication. doi:10.1177/1077699019894927.

Johnson, B. K., Ewoldsen, D. R., & Slater, M. D. (2015). Self-control depletion and narrative: Testing a prediction of the TEBOTS model. *Media Psychology*, 18, 196-220. doi:10.1080/1521

3269.2014.978872.

Kim, J. (2017). Cultural differences in media and well-being. In L. Reinecke & M. B. Oliver (Eds.), *The Routledge handbook of media use and well-being* (pp. 434-447). New York, NY: Routledge.

Kim, J., & Eom, K. (2020). Cross-cultural media effects research. In M. B. Oliver, A. A. Raney, & J. Bryant (Eds.), *Media effects: Advances in theory and research* (4th ed., pp. 419-434). New York, NY: Routledge.

Kim, J., Seo, M., Yu, H., & Neuendorf, K. (2014). Cultural differences in preference for entertainment messages that induce mixed responses of joy and sorrow. *Human Communication Research*, 40, 530-552. doi:10.1111/hcre.12037.

Mares, M. L., Bartsch, A., & Bonus, J. A. (2016). When meaning matters more: Media preferences across the adult life span. *Psychology and Aging*, 31, 513-531. doi:10.1037/pag0000098.

Mares, M. L., Oliver, M. B., & Cantor, J. (2008). Age differences in adults' emotional motivations for exposure to films. *Media Psychology*, 11, 488-511. doi:10.1177/009365092019004004.

Markus, H. R., & Kitayama, S. (1991). Culture and the self: Implications for cognition, emotion, and motivation. *Psychological Review*, 98, 224-253. doi:10.1037/0033-295x.98.2.224.

Nabi, R., & Prestin, A. (2020). Media prescriptions: Exploring the therapeutic effects of entertainment media on stress relief, illness symptoms, and goal attainment. *Journal of Communication*, 70, 145-170. doi:10.1093/joc/jqaa001.

Neubaum, G., Krämer, N. C., & Alt, K. (2020). Psychological effects of repeated exposure to elevating entertainment: An experiment over the period of 6 weeks. *Psychology of Popular Media*, 9, 194-207. doi:10.1037/ppm0000235.

Odağ, Ö., Hofer, M., Schneider, F. M., & Knop, K. (2016). Testing measurement equivalence of eudaimonic and hedonic entertainment motivations in a cross-cultural comparison. *Journal of Intercultural Communication Research*, 45, 108-125. doi:10.1080/17475759.2015.1108216.

Odağ, Ö., Uluğ, Ö. M., Arslan, H., & Schiefer, D. (2018). Culture and media entertainment: A cross-cultural exploration of hedonic and eudaimonic entertainment motivations. *International Communication Gazette*, 80, 637-657. doi:10.1177/1748048518802215.

Oliver, M. B. (1993). Exploring the paradox of the enjoyment of sad films. *Human Communication Research*, 19, 315-342. doi:10.1111/j.1468-2958.1993.tb00304.x.

Oliver, M. B. (2000). The respondent gender gap. In D. Zillmann & P. Vorderer (Eds.), *Media entertainment: The psychology of its appeal* (pp. 215-234). Mahwah, NJ: Lawrence Erlbaum Associates.

Oliver, M. B., & Bartsch, A. (2010). Appreciation as audience response: Exploring entertainment gratifications beyond hedonism. *Human Communication Research*, 36, 53-81. doi:10.1111/j.1468-2958.2009.01368.x.

Oliver, M. B., Ferchaud, A., Bailey, E., Yan, H., Wang, R., Diddi, P., Raney, A. A., Janicke, S. H., Dale, K. R., & Wirth, R. (2017, November). *Predictors of selection of inspiring media and the resultant prosocial outcomes*. Paper presented at the meeting of National Communication Association, Dallas, TX.

Oliver, M. B., & Green, S. (2001). Development of gender differences in children's responses to animated entertainment. *Sex Roles*, 45, 67-88. doi:10.1023/A:1013012401836.

Oliver, M. B., & Raney, A. A. (2011). Entertainment as pleasurable and meaningful: Identifying hedonic and eudaimonic motivations for entertainment consumption. *Journal of Communication*, 61, 984-1004. doi:10.1111/j.1460-2466.2011.01585.x.

Oliver, M. B., Sargent, S. L., & Weaver, J. B. (1998). The impact of sex and gender role self-perception on affective reactions to different types of film. *Sex Roles*, 38, 45-62. doi:10.1023/A:1018760427785.

Oliver, M. B., Weaver, J. B., & Sargent, S. L. (2000). An examination of factors related to sex differences in enjoyment of sad films. *Journal of Broadcasting & Electronic Media*, 44, 282-300. doi:10.1207/s15506878jobem4402_8.

Pohling, R., Diessner, R., Stacy, S., Woodward, D., & Strobel, A. (2019). Moral elevationand economic games: The moderating role of personality. *Frontiers in Psychology*, 10, 1381. doi:10.3389/fpsyg.2019.01381.

Raney, A. A., Janicke, S. H., Oliver, M. B., Dale, K. R., Jones, R. P., & Cox, D. (2018). Profiling the audience for self-transcendent media: A national survey. *Mass Communication and Society*, 21, 296-319. doi:10.1080/15205436.2017.1413195.

Rieger, D., & Klimmt, C. (2019). The daily dose of digital inspiration 2: Themes and affective user responses to meaningful memes in social media. *New Media & Society*, 21, 2201-2221. doi:10.1177/1461444819842875.

Russell, J. A. (1991). Culture and the categorization of emotions. *Psychological Bulletin*, 110, 426-450. doi:10.1037/0033-2909.110.3.426.

Schneider, F. M., Bartsch, A., & Oliver, M. B. (2017). Factorial validity and measurement invariance of the appreciation, fun, and suspense scales across US-American and German samples. *Journal of Media Psychology*, 31, 149-156. doi:10.1027/1864-1105/a000236.

Seibt, B., Schubert, T. W., Zickfeld, J. H., & Fiske, A. P. (2019). Touching the base: Heart-warming ads from the 2016 US election moved viewers to partisan tears. *Cognition & Emotion*, 33, 197-212. Advance online publication. doi:10.1080/02699931.2018.1441128.

Seibt, B., Schubert, T. W., Zickfeld, J. H., Zhu, L., Arriaga, P., Simao, C., Nussinson, R., Fiske, A. P. (2017). Kama muta: Similar emotional responses to touching videos across the United States, Norway, China, Israel, and Portugal. *Journal of Cross-Cultural Psychology*, 49, 418-435. doi:10.1177/0022022117746240.

Signorielli, N., & Staples, J. (1997). Television and children's conceptions of nutrition. *Health Communication*, 9, 289-301. doi:10.1007/bf00290015.

Slater, M. D., Johnson, B. K., Cohen, J., Comello, M. L. G., & Ewoldsen, D. R. (2014). Temporarily expanding the boundaries of the self: Motivations for entering the story world and implications for narrative effects. *Journal of Communication*, 64, 439-455. doi:10.1111/jcom.12100.

Zickfeld, J. H., Schubert, T. W., Seibt, B., Blomster, J. K., Arriaga, P., Basabe, N., ⋯ Fiske, A. P. (2019). Kama muta: Conceptualizing and measuring the experience often labelled being moved across 19 nations and 15 languages. *Emotion*, 19, 402-424. doi:10.1037/emo0000450.

参考文献 ■■■

Bowleg, L. (2008). When Black + Lesbian + Woman ≠ Black Lesbian Woman: The method-ological challenges of qualitative and quantitative intersectionality research. *Sex Roles*, 59, 312-325. doi:10.1007/s11199-008-9400-z.

Broussard, K., Warner, R., & Pope, A. (2017). Too many boxes, or not enough? Preferences for how we ask about gender in cisgender, LGB, and gender-diverse samples. *Sex Roles*, 78, 606-624. doi:10.1007/s11199-017-0823-2.

Ramasubramanian, S. (2016). Racial/ethnic identity, community-oriented media initiatives, and transmedia storytelling. *The Information Society*, 32, 333-342. doi:10.1080/01972243. 2016.1212618.

Valkenburg, P. M., & Peter, J. (2013). The differential susceptibility to media effects model. *Journal of Communication*, 63, 221-243. doi:10.1111/jcom.12024.

第13章

デジタル時代の
ポジティブメディアリテラシー

Monkey Business Images/Shutterstock.com

　メディアリテラシーは、メディア心理学の目標の一つである（第2章を参照）。
それは、メディアコンテンツとメディアテクノロジーが、直接的または間接的に、
私たちの思考や感情、生理機能、行動に影響を与える可能性があるという理解を
意味する多次元の概念である。メディアへのアクセスや操作の仕方、メディア
メッセージの作られ方、メディア業界の役割と運営のされ方、メディアメッセー
ジとアプリの狙い、コンテンツの違いによる影響の違いについて詳しく知ってい
る人は、よりよい装備と目的意識を持ったメディア消費者であることが、何十年
にもわたる研究により明らかにされてきた。知識とスキルを発展させることによ
り、個人はメディアの影響を制御できるようになる（Potter, 2004）。**ポジティブ
メディアリテラシー**は、メディア心理学の分野におけるメディアリテラシー研究
と、ポジティブ心理学の分野における幸福と繁栄についての洞察を融合させる運
動である。この運動の目的、そしてこの本の目的は、さまざまな方法で、ポジ
ティブメディア心理学の分野から生まれた科学的知識を伝え、人々が自分の利益
のために高い意識と注意と目的意識を持って、メディアを戦略的に利用できるよ
うにすることである。

　この最後の章では、ポジティブメディアリテラシーについて説明し、メディア
の力を個人および社会の利益のためにどのように活用できるかについて、いくつ
かの追加の洞察とヒントを提示する。ただし、まず最初に、デジタル時代におけ

るいくつかの課題について見ておきたい。

デジタルメディアと上手に付き合うことの難しさ

　コミュニケーション理論家のマーシャル・マクルーハン（McLuhan, 1964）は、「メディアはメッセージである」という有名な宣言を残した。これは、コミュニケーションテクノロジーのすべての革新は、それがどのように使われるかに関係なく、社会の構造と機能に影響を与えるという考えを表している。21世紀の最初の20年間は、メディアテクノロジーの新時代の幕開けとなった。インターネットにつながるデジタルデバイス（高性能のラップトップPC、タブレット、スマートフォン、スマートウォッチ、パーソナルなVR機器、IoTなど）の登場とユビキタスな普及、そしてそれらの機器で扱える無数のアプリケーション（特にソーシャルメディアとストリーミングサービスに加え、ギグエコノミー、カジュアルゲーム、オンデマンド・エンターテインメント、在宅勤務、リモートラーニングなど）の登場がこの時代を特徴づけている。これらのデジタルデバイスが、ユーザーが消費する（さらには制作する）コンテンツよりも、はるかに私たちの社会構造に影響を与えたことは否定できない。根本的なところでは、私たちが互いにコミュニケーションをとる仕方（たとえば、より頻繁に、より簡単に、絵文字を使って、ミームを介してなど）と、私たちがエンターテインメントや情報を提供される仕方、説得される仕方が変わったのである。もちろん、テレビ、映画、ラジオ、新聞や本などの印刷物、録音された音楽、ゲーム機で遊ぶビデオゲームなど、21世紀以前のメディアテクノロジーの多くは、今でも広く使われている。しかし、そのコンテンツは、古いものも新しいものも、最新のデバイスからのアクセスやそのデバイスとの融合のためにますますデジタル化されている。

　インターネットにつながるデジタルデバイスが、世界に対する私たちの理解と行動にどのように影響するかは、それらが提供するアフォーダンスを見れば把握できる（第7章を参照）。アフォーダンスとは、ユーザーに特定の行動を可能にする、テクノロジーの特性である。それは、オブジェクトによって提供される手がかりで、どのようにそのオブジェクトを使うかに関する感覚を与えてくれるものである。各デジタルデバイスには、さまざまなアフォーダンスの固有の組み合わせがあり、それによってユーザーにユニークなメディア経験を提供する。しかし、大まかにいえば、すべてのデジタルデバイスと、それらがサポートするコンテン

ツやアプリケーションに共通するアフォーダンスは、**アクセス可能性**である（つまり、時間や場所などの制約を受けずに、どれだけ簡単にコミュニケーションを図ることができるかということ；Fox & McEwan, 2017 を参照）。これまでのコミュニケーションテクノロジーに対して、デジタルメディアデバイスは次の点で異なる。(1) 人工知能を活用し、人々が意識的に求めるよりも長い時間を、そのデジタルデバイスに費やす可能性を高める戦略が用いられていること、(2) ポータブルで、ウェアラブルな技術を介して利用を簡素化することにより、人々に 24 時間 365 日、絶えることのない影響を及ぼしていること、(3) 私たちの社会的生活の価値を再定義することにより、これまでのどのメディアにもなかったような社会的統制を永続させていること、(4) エンゲージメントを高める手段としてパーソナライゼーションを活用していること（Eisenmann, 2018）がそれである。

　その一つの結果は、テクノロジー企業やコンテンツプロバイダーによって収集および分析されたユーザーの好みや選択に関する膨大な量のデータである。たとえば、単純に個人のソーシャルメディアの使い方とプロフィールに基づいて、研究者はビッグファイブの性格特性、性格的強み、精神疾患、性的指向を確実に予測できる（たとえば、Azucar et al., 2018; Eichstaedt et al., 2018）。このため、当然のことながら、多くの学者や社会評論家は、デジタルデバイスの利用によるプライバシー関連の懸念を強調している。ただし、プライバシーの他にも、行動に対するいくつかの潜在的影響については注目する必要がある。

問題のあるメディア利用

　デジタルデバイスのアクセス可能性というアフォーダンスは、ウェルビーイングに関心のある学者たちによってよく研究されている分野である。最近は、情報を取得したり、娯楽を楽しんだり、または友人とコミュニケーションするために、デジタルメディアを一日のある時間帯に一定の時間だけ利用するというようなことはもうなくなっている。代わりに、ほとんどの人が**ずっとオンラインで、つなぎっぱなし**（Vorderer et al., 2016）にしているのである。このつなぎっぱなしという状態は、情報やエンターテインメントを求めて電子メディアを常に利用し、常にコミュニケーションへ注意を向けることと定義される。具体的に、つなぎっぱなしとは、他の活動（社会的、認知的、コミュニケーション的、身体的な活動など）を行いながら、同時にデジタルメディアを利用し、オンラインの社会的相互作用

に関与することを意味する。何か（または誰か）を待ちながら、公共交通機関に乗りながら、または一人で家にいながらという状況で、つなぎっぱなしは最も頻繁に行われる。

　常にオンラインでつながっていると、スマートフォンやSNSの問題のある利用など、顕著な悪影響が生じる可能性がある。問題のある利用行動とは、行動への非化学物質的な依存や中毒と関連する行動パターンである。行動への依存や中毒の症状としては、全体の生活が極端にその利用行動に偏る、同じ満足感を得るための利用時間が長くなる、他の活動への興味がなくなる、利用時間を減らすことができない、危険な状況（たとえば、運転中の利用）や、社会的・人間関係的な側面（たとえば、ファビング[1]）、生産性、学業成績に影響が出るような状況でも利用してしまうことなどが挙げられる。さらに、スマートフォンを過度に利用すると、デバイスを使用できないとき（たとえば、バッテリーが切れているとか、忘れたり、紛失したりした場合）に経験する非理性的な恐怖である**ノモフォビア**（nomophobia: no-mobile-phone-phobia）が発生する可能性がある（King et al., 2013）。

BOX 13.1　どのくらいの利用で「問題」になるのか？

　過度のテクノロジー利用の問題は、子どもや青少年にとって特に重要な問題である。研究によると、教育や仕事上の目的であっても、スクリーンで過度の時間を費やすと、記憶や学習、言語習得の発達に悪影響を及ぼし、精神病理学的症状の発症につながる可能性がある（たとえば、Christakis et al., 2018）。しかし、正確にどのくらいの利用で「問題」になるのだろうか？

　8〜11歳を対象にしたある研究では、一日2時間以上のスクリーンタイム（テレビやスマートフォンの利用を含む；Walsh et al., 2018）を記録した子どもには、認知発達の低下が見られるようであることがわかった。2〜17歳のアメリカ人をサンプルにしたトゥウェンジとキャンベル（Twenge & Campbell, 2018）の調査では、余暇で毎日1時間以上スクリーン（テレビ、デジタルゲーム、電子機器を含む）に接触すると、好奇心、自制心、集中力が低下し、感情が不安定になるとともに友達ができにくくなることを発見した。14〜17歳の場合、中程度（一日4時間）および重度（一日7時間以上）のスクリーン接触を行う者は、スクリーンを一日1時間見た者に比べ、うつ病または不安症と診断される可能性が高かった。しかし、プジ

訳注[1] phubbing：phoneとsnubbing（無視する）を合成した造語で、スマートフォンなどに夢中になるあまり、一緒にいる人とのコミュニケーションがおろそかになること。

270

ビルスキーとワインスタイン（Przybylski & Weinstein, 2017）は、スクリーンタイムの潜在的なリスクはより複雑であり、精神的ウェルビーイングを妨げるスマートフォンの利用時間の長さが、平日と週末で異なることを示している。15歳のイギリスの青少年は、平日に最大2時間利用すると、幸福、人生の満足度、心理的・社会的営みの面で精神的ウェルビーイングが増した。しかし、利用時間が2時間を超えると、これらのウェルビーイングの要因は損なわれた。一方で、週末には、青少年のスマートフォン利用は最大4時間までウェルビーイングに影響を与えず、それを超えると悪影響が現れた。

　大学生に関しては、ある研究は、一日あたり30分のソーシャルメディアの利用が最適な時間量かもしれないことを示唆した。ハントら（Hunt et al., 2018）は、大学生のサンプルに、Facebook、Instagram、およびSnapchatの利用を3週間、プラットフォームごとに一日あたり10分以下に減らすよう指示し、これまでと同じようにソーシャルメディアを利用する統制集団と比較した。この研究者たちは、統制集団に比べ、時間短縮群の孤独感とうつ病のレベルが有意に低下したことを発見した。

　もう一つの重要な要因は、ユーザーが利用できるアプリケーションの数のようである。プリマックら（Primack et al., 2017）は、19歳から32歳のアメリカ人を対象に利用プラットフォーム数と利用時間量の関係を調べた。非常に多くのソーシャルメディアプラットフォーム（7〜11個）にアクセスする参加者は、少数のプラットフォーム（0〜2個）にアクセスする参加者に比べて、ソーシャルメディアに費やされる全体の時間量の影響を統制した場合、うつ病や不安症状に苦しむ確率が有意に高かった。したがって、デジタル時代における繁栄のための一つの簡単なライフハックは、一度に利用するソーシャルメディアプラットフォーム数を制限することかもしれない。さらに、特定のプラットフォームへの一日あたりのチェックイン数を制限することも、同様に有益なようである。

　ここで一つ言及しておくべきことは、スマートフォンに頼って居心地悪い状況や退屈、その他の否定的な精神状態を回避できることが、つなぎっぱなしの深刻な副作用の一つだということである。それに対し、ウェルビーイングの最も重要な予測因子の一つは**レジリエンス**である。これは、人々が短時間の不快感に耐え、それに立ち向かい、それを克服した場合にのみ獲得できるものである。したがって、デジタル時代における繁栄に向けた重要な活動には、スマートフォンテクノロジーを、生産性、エンターテインメント、励ましやつながり、情報獲得などを向上させるためのちょっとした「付け足し」にし、背後に隠れるための仮面にはしない

　多くのデジタルメディアデバイスとそれらがサポートしているプラットフォームは、否定的な結果（たとえば、運転中のチャット）が発生する可能性があることを認識しているにもかかわらず、ユーザーがそれらを長時間、繰り返し利用するように設計されている。問題行動を引き起こす可能性のある最も強力な設計要因の一つは、神経伝達物質ドーパミンを誘発する**報酬**を盛り込むことである。これは、人々が一定期間にわたって同じ行動を再び取るようになる生理的原因である。ソーシャルメディア内では、そのような報酬は、「いいね」やコメントによる「肯定的強化」、プラットフォームを使用するときの否定的な感情状態（退屈、不安など）の（知覚可能な）除去による「否定的強化」、および「断続的強化」（たとえば、一部のコンテンツだけが報酬として認識されること）によって与えられる。報酬に加えて、**トリガー**（たとえば、通知など）が、デバイスやプラットフォームを繰り返し利用することを奨励するために使われる。さらに、デバイスとプラットフォームはアクセスとナビゲートが簡単で、ユーザーに時間とエネルギーを傾けるよう動機づける設計戦略が実装されている（たとえば、閲覧すべきコンテンツやチェックすべき投稿をレコメンドするなど）。これらはそれぞれ、習慣の形成（Eyal, 2014）、またはデバイスやプラットフォームの無意識的な利用に貢献し、問題のある利用行動の可能性をさらに高める。

　デバイスとプラットフォームに対する問題のある利用に関する学術的な議論は、だいたい６つの領域における潜在的影響、すなわち、生産性、メンタルヘルス、人間関係、安全とプライバシー、身体的健康、およびウェルビーイングの領域に焦点を当ててきた（たとえば、Baruh et al., 2017; Han et al., 2019; Neophytou et al., 2019）。個人レベルでは、追放の恐怖と見逃しの恐怖（FOMO: Fear Of Missing Out）が、そのようなデバイスの継続的で潜在的に問題のある利用行動と少なくとも部分的に関連している（Vorderer & Kohring, 2013）。社会レベルにおける生活の加速化も関係している。公正を期していえば、メンタルヘルスとウェルビーイングにおける否定的な結果とデジタルメディアデバイスの利用の間の直接的な因果関係は、すべてのユーザーにとって避けられないわけではなく、全体的には、研究で明らかになった効果量も小さい。にもかかわらず、存在する可能性のある潜在的なリスクを理解し、ウェルビーイングのためにそれらを回避できるよう、意識と注意を高めて考え、行動することは、デジタル時代のポジティブなメディ

アリテラシーの一部である。

デジタル繁栄を求めて

　ウェルビーイングはポジティブ心理学の中心的な概念である（第3章を参照）。最近は、ポジティブメディア心理学者らによってデジタルウェルビーイング（またはデジタルウェルネス）という概念が、いくらかの注目を集め始めている。**デジタルウェルビーイング**は、「デジタルコミュニケーションの過多を特徴とする環境において主観的なウェルビーイングが維持されている状態」と定義できる（Gui et al., 2017, p.166）。一部の学者はデジタルウェルビーイングという用語を採用しているが、実は筆者たちは、**デジタル繁栄**（digital flourishing）という用語を好んでいる。筆者たちの観点とより広い範囲のポジティブ心理学の文献によれば、デジタル繁栄という用語には、メディアテクノロジーとコンテンツ利用に対する単なるウェルビーイング以上のものを含んだ、より広い、多様なアプローチが含まれる。

　デジタル繁栄は、自分自身に利益になる形で、そして自己効力感（つまり、最も最適な方法でメディアを利用できるという自信）、最適なレベルの関係性、個人の成長とレジリエンスの潜在力、および否定的な習慣的利用（たとえば、注意を散漫にする利用や無意識の利用）の排除に最も役立つ形でメディアを利用する方法に関する知識とスキルを含んだ、マインドフルで（つまり、高い意識と細心の注意を払った）意図的な利用パターンをその特徴とする。ポジティブな感情的および認知的反応（たとえば、ポジティブな感情、情報探索、内省、マインドセット）、およびメディアを利用するときにいい感じでうまくやっているという感覚も、デジタル繁栄の特徴である。デジタル繁栄とは、個人が行うメディアに媒介されたほとんどの相互作用が、ユーザーにとって有益であると認識され、個人や他者の心理的な営みにとって有益な行動につながり、デジタルテクノロジーが個人の価値と成長を促進するために利用される状態である。要するに、デジタル繁栄は、メディアを活用して繁栄している状態を表している。

　確かに、繁栄のための簡単な公式は存在しない。繁栄に至る（と主観的に知覚される）経路はたくさんある。したがって筆者たちは、メディア利用のある一つのメニューや計画を処方しようとは思わない。何を視聴し、どのアプリを利用し、一日に何分間メディアを利用すべきかについて読者に教えることには関心がない。

しかし、これまでの章で説明したメディアのポジティブな効果のいくつかを体験しようとする読者のために、私たちはぜひ、科学的根拠に基づいたいくつかの提案を行いたい。

上述したように、メディアリテラシーには個々のスキルの開発が含まれる。絶え間のないコミュニケーションと情報過多の環境でデジタル繁栄を達成していくために必要な第1のスキルは、マインドフルネス（mindfulness）である。**マインドフルネス**は、現在の瞬間に対する非判断的な意識と注意の高い状態として定義することができる。コミュニケーションテクノロジーをマインドフルネスの状態で利用すれば、テクノロジーやコンテンツとの相互作用により注意を払い、メッセージの処理中にはその潜在的な影響に意識を向けることで、意図的かつ目的を持った利用パターンを作ることができる。研究によると、たとえば、インスタントメッセンジャーをマインドフルネス状態で利用すれば、ウェルビーイングを充実させることに直接的に役立つことがわかっている（Bauer et al., 2017）。同様に、職場でソーシャルメディアをマインドフルネス状態で利用することは、健康と正の関係があることが示されている（Charoensukmongkol, 2016）。メディア利用におけるマインドフルネスの潜在的な役割をより一般的に議論するために、第1章で紹介したポジティブメディア利用のモデルを思い出してもらいたい。図13.1は、デジタル繁栄の追求においてマインドフルネスがメディア利用過程の各段階にどのように影響するかを示している。利用過程モデルの各段階における要因と特性は、網羅的というよりは、代表的なものを取り上げることを意図したものであることに注意されたい。このモデルは、直感的なわかりやすさを重視した、主に手っ取り早い参照の目的で提示しているものである。

マインドフルなメディア利用

動機

マインドフルネスというスキルにより、オーディエンスは、自動化された習慣的なメディア利用にもっと気づくことができる。ほとんどの場合、メディア利用は余暇活動であり、私たちが仕事をしていないときに行うことである。もちろん、余暇は、運動、ガーデニング、ボランティア活動、お絵かき、瞑想、パン作り、かぎ針編みなど、数え切れないほどの活動で満たすことができる。余暇中にメ

動機	選択	受容	反応	評価	効果
以下のことについて意識し、考慮し、省察する					以下のことを制御する
・一般的および最近のメディア選択 ・現在の気分と精神状態 ・利用後の計画 ・社会的要因と規範 ・文脈 ・マインドセット	・文脈 ・マルチタスキング ・利用可能な認知的・感情的リソース ・状況要因 ・スキル ・利用可能なコンテンツ	・関与モードvs. 分析モード ・利用可能な認知的・感情的リソース ・文脈 ・内容要因：登場人物、複雑性、ストーリー構成、内容価 ・時間	・生理的、感情的、認知的変化 ・反応の内容価 ・自分の反応の他者への波及 ・短期的vs. 長期的 ・反発／反論	・楽しみ ・鑑賞 ・関連性 ・得られた情報	・即時的な感情的、認知的、行動的動機、意図の変化 ・効果の内容価 ・短期的vs. 長期的意味創出 ・自分から他者への影響／より高度な考慮 ・リソース構築 ・回復

図 13.1　マインドフルなメディア利用

ディアに目を向けることは一つの選択肢であり、それは通常、他の何かをしないという決定と対を成している。メディア利用の動機に対してマインドフルであるということは、私たちの過去の経験、現在の状態、規範、社会的要因、私たちの近い将来の計画などについてよく考えることによって、メディア利用という私たちの選択をよく吟味することを意味する。

　メディア利用の動機について考える一つの方法は、それをメディアに対するマインドセットとして概念化することである。リーとハンコック（Lee & Hancock, 2020）は、信念や価値観、期待などを含む個人のマインドセットによって、ソーシャルメディアの利用がウェルビーイングに対し、ポジティブまたはネガティブのどちらの影響をもたらすかが左右されると主張した。たとえば、メディアの利用に対し、それが目標を達成するのに役立つ「ツール」であるというマインドセットでアプローチすることは、「依存」のマインドセットでアプローチするのとは異なる影響を促進するはずである。メディア利用の動機にマインドフルな意識でアプローチするために、「なぜ今メディアとかかわりたいのか？」と自分自身に問いかけるといいだろう。

　重要な試験のために勉強をするという例を考えてみよう。音楽は、励みにもなるし、邪魔にもなり得る。勉強を始めるときに音楽をかける場合には、それぞれの状況でそれが果たしている役割にマインドフルになってみるとよいかもしれない。同様に、いくつかの短いYouTube動画を見るのは、勉強に傾けた努力に対する報酬にもなるし、よい休憩にもなり得るが、絶えず更新されるおすすめリストの誘惑によって、何時間も「無駄に」してしまう可能性もある。この事実をよ

く考えることは、自分の時間をよりよく管理する助けになるかもしれない。もし自分が携帯への連絡をすぐにチェックしたくなるタイプで、それによって勉強への集中が途切れてしまうことがわかっている場合は、勉強を始める前にその現実に対処するための戦略を見つけ出す必要がある（たとえば、電話を別の部屋に置いたり、すべての通知をオフにしたり、特定のアプリへのアクセスを一時的にできないようにするなど）。

　また、前のいくつかの章で説明したように、メディアテクノロジーとコンテンツからポジティブなウェルビーイング効果を引き出すには、メディアの利用が外発的にではなく内発的に動機づけられることが重要である。私たちのメディア利用、特にソーシャルメディアの利用は、24時間365日、オンラインで連絡が取れないといけないという外部からの圧力や、内部からの圧力（FOMO[2]など）によって動機づけられることがあり、これらはともに自己決定的行動としての性質を損ない、ウェルビーイングを妨げる可能性がある。自己決定的で、目的を持ったテクノロジーの利用は、ポジティブな効果をもたらす可能性が高い。たとえば、状況による統制が不十分な待機場面（たとえば、バスに乗っているときや医者の診療を待っているとき、授業や会議の前など）では、スマートフォンを利用できることが回復の感覚にプラスの影響を与え、それが認知能力の向上につながることがある（Rieger et al., 2017）。さらに、仕事をしているときにエンターテインメント・メディア（たとえば、オンライン動画やデジタルゲームなど）を意図的に利用することは、ストレスと緊張からの回復を助け、活力と認知能力を高めてくれることがある（たとえば、Reinecke et al., 2011）。

　対照的に、通知や強迫的なチェック習慣による頻繁な中断は、自己決定的なメディア利用を損ない、しばしばネガティブな影響をもたらす。たとえば、仕事をしているときに中断されると、かなりのレベルの主観的なストレス、フラストレーション、および精神的疲労が発生する可能性がある。対面の状況で誰かと話をしているときに、相手が誰かと電話をしたり、電話に気を取られたりすると（ファビング）、関係満足度と生活満足度が低下するとともに抑うつ症状が悪化し、社会的孤立を深めることが示されている（たとえば、Roberts & David, 2016）。作業中に自分のスマートフォンが目に入るだけの単純接触でも、認知能力が低下する可能性がある（すなわち、**単純存在現象**：mere presence phenominon）。スマートフォンへの依存度が高い人の場合には、作業中にスマートフォンが視野に入るだ

訳注[2]　本章 p.272 参照。

けで、パフォーマンスが大幅に低下する可能性がある（Ward et al., 2017）。

　マインドフルネスに加えて、**自主規制**は、デジタル繁栄のためにメディア利用の動機づけ段階で特に重要なスキルである。ほとんどのデジタルテクノロジーは即座の満足を約束するが、たとえば、モバイルメディアの使用を自分で統制することは、デジタル繁栄の前提条件である。多くのデジタルアプリは、たとえば、時間制限機能で自主規制をサポートするように設計されている。ロファレロとデルシス（Roffarello & De Russis, 2019）は、GoogleのPlayストアにある42のデジタル・ウェルビーイングアプリを調査し、そのほとんどが、ユーザーのデバイス利用時間を記録する機能を提供していることを発見した。アプリの4分の1以上は、タイマーまたはブロッカー（つまり、特定のアプリケーションを使う時間を事前に決定したり、設定した時間のあいだアプリの利用を完全にブロックしたりできるツール）も提供していた。したがって、この研究によれば、ほとんどのデジタル・ウェルビーイングアプリは、主に自己監視（注意）と自主規制（スマートフォンとアプリの動作追跡、スマートフォンとアプリ利用の規制）をサポートしていたことになる。典型的なデジタル・ウェルビーイングアプリを1週間使用した参加者は、スマートフォン（特にソーシャルメディアで利用するスマートフォン）で過ごす時間が有意に短縮され、そのようなアプリがある程度効果的であるかもしれないことが示されている。興味深いことに、この研究では、参加者の大多数がアプリのタイマーを延長したのに対し、アプリブロッカーを一時的に解除したのは参加者の半分だけだったこともわかった。これは、自分のメディア利用の動機と行動についてよりマインドフルであろうとしているユーザーには、より制限的な機能が好まれる可能性があることを示している。

選択

　コンピュータ科学者たちは、「ゴミを入れると、ゴミしか出ない」（garbage in, garbage out）というフレーズをよく使う。無意味なものを入力すれば、必然的に無意味なものが出力されるという意味である。この基本的な考え方は、デジタル繁栄にも同じく当てはまる。あなたがより大きなウェルビーイングを求めているなら、あなたが「摂取する」コンテンツが重要なのである。マインドフルな状態でメディアテクノロジーとコンテンツを選択するには、現在の認知的および感情的なリソース、状況、能力、社会的文脈などを考慮する必要がある。メディアの選択過程にマインドフルな形で取り組むために、「今、私が消費または関与する

のに最適なメディアテクノロジーとコンテンツは何か？」と自分自身に問いかけるといいだろう。

　一部の利用と満足の研究者（第4章を参照）は、**メディアに求める満足**を研究し、それを最終的に**ユーザーが得た満足**と比較した（たとえば、Palmgreen & Rayburn, 1982）。マインドフルなメディア選択には、最終的に後者を適切に決定できるように、前者に対して意識を向けることが含まれる。前の章で説明したコンテンツの効果に関する理論をしっかり理解することは、マインドフルなメディア選択の視点を発展させるための重要な第一歩である。

　例として、デジタル繁栄を促進するために最も有望なコンテンツの種類をよりよく理解するには、エンターテインメントの2要因モデルをもう一度読んでみるといいだろう（第5章を参照）。楽しいメディア経験は、本質的にヘドニックかユーダイモニックかに大別できる。つまり私たちは、かわいい動画や可笑しいミーム、友人からの内輪ネタなど、私たちの一日を明るくし、その瞬間を幸せにし、喜びを感じさせ、気分を盛り上げてくれるコンテンツに出会うことができる。また、日常の人々の生活の中で影響を及ぼしている美徳に関する動画やニュース、デジタルゲーム、そして友人からの励ましのメールやスナップチャット、インスタントメッセージは、私たちの日々に意味を与え、よりつながっていると感じさせ、共感を引き起こし、強さとレジリエンスを促進し、そして人生の目的に対する私たちの信念を復活させる。一方で、一部のニュースやTwitterの非常に党派的なスレッドなど、メディアコンテンツは苦痛や不安、怒りを誘発する可能性もあり、そのようなメッセージはヘドニックな、そしてユーダイモニックなエンターテインメントを損なう可能性がある。したがって、デジタル繁栄を高めるためには、ヘドニックな、そしてユーダイモニックな体験につながると思われるコンテンツへの接触を最大化することが重要である。もちろん、選択の対象となるコンテンツの量が驚異的に増えており、さまざまな状況、さまざまな文化、さまざまな性格特性の人々によって影響も異なるため（第12章）、これは簡単な作業ではないかもしれない。

　コンテンツのソースも進化し続けているため、メディアの選択プロセスは時間の経過とともにより複雑になるばかりである。たとえば、バーチャルリアリティ（VR）は、両方のタイプのエンターテインメント体験を可能にする強力なテクノロジーである（第8章を参照）。それは、驚異、畏敬の念、感謝などの強い感情的関与を引き出す知覚的手がかりをユーザーに提供することができる。また、ユーザーが既存の知識を拡張するとともに新しい知識構造を形成できる機会さえも提

供する認知的手がかりを届けることもできる。VRへの1回の接触でさえ、ユーザーの世界観を大きく揺さぶる可能性があるため、実際の世界における行動変容も起きる可能性がある。YouTubeやTikTokのような動画ストリーミングプラットフォームは、デジタル繁栄のもう一つのソースになる可能性がある。動画コンテンツに道徳的価値観の模範になるような人物が含まれている場合、オンライン動画は道徳的発達を促進する可能性がある（Koh, 2014）。私たちが偶然見つけたおもしろい猫の動画でさえ、ポジティブな感情やエネルギーのレベルを上げてくれるなどの有益な効果をもたらす可能性がある（Myrick, 2015）。さらに、ほとんどのプラットフォームでは、ユーザーが独自のコンテンツをデザインし、作成し、投稿できる。感動や感銘を与えるコンテンツがユーザー生成のものである場合、コンテンツの作成者のほうがコンテンツの閲覧者よりも善性の高まりの効果が大きいことを示す研究もある（Oliver & Raney, 2019）。重要なことに、私たちが消費および配布するコンテンツは、他の人々のデジタル繁栄にも影響を及ぼす。ソーシャルネットワークでの幸福の伝達に関する研究によれば、私たちがTwitterやFacebookで共有するコンテンツは、ネットワーク上の友人の感情状態に直接的に影響を与える可能性があると推測できる。したがって、一方では、どのタイプのコンテンツを選択して消費するかが重要になるが、他方では、独自のコンテンツを生成するユーザーは、他のユーザーにも影響を与えるため、責任が伴うような状況もある。

受容

　一見すると、映画の世界へ入り込んだり、自分を登場人物と同一視したりするときにマインドフルになるのは逆効果に思えるかもしれない。結局のところ、コンテンツに完全に夢中になることは、通常、メディア利用の主要な目標の一つである。しかし、物語に夢中になったり、フロー状態になったりしても、私たちの心が閉じてしまうわけではない。最も吸引力のある物語であっても、物語の世界のルールに違反しているように見える何かが起こった場合、たとえば、真面目なストーリーのドラマで、飼い犬が突然話し始めたりすると、あなたはいったんそこで止まって、首を横に振って、「あれは何だったの？」と思うだろう。ブログの投稿を読んでいて、その投稿の筆者が単語のつづりを間違えたり、慣用句や絵文字の使い方を間違えたりした場合も、同様の反応を見せるかもしれない。
　ここでのポイントは、メディア利用には一般に、関与と分析の2つの受容モー

ドが含まれるということである（Vorderer, 1992, 1993）。**関与の受容モード**は、認知的および感情的な投資、移入、登場人物との同一視、夢中、およびフローを伴う。それは物語の世界に入っているかのような臨場感と展開する物語へのエンゲージメントを含む。**分析の受容モード**は、たとえ過ぎ去っていく瞬間的なものであっても、メディア経験の媒介性に対する意識によって特徴づけられる。それはより距離をおいた、そしておそらく客観的な状態である。しゃべりだした犬と単語のつづりの間違いに気づいたとき、私たちは分析の受容モードに入っているということになる。同様に、カメラアングルの美しさ、ある俳優の演技の素晴らしさ、またバックグラウンドで私たちのお気に入りの曲の一つが演奏されていることを意識したとき、私たちは分析の受容モードに入っていることになる。これらの例が示すように、両方の受容モードは、同じメディア利用経験の中で発生する可能性があり、実際によく発生している。事実、クリムトとフォーダラー（Klimmt & Vorderer, 2003）は「個人の関与のレベルは、分析的受容と関与的受容の原型的な両極の間で揺れ動く」（p.348）と提唱した。

　メディア利用を経験しているときによりマインドフルになることで、私たちは分析の受容モードの範囲と感度をさらに発達させることができる。つまり、マインドフルなメディア利用は、分析的受容をより頻繁に、またより広い範囲の状況で行うよう促進するのである。そうなれば、これは次のようなさまざまな描写に対する意識の形で現れる。私たちの道徳原則に合致すること、人間の善良さを反映すること、多様な人々を表象すること、声なき人に声を与えること、過去の記憶を思い出させること、などに関する描写への意識が高まるのである。さらには、私たちのメディア経験を損なうというより、むしろ、マインドフルな分析的受容が、楽しみ、鑑賞、そしてポジティブな効果へと続く新たな道を開く。

　ソーシャルメディアの文脈では、私たちの利用と受容が受動的であるか能動的であるかが重要であることを多くの研究が示している。一般的に、受動的な利用（たとえば、スクローリングといわれるただ読むだけの利用など）は、上方社会的比較を通じた羨望を引き起こすことで主観的ウェルビーイングを低下させることが示されている。対照的に、自分を表現したり、「いいね」をしたり、自分のプロフィールを編集したり、投稿にコメントしたり、特定の情報を探したりしてソーシャルメディアを能動的に利用すると、社会関係資本と関係性を構築でき、主観的ウェルビーイングを向上させることができる（Verduyn et al., 2017）。

　したがって、メディアの受容過程にマインドフルに取り組むために、「この特定のメディアテクノロジーとコンテンツに今自分はどのようにアプローチし、利

用する準備をしているのか？」と自分自身に問いかけるといいだろう。

反応と評価

　マインドフルなメディア利用には、私たちの反応に対する意識も含まれる。こ
れは、分析モードを内側に向けて、私たちが何を考え、何を感じているのか、そ
してその理由は何なのかを考える形で、受容過程中に起きることもあり得る。ま
た、メディアの利用を終了し、評価をしようとするときにも発生する可能性があ
る。消費したメディアに対する私たちの反応は、私たちが自分の反応をどう評価
するのかということと一緒に、将来のメディア利用に対する動機づけ、メディア
の選択および受容過程に直接影響する。したがって、それぞれの特定のメディア
との出会いを振り返ることは役に立つ。

　たとえば、ソーシャルメディアをスクロールしながら差し迫っている作業から
気をそらすことは、その瞬間には気分がよくなる可能性があるが、もしそれが最
終的に自分の精神健康に影響を与える場合には（たとえば、いつも自分よりもっと
楽しんでいるように見える他の人への嫉妬に駆られるなど）、そのメディアを別の形
で利用するか、気晴らしのために別のメディア活動を選択するほうが、おそらく
より有益であろう。同様に、一部のオンライン動画では、障害を持つ人々が単に
障害があるという理由だけで感動を与えるものとして取り上げられている（つま
り、感動ポルノ）。多くの場合、動画は善意で作成されており、視聴者の共感と哀
れみを刺激する可能性があるが、障害を持つほとんどの人や障害者を支援する
人々は、そのような動画は侮辱的で搾取的であると話す。黒人と有色人種先住民
（いわゆる BIPOC 登場人物[3]）の成功を完全に白人登場人物の助けによるものとし
て描写する「白人救世主映画」（White savior films；たとえば、『しあわせの隠れ場
所』〈原題：The Blind Side〉、『ヘルプ〜心がつなぐストーリー〜』〈原題：The Help〉、
『フリーダム・ライターズ』〈原題：The Freedom Writers〉）についても同様の主張がな
されている。そのようなコンテンツに対する自分の反応や評価を意識することが
重要である。メディアへの反応と評価過程にマインドフルに取り組むために、
「このメディアのコンテンツとテクノロジーは、私に今どのように感じさせ、考
えさせているのか、そしてそのことに対して私は何を考え、感じているのか」と
自分自身に問いかけるといいだろう。

訳注[3]　BIPOC は、Black, Indigenous, and People of Color の略。

私たちが利用するメディアが、世界に対する私たちの感じ方、考え方、そして脳の働き方に影響を与えることに気づくと、私たちの価値観を支える形でテクノロジーとコンテンツを戦略的に活用する方法について考えるために、いったん立ち止まる必要がある。たとえば、多くの「無料」のデジタルアプリケーション（電子メール、Facebook、スマートフォンゲームなど）は、広告を配信するためにできるだけ多く私たちの注意を引くように設計されているか、もしそうでなければ、将来、よりうまく私たちを広告のターゲットにするために私たちを把握するよう設計されている。実際、業界のリーダーたちは、特定のアプリケーションの利用に集まる人々の注目の通貨価値を表すために、**アテンション・エコノミー**（attention economy）という用語を作り出した。毎日のように市場にリリースされている数多くの新しいアプリやツールは、私たちの注目を集めようと競争しており、その結果、私たちの注目は希少財と化している。さまざまなタスクやツール、コンテンツの間で引き裂かれると、私たちは自分の生活の中で戦っているように感じてしまう。これは、私たちにさらにストレスを与えるだけのマルチタスキングになることがよくある。このような環境では、テクノロジー企業の関心事と価値観が私たちの関心事と価値観になってしまう。デジタル繁栄につながるマインドフルなテクノロジー利用のためには、おそらくまず最初に私たちの価値観について考え、それらの価値観を支えてくれるテクノロジーの利用に意識を向けるべきであろう。

効果

　この本の中心的な目的は、メディアがポジティブな効果をもたらす可能性を明らかにすることであった。しかし、全体を通して言及されているように、メディアの利用者は皆それぞれ異なる。ある利用者に影響を与えるものが、別の利用者には影響を与えないかもしれない無数の理由がある。したがって、ポジティブメディア心理学者は、各個人のメディア利用の特定の有益な結果を保証するような公式を開発することはできない。しかし、これまでの研究から、利用者自身が自分のポジティブなメディア利用を導くためのいくつかの「最善の方法」を導き出すことはできる。ソーシャルメディアの利用に関する事例を、主に第7章で紹介した研究に基づき、BOX 13.2 に示す。

BOX **13.2** ソーシャルメディアのメリットを最大化するためには

ソーシャルメディアは、他の人々とつながるための楽しく、満足感の高いツールになり得る。ただし、研究によると、ソーシャルメディアの利用の仕方がその効果に影響を与える可能性がある。ソーシャルメディアのメリットを最大化するために、次の方法を取り入れてみるのは、あなたの経験を改善してくれるかもしれない。

● アクティブユーザーになれ

ソーシャルメディアは、通常、利用のためのいくつかのオプションを用意している。オリジナルのコンテンツの投稿、他のユーザーが投稿したコンテンツへの関与（たとえば、「いいね」を押したり、コメントをしたり、シェアするなど）、または受動的な利用がそれである。いくつかの研究は、能動的な利用がソーシャルメディアの最も有益な利用方法であることを示している（概要については、Verduyn et al., 2017 を参照）。これには、オリジナルのコンテンツを投稿する場合と他の人が投稿したコンテンツに関与する場合の両方が含まれる。したがって、ソーシャルメディアを利用するときは、単にスクロールして見るだけではなく、自分のコンテンツを投稿したり、他の人の投稿に絡んだりして、最大のメリットを享受すべきである。

● あなたが気にする人とつながる

家族や友人と連絡を取り合うのが難しい場合がある。特に、家族や友人が別の都市、州、さらには外国にいる場合はなおさらである。ソーシャルメディアを利用して定期的に彼らと交流することは、ウェルビーイングの重要な側面である有意義な関係を維持するためのよい方法である（第 3 章の PERMA を参照）。

● 必要に応じて他者に支援を求める

ソーシャルメディアに能動的にかかわる一つの方法は、必要なときに助けを求めることである。たとえば、これから出される課題について特にストレスを感じている場合は、ソーシャルメディアで苦労を分かち合い、支援を求めることでメリットが得られるかもしれない。これは、必ずしも自分のアカウントで大っぴらに知らせないとメリットが得られないわけではない。大学生活のストレスに対処するための情報を投稿しているグループやアカウントを探したり、親しい友人数人と苦悩を共有したりするといいかもしれない。悩みを共有し（自己開示）、仲間の支援を求めることで、ソーシャルメディアでの経験をよりポジティ

ブなものにすることができる。

● 否定的な比較は避ける

私たちがソーシャルメディアで通常目にするのは、誰かの人生の厳選されたバージョンであり、それは彼らがいくつかの点で私たちよりもうまくやっているように見せるかもしれない。完璧に装飾された家やプロのシェフが調理したような食事を見ると、私たちは自分自身と比較して自己嫌悪に陥るかもしれない。ただし、このような比較は有害な影響をもたらす可能性があるため、羨ましくなりそうな比較は避けるのが最善である。代わりに、よりよい自分になるようあなたを励まし、刺激を与えてくれる人々をフォローすることを検討したほうがよい。

● 利用時間をモニターする

研究によると、ソーシャルメディアの利用をアカウントごとに一日 10 分くらいに減らすと、メンタルヘルスへのメリットが現れる可能性がある（たとえば、Hunt et al., 2018）。アプリを使ってスクリーンタイムを監視することで、FOMOや不安感を軽減することもできる。したがって、ソーシャルメディアの利用行動をまだあまり変えるつもりがない場合でも、毎週の利用時間をチェックすることから始めてみてはどうだろうか。

● しばらく離れていることが必要かもしれないときを自覚する

ソーシャルメディアは素晴らしいものであるが、たまには離れることも健康に役立つ。たとえば、自分自身を他の人と有害な形で比較していることに気づいた場合は、ソーシャルメディアの利用を少しの間減らすことが最善かもしれない。ソーシャルメディアからの休憩を取ることは、リセットして再充電するためのよい方法になり得る。

　しかし、メディアの力を自分の人生に役立てようとする試みは、究極的にはすべて、あなたから始まる。そのような影響は起こり得るが、必ず起こるわけではないことに注意する必要がある。特定のコンテンツおよび特定のテクノロジーが、特定の場合と特定の状況で、あなたに特定の効果を促進するようである、ということを認める必要がある。一般的に、人の体と心、精神が、そして具体的にはあなたの体と心、精神が、環境の刺激にどのように反応するかについての理解を備え、メディアの利用に関連するさまざまなプロセスについてよく考える必要がある。そして、メディアと私たち自身に関する希望的な見通しも必要である。メディアコンテンツの潜在的なポジティブ効果は豊富にある。私たちのほとんどは、

素晴らしい映画を見たり、お気に入りの曲を聴いたり、驚異的な新しいゲームをプレイしたりすることから生まれる喜びをよく知っている。しかし、メディアテクノロジーとコンテンツは私たちに単なる喜び以上のものを提供することができる。マインドフルなメディア利用には、メディアのテクノロジーとコンテンツがあなたとあなたの人生の繁栄に役立つすべてのポジティブな方法を探すことが含まれる。メディアの効果過程にマインドフルに取り組むために、「このメディアとの出会いから、私はどのような効果を経験したいのか、または経験する必要があるのか？」と自分自身に問いかけるといいだろう。

まとめ

　デジタル時代にメディアとうまく生きるには、メディアが私たちの思考、感情、行動にどのように影響を与えるかについてのリテラシーと、自分のメディアの習慣について意識することが必要である。それには、自己規制された、自律的で、目的志向的なメディア利用が必要である。それは、楽しめるものかどうか、鑑賞に値するものかどうか、何らかの情報を伝えてくれるものかどうかなど、その利用について考えることを含む。結局のところ、デジタル時代にメディアとうまく生きることは、さまざまな状況のさまざまな人にとって異なっているということである。

　多数のユーザーに役立つ一連の最適な「メディア利用法」を開発できるかどうかを判断するには、さらなる研究が必要である。出発点として、利用するコンテンツ、利用の目的または意図、およびそれを利用した時間の長さについて考えることが役立つだろう。学校、大学、職場では、生産性や関係性、学習などを損なうのではなく、むしろそれらを促進するポジティブなデジタル行動ポリシーの採用を検討する必要がある。身体的および精神的健康の分野では、ポジティブメディアリテラシーが患者ケアの重要な要素として扱われるべきである。したがって、家族、友人、恋人のテクノロジーの利用に関するルールを再検討する必要性に加えて、公的および私的機関や企業は、もしデジタル時代のポジティブな変化を起こすエージェントになりたいのであれば、自分たちの哲学の重要な部分としてデジタル繁栄について検討を始める必要がある。

引用文献 ∙∙∙

Azucar, D., Marengo, D., & Settanni, M. (2018). Predicting the Big 5 personality traits from digital footprints on social media: A meta-analysis. *Personality and Individual Differences, 124,* 150-159. doi:10.1016/j.paid.2017.12.018.

Baruh, L., Secinti, E., & Cemalcilar, Z. (2017). Online privacy concerns and privacy management: A meta-analytical review. *Journal of Communication, 67,* 26-53. doi:10.1111/jcom.12276.

Bauer, A. A., Loy, L. S., Masur, P. K., & Schneider, F. M. (2017). Mindful instant messaging: Mindfulness and autonomous motivation as predictors of well-being in smartphone communication. *Journal of Media Psychology, 29,* 159-165. doi:10.1027/1864-1105/a000225.

Billieux, J. (2012). Problematic use of the mobile phone: A literature review and a pathways model. *Current Psychiatry Reviews, 8,* 299-307. doi:10.2174/157340012803520522.

Charoensukmongkol, P. (2016). Mindful Facebooking: The moderating role of mindfulness on the relationship between social media use intensity at work and burnout. *Journal of Health Psychology, 21,* 1966-1980. doi:10.1177/1359105315569096.

Christakis, D. A., Ramirez, J. S. B., Ferguson, S. M., Ravinder, S., & Ramirez, J. M. (2018). How early media exposure may affect cognitive function: A review of results from observations in humans and experiments in mice. *Proceedings of the National Academy of Sciences, 115,* 9851-9858. doi:10.1073/pnas.1711548115.

Eichstaedt, J. C., Smith, R. J., Merchant, R. M., Ungar, L. H., Crutchley, P., Preoţiuc-Pietro, D. Asch, D. A., & Schwartz, H. A. (2018). Facebook language predicts depression in medical records. *Proceedings of the National Academy of Sciences, 115,* 11203-11208. doi:10.1073/pnas.1802331115.

Eisenmann, D. (2018, October 8). One to watch: Center for Humane Technology. Realign technology with humanity's best interest. *The Next Tech Thing.* http://thenexttechthing.blogspot.com/2018/10/center-for-humane-technology.html.

Eyal, N. (2014). *Hooked: How to build habit-forming products.* New York, NY: Penguin.（イヤール＆フーバー『Hooked（フックト）ハマるしかけ：使われつづけるサービスを生み出す「心理学」×「デザイン」の新ルール』金山裕樹ほか訳、翔泳社、2014）

Fox, J., & McEwan, B. (2017). Distinguishing technologies for social interaction: The perceived social affordances of communication channels scale. *Communication Monographs, 84,* 298-318. doi:10.1080/03637751.2017.1332418.

Gui, M., Fasoli, M., & Carradore, R. (2017). "Digital well-being". Developing a new theoretical tool for media literacy research. *Italian Journal of Sociology of Education, 9,* 155-173. doi:10.14658/pupj-ijse-2017-1-8.

Han, H., Lee, S., & Shin, G. (2019). Naturalistic data collection of head posture during smartphone use. *Ergonomics, 62,* 444-448. doi:10.1080/00140139.2018.1544379.

Hunt, M. G., Marx, R., Lipson, C., & Young, J. (2018). No more FOMO: Limiting social media decreases loneliness and depression. *Journal of Social and Clinical Psychology, 37,* 751-768. doi:10.1521/jscp.2018.37.10.751.

King, A. L. S., Valença, A. M., Silva, A. C. O., Baczynski, T., Carvalho, M. R., & Nardi, A. E. (2013). Nomophobia: Dependency on virtual environments or social phobia? *Computers in Human Behavior, 29,* 140-144. doi:10.1016/j.compedu.2018.08.012.

Klimmt, C., & Vorderer, P. (2003). Media psychology "is not yet there": Introducing theories on media entertainment to the presence debate. *Presence: Teleoperators & Virtual*

Environments, 12, 346-359. doi:10.1162/105474603322391596.

Koh, C. (2014). Exploring the use of Web 2.0 technology to promote moral and psychosocial development: Can YouTube work? *British Journal of Educational Technology, 45*, 619-635. doi:10.1111/bjet.12071.

Lee, A.Y., & Hancock, J. (2020, May). *Social media mindsets: The impact of implicit theories of social media use on psychological well-being.* Paper presented at the annual meeting of the International Communication Association, Gold Coast, AU.

McLuhan, M. (1964). *Understanding media: The extensions of man.* Cambridge, MA: MIT Press. (マクルーハン『メディア論：人間の拡張の諸相』栗原裕・河本仲聖訳、みすず書房、1987)

Myrick, J. G. (2015). Emotion regulation, procrastination, and watching cat videos online: Who watches Internet cats, why, and to what effect? *Computers in Human Behavior, 52*, 168-176. doi:10.1016/j.chb.2015.06.001.

Neophytou, E., Manwell, L. A., & Eikelboom, R. (2019). Effects of excessive screen time on neurodevelopment, learning, memory, mental health, and neurodegeneration: A scoping review. *International Journal of Mental Health and Addiction.* Advanced online publication. doi:10.1007/s11469-019-00182-2.

Oliver, M. B., & Raney, A. A. (2019). Emerging scholarship and a roadmap for emerging technologies. In J. A. Muniz-Velazquez & C. M. Pulido (Eds.), *The Routledge handbook of positive communication: Contributions of an emerging community of research on communication for happiness and social change* (pp. 111-119). New York, NY: Routledge.

Palmgreen, P., & Rayburn, J. D. (1982). Gratifications sought and media exposure an expectancy value model. *Communication Research, 9*, 561-580. doi:10.1177/009365082009004004.

Potter, W. J. (2004). *Theory of media literacy: A cognitive approach.* Thousand Oaks, CA: Sage.

Primack, B. A., Shensa, A., Escobar-Viera, C. G., Barrett, E. L., Sidani, J. E., Colditz, J. B., & James, A. E. (2017). Use of multiple social media platforms and symptoms of depression and anxiety: A nationally-representative study among US young adults. *Computers in Human Behavior, 69*, 1-9. doi:10.1016/j.chb.2016.11.013.

Przybylski, A. K., & Weinstein, N. (2017). A large-scale test of the goldilocks hypothesis: quantifying the relations between digital-screen use and the mental well-being of adolescents. *Psychological Science, 28*, 204-215. doi:10.1177/0956797616678438.

Reinecke, L., Klatt, J., & Krämer, N. C. (2011). Entertaining media use and the satisfaction of recovery needs: Recovery outcomes associated with the use of interactive and noninteractive entertaining media. *Media Psychology, 14*, 192-215. doi:10.1080/15213269.2011.573466.

Rieger, D., Hefner, D., & Vorderer, P. (2017). Mobile recovery? The impact of smartphone use on recovery experiences in waiting situations. *Mobile Media & Communication, 5*, 161-177. doi:10.1177/2050157917691556.

Roberts, J. A., & David, M. E. (2016). My life has become a major distraction from my cell phone: Partner phubbing and relationship satisfaction among romantic partners. *Computers in Human Behavior, 54*, 134-141. doi:10.1016/j.chb.2015.07.058.

Roffarello, A. M., & De Russis, L. (2019). The race towards digital wellbeing: Issues and opportunities. In *Proceedings of the 2019 CHI Conference on Human Factors in Computing Systems* (pp. 1-14). New York, NY: Association for Computing Machinery.

Twenge, J. M., & Campbell, W. K. (2018). Associations between screen time and lower psychological well-being among children and adolescents: Evidence from a population-based study. *Preventative Medicine Reports*, 12, 271-283. doi:10.1016/j.pmedr.2018.10.003.

Verduyn, P., Ybarra, O., Résibois, M., Jonides, J., & Kross, E. (2017). Do social network sites enhance or undermine subjective well-being? A critical review. *Social Issues and Policy Review*, 11, 274-302. doi:10.1111/sipr.12033.

Vorderer, P. (1992). *Fernsehen als Handlung: Fernsehfilmrezeption aus motivationspsychologischer Perspektive* [*Watching television as action: Reception of TV movies from the perspective of motivational psychology*]. Berlin: Edition Sigma.

Vorderer, P. (1993). Audience involvement and program loyalty. *Poetics*, 22, 89-98. doi:10.1016/0304-422X(93)90022-9.

Vorderer, P., & Kohring, M. (2013). Permanently online: A challenge for media and communication research. *International Journal of Communication*, 7, 188-196.

Vorderer, P., Krömer, N., & Schneider, F. M. (2016). Permanently online--Permanently connected: Explorations into university students' use of social media and mobile smart devices. *Computers in Human Behavior*, 63, 694-703. doi:10.1016/j.chb.2016.05.085.

Walsh, J. J., Barnes, J. D., Cameron, J. D., Goldfield, G. S., Chaput, J. P., Gunnell, K. E., ··· & Tremblay, M. S. (2018). Associations between 24 hour movement behaviours and global cognition in US children: A cross-sectional observational study. *The Lancet Child & Adolescent Health*, 2, 783-791. doi:10.1016/S2352-4642(18)30278-5.

Ward, A. F., Duke, K., Gneezy, A., & Bos, M. W. (2017). Brain drain: The mere presence of one's own smartphone reduces available cognitive capacity. *Journal of the Association for Consumer Research*, 2, 140-154. doi:10.1086/691462.

参考文献 ·····

Arpaci, I. (2019). Relationships between early maladaptive schemas and smartphone addiction: The moderating role of mindfulness. *International Journal of Mental Health and Addiction*. Advanced online publication. doi:10.1007/s11469-019-00186-y.

Banjo, O., Hu, Y., & Sundar, S. S. (2008). Cell phone usage and social interaction with proximate others: Ringing in a theoretical model. *The Open Communication Journal*, 2, 127-135. doi:10.2174/1874916X00802010127.

Booker, C. L., Kelly, Y. J., & Sacker, A. (2018). Gender differences in the associations between age trends of social media interaction and well-being among 10-15 year olds in the UK. *BMC Public Health*, 18, 321. doi:10.1186/s12889-018-5220-4.

Caird, J. K., Johnston, K. A., Willness, C. R., Asbridge, M., & Steel, P. (2014). A meta-analysis of the effects of texting on driving. *Accident Analysis & Prevention*, 71, 311-318. doi:10.1016/j.aap.2014.06.005.

Grue, J. (2016). The problem with inspiration porn: A tentative definition and a provisional critique. *Disability & Society*, 31, 838-849. doi:10.1080/09687599.2016.1205473.

Hofmann, W., Reinecke, L., & Meier, A. (2017). Of sweet temptations and bitter aftertaste: Self-control as a moderator of the effects of media use on well-being. In L. Reinecke & M. B. Oliver (Eds.), *The Routledge handbook of media use and well-being: International perspectives on theory and research on positive media effects* (pp. 211-222). New York, NY: Routledge.

Huang, C. (2017). Time spent on social network sites and psychological well-being: A meta-analysis. *Cyberpsychology, Behavior, and Social Networking*, 20, 346-354. doi:10.1089/

cyber.2016.0758.

Kramer, A. D., Guillory, J. E., & Hancock, J. T. (2014). Experimental evidence of massive-scale emotional contagion through social networks. *Proceedings of the National Academy of Sciences*, 111, 8788-8790. doi:10.1073/pnas.1320040111.

Liu yi Lin, B. A., Sidani, J. E., Shensa, A., Radovic, A., Miller, E., Colditz, J. B., Hoffman, B. L., Giles, L. M., & Primack, B. A. (2016). Association between social media use and depression among US young adults. *Depression and Anxiety*, 33, 323-331. doi:10.1002/da.22466.

Madigan, S., Browne, D., Racine, N., Mori, C., & Tough, S. (2019). Association between screen time and children's performance on a developmental screening test. *JAMA Pediatrics*, 173, 244-250. doi:10.1001/jamapediatrics.2018.5056.

Mahapatra, S. (2019). Smartphone addiction and associated consequences: Role of loneliness and self-regulation. *Behaviour & Information Technology*, 38, 833-844. doi:10.1080/0144929X.2018.1560499.

Reinecke, L. (2018). POPC and well-being: A risk-benefit analysis. In P. Vorderer, D. Hefner, L. Reinecke, & C. Klimmt (Eds.), *Permanently online, permanently connected: Living and communicating in a POPC world* (pp. 2237-2243). New York, NY: Routledge.

Riva, G., Serino, S., Chirico, A., & Gaggioli, A. (2019). Positive technology. From communication to positive experience. In J. A. Muniz-Velazquez & C. M. Pulido (Eds.), *The Routledge handbook of positive communication: Contributions of an emerging community of research on communication for happiness and social change* (pp. 276-278). New York, NY: Routledge.

Schneider, F. M., Halfmann, A., & Vorderer, P. (2019). POPC and the good life: A salutogenic take on being permanently online, permanently connected. In J. A. Muniz-Velazquez & C. M. Pulido (Eds.), *The Routledge handbook of positive communication: Contributions of an emerging community of research on communication for happiness and social change* (pp. 295-304). New York, NY: Routledge.

Thomée, S., Härenstam, A., & Hagberg, M. (2011). Mobile phone use and stress, sleep disturbances, and symptoms of depression among young adults--a prospective cohort study. *BMC Public Health*, 11, 66. doi:10.1186/1471-2458-11-66.

監訳者あとがき

　本書は、Arthur A. Raney et al., 2021, *Introduction to Positive Media Psychology*,
Routledge の第 1 版の翻訳である。2020 年の秋、本書の出版予告を見たとき、
「ポジティブ」ってどういうことなのだろうと、訝しく思いながら刊行を楽しみ
にしていたことを思い出す。私は、Raney 氏の師匠に当たる Dolf Zillmann の理
論や研究に高い関心を持ち、学部や大学院の授業で詳しく取り上げていたのであ
るが、Raney 氏はその Zillmann の理論を継承しつつ、新たな方向へと展開させ
ていて、その研究動向に強く興味を惹かれていたからである。2021 年の 2 月、
新型コロナウイルス感染症のためオンラインで開催したゼミ生たちとの勉強会で
初めてこの本を輪読し、著者たちが拓く新しい研究の地平に可能性を感じたこと
から、翻訳書の出版を思い立った。
　本書は、メディアの「ポジティブ」、すなわち「善良な」影響に焦点を合わせ
ているところに、最大の特徴がある。著者たちも序文で述べているように、メ
ディアの影響・効果に関する研究は、その「悪影響」に注目するものがほとんど
であった。私たちの日常的なメディア利用の場面を少しだけ思い起こしてみれば
すぐに気づくことであるが、メディアは実に多くのベネフィットを私たちにもた
らしてくれている。そのことがなぜ、メディア心理学の正当な研究対象になるま
でこれほど時間がかかったのか、考えてみると不思議な気もする。
　私自身、かれこれ 30 年以上メディアの研究に携わっているが、「メディアで幸
せになる」とか「メディアで住みよい社会を作る」などのことはあまり考えたこ
とがなかった。何か問題を指摘し、それに対して批判を加え、警鐘を鳴らし、是
正していく営みとしての社会科学の役割は重んじる一方で、さまざまな制度の順
機能を認め、それを奨励し、発展、拡大させていくことの学問的意義は、「ナ
イーブな実用主義」として軽視していたのかもしれない。いわゆる「訓練された
無能力」(Kaplan, 1964, *The Conduct of Inquiry*, Chandler) を突かれたような気分だっ
た。
　本書のもう一つの特徴は、エンターテインメント・コンテンツを重点的に取り
上げていることである。「悪影響重視」とともに指摘できるメディア心理学にお
けるもう一つの偏りは、「ニュース重視」である。価値ある情報としてのニュー

スに比べ、くだらない大衆娯楽コンテンツは、まともな研究の対象とはされてこなかった。その点で本書は、（ニュースについてももちろん取り上げているが）メディア・エンターテインメントに関する（社会）心理学的研究の全体像を、そして特に、それが私たちオーディエンス個人と社会のウェルビーイングにどのように関連しているかを、体系的に示している。

以前、『テレビという記憶——テレビ視聴の社会史』（萩原滋編、新曜社、2013）に書いた短い文章で「ポスト・テレビ時代」という表現を用いたことがあるが、あれからちょうど10年が過ぎたいま、殊にエンターテインメントに関していえば、インターネットをインフラとする後発のメディアやプラットフォームが、テレビを圧倒する存在感を勝ち得ている。それに伴って、私たちのエンターテインメント利用は、より選択的になり、より能動的になり、より集中的になる傾向を見せている。膨大なコンテンツ群から好みの作品をいくらでも選べるし、視聴の時間やスピードを自分の都合に合わせてコントロールでき、時間が許せば、あまり費用を気にすることもなく、心ゆくまで楽しむことができる。本書は、まさにこのような「メディア・エンターテインメント時代」の到来を予測したかのようである。

本書が、エンターテインメント・コンテンツをはじめ、ニュース、ゲーム、ソーシャルメディアやオンライン動画、さらに広告を含む幅広いメディアの善良な働き、より良い生き方や社会のためのそれらの賢い活用などに関心を持つ学生や研究者にとって、わかりやすい入門書になれば幸いである。

本書を翻訳するにあたっては、なるべく著者たちの言い回しを活かし、日本語として読みやすくなるような意訳は控えた。著者たちは、実験や調査などの計量的な研究法を用いるメディア心理学の研究者たちで、本書の文章にもそのような研究分野特有の語彙や書き方が随所に用いられている。くどい印象を与える箇所もあるかもしれないが、著者たちのスタイルを尊重した。もう一点、翻訳上のテクニカルなこととしてここに記しておきたいのは、訳語に関することである。欧米におけるポジティブ心理学の学説については、国内でもいくつか解説書が刊行されてはいるが、まだ十分に読み込まれ、理解や議論が進んでいる状況とはいえず、専門用語の訳語が定まっていない。訳語の定着をいっそう妨げることになるかもしれないが、本書でも、既存の訳語のいずれかに合わせることにこだわらず、訳者たちの理解を優先させた。また、さらにテクニカルなことであるが、原著では、3人以上の複数の著者による書籍や論文を引用する場合でも、全員の名前を省略せずに記しているケースが多かったが、翻訳書としての可読性を重視し、そ

のような文献は「第1著者の名前＋ら」の表記に縮めた。省略した著者の名前は、各章の最後に掲載されている文献リストで確認していただきたい。

　翻訳書版権の取得から、刊行までのスケジュール管理、翻訳原稿の確認、仕上げ、校正にいたるすべての過程で、今回も新曜社の田中由美子氏に大変お世話になった。訳者一同、感謝の意を表す次第である。

2023 年 2 月

監訳者　**李 光鎬**

索 引

メディアコンテンツ作品名索引

●監訳者・訳者紹介（執筆順，【 】内は担当章）

李 光鎬（イー ゴアンホ）【監訳、第1章、第3章、第4章、第5章、第8章、第13章】
現職 慶應義塾大学文学部教授
主要業績 『対立と分断の中のメディア政治』（共著、慶應義塾大学出版会、2022）、『メディア・オーディエンスの社会心理学 改訂版』（共編著、新曜社、2021）、『「領土」としてのメディア』（慶應義塾大学出版会、2016）

川端美樹（かわばた みき）【第2章】
現職 目白大学メディア学部教授
主要業績 『フィクションが現実となるとき―日常生活にひそむメディアの影響と心理』（単訳、誠信書房、2019）、「科学的問題の報道に対する受け手の批判的態度」（『メディア・コミュニケーション』71, 2021）、「日本人の自然観と環境問題報道」（『目白大学総合科学研究』13、2017）

大坪寛子（おおつぼ ひろこ）【第6章】
現職 慶應義塾大学文学部非常勤講師
主要業績 『テレビという記憶』（共著、新曜社、2013）、『テレビニュースの世界像』（共著、勁草書房、2007）、『テレビと外国イメージ』（共著、勁草書房、2004）

志岐裕子（しき ゆうこ）【第7章】
現職 慶應義塾大学メディア・コミュニケーション研究所研究員
主要業績 『メディア・オーディエンスの社会心理学 改訂版』（共著、新曜社、2021）、『テレビという記憶』（共著、新曜社、2013）、「テレビ番組を話題とした2ちゃんねる上のコミュニケーションに関する検討」（『メディア・コミュニケーション』67、2017）

鈴木万希枝（すずき まきえ）【第9章】
現職 東京工科大学教養学環教授
主要業績 『メディア・オーディエンスの社会心理学 改訂版』（共著、新曜社、2021）、「先端科学技術情報に関するメディア利用の分析」（『メディア・コミュニケーション』72、2022）、「先端科学技術エンゲージメントの涵養における情報行動の役割」（『情報文化学会誌』27、2020）

李 津娥（イー ジーナ）【第10章】
現職 慶應義塾大学メディア・コミュニケーション研究所教授
主要業績 『メディア・オーディエンスの社会心理学 改訂版』（共著、新曜社、2021）、*Routledge Handbook of Political Advertising*（共著、Routledge, 2017）、『政治広告の研究』（新曜社、2011）

山本　明（やまもと　あかし）【第 11 章】

現職　中部大学人文学部コミュニケーション学科教授

主要業績　「公共広告の描く世界」（『中部大学人文学部研究論集』44、2020）、「批判的思考の観点から見たメディア・リテラシー」（『心理学評論』60、2017）、「インターネット掲示板においてテレビ番組はどのように語られるのか」（『マス・コミュニケーション研究』78、2011）

正木誠子（まさき　のぶこ）【第 12 章】

現職　日本大学文理学部社会学科助手

主要業績　「政治的有効性感覚がテレビコミュニケーション意図に与える影響」（『社会学論叢』204、2023）、「テレビ番組に対する批判的な行動意図の生起とその規定因に関する検討」（『マス・コミュニケーション研究』97、2020）、「テレビ視聴に関する諸要因がテレビ番組に対する批判的な態度に与える影響」（『マス・コミュニケーション研究』96、2020）

著者紹介

アーサー・A・レイニー（Arthur A. Raney）
フロリダ州立大学コミュニケーション学部ジェームズ・E・カーク教授

ソフィー・H・ジャニッケ＝ボウルズ（Sophie H. Janicke-Bowles）
チャップマン大学コミュニケーション学部助教授

メアリー・ベス・オリバー（Mary Beth Oliver）
ペンシルバニア州立大学特別教授、メディア効果研究室共同ディレクター

キャサリン・R・デール（Katherine R. Dale）
フロリダ州立大学コミュニケーション学部助教授

 ポジティブメディア心理学入門
メディアで「幸せ」になるための科学的アプローチ

初版第1刷発行　2023年4月18日

　著　者　アーサー・A・レイニー
　　　　　ソフィー・H・ジャニッケ＝ボウルズ
　　　　　メアリー・ベス・オリバー
　　　　　キャサリン・R・デール

　監訳者　李　光鎬

　訳　者　川端美樹・大坪寛子・志岐裕子・鈴木万希枝・李　津娥・
　　　　　山本　明・正木誠子

　発行者　塩浦　暲

　発行所　株式会社　新曜社
　　　　　〒101-0051　東京都千代田区神田神保町3-9
　　　　　電話（03）3264-4973代・Fax（03）3239-2958
　　　　　E-mail：info@shin-yo-sha.co.jp
　　　　　URL：https://www.shin-yo-sha.co.jp/

　印　刷　亜細亜印刷
　製　本　積信堂